新文科·数字经济系列教材

金融监管科技

主　编　李建平
副主编　陈荣达　熊　熊　朱晓谦

内容简介

金融作为现代经济的核心，对一个国家的经济稳定和发展具有至关重要的作用。历次金融危机不仅考验着各国的经济韧性，更揭示了全球金融体系的脆弱性以及有效金融监管的重要性。近年来，新兴技术的迅速发展及其在金融领域的广泛应用正在重塑金融业态，在为市场参与者创造机遇的同时，也给金融监管带来严峻的挑战。

在新文科建设背景下，本教材关注数字经济时代金融监管领域不断涌现出的新态势、新理念和新方法。通过理论篇、技术篇、应用篇三大篇章的设计，介绍金融监管基础理论以及金融创新态势，重点介绍金融监管领域的核心技术，并针对不同类型的机构和场景介绍相关金融监管技术的实践应用。教材配套丰富教学资源，旨在帮助读者理解金融监管科技的核心概念和方法，掌握前沿技术和工具，并了解其应用场景和发展趋势。

本教材广泛适用于金融学、管理学等专业的高年级本科生、研究生，同时也适合其他非金融、非管理专业的学生以及金融机构和金融监管领域的从业者参考使用。

图书在版编目（CIP）数据

金融监管科技 / 李建平主编；陈荣达，熊熊，朱晓谦副主编. -- 北京：高等教育出版社，2025.9.（新文科·数字经济系列教材）. -- ISBN 978-7-04-064714-3

Ⅰ．F830.2

中国国家版本馆CIP数据核字第202500GQ08号

JINRONG JIANGUAN KEJI

策划编辑	付雅楠	责任编辑	付雅楠	封面设计	姜 磊	版式设计	杨 树
责任绘图	于 博	责任校对	高 歌	责任印制	刘弘远		

出版发行	高等教育出版社	网　址	http://www.hep.edu.cn
社　址	北京市西城区德外大街 4 号		http://www.hep.com.cn
邮政编码	100120	网上订购	http://www.hepmall.com.cn
印　刷	湖南天闻新华印务有限公司		http://www.hepmall.com
开　本	787 mm× 1092 mm 1/16		http://www.hepmall.cn
印　张	20.25		
字　数	440 千字	版　次	2025 年 9 月第 1 版
购书热线	010-58581118	印　次	2025 年 9 月第 1 次印刷
咨询电话	400-810-0598	定　价	54.00 元

本书如有缺页、倒页、脱页等质量问题，请到所购图书销售部门联系调换
版权所有　侵权必究
物 料 号　64714-00

新文科·数字经济系列教材编写委员会

顾问（按姓氏拼音排序）：陈诗一、樊丽明、江小涓、李金昌、李善同、吕 炜、邱 东、汪同三、王瑶琪、袁志刚

总主编：洪永淼、汪寿阳

编委（按姓氏拼音排序）：

黄益平　北京大学
黄　卓　北京大学
李建平　中国科学院大学
刘　颖　中国科学院大学
吕本富　中国科学院大学
马述忠　浙江大学
乔　晗　中国科学院大学
沈　艳　北京大学
田英杰　中国科学院大学
熊　赟　复旦大学
许宪春　清华大学
余乐安　北京化工大学
曾　燕　中山大学
朱扬勇　复旦大学

《金融监管科技》 编写组

主编：李建平

副主编：陈荣达、熊　熊、朱晓谦

主要成员（按姓氏拼音排序）：

陈荣达　浙江财经大学
房　勇　中国科学院
寇　纲　西南财经大学
孟永强　天津大学
沈德华　南开大学
王宗润　中南大学
谢启伟　北京工业大学
熊　熊　天津大学
叶　强　中国科学技术大学
余乐安　四川大学
张紫琼　哈尔滨工业大学
朱晓谦　中国科学院大学

总　序

新一轮科技革命和产业变革方兴未艾，以大数据、人工智能、量子信息、移动通信、物联网、区块链为代表的新一代信息技术加速突破应用，使人类认识世界、改造世界的能力得到极大延展，引发了深远的生产力和生产关系变革。数字经济发展日新月异，正在成为重组全球要素资源、重塑全球经济结构、改变全球竞争格局的关键力量。我国经济进入新常态，改革开放向纵深推进，产业发展韧性不断提升。与此同时，西方国家"逆全球化"思潮不断涌现、贸易保护主义抬头，国际环境日趋严峻复杂，不确定性、不稳定性、不平衡性特点突出。为此，高等院校应该布局具有前瞻性和战略性的新兴交叉学科，加快建设高水平的教材与教学体系，主动应对科技革命和产业变革的人才需求。

数字经济事关国家发展大局，是推动构建双循环新发展格局、建设现代化经济体系、构筑国家竞争新优势的着力点。自 20 世纪 90 年代以来，中国以互联网行业发展为开端，逐步成为世界公认的数字化大国。三十余年间，中国数字经济不仅在信息基础设施建设、应用市场规模上实现飞跃式发展，创新模式也由模仿创新逐步转变为自主创新，从信息传播到数字商务，从网络服务到智能决策，新产业、新业态、新模式不断涌现，在诸多数字化实践领域出现了"领跑"局面。

技术和产业的发展加快了知识创新速度，但是与数字时代相适应的经济学、管理学理论架构尚未系统更新。数字经济背景下，消费者决策体系、企业经营模式、价值创造方式、产业组织形态、市场竞争结构、劳动就业形式、资源配置模式等均呈现出与工业经济不同的特点。站在国家发展新征程的起点，如何立足我国数字经济实践，提炼和总结数字经济与数字管理的基础理论、知识体系、研究方法论，培养新时代有理想、有知识、有能力的创新人才，促进数字中国建设和数字经济高质量发展，是当代中国经济学界和管理学界面临的新命题。

在这样的背景下，我们和高等教育出版社联合建设新文科·数字经济与新文科·数字管理两套教材，组织该领域具有丰富教学经验和卓越研究基础的专家学者,成立编写委员会,将国内外相关研究成果总结提炼、系统归纳、融入教材,力争讲好数字经济发展中的道理、学理、哲理,助力形成中国特色、风格、气派的理论体系,为全球数字经济与数字管理的研究和教学贡献中国智慧。这两套教材是教育部首批新文科研究与改革实践项目"数字经济与数字管理新文科建设实践"的主要成果,力求体现如下特点:

第一,鲜明的时代特色。系列教材要求紧跟时代步伐,反映中国数字经济、数字管理的特色实践,建立数字技术与经济管理专业知识之间深层内在关联,梳理总结数字技术对经济管理知识结构和研究范式的影响,全面揭示历史发展过程和最新发展动态,以适应新技术革命所带来的新经济业态、新生活方式、新运营模式的挑战。

第二,系统的知识体系。系列教材要求传承经典、体现前沿,构建完整的学科知识体系,内容条块清晰、知识衔接流畅,使学生系统、准确地掌握基础理论、知识要点和分析方法,引入前沿成果培养创新思维和学科思维能力,提高科学素养。

第三,理论与应用的结合。系列教材不仅要体现理论知识和分析方法,更重要的是突出这些理论和方法的实际应用。通过交叉创新融合、典型案例分析、方法应用实践等环节,培养学生独立判断和思考,提升分析问题和解决问题能力。

第四,注重价值塑造与协同发展。系列教材除了传递专业知识,还需要让学生更加清晰地理解科学技术背后的使命与价值。因此,在编写过程中也更加注重学生科学知识与人文素养的协同发展。通过挖掘对学生长远发展的积极因素,培养学生正确的人生观、价值观和世界观,使学生拥有更健全、更完善的人格,提升自身道德品质。

第五,多样化的形式。系列教材采用数字化等多样化形式,每本教材均设置了二维码关联数字资源,配备教学课件、习题解答和实验指导等,便于学生课外阅读、拓展知识面,提高教学和学习的效率。

第六,适用的广泛性。系列教材的选题规划、内容设定进行了充分的科学论证,采纳同行学者的意见和建议。教材编写采用主编负责制,同时强调编委成员的广泛性,鼓励更多院校参与,使教材内容在同行中达成共识,提高教材的适用性。

新文科·数字经济与新文科·数字管理两套教材的编写是一

项具有挑战性的复杂工程,在教育部新文科建设工作组的指导下,在高等教育出版社的高度重视和精心策划下,在全国高校、科研院所、业界的专家学者的同心协力下,我们有信心这两套教材能够成为精品教材,为我国数字经济与数字管理人才培养做出有益探索。我们在此由衷地感谢为本系列教材写作和出版做出贡献的每一位专家!尽管本系列教材的编写者为教材编写付出了很多汗水和智慧,但难免存在不足之处,我们也真诚地希望得到广大读者的批评和建议,以便在日后的修订中不断改进和完善。

总主编:

前　言

党的二十大报告指出，要"深化金融体制改革，建设现代中央银行制度，加强和完善现代金融监管，强化金融稳定保障体系，依法将各类金融活动全部纳入监管"。习近平总书记在2023年10月召开的中央金融工作会议中提出"加快建设金融强国"的目标，在2024年1月召开的省部级主要领导干部推动金融高质量发展专题研讨班开班式上进一步强调，"强大的金融监管"是关键核心金融要素之一。党的二十届三中全会对进一步深化金融体制改革作出重大部署。本教材作为系统落实建设金融强国目标的教材，致力于关注金融监管领域不断涌现出的新态势、新理念和新方法，构建我国自主知识体系，推动建设强大的金融监管与金融人才队伍。

科技创新是发展新质生产力的关键要素，而金融领域的技术创新更是经济社会发展的重要动力。以大数据、云计算、人工智能、区块链等为代表的新技术正在重塑金融业态，为投资者和市场参与者创造了前所未有的机遇，显著提升了金融监管效率和透明度。然而，在复杂多变的现代经济金融体系中，新兴技术层出不穷，金融风险问题日渐凸显。传统的金融监管框架，无论是在组织结构、法规适应性，还是在风险评估和应对能力上，尚无法有效紧跟技术革命的步伐。在金融监管体系方面，尽管近年来监管机构陆续出台相关法律法规和行业标准，但金融科技新生态的法律制度基础仍然较为薄弱。在金融监管方法方面，监管机构在运用监管科技方面相对滞后，目前主要方式是由各监管机构内部的信息中心搭建数字化的数据平台，未能实现全面、动态、实时的风险监控。金融科技的快速发展导致的金融监管滞后，可能给经济社会发展带来潜在的系统性风险隐患。

因此，如何在拥抱科技革新的同时，建立和完善适应金融科技时代的监管机制，确保金融科技的健康发展成为亟待解决的问题。大数据、人工智能、云计算、区块链等新技术在金融监管领域的运用，将有效弥补传统监管框架在实时监控、风险评估和跨境监管协作方面的不足，提升跨市场、跨业态、跨区域金融风险的识别、预警和处置能力，建立智能化金融科技支撑服务体系。

本教材将深入探讨在数字经济时代,如何通过合理运用新兴技术和创新金融监管策略,提升金融风险防范能力,推动金融科技的持续创新与健康发展。例如,金融监管机构如何通过大数据技术和人工智能技术,处理和分析前所未有的数据量,从而在实时监控市场动态和识别潜在风险方面发挥关键作用;金融监管机构如何有效运用云计算技术和区块链技术,促进监管数据的共享及跨境合作,并提升金融交易的透明度和追踪性,从而增强对不良行为的监控能力。

本教材在编写过程中,紧密结合中国金融监管实践,力求反映学科理论前沿,并提供丰富的配套资源,以满足广大读者和教师的需求。以下是本教材的特色:(1)立足中国实践。本教材紧密结合中国金融市场的实际情况,通过对中国金融监管前沿政策的解读,以及引入典型机构的真实案例,为读者提供一个全面了解中国金融监管科技发展的窗口。同时,教材对比分析不同国家和地区在金融监管科技方面的异同,这有助于读者拓宽国际视野。(2)深入融合"金融监管"与"科技"。相比传统金融监管类教材,本教材深度融合"金融场景+技术手段+案例分析"三个方面,在金融的背景下探讨相关技术;相比其他金融监管科技类的专著,本教材主要聚焦于狭义的金融监管科技,侧重分析金融监管机构如何利用技术去监管,内容具有系统性和普适性。(3)反映学科理论前沿。本教材在内容编排上,侧重数字经济时代下的金融新业态、新形势和新特征,注重金融监管科技领域的前沿理论与技术,并探讨相关技术的局限性与发展前景,读者可以紧跟金融监管科技的发展趋势,把握学科前沿动态。(4)配套丰富教学资源。为方便读者学习和教师教学,本教材配套丰富教学资源,包括即测即评、延伸阅读及思考题和参考答案等。

配套教学
资源

总之,在数字经济时代,金融监管领域不断涌现出新态势、新理念和新方法。为回应新时代需求、促进新型人才培养、推动跨学科交叉融合,教材基于对金融监管科技的重要性和发展趋势的认识,在金融的背景下介绍相关监管技术及应用。通过理论篇、技术篇、应用篇三大篇章的设计,帮助读者理解金融监管科技的核心概念和方法,掌握金融监管的前沿技术和工具,并深入探究金融监管技术在不同金融机构和业态下的实践应用。本教材共14章。第一部分为理论篇,介绍金融监管基础理论和新态势,包括金融科技时代背景下的金融创新与金融监管应对,为读者建立起对金融监管及当前态势的基本认知。第二部分为技术篇,重点介绍金融监管的核心技术,包括大数据、云计算、人工智能、区块链等关键技术的原理。第三部分为应用篇，具体包括面向银行、证券、保险机构的应用和面向数字货币、移动支付、反欺诈及其他业态的应用等，并选取了国内典型机构的应用案例进行深入探讨，以帮助读者更好地理解金融监管科技的实际应用场景。

本教材由各高校相关专业背景的专家联合编撰完成，具体为：第一章李建平教授、余乐安教授；第二章熊熊教授、寇纲教授、孟永强副教授；第三章寇纲教授；第四章王宗润教授；第五、六章谢启伟教授；第七章余乐安教授；第八章沈德华教授；第九、十一章熊熊教授、孟永强副教授；第十章朱晓谦副教授；第十二章叶强教授、张紫琼教授；第十三章李建平教授；第十四章陈荣达教授。

在本教材编写过程中，我们参考了大量国内外文献、书籍及新闻报道等公开资料，力求为读者提供一个系统、全面的金融监管科技知识体系。在此，我们衷心感谢所有参与编写的专家、学者、业界专家及高等教育出版社的付出。

由于我们专业知识的局限，书中难免存在疏漏和不足之处，诚挚地欢迎广大读者提出宝贵的批评和建议。我们将不断完善教材内容，使之更好地服务于广大读者和金融业的发展。

李建平
2025 年 3 月

目 录

第一篇 理 论 篇

第一章　金融监管概述　2

- 2　第一节　金融监管的含义和目标
- 7　第二节　金融监管的类型和方式
- 13　第三节　金融监管体系
- 27　本章小结
- 27　思考题
- 27　即测即评
- 27　参考文献
- 28　延伸阅读

第二章　金融创新与监管科技　29

- 29　第一节　金融创新的发展趋势
- 34　第二节　金融创新的风险与监管技术需求
- 37　第三节　监管科技与风险应对
- 41　本章小结
- 42　思考题
- 42　即测即评
- 42　参考文献
- 42　延伸阅读

第三章　金融监管数据　44

- 44　第一节　金融监管数据概述
- 46　第二节　金融监管数据的分类
- 51　第三节　金融监管数据的采集与存储
- 55　第四节　金融监管数据管理面临的挑战
- 56　第五节　金融监管数据的治理
- 58　本章小结
- 59　思考题
- 59　即测即评
- 59　参考文献
- 59　延伸阅读

第二篇 技 术 篇

第四章　大数据技术　62

- 62　第一节　大数据技术概述
- 64　第二节　大数据的关键技术
- 71　第三节　大数据技术与金融监管
- 86　本章小结
- 86　思考题
- 86　即测即评
- 86　参考文献
- 86　延伸阅读

第五章　云计算技术　87

- 87　第一节　云计算技术概述
- 89　第二节　云计算的关键技术
- 101　第三节　云计算技术与金融监管
- 109　本章小结

109	思考题		133	参考文献
109	即测即评		133	延伸阅读
109	参考文献			
109	延伸阅读			

第七章　区块链技术　135

			135	第一节　区块链技术概述

第六章　人工智能技术　110

110	第一节　人工智能技术概述		144	第二节　区块链的关键技术
112	第二节　人工智能的关键技术		150	第三节　区块链技术与金融监管
126	第三节　人工智能技术与金融监管		156	本章小结
133	本章小结		156	思考题
133	思考题		157	即测即评
133	即测即评		157	参考文献
			157	延伸阅读

第三篇　应　用　篇

第八章　银行监管应用　160

第十章　保险监管应用　200

160	第一节　银行监管概述		200	第一节　保险监管概述
174	第二节　银行监管技术		207	第二节　保险监管技术
179	第三节　监管科技在银行监管中的未来应用展望		213	第三节　监管科技在保险监管中的未来应用展望
181	本章小结		217	本章小结
181	思考题		217	思考题
181	即测即评		217	即测即评
181	参考文献		217	参考文献
181	延伸阅读		217	延伸阅读

第九章　证券监管应用　182

第十一章　数字货币监管应用　219

182	第一节　证券监管概述		219	第一节　数字货币概述
185	第二节　证券监管技术		228	第二节　数字货币监管技术
192	第三节　监管科技在证券监管中的未来应用展望		234	第三节　监管科技在数字货币监管中的未来应用展望
198	本章小结		235	本章小结
199	思考题		236	思考题
199	即测即评		236	即测即评
199	参考文献		236	参考文献
199	延伸阅读		236	延伸阅读

第十二章　移动支付监管应用　237

- 237　第一节　移动支付概述
- 249　第二节　移动支付监管技术
- 261　第三节　监管科技在移动支付监管中的未来应用展望
- 264　本章小结
- 264　思考题
- 265　即测即评
- 265　参考文献
- 265　延伸阅读

第十三章　反欺诈监管应用　266

- 266　第一节　金融欺诈概述
- 272　第二节　金融反欺诈技术
- 280　第三节　监管科技在反欺诈监管中的未来应用展望
- 281　本章小结
- 282　思考题
- 282　即测即评
- 282　参考文献
- 282　延伸阅读

第十四章　金融监管科技在其他领域的应用　283

- 283　第一节　信托监管应用
- 291　第二节　反非法集资监管应用
- 296　第三节　反洗钱监管应用
- 299　第四节　监管科技在其他领域的未来应用展望
- 301　本章小结
- 301　思考题
- 301　即测即评
- 301　参考文献
- 301　延伸阅读

第一篇

理论篇

第一章

金融监管概述

　　金融是现代经济运行中最基本的战略资源，在市场资源配置中起着重要作用。随着现代经济金融体系日趋复杂，金融衍生产品层出不穷，金融风险问题日渐突出，如何通过金融监管维护金融体系的安全稳定，保护金融活动各方的利益，创造金融有序竞争环境，提高金融服务效率，防范化解金融风险，一直是金融监管关注的重要议题。习近平总书记在 2023 年 10 月召开的中央金融工作会议中提出"加快建设金融强国"的目标，在 2024 年 1 月召开的省部级主要领导干部推动金融高质量发展专题研讨班开班式上进一步强调，"强大的金融监管"是关键核心金融要素之一。通过建立健全金融监管体系，可以及时发现和纠正金融市场的不规范行为，防止金融风险的积累和扩散，从而保障金融市场的稳定和健康发展。

第一节　金融监管的含义和目标

　　金融监管是维持金融系统稳定、保护消费者利益、营造健康市场环境的重要机制。本节通过介绍金融监管的基本含义、存在的必要性、旨在实现的目标，提供一个全面理解金融监管的起点，奠定进一步探索金融监管体系和实践的基础。

一、金融监管的含义

　　金融监管是金融监督和金融管理的复合称谓。从词义上看，金融监督是指金融主管部门对金融机构及其经营活动进行的监察督促，以确保金融业稳健经营和安全健康发展；金融管理是指金融主管部门对金融机构及其经营活动的组织、协调和控制，以维护金融体系的安全稳定。

　　金融监管的含义有狭义和广义之分。狭义金融监管指一国（地区）中央银行或其他金融主管部门依据国家法律法规的授权，利用法律手段、经济手段、行政手段等，对金融机构及其在金融市场上的所有业务活动进行监管。例如，通过制定和执行适当的法规来防止金融欺诈和滥用行为，降低系统性风险，保护消费者免受不公平和误导性金融产品和服务的伤害。而广义金融监管则不局限于一国（地区）中央银行或其他金融监管当局的监管，还包括金融机构内部控制、同业自律机构的监管、社会中介组织的监管等，旨在通过内部和外部的共同努力，实现金融市场的稳健运行和可持续发展。综合现代经济金融学主流文献中的观点，金融监管是维护金融体系稳定运行以提高资源配置效率和维护社会公众利益的必要制度安排，本质上是一种具有特定内涵和特征的政府规制行为。

在实践中，虽然对金融监管的狭义概念使用较多，强调官方监管机构的直接作用，但是随着金融科技的发展和金融创新活动的增多，广义金融监管的重要性日益凸显。这种更全面的监管视角有助于更有效地应对金融市场的复杂性和多变性，特别是在全球金融环境日益紧密相连的当下，通过加强内部控制和行业自律，以及发展监管科技来优化监管效率和响应速度，有助于提高整个金融体系的透明度和责任感，从而保障金融稳定、促进金融健康发展。

二、金融监管的必要性

金融业与国民经济各部门有着极为密切的联系，在市场资源配置中起着重要的作用，金融业自身的繁荣和衰退极大地影响着国民经济的稳定与发展。然而，金融业的运作存在三个方面的特有问题：负外部效应、信息不对称和脆弱性。如果没有适当的金融监管，这些问题不仅会削弱金融系统的稳定性和效率，而且可能引发金融危机，给整体经济带来深远的负面影响。

（一）正负外部效应可能交替或同时出现

金融业的运作具有显著的外部效应。外部效应指的是金融机构的行为对其他经济主体或整体经济产生的间接影响。这种效应可能是正的，也可能是负的。

金融的正外部效应体现在金融作为一种特殊资源，是资金运动的信用中介，其正常运行可以发挥较好的引导和配置其他资源的作用，促进经济运行效率提升。例如，通过技术创新，互联网金融的蓬勃发展为广大用户提供了更便捷的金融服务，如在线支付等，提高了资金的流通效率和金融市场的参与度。虽然互联网金融带来了正面的经济影响，但也伴随着风险和挑战，如风险控制不足、信息安全问题等。因此，监管机构需要制定相应的政策和规则，确保互联网金融健康发展的同时，切实保护消费者的利益。

金融的负外部效应主要表现在金融体系内在不稳定性导致的金融机构失败，不仅会对其股东和债权人造成损失，还会对整个金融系统和经济造成冲击。这种外部效应使得金融活动的影响超出个体金融机构，未受监管的金融活动可能导致金融市场的不稳定，进而引发经济危机，带来全面的经济衰退，影响金融系统的稳定。例如，以商业银行为代表的存款类金融机构中，单个银行的破产可能殃及其他经营状况良好的银行，引发对后者的挤兑，进而导致大批银行陷入流动性困境乃至破产。因此，金融监管需要通过规制和监督来限制负外部效应，比如通过资本充足率要求和流动性覆盖率来降低系统性风险。

（二）市场参与者之间存在信息不对称

信息不对称是指金融市场中的某些参与者掌握更多的信息，而其他参与者则缺乏必要的信息。这种不对称会导致市场失灵和不公平交易，投资者可能因信息不足而做出错误决策，造成巨大损失。金融领域的信息不对称现象广泛存在，例如在典型的"银行—企业"关系中，较外部监督的银行而言，企业对自身的生产、发展和风险状况更为了解；在金融市场中，发行证券（股票或者债券）融资的企业会比投资者更加了解项目资金的风险和潜在盈利能力。

信息不对称还会引起事前的逆向选择和事后的道德风险问题。逆向选择指那些最可能引发信贷风险和金融机构亏损的借款人，很多情况下恰恰是那些主动和积极寻求贷款的人。逆向选择会导致信贷资源没有得到有效配置，一旦贷款放出去，可能形成不良资产，影响金融体系的稳定。道德风险是指在金融合约的执行过程中，掌握私有信息的一方可以通过利用自身的信息优势获得额外利益，并由此损害了合同对方的利益。贷款者发放贷款后，将面对借款者从事那些贷款者所不希望的活动，这些活动一旦失败，会形成银行的不良债权，恶化银行的资产质量。不论是逆向选择还是道德风险，都会降低金融市场的运行效率，影响资本有效配置，造成金融风险积累。为了降低信息不对称问题造成的损害，有必要引入金融监管，维持正常的市场竞争秩序。

（三）应对内外部冲击的脆弱性

金融系统存在脆弱性，容易受到市场波动、经济衰退或政策变化等外部冲击的影响。如果没有有效的监管，这些脆弱性可能导致金融体系崩溃，进而引发经济危机。

金融机构的脆弱性是指由于其高负债经营的特点，容易受到经济波动和市场变化的影响，从而面临较高的破产和倒闭风险。以商业银行为例，商业银行自有资本只占其资金来源的很小比例。这意味着银行的净值（资产减负债后的值）相对较低，决策错误而招致的损失也就较小，促使银行倾向于从事更高风险的贷款活动。此外信息不对称现象普遍存在，信息的收集和监督都需要付出成本，这进一步加剧了复杂的委托代理问题。银行内部的监督成本高昂以及潜在的"合谋"行为可能掩盖了自身真实的经营状态，增加银行破产的风险。同时，多个委托人之间的协调问题可能导致金融业运转及管理将产生真空地带，进一步加剧金融风险。

金融市场的脆弱性是指市场对于某些风险因素过于敏感，可能因此突然出现大幅波动或崩溃的情况。这种脆弱性可以源于多种因素，包括但不限于市场参与者的"羊群行为"、杠杆率过高、流动性风险，以及对经济或政治事件的过激反应。例如，在金融市场上，人们在判断金融资产的价格时，往往具有一定的盲目性。当一则负面新闻或一个不良事件引发市场恐慌时，这种"羊群行为"可能导致资产价格迅速下跌，进一步加剧市场的不稳定性。金融市场交易的一些技术特征也加剧了市场波动，如投资者通过保证金交易从事大规模金融交易，以相对较小的投资金额控制较大的市场头寸，这种高杠杆操作可能推动市场价格剧烈波动。金融市场脆弱性的最大表现是市场泡沫的崩溃。当金融市场投机达到一定程度后，人们对金融市场的信心开始动摇，即使微不足道的小事件也可能引发股市崩溃。因此，需要通过有效的监管和风险管理措施来减轻金融市场的脆弱性，维持良好的金融秩序，提高金融效率。

金融系统的脆弱性是指整个金融体系对内外部冲击的敏感度和抵抗力不足，可能导致系统性风险或金融危机。它不仅包括单个金融机构和特定金融市场的脆弱性，还涵盖这些组成部分之间的相互作用和传染效应。金融机构之间通过借贷、担保等形式紧密相连，单个或少数金融机构的问题可能迅速影响到其他机构，引发全面的金融危机。并且，随着金融科技快速发展，新金融产品和服务的复杂性和不透明性可能掩盖其真实风险，增加系统不稳定性。因此，有必要监测和评估金融体系的整体健康状况，维护整个经济体的金融稳定与健康发展。

三、金融监管的目标

金融监管的目标是金融监管行为要取得的最终效果或达到的最终目标，是实现金融有效监管的前提和监管当局采取监管行动的依据。对金融监管目标的认识直接决定或影响着金融监管理论的发展方向，也主导着具体监管制度和政策的建立与实施。20世纪30年代以前，金融监管的目标主要是提供稳定和弹性的货币供给，并防止银行挤兑带来消极影响。随着经济与金融不断发展，金融监管的目标也在动态变化。近年来，金融全球化进程的加速、金融监管理论不断深化，金融监管的目标在实践中不断演进并逐渐多元化。

（一）确保金融系统的稳定性

金融稳定是金融监管的核心目标，旨在防止系统性金融风险和金融危机的发生。金融机构经营的核心是货币和信用，与国民经济的其他部门构成了一个互相依赖、相互协调的整体。任何金融机构的倒闭或出现经营问题都可能给资金供应者和使用者带来严重的后果，破坏社会信用链条，引发经济和金融秩序的混乱，严重情况下甚至触发经济金融危机。通过监管金融机构的资本充足率、风险管理能力、贷款标准等，金融监管旨在减少金融市场的过度波动和金融机构的倒闭风险，从而确保国家金融体系的正常运行和安全稳定，以及保障国家经济稳健发展的良好金融环境。

（二）保护金融活动各方特别是金融消费者的利益

银行和其他金融机构作为信用中介，不仅连接着存款人和贷款人，还为广泛的金融消费者群体提供各种各样的金融产品和服务。这些机构虽然是独立的法人实体，但它们的运营密切依赖于金融消费者对其信任，这种信任很大程度上建立在对这些机构的监督和管理之上。在金融交易中，金融消费者常常处于信息不对称的劣势地位，可能缺乏评估金融产品风险和金融机构稳健性的能力。而金融机构的行为，如不公平的费用收取、误导性营销、不透明的合同条件等，若不受到监管和制约，可能损害金融消费者的权益，破坏市场的公正性和信任度。例如，如果一家金融机构因为推销含有隐蔽风险的金融产品而受到公众抨击，不仅会损害该机构自身的声誉，还可能引发金融消费者的广泛不满和金融市场的不稳定。因此，保护金融消费者的利益不仅是维护国家信用制度和保护国家经济社会利益的重要组成部分，也是促进金融机构长期稳定发展的重要基础。

（三）提高金融市场的效率和透明度

金融市场的功能和运作直接影响到资本的分配效率、企业的融资成本以及经济的整体发展。金融市场通过提供一个平台，使资金的供需双方能够有效匹配，促进资源的最优配置。效率高的金融市场能够确保资源被有效分配到最能产生价值的地方。较低的交易成本使得更多的投资者和消费者能够参与市场活动，增加市场的流动性。然而，市场的不完善，比如信息不对称、市场操纵和内幕交易等，会严重影响金融市场的运作效率和公平性，增加交易成本，阻碍资本的有效流动。随着高科技的应用和全球化经济的快速发展，金融产品创新改变了金融领域的生产和服务模式，也带来了新的风险和挑战。例如，部分金融创新活动旨在规避现有金融监管框架以追求更高利润，这可能导致市场失衡、增加系统性金融风险，甚至损害金融消费者权益。因此，金融监管应当确保市场的高效和透明运作，使其更好地服务于经济发展，促进资本的有效配置，支持实体经济的增长，为国家经济的稳健发展创造良好的金融环境。

（四）促进金融市场的公平竞争

金融市场的公平性直接关系到金融体系的稳健和经济的长远发展。在一个公平的金融市场中，无论大小，所有参与者都有平等的机会竞争和创新，这不仅有利于提高市场效率，还有助于激发创新和促进经济增长。公平的竞争条件能够吸引更多的参与者进入市场，增加产品和服务的多样性，从而为消费者提供更多的选择和更优的价格。然而，金融市场存在的垄断行为、欺诈和不公平交易等问题，可能扭曲市场竞争，限制新参与者的进入，损害消费者和整个市场的利益。特别是随着金融科技快速发展，新兴的金融模式和产品不断涌现，如果没有适当的监管框架，可能引发新的公平竞争问题，甚至增加市场的风险。因此，金融监管的职责之一是通过制定和执行公平的规则和标准，防止市场滥用和不正当竞争，确保所有市场参与者都能在一个公平、透明的环境中运作，为国家经济的稳健发展提供坚实的基础，建立公众对金融体系的信任和信心。

由于历史、经济、文化背景和发展阶段不同，不同国家金融监管具体目标的侧重点有所不同，但基本内容都涵盖上述几点。在金融混业经营的新环境下，金融交易规模急剧扩张，交易方式日益复杂，各国金融市场的联系日益紧密。金融机构和金融市场之间的相互依赖程度和危机相互传染可能性明显增大。这些变化要求金融监管机构不仅要关注本国金融体系的稳定和安全，而且要考虑全球金融市场的动态变化及其潜在影响，共同应对跨境金融风险，确保全球金融体系的稳定和安全。因此，加强国际合作和信息共享，建立有效的国际金融监管框架，已成为全球金融监管努力的重要方向。

第二节　金融监管的类型和方式

有效的金融监管不仅是法规和政策，还涉及各种金融监管的类型和方式。因此，界定金融监管的类型和方式有助于监管机构根据不同的监管目标和市场条件选择最合适的监管工具和方法，构建综合监管框架。

一、金融监管的类型

（一）审慎监管

20世纪90年代，全球金融业发展呈现新趋势：银行业混业经营，金融信息化和金融全球化，各国金融市场联系日益密切。与此同时，金融丑闻频发，金融风险加剧，例如1995年英国巴林银行倒闭事件、1995年日本大和银行因交易员违规操作遭受11亿美元巨额损失等。人们逐渐意识到真正有效的金融监管不仅要给金融机构足够的创新空间和自由，还要对其实施审慎监管，以保障稳健经营和防范风险。1997年，巴塞尔银行监管委员会（巴塞尔委员会）在《银行业有效监管核心原则》（Core Principles for Effective Banking Supervision）中，将审慎监管原则作为其中一项最重要的核心原则确立下来。

起初，人们普遍关注微观审慎监管，即通过资本充足率、不良贷款等一系列指标来预测单个机构的风险。金融监管侧重在单个机构的运作，关注单个机构的稳健性和运行中的潜在风险。但是微观审慎性的总和不等于宏观审慎性，个体的健康性不等于总体的健康性。在金融体系中，不同金融机构资产负债表高度关联，一旦一家出现问题，就很容易相互传染。

从次贷危机开始，金融监管逐渐从微观审慎监管向宏观审慎监管过渡。宏观审慎监管是微观审慎监管的有益补充，不仅考虑单个金融机构的风险敞口，还从金融体系的系统性角度出发对金融体系进行风险检测，从而实现金融稳定。宏观审慎监管的含义有：不聚焦于单个机构，而是将金融体系视为一个整体；重点关注因金融体系内部机构的相互联系而产生的风险及其蔓延；目标是降低系统性风险发生的概率，增加金融体系的韧性和弹性；与其他经济政策相辅相成，但也重视政策之间的内在矛盾，保持一定程度的独立性。

（二）机构监管

机构监管强调以金融机构为对象，对单体机构的市场准入、持续经营、风险管控、风险处置和市场退出实施全生命周期的审慎监管。这种监管方式根据金融机构的性质和业务范围（如银行、证券公司、保险公司等）制定专门的规则和标准，能够更准确地解决该类型机构面临的特定风险和挑战，提高监管的有效性。机构监管通常在传统的分业经营体系中较为适用。在分业经营模式下，银行、证券公司、保险公司等金融机构各自从事不同的业务，具有清晰的业务范围和市场定位，这使得监管机构能够为每种类型的机构设计和实施专门的监管政策和规则。

机构监管的核心在于通过严格的市场准入机制筛选出符合监管要求的金融机构，确保它们具有足够的资本实力和管理能力来应对潜在的风险。在持续经营过程中，监管机构通过定期的报告、现场检查、压力测试等手段，动态监控金融机构的经营状况，及时发现并处置可能的风险隐患。此外，机构监管还包括对金融机构在出现重大风险事件时的风险处置和有序市场退出机制，以维护金融市场的稳定性和公共利益。

然而，随着全球金融市场的发展，混业经营模式逐渐成为趋势，金融机构开始跨越传统业务边界，提供多元化的金融产品和服务。机构监管也面临监管套利、风险识别困难、创新受限等挑战，难以防控金融风险的交叉传染。

（三）行为监管

行为监管专注于金融机构对客户的行为，包括销售实践、费用披露、产品适当性、金融消费者保护以及市场行为等方面。这种监管类型的主要目标是确保所有金融机构在为金融消费者提供服务时遵循公平、诚实和透明的原则，例如公正的定价、清晰的合同条款和公平的市场竞争等，使得消费者能够获得适合其需求的金融产品和服务。通过规范金融机构的市场行为，行为监管能够帮助维护市场的完整性和效率。

行为监管的具体措施包括但不限于：严格的销售行为规范，要求金融机构在向客户推荐产品时，必须确保产品的适用性，并详细披露相关费用和风险；建立透明的投诉处理机制，确保金融消费者的权益能够得到及时有效的保护；定期进行市场行为的审查和监控，打击虚假宣传、内幕交易等不法行为；推动金融教育，提高金融消费者的金融素养，使其能够更好地理解和选择金融产品。

2008年的国际金融危机，促使各国逐步认识到金融消费者权益保护缺失是危机爆发的重要诱因。此后，行为监管与金融消费者权益保护的重要性被摆到了突出位置。通过对金融服务提供者的行为实施规范和统一管理，行为监管不仅促进了公平交易、打击了违法违规行为，还强化了金融市场的透明度和公平性，从根本上增强了金融系统的稳定性和消费者信心。

原油宝穿仓事件

（四）功能监管

功能监管是一种以金融活动的实际功能为基础进行监管的方法，而不是基于提供服务的金融机构的类型。这种监管方式关注相同或类似的金融业务，即无论这些业务是由银行、证券公司、保险公司还是其他金融服务提供者执行，执行相同功能的所有实体都被应用统一的监管标准。在统一的规则下，功能监管促进了市场参与者之间的公平竞争，从而增加了市场的整体效率。统一的监管标准也有助于保护金融消费者，确保他们接受的金融产品和服务的质量不会因提供者不同而存在差异。

功能监管的核心理念在于识别和规范金融活动本身，而不是关注执行这些活动的机构类型。通过这样的监管方法，监管机构能够更加有效地应对金融创新带来的挑战。例如，随着金融科技的发展，许多新兴的金融服务并不完全符合传统的银行、证券或保险业务的定义，但它们在功能上却与这些传统业务存在重叠。功能监管能够确保这些新兴业务在监管范围内，从而防范系统性风险的积累。

功能监管的具体措施包括制定统一的标准和规则，适用于所有从事相同或类似金融活动的机构。这些标准和规则可能涉及资本要求、信息披露、风险管理和消费者保护等方面。通过这样的措施，功能监管不仅能够提升市场的透明度和公信力，还能够防止机构利用不同的监管标准进行监管套利。例如，一些金融机构可能选择在监管较为宽松的领域开展业务，以规避严格的监管要求，而功能监管能够有效地防范这种行为。

总而言之，这种强调跨机构、跨市场的监管，有助于缓和监管职能冲突，减少监管真空及监管重叠，消除监管套利，适应混业经营趋势下防控交叉金融风险的需要，实现对金融体系更为全面的监管。

（五）穿透式监管

穿透式监管基于"实质重于形式"原则，旨在突破股东股权关系和层层业务交易的各种嵌套形式，既要看"表"，又要看"账"，深入金融机构及其业务的表层结构，直接识别和评估实质性风险和控制关系。金融市场中不断涌现的新产品、新技术和新业务模式提高了金融活动的复杂性，许多金融产品设计巧妙，通过复杂的结构隐藏了实际的风险承担者。这使得传统监管方法难以穿透这些复杂结构。通过深入了解金融机构的实质运作和潜在风险，穿透式监管有助于确保金融机构和产品的真实情况得到充分披露，增强金融市场的透明度，预防和减轻金融风险。

我国已经开展了多类型的穿透式监管，以提升监管的精确性和有效性。例如，加强股东穿透式监管，严格市场准入审核；强调金融创新应遵循"简洁、实际、透明"的原则，对那些表里不一的"伪创新"采取打击措施；通过应用图计算等先进技术进行现场审查，依托资金流动路径识别出可疑的网络关系，断绝金融行业中的非法活动链。可以说，机构监管、行为监管、功能监管必须与穿透式监管相结合，以更好地发挥监管的关键作用。

（六）持续监管

持续监管是指监管机构对监管对象从成立到运营的整个生命周期进行全过程、全链条的动态监督管理。这种监管方式关注于监管的连续性，确保随着市场环境和金融机构自身状况的变化，能够及时调整和应对，从而有效管理和控制风险。其内容包括但不限于：对金融机构进行实地审查；通过收集和分析数据、报告等方式进行非现场监管；对金融机构集团内部各实体及其相互之间的交易和关系进行并表管理；通过定期或不定期的会议、双边会谈等方式与机构管理层保持常态化接触；结合内部审计与外部审计以增加监管的深度和广度等。

总之，持续监管机构能够更加深入地理解监管对象的运营状况，及时发现潜在风险，并采取相应措施进行管理和化解，减少风险爆发的可能性，也避免由于监管缺失或不足引发的市场动荡。持续的监管交流和审计活动还促使金融机构加强自我管理和纠错机制，提高其自身的合规性和风险管理能力。

二、金融监管的方式

金融监管的方式即监管者为实现目标而采用的各种措施，主要包括法律方式、经济方式、行政方式以及具体监管方式。法律方式是金融监管的基础和前提，是实施有效监管的强有力保障；经济方式是最核心、使用最多的监管手段；行政方式是面对特定事件最具针对性的监管方式；具体监管方式主要包括非现场监管和现场监管两类。

（一）法律方式

法律方式主要是指金融监管部门通过立法形式，运用具有强制力和约束性的金融法律法规，对金融机构进行依法监管，对违反法规的金融机构依法进行处罚。金融法规是金融监管部门实施监管的依据，保证了在监管和处罚过程中有法可依。金融法规不只对金融机构具有约束力，对金融监管部门也具有约束力。金融监管法规体系大体上包括四个层次：金融业监管法、商业银行法、各种专业性金融法规、各国金融监管当局依据国家法律制定的一系列管理办法。金融业监管法从根本上界定了金融监督管理机构的职能和地位，为金融监管提供了最基本的法律框架，例如，美国《联邦储备法》及《中华人民共和国银行业监督管理法》等；商业银行法又称普通银行法，规范并调整了商业银行及其他金融机构的行为关系的立法，也是金融监管当局监管商业银行的法律依据和准绳，例如《中华人民共和国商业银行法》《中华人民共和国中国人民银行法》；各种专业性金融法规是金融监管当局为了进行系统的监督管理活动制定的，例如《中华人民共和国证券法》《中华人民共和国保险法》《中华人民共和国信托法》《金融租赁公司管理办法》等；各国监管当局依据国家法律制定的一系列管理办法则不属于法律范畴，而是作为国家法律的补充，或者实施的细则，是各商业银行必须遵守的规则，例如我国的

《金融机构合规管理办法》《银行保险机构操作风险管理办法》《商业银行资本管理办法》等。

法律方式是金融监管的基石，其最大的特征是通用性，在法律面前"人人平等"，金融机构在共同准则的前提下体现公平竞争。对金融机构而言，在遵守金融法规的同时，也依照金融法规考察金融监管部门的监管是否有越权行为，并有权据理力争以保护自己的利益。对金融监管部门而言，监督人员能够依据金融法规把握监管的范围。但是，法律方式也有一定的局限性。首先，法律规定不可能全面涵盖所有情形，部分行为准则可能尚未有明确的法律规定参照。其次，法律规定可能存在一定的滞后性。一旦金融法规确定并颁布，通常在较长时间内不会进行调整。在金融科技推动金融创新迅猛发展的现代背景下，现有金融法规可能难以充分适应金融系统新的多元化活动。

（二）经济方式

经济方式是指金融监管部门通过经济激励手段促使金融机构主动遵守监管规定和采取风险控制措施，使其经营行为有利于公众利益。当某种活动对经营有利、能够获得较高的利润时，经营者的积极性被调动，会投入较多的资源。金融机构在开展金融业务活动时，也表现出同样的规律。常见的经济方式包括货币政策、汇率政策及财政政策等。以货币政策为例，中央银行会通过调整货币供应量与信贷政策，进而作用于货币供求关系，影响利率水平与金融市场的流动性。一般情况下，中央银行能够通过执行公开市场操作、调整存款准备金率或基准利率等措施来调控货币政策，目的是控制通货膨胀、保证币值稳定并促进经济增长。关于汇率政策，中央银行可通过调整汇率来影响出口、进口及国际支付平衡，并通过管理外汇储备来应对外汇市场的波动及金融风险。财政政策通常与货币政策协同运用，比如通过调整税收政策、财政支出和债务管理等措施调节政府的收支，以实现宏观经济目标和金融稳定。

经济方式是金融监管部门最常使用的方式。相对于其他方式来说，经济方式在更大程度上依赖于市场机制和主体的自主决策，旨在最小化市场干预和市场扭曲，减轻过度监管及其引发的市场失效风险，从而促进市场公正竞争和高效运作。此外，可以在一定程度上减少金融监管部门的人力、物力和财力投入，提高监管效率。但是，经济方式也有一定的局限性。第一，经济方式依赖于市场机制和自律监管，存在市场失灵的风险。如果市场参与者存在行为协调或者集体失灵的情况，经济方式可能无法有效发挥作用，导致监管失效。第二，经济方式往往需要基于金融市场的信息披露和数据报告。但考虑到金融机构拥有更丰富的信息，它们可能利用信息不对等来规避监管要求，进而削弱监管的有效性。

（三）行政方式

行政方式是指由金融监管部门采取带强制性的行政命令、指示、规定等措施，要求所有金融机构必须在文件有效期内无条件执行的监管方式。行政方式主要包括出台规章制度、指导性文件，采取紧急措施或者进行行政处罚。规章制度是指金融监管部门根据法律授权制定的具有约束力的规范性文件，通常是监管机构根据自身职责和权力，针对具体问题或者业务领域制定的具体规定。指导性文件是指金融监管部门发布的对金融机构和市场行为进行指导和引导的文件，具有一定的指导性和倡导性，这些文件包括指导性意见、通知、函件等，用于指导金融机构加强风险管理、提高服务质量、加强内部控制等。在金融市场出现异常情况或者系统性风险时，金融监管部门可以采取紧急措施进行应对，这些紧急措施包括暂停交易、限制业务、调整交易制度等，旨在防止金融市场的进一步恶化和保护投资者利益。行政处罚是金融监管部门对金融机构和市场违规行为进行惩罚的一种方式，具有强制性和惩戒性质。金融监管部门可以根据法律法规和监管规定，对违规金融机构采取罚款、责令整改、暂停业务等处罚措施，以维护金融市场的秩序和稳定。

行政手段具有强制性特征，一旦发布，被监管部门必须照章行事。因此，行政手段具有见效快、针对性强的优点。对于金融法规中没有规定的新现象，短期内出现的法律方式和经济方式难以控制的金融波动，或者当金融发展出现异常情况，经济方式乏力，法律方式缺乏具体针对性的情境下，适时采用必要的行政方式可有效实现金融稳定的短期目标。但是，行政方式也有一定的局限性。首先，行政方式往往倾向于针对具体且局部性的情形。其次，行政方式和市场规律在一定程度上存在偏离甚至抵触，过度使用行政方式可能削弱甚至扭曲经济方式的作用。因此，行政方式只能作为金融监管的一种辅助性手段。

（四）具体监管方式

由于金融监管部门对金融业所持态度、金融体系结构特征等因素的差异，各国金融监管的具体方式不尽相同。总的来说，具体监管方式可以分为非现场监管和现场监管两类。

非现场监管是指金融监管部门通过收集并分析金融机构的经营管理与财务数据，利用技术手段（例如多种模型及比率分析）对金融机构的整体运营状况、风险管理能力及合规性进行综合评估。非现场监管包括合规性检查监管和风险性检查监管。合规性检查监管侧重于通过财务报表和相关资料的分析，审查各项财务指标是否遵循监管机构设立的审慎操作规则。风险性检查监管则通过对数据进行对比分析、趋势分析或计量模型分析，对金融机构的风险状况进行评价，并预测其未来发展趋势。非现场监管是进行监管的重要方式之一，其优势在于能够实现及时、全面的监督，同时成本较低，且不受时间和地点的限制，实现持续性监测。通过深入的分析和评估，非现场监管不仅能够为现场监管提供准确的定位，增强现场监管的有效性，还能对存在较大风险的机构发出预警，协助其及时纠正不合规行为。

现场监管是指由金融监管部门指派监管人员亲临金融机构营业场所，对被监管金融机构的会计凭证、账簿、报表、现金、物资财产、文件档案和规章制度等进行检查、分析、鉴别，直接对有关人和事进行查访，核实、检查和评价金融机构报表的真实性和准确性，以及金融机构的总体经营状况、风险管理能力与内部控制的完善性。现场监管可以分为全面现场检查监管和专项现场检查监管。全面现场检查监管覆盖金融机构的所有主要业务和风险情况，从而对其整体经营状况和风险管理能力作出评估；专项现场检查监管则聚焦于一项或数项具体业务的详细检查，特点是针对性强。

第三节　金融监管体系

金融监管体系是一套旨在维护金融市场稳定性，监控金融市场的运行，确保金融系统的透明度和公正性，同时防范系统性风险，从而支撑整个经济体稳定与持续增长的规则和机构的组合。有效的金融监管体系包括全面的监管系统，即国家金融监管体制、金融行业监管体制，以及金融机构内部控制制度。

一、国家金融监管体制

国家金融监管体制是一个国家金融监管的制度基础，是金融监管职责权力分配的方式及组织制度，是监管集权和分权的制度安排。金融监管是否充分有效与金融监管体制密切相关。下面着重介绍国家金融监管的主体和客体以及中国金融监管体制的发展演变。

（一）金融监管的主体

金融监管的主体可以从狭义和广义两个角度来理解。狭义的金融监管主体主要包括一国（地区）中央银行或其他金融监管当局，它们拥有政府授权的监管权力和责任。广义的金融监管主体还包括政府授权的公共机构、受到行业内普遍认可的非官方民间机构、体制外的社会监督机构等。这种多元化的监管架构能够更好地应对金融市场的复杂性，保护金融消费者权益，维护金融市场的稳定和透明。表1-1概述了典型的金融监管主体及其主要职责。

表1-1　典型的金融监管主体及其主要职责

序号	金融监管主体	主要职责
1	中央银行	不仅负责国家的货币政策，还负责监管银行系统的稳定性和流动性。在很多国家，中央银行也承担金融市场的监管职责，例如美国的联邦储备系统（Federal Reserve System）和中国人民银行

续表

序号	金融监管主体	主要职责
2	金融监管当局	专责监管特定金融领域（如银行业、证券市场、保险业等）的政府机构。例如美国的证券交易委员会（Securities and Exchange Commission）负责证券市场的监管，中国的国家金融监督管理总局对除证券业之外的金融业实行统一监督管理
3	政府部门	某些国家的政府部门也直接参与金融监管，如财政部门可能承担国家的财政政策和金融市场的某些监管职责。这些部门通过制定政策和法规参与金融市场的监督管理
4	政府授权的公共机构	通过一系列监管措施和手段，如规则制定、合规检查、监督审计，以及必要时的执法行动，共同维护了金融系统的安全和稳定，保护金融消费者和投资者的利益。例如美国消费者金融保护局（Consumer Financial Protection Bureau）
5	非官方民间机构	行业公会或协会，可以制定同业公约，加强行业管理，以利于监管当局实施宏观金融管理，维护有序的金融环境。例如，巴塞尔银行监管委员会（Basel Committee on Banking Supervision）制定全球银行业的监管标准和指导原则，增强银行系统的安全性和稳定性；标准普尔（Standard & Poor's）通过对债券发行人及其发行的债务工具进行信用评级，为投资者提供风险评估信息
6	社会监督机构	促进行业自律、提高透明度和保护消费者权益，并补充官方监管机构的工作。例如，美国消费者联盟（Consumers Union）主办的杂志《消费者报告》（Consumer Reports），通过研究和评估金融产品，提供消费者教育，帮助消费者作出明智的金融决策

（二）金融监管的客体

金融监管的客体即金融监管的对象，也称被监管者，指从事金融业经营和投资经济活动，依照法律法规应当接受监管的企业、组织、单位和个人，包括金融机构、工商企业、投资者和金融活动关系人等。图1-1展示了以中国金融监管实践为例的金融机构体系图。整个金融机构体系的机构主要包括两类：持牌类机构和非持牌类机构。除中国人民银行、国家金融监督管理总局、中国证券监督管理委员会批准从事金融业务的持牌类金融机构外，其他从事金融活动的机构均为类金融机构，包括但不限于小贷公司、融资担保公司、典当行等从事类金融业务的机构。按照国家金融监督管理总局的分类，目前银行业金融机构包括政策性银行、国有大型商业银行等存款机构，以及信托公司、小额贷款公司等非存款机构。保险业金融机构主要包括保险集团公司、财险公司等保险机构，以及保险经纪机构、保险专业代理机构等保险中介机构。根据中国证券监督管理委员会的分类，证券业金融机构包括证券期货基金经营机构、证券期货交易所等。

第三节 金融监管体系

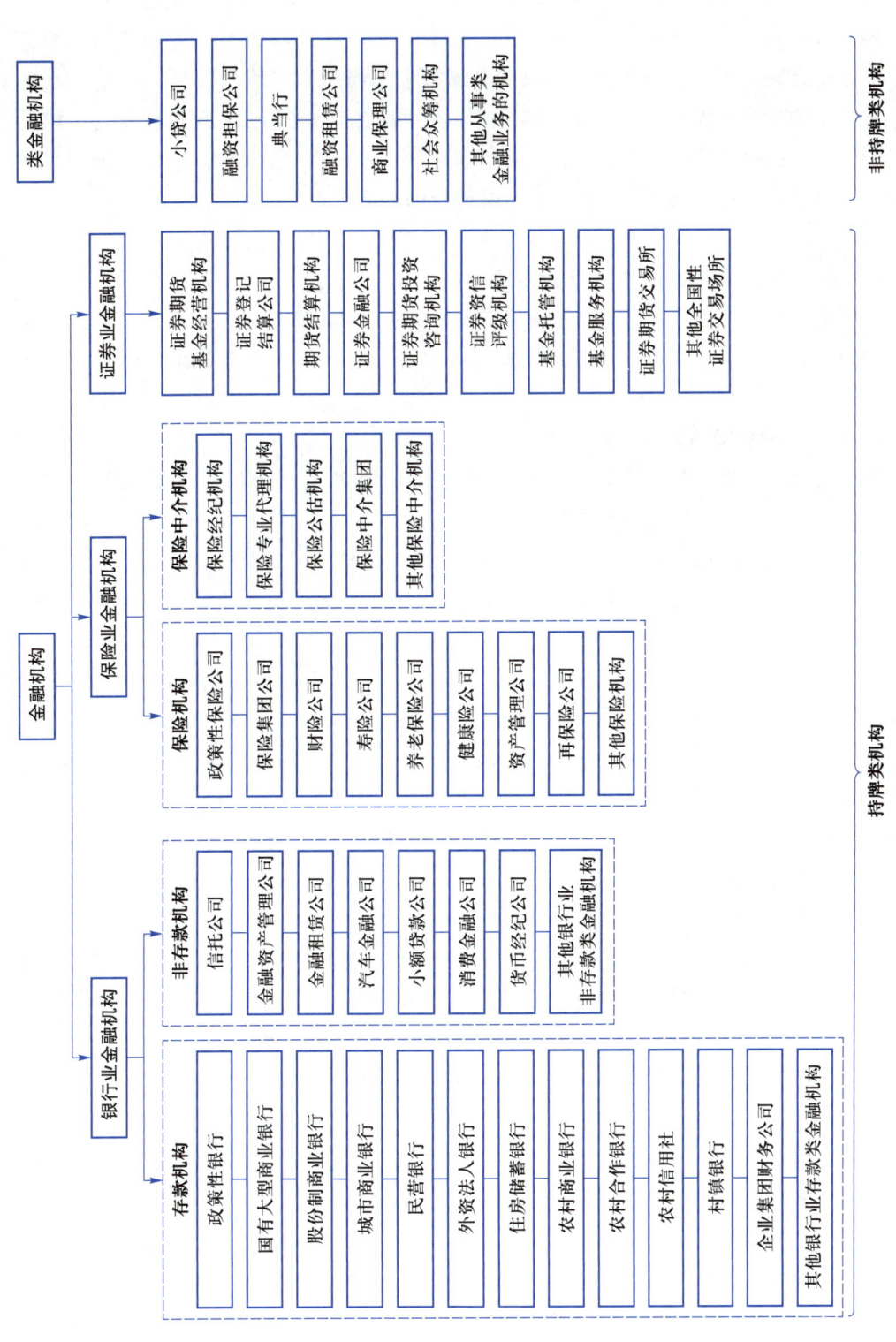

图1-1 中国金融机构体系图

传统的金融监管客体主要是银行业金融机构，因为其本身具有存款创造的功能。在当时的金融体系中，银行业金融机构的资产规模、业务量占绝对优势，对经济的影响远大于非银行金融机构。随着金融结构日趋复杂，非银行金融机构的种类和数量不断增加，资产负债规模大幅度扩张，而且其存款性业务和创新业务的多样化也使得货币定义模糊不清，甚至业务总量和市场占有率接近或超过了银行业金融机构。因此，监管当局不得不加强对非银行金融机构的监管，金融监管的客体进一步丰富。

（三）中国金融监管体制的发展及新格局

中国金融监管体制的变迁是与国内经济发展和金融体制改革紧密联系在一起的，并且是政府主导型的、主动的体制变迁模式。本部分着重介绍中国金融监管体制的发展演变。

1. 中国金融监管体制的发展

从 20 世纪 80 年代至今，中国金融业的发展经历了从混业经营到分业经营，再到业务融合的过程。金融监管体制也随之逐步建立和完善。1984 年 1 月，中国工商银行的成立标志着中国人民银行开始专门行使中央银行职能。然而，在此阶段，由于政府过度的行政干预和中央银行缺乏独立性，金融监管面临诸多挑战，这不仅威胁到金融业的安全，也阻碍了经济发展。

自 1994 年起，中国深化金融体制改革。改革的焦点在于增强中央银行的独立性、推动专业银行的商业化运作、整顿金融秩序及规范业务领域。1995 年 3 月 18 日通过的《中华人民共和国中国人民银行法》赋予了中国人民银行监督全国金融业的职责。1998 年，中国人民银行对金融监管体制进行了重大改革，新的监管体制遵循"本外币一体化、境内境外一体化、现场与非现场监控一体化"原则，使中国金融监管体制更加科学有效。1998 年，中国证券监督管理委员会（简称中国证监会）成立，将原本属于中国人民银行对证券经营机构监管职能转移至中国证监会。1999 年 7 月 1 日，《中华人民共和国证券法》的实施为证券业监管提供了法律基础。同样，中国保险监督管理委员会（简称中国保监会）也于 1998 年 11 月成立，接管了原本由中国人民银行对保险业的监管职责。

自 2003 年起，中国金融监管体制经历了一系列重要变革。2003 年 4 月 28 日，中国银行业监督管理委员会（简称中国银监会）成立，开始行使原由中国人民银行行使的对银行、金融资产管理公司、信托公司和其他存款类金融机构的监督管理职权及相关职权。中国人民银行专注制定执行货币政策、维护金融稳定，提供货币发行、外汇管理、支付清算、经理国库、反洗钱、征信管理等金融服务；监管方面则专注于对同业拆借市场、银行间债券市场、黄金市场和外汇市场的监管。此举标志着"一行三会"（中国人民银行、中国银监会、中国证监会、中国保监会）金融分业监管体制的确立。

2017 年 11 月，经党中央、国务院批准，国务院金融稳定发展委员会成立。国务院金融稳定发展委员会扮演综合监管协调者的角色。2018 年 3 月，经党的十九届三中全会和第十三届全国人民代表大会审议通过，将中国银监会和中国保监会的职责进行整合，组建中国银行保险监督管理委员会（简称中国银保监会）。我国形成了"一委一行两会一局"的金融监管架构。

地方金融监管局通过国务院或中国银保监会等部门的委托授权，对地方小贷公司、融担公司、融资租赁公司等七类金融机构和辖内的投资公司、农民专业合作社、社会众筹机构、地方各类交易所（"7+4"类机构）实施监管。进入21世纪20年代，中国地方金融系统面临风险频发的问题，暴露出监管不一致、专业性不足等漏洞。地方金融监管机构同时承担金融发展、产业扶持等职能，导致与其监管职能的潜在冲突。

2023年3月，中共中央、国务院印发了《党和国家机构改革方案》（简称《方案》）。《方案》提出组建中央金融委员会。不再保留国务院金融稳定发展委员会及其办事机构。《方案》还提出，在原中国银保监会的基础上组建国家金融监督管理总局。新的金融监管架构由中央金融委员会和中央金融工作委员会组成，成为金融领域的决策高层，形成了"一行一局一会"监管模式。

2. 新时代中国金融监管体制新格局

2023年3月10日，《国务院机构改革方案》在第十四届全国人民代表大会第一次会议上获得通过，标志着中国金融监管体制改革迈入新阶段。改革后，中国金融监管形成了"一行一局一会"（中国人民银行、国家金融监督管理总局、中国证券监督管理委员会）的监管模式，标志着中国金融业监管从分业监管转向功能监管与行为监管的统一监管格局，彰显了这个阶段国内金融政策、统筹防范风险和促进发展的主基调，形成了新时代中国金融监管体制，金融监管职责重新进行划分，权责更加明确。

《国务院机构改革方案》对中国金融监管体制做出了重大调整，具体而言，主要体现在以下几点：

（1）成立国家金融监督管理总局。国家金融监督管理总局作为国务院直属机构成立，负责对除证券业之外的金融业进行监管。同时，将中国人民银行关于金融控股公司等金融集团的日常监管职责、金融消费者保护职责，中国证监会的投资者保护职责整合至国家金融监督管理总局。

（2）成立中央金融委员会和组建中央金融工作委员会。成立中央金融委员会，设立中央金融委员会办公室，作为中央金融委员会的办事机构，列入党中央机构序列。并重新组建中央金融工作委员会，与中央金融委员会办公室合署办公。不再保留国务院金融稳定发展委员会及其办事机构，将国务院金融稳定发展委员会办公室职责划入中央金融委员会办公室。

（3）推进中国人民银行分支机构改革。中国人民银行重回"31+5"的分行体制，不再保留县（市）支行。中国人民银行大区分行及分行营业管理部、总行直属营业管理部和省会城市中心支行被撤销，在31个省（自治区、直辖市）设立省级分行，在深圳、大连、宁波、青岛、厦门设立计划单列市分行，县（市）级支行不再保留，相关职能收至地（市）分行。这一改革旨在建立以中央金融管理部门地方派出机构为主的地方金融监管体制，优化中央金融管理部门地方派出机构的设置和力量配备。

(4) 中国证监会调整为国务院直属机构。这一调整起到强化资本市场监管职责，提高资本市场的地位，进一步凸显资本市场服务实体经济的重要作用。中国证监会接管国家发展改革委的企业债券发行审核职责，统一负责公司（企业）债券发行审核工作。

(5) 深化地方金融监管体制改革。建立以中央金融管理部门地方派出机构为主的地方金融监管体制，统筹优化中央金融管理部门地方派出机构设置和力量配备。地方政府设立的金融监管机构专司监管职责，不再加挂金融工作局、金融办公室等牌子。

(6) 完善国有金融资本管理体制。市场经营类机构从中央金融管理部门剥离，相关国有金融资产划归国有金融资本受托管理机构，按国务院授权统一行使出资人职责。同时，加强金融管理部门工作人员的统一规范管理，确保中国人民银行、国家金融监督管理总局、中国证监会、国家外汇管理局及其分支机构、派出机构的工作人员按国家公务员工资待遇标准执行，纳入国家公务员统一规范管理。

在中国当前阶段的金融监管体制中，特别强调了中国证监会在资本市场监管方面的职责。中国证监会已经从国务院直属的事业单位升级为直属国务院的机构，并且接管了原本属于国家发展改革委的企业债券发行审核职责，统一负责公司（企业）债券的发行审核工作。这一调整是为了完善资本市场的功能，提高直接融资的比重，优化融资结构，从而在提升资本市场的竞争力和增强金融服务实体经济的能力方面取得更大的进展。

二、金融行业监管体制

实现对金融业有效的监管不仅需要依靠国家层面金融监管体制的审慎监管，还需要金融行业自律、存款保险制度与最后贷款人制度等金融行业层面监管机制的补充与配合。下面重点介绍金融行业自律、存款保险制度和最后贷款人制度三部分内容。

（一）金融行业自律

1. 金融行业自律概述

行业自律组织历史悠久，甚至可以追溯到封建社会时期。在那个时期，各种类型的行会组织已经存在并发挥着重要的作用。然而，当时的行会组织比较松散，通常通过自愿结合的方式组成，其职责主要涉及制定行业的行为规范和确定产品的最低价格。这样做的目的是避免行业内部的恶性竞争，并保护整个行业的利益。

随着现代经济的发展，行业自律组织变得更加规范和专业化。现代行业自律组织通常是以非营利性社团法人的形式存在，致力于组织各种交流活动和研讨会等，以促进行业的健康发展，提高行业自身的专业能力。此外，行业自律组织还会与政府进行交涉，代表着行业的利益，同时对行业成员的行为进行规范，并且承担着社会责任。行业自律组织的存在及其自律行为对于行业的稳定发展至关重要。首先，它能够防止过度竞争，维持市场的稳定和秩序。其次，它可以降低社会的交易成本，提高行业的效率。最后，它还能减少政府的监管费用，并充当行业与政府之间的桥梁与纽带。最重要的是，行业自律组织能够保护生产者、消费者等各方的利益，确保他们在交易中获得公平和可靠的待遇，并为社会经济的可持续发展做出积极的贡献。

成立金融行业自律组织是各国普遍采取的加强金融行业自我监管和提升服务水平的方式。金融行业自律组织由金融机构自愿组成，旨在追求和促进全体会员机构的共同利益。它们是金融监管系统的重要组成部分，不仅可解决金融机构间的约束和自律问题，还有助于加强金融行业的监管，改善金融机构的经营环境。特别地，在我国金融业面临金融开放和深化的挑战时，建立金融行业自律组织显得尤为重要，以配合有效金融监管和维护金融稳定的需求，还有助于建立良好的金融秩序，改善金融机构市场环境，分担金融监管当局职能等。

2. 中国金融行业自律

随着中国金融机构多元化发展，金融机构行业自律的作用正在逐步增强。目前，银行业、证券业、保险业、信托业和期货业等都已经建立了地方性和全国性的自律组织。下面对中国银行业、证券业和保险业的行业自律重点介绍。

（1）银行业的行业自律。20世纪90年代，我国银行业在发展过程中逐渐认识到行业自律组织的重要性。在中国人民银行的指导与帮助下，全国银行业开始积极探索加强行业自律的途径和方法，并最终于2000年5月10日正式成立中国银行业协会。中国银行业协会以促进实现会员单位共同利益为宗旨，履行自律、维权、协调、服务职能，维护银行业合法权益，维护银行业市场秩序，提高银行业从业人员素质，提高为会员服务的水平，促进银行业的健康发展。该协会主要职责包括行业自律、行业维权、行业协调、行业服务、法律法规规定的其他职责、有关部门交办委托的其他事项等。

（2）证券业的行业自律。中国证券业协会成立于1991年8月28日，自我国证券市场建立之初便开始逐步发展壮大。该协会是根据《中华人民共和国证券法》和《社会团体登记管理条例》的规定设立的证券业自律性组织，属于非营利性社会团体法人。中国证券业协会的宗旨是在国家对证券业实行集中统一监督管理的前提下，进行证券业自律管理，发挥政府与证券行业间的桥梁作用，为会员服务，维护会员的合法权益，维持证券业的正当竞争秩序，促进证券市场的公开、公平、公正，推动证券市场的健康稳定发展。该协会依据《中华人民共和国证券法》等法律法规、中国证监会规范性文件规定以及行业规范发展的需要，主要行使行业自律、行业服务、行业传导等多项职责，以及法律法规规定的其他职责、有关部门交办委托的其他事项等。

（3）保险业的行业自律。中国保险行业协会成立于2001年2月23日，是经中国保险监督管理委员会审查同意并在中华人民共和国民政部登记注册的中国保险业的全国性自律组织，是自愿结成的非营利性社会团体法人。中国保险行业协会依据《中华人民共和国保险法》，督促会员自律，维护行业利益，促进行业发展，为会员提供服务，促进市场公开、公平、公正，全面提高保险业服务社会主义经济社会的能力。该协会主要职责包括行业自律、行业维权、行业服务、行业交流、行业宣传、法律法规规定的其他职责、有关部门交办委托的其他事项等。

(二) 存款保险制度

1. 存款保险制度概述

存款保险制度是一种金融保障制度。为了保护存款人的合法权益,维护金融体系的安全与稳定,会设立专门机构。该机构要求经办存款的金融机构必须或自愿地根据存款额大小按一定的费率进行投保。当投保的存款机构面临经营危机或陷入破产境地时,存款保险机构会提供流动性支持或直接向其存款人支付部分或全部存款,以确保存款人的资金安全。

各国的存款保险保护方式主要分为两类:隐性存款保险制度和显性存款保险制度。在应对大型银行危机时,世界各国都存在事实上的隐性存款保险制度。而显性存款保险制度与隐性存款保险制度的主要区别在于三个特质:① 存款人赔付有正式的立法保障;② 存在额外的工具规则,例如风险调整保费制度等;③ 不对称信息的政府救助政策被削弱。为了避免产生歧义,此处的存款保险制度特指显性存款保险制度。

从组织形式来看,已经实施的存款保险制度主要有三种具体的组织形式:① 由官方独立建立存款保险机构。例如,美国、英国和加拿大等国家选择由政府主导,设立专门的存款保险机构来执行这一制度。② 由官方和银行界共同出资建立存款保险机构。这种方式常见于日本和比利时等国家,强调政府和银行的合作,共同为存款保险提供资金和资源。③ 在官方支持下,由银行同业合作建立存款保险机构。德国、法国和荷兰等国家采用这种方式,利用同业合作的优势,在政府的监管和指导下,共同维护存款保险制度的运行。

从功能角度来看,存款保险制度的核心作用在于为金融体系构建一个安全屏障。它旨在防止因个别金融机构的倒闭导致存款人对整个金融体系失去信心,进而引发大规模的挤兑行为,从而产生银行恐慌和金融危机。具体而言,存款保险制度主要有三个功能:① 有利于防止银行挤兑,避免因银行破产而引起整个银行体系发生支付危机,增强金融体系的稳定性;② 保护存款人的利益;③ 为陷入困境的银行提供流动性。

2. 中国的存款保险制度

随着我国金融改革不断深化,大量股份制银行、民营银行以及外资银行等崭露头角。面对这一趋势,建立存款保险制度显得尤为重要,它不仅有助于维护金融体系的稳定,保障储户的利益,还能强化银行监管,进一步推动金融改革。事实上,我国在1993年的《国务院关于金融体制改革的决定》中就提出要建立存款保险基金,保障社会公众利益。

中国存款保险制度在2015年5月1日正式实施,也称存款保障,是中国金融业的一项重要改革,旨在为公众提供更加安全和稳定的金融环境。该制度通过立法形式,为公众的存款提供了明确的法律保障,从而增强了公众对银行业的信心。这一制度的实施具有里程碑式的意义,标志着中国金融监管体系朝着更加成熟和完善的方向迈进。

中国存款保险制度覆盖范围广泛，几乎涵盖了所有存款类金融机构，包括商业银行、农村合作银行、农村信用合作社等。这一制度的实施意味着，无论在哪个金融机构存钱，存款人的资金安全都将得到有效保障。此外，该制度还具有以下特点：

（1）赔付限额明确。根据制度规定，同一存款人在同一家投保机构的所有被保险存款账户的存款本金和利息合并计算后，如果资金数额在最高偿付限额50万元以内的，实行全额偿付；超出最高偿付限额的部分，依法从投保机构清算财产中受偿。这一限额设定既保障了大多数存款人的利益，又避免了过度的保险负担。

（2）立法保障。通过制定并公布《存款保险条例》，以立法形式明确了存款保险制度的地位和作用。这使得存款保险制度有法可依，为公众提供了明确的法律保障。

（3）专门的存款保险基金。为了确保存款保险制度的可靠性和可持续性，设立了专门的存款保险基金。该基金由投保机构按照规定比例缴纳保费，用于在银行出现问题时偿付存款人的损失。这一基金的设立进一步提升了公众对银行体系的信心。

（4）监管与风险防范相结合。存款保险制度不仅关注事后的偿付，更注重事前的风险防范。通过对投保机构进行监督和评估，及时发现并化解潜在的风险，以降低银行经营风险，从而更好地保护存款人利益。

（5）动态调整与优化。随着金融市场的变化和发展，存款保险制度也需要不断调整和优化。中国政府持续关注金融市场的动态，不断完善存款保险制度，以适应新的经济形势和金融环境。

整体而言，中国存款保险制度在保障公众资金安全、稳定金融市场、促进银行业健康发展等方面都发挥了积极作用。这一制度的成功实施增强了公众对金融体系的信心，为中国的金融改革和发展奠定了坚实基础。

（三）最后贷款人制度

1. 最后贷款人制度概述

最后贷款人这一概念最早由弗朗西斯·巴林（Francis Baring）爵士于1797年提出。他认为，作为"最后手段"，其他银行在发生危机时可以从英格兰银行获得流动性援助。而全面系统阐述该概念的则是亨利·桑顿（Henry Santon）。他在1802年的著作《对大不列颠票据信用的性质和效果的调查》中，深入探讨了英格兰银行作为最后贷款人的独特地位和功能。桑顿的理论为后来金融体系的发展与完善奠定了坚实基础。

此外，桑顿还总结了最后贷款人的三个核心特点：① 作为银行体系乃至整个金融体系流动性的最终来源，最后贷款人拥有独一无二的地位。它创造和维持高能货币，以确保在任何关键时刻，这些高能货币可以被用来满足流动性需求。这一功能确保了金融市场的稳定，避免了可能出现的金融危机。② 作为中央黄金储备的保管人，最后贷款人承担着特殊的责任。它必须依靠自己的资源来保护储备，防止铸币外流。为了阻止可能导致铸币国内外流的恐慌蔓延，最后贷款人需要随时自主地发行纸币。这一责任强调了最后贷款人在保护国家经济安全中的关键作用。③ 与其他银行不同，最后贷款人承担着公共责任。一般银行只对其股东负责,而最后贷款人的责任则扩及整个经济体系。这意味着,除了保存经济总量以维持流通货币购买力,防止银行挤兑和恐慌外,最后贷款人还需要在危机发生时援助整个金融体系。这种公共责任使得最后贷款人在金融体系中扮演着不可或缺的角色。

最后贷款人制度(Lender of Last Resort,LOLR)是指中央银行作为最后贷款人,在银行体系遭遇不利冲击导致流动性需求大大增加,而银行体系本身又无法满足这种需求时,向银行体系提供流动性,以确保银行体系稳健经营的一种制度安排。通过这种方式,中央银行可以确保金融体系的稳定性和安全性,防止金融恐慌和危机的蔓延,避免金融危机的发生。然而,中央银行作为最后贷款人也可能带来一些负面影响。第一,向金融机构提供流动性可能导致货币供应量增加,从而会加剧通货膨胀的压力。第二,如果过度依赖最后贷款人解决金融问题,可能导致金融机构风险管理的能力下降,进而增加了金融体系的脆弱性。因此,在实施最后贷款人制度时,需要谨慎权衡利弊,并采取有效的监管措施来限制潜在的风险。

2. 最后贷款人制度的必要性

金融危机的多次发生表明,仅靠市场这只"看不见的手"无法确保金融体系的稳健运行。在银行领域,银行的易受挤兑性、银行挤兑的传递性和银行挤兑传递所引发的系统性风险,突出体现了政府通过中央银行以最后贷款人贷款的形式干预银行市场的必要性。

(1)银行的易受挤兑性。商业银行的资产负债表展现出资产与负债不匹配的现象。银行的资产主要由长期且缺乏流动性的贷款构成,而负债则主要由短期且有担保的存款组成。银行在面临大量储户同时提取存款的情况,如果缺乏外部援助,资产负债的不匹配使银行难以抵御挤兑的风险。因为在采取部分准备金制度的银行体系中,银行仅用少量现金或储备金来支持其全部业务活动。这些随时可用的资产是银行抵御挤兑的第一道防线。然而,一旦这些现金储备被提取殆尽,银行又不能迅速吸收新的存款或其他资金,它们就必须首先出售其他流动性资产。如果这些流动性资产变现后仍不能满足储户的提款需求,银行将不得不折价抛售非流动性资产。然而,非流动性资产往往不易出售,这进一步加剧了银行困境。因此,如果没有外部的流动性援助,折价抛售资产会进一步加剧银行困境,使其从流动性不足迅速转化为缺乏清偿力,最终导致其破产。

(2)银行挤兑的传递性。与其他行业相比,银行业更容易发生挤兑传递,不管是信息性挤兑还是非信息性挤兑。因为存款人对银行的经营和财务状况往往缺乏全面且准确的认识。银行间日益紧密的相互依赖关系也是导致挤兑传递的一个重要因素。由于在同业市场中获取资金的成本相对较低,银行常常积极参与其中。这种方式虽然可以被用来分散和减少风险,但如果不加妥善管理,它们也可能成为银行挤兑的传递渠道。此外,银行作为支付系统的主要结算方,也给银行挤兑的传递创造了条件。以支票流通为例,当支票出现临时性透支时,收款银行在向付款银行收款之前,款项是贷记在收款银行的账上的。在这种情况下，如果付款银行遭遇挤兑而出现支付困难，会严重影响收款银行的流动性，从而为存款人挤兑收款银行埋下隐患。

（3）银行挤兑传递所引发的系统性金融风险。银行挤兑传递所引发的金融系统性风险是一个重要的概念，它是指银行挤兑传递具有引发其他银行乃至整个银行系统震荡的溢出效应。这种风险可能导致大范围的银行挤兑，进而损害公众对整个金融体系的信心。而信心的丧失可能对银行系统功能的正常发挥产生严重威胁，会破坏银行与其客户之间建立的互信关系。事实上，中央银行作为最后贷款人的角色，其关注点并不局限于单个银行的挤兑事件。相反，中央银行更注重的是单个银行的挤兑事件可能引发其他多个银行的挤兑甚至倒闭，进而导致整个银行系统乃至整个金融体系的危机。桑顿等学者也一再强调，最后贷款人的目标是对抗市场的整体风险，而不仅仅是单个银行的风险。这意味着，当一家银行遭遇挤兑时，中央银行需要采取行动来稳定市场情绪，防止恐慌情绪的扩散和整个金融体系的崩溃。

三、金融机构内部控制制度

（一）金融机构内部控制制度概述

1. 内部控制制度的含义

1992年，国际内部审计师协会（Institute of Internal Auditors，IIA）、美国注册会计师协会（American Institute of Certified Public Accountants，AICPA）、美国会计学会（American Accounting Association，AAA）、管理会计师协会（Institute of Management Accountants，IMA）和财务经理人协会（Financial Executives International，FEI）共同组成的瑞德威委员会（Treadway Commission）发布了《内部控制——整合框架》，又称COSO（Committee of Sponsoring Organizations）报告。这是内部控制的纲领性理论文件，也是迄今为止最权威定义了内部控制的文件。该报告指出：内部控制是为了保证企业经营业务的效率性、财务报告的可靠性和相关法规制度的遵从性，由董事会、经营者及其他成员实施的一种过程。内部控制主要包含五个要素，即内部控制环境、风险识别与评估、内部控制措施、信息交流与反馈、监督评价与纠正。

金融机构作为提供金融服务的企业，其内部控制制度的基本原理与一般工商企业的大体相同。虽然各国及有关机构对金融机构内部控制制度的定义表述略有不同，但其本质并无大异。例如，英国金融界认为内部控制制度是金融机构管理层为确保业务有效开展而建立的机制，用以确保管理政策的贯彻、资产保全和记录的完整与准确。巴塞尔银行监管委员会参照COSO报告和各国理论，于1998年提出了金融机构内部控制系统的框架和13项原则。其中，对金融机构内部控制制度的定义进一步强调了董事会和高级管理层的影响，并强调组织中的各级人员都要参与内部控制过程。

我国金融界认为，金融机构内部控制制度是金融机构在经营管理活动中，为保证管理有效、保障资产安全完整、保证会计资料准确真实、实现经营目标以及鼓励遵守既定管理政策而采取的所有方法和手段。依据中国人民银行 1997 年公布的《加强金融机构内部控制的指导原则》，金融机构内部控制是金融机构的一种自律行为，是金融机构为完成既定的工作目标和防范风险，对内部各职能部门及其工作人员从事的业务活动进行风险控制、制度管理和相互制约的方法、措施和程序的总称。

2. 内部控制制度的目标与建立原则

不同国家、行业和企业的内部控制制度目标不同。按照书籍《外部审计》，内部控制制度的目标可包括八个方面，即保护资产、保护会计记录的可靠性、及时提供可靠的财务信息、盈利和尽量减少不必要的花费、避免无意面临风险、预防或查明错误和不正常的现象、保证授权的职责得到正确的履行以及履行法律责任。瑞德威委员会在总结了不同的内部控制制度目标后，提出了内部控制制度的三大目标，即经营的效果和效率、财会报告的可靠性和对现行法规的遵守。

巴塞尔银行监管委员会在此基础上参考了其他西方国家的相关理论，提出了金融机构内部控制制度的三大目标，即运作性目标、信息性目标和合规性目标。其中，运作性目标是指运作的效率和有效性；信息性目标是指财务和管理信息的可靠性、及时性和完整性；合规性目标是指符合适用的法律和规章制度。具体而言，金融机构不应为了追求最大化经营而忽视或违反法规制度，也不应为了短期操作目标而牺牲自身利益、不计成本，甚至违反财务和管理制度、违背客观信息。金融机构内部控制制度的这三大目标相辅相成、相互补充、互为条件且互相兼容，只有正确把握三大目标的度与量，才能有效实现金融机构的内部控制制度目标。

我国金融机构内部控制制度的目标主要有以下四点。第一，保证国家法律法规、金融监管规章和金融机构内部规章制度的贯彻执行；第二，保证风险管理体系的有效性，确保将各种风险控制在适当的范围内；第三，保证自身发展战略和经营目标的全面实施和充分实现；第四，保证业务记录、财务信息以及其他管理信息的及时、完整和真实。

在建立内部控制制度时，应遵循相互牵制、协调配合、程式定位、成本效益等基本原则。而金融机构在制定内部控制制度时，除了要遵循上述基本原则，还需要根据金融行业的特性，遵循有效性、审慎性、全面性和独立性原则。具体而言，有效性原则要求内部控制制度具有高度权威性，成为员工必须严格遵守的准则，并真正落到实处；审慎性原则要求充分考虑业务过程中可能存在的风险和问题，设立适当的操作程序和控制步骤来避免或减少风险，并在风险发生时采取补救措施；全面性原则要求内部控制制度必须全面且完整，渗透到各项业务的过程和操作环节中，覆盖所有部门、岗位和人员，不留任何死角和空白点；独立性原则要求内部控制的检查和评价部门应独立于内部控制的建立和执行部门，并具备直接向董事会和高级管理层报告的渠道。

（二）中国金融机构内部控制制度

同中国金融业的迅速发展相比，中国金融机构内控制度建设显得相对滞后。早期中国金融机构公司治理结构不完善，战略投资人匮乏，加上社会诚信的危机和法律体系的不完善且执行混乱，这都不利于内部控制建设。中国人民银行于 1997 年 5 月发布《加强金融机构内部控制的指导原则》，对金融机构内部控制的原则与目标、基本内容与要求、管理与检查等方面均有明确的指导性规定，这对中国金融机构内部控制的建设有着积极的意义。中国金融机构基本上都制定了一套内部控制制度，主要有商业银行内部控制制度、证券公司内部控制制度和保险公司内部控制制度。这对有效防范金融风险、保证金融业安全稳健运行会起到积极作用。

1. 商业银行内部控制制度

为了加强商业银行建立和健全内部控制，有效防范金融风险，保障银行系统的安全稳健运行，2014 年 9 月 12 日，中国银监会发布修订版的《商业银行内部控制指引》（以下简称《指引》）。《指引》指出，商业银行内部控制应当遵循的基本原则包括全覆盖原则、制衡性原则、审慎性原则和相匹配原则。

在内部控制措施方面，《指引》要求商业银行应当建立健全内部控制制度体系，对各项业务活动和管理活动制定全面、系统、规范的业务制度和管理制度，并定期进行评估，合理确定各项业务活动和管理活动的风险控制点，采取适当的控制措施，执行标准统一的业务流程和管理流程，确保规范运作。同时，应当建立健全信息系统控制，通过内部控制流程与业务操作系统和管理信息系统的有效结合，加强对业务和管理活动的系统自动控制，根据经营管理需要，合理确定部门、岗位的职责及权限，形成规范的部门、岗位职责说明，明确相应的报告路线，明确重要岗位，并制定重要岗位的内部控制要求，对重要岗位人员实行轮岗或强制休假制度，原则上不相容岗位人员之间不得轮岗。为保障内部控制的有效性，《指引》还强调商业银行应当建立贯穿各级机构、覆盖所有业务和全部流程的管理信息系统和业务操作系统，及时、准确记录经营管理信息，确保信息的完整、连续、准确和可追溯，应当加强对信息的安全控制和保密管理，建立与其战略目标相一致的业务连续性管理体系，制定业务连续性计划，组织开展演练和定期的业务连续性管理评估，有效应对运营中断事件，保证业务持续运营；同时，制定有利于可持续发展的人力资源政策，将职业道德修养和专业胜任能力作为选拔和聘用员工的重要标准，保证从业人员具备必要的专业资格和从业经验，加强员工培训。

在内部控制评价与监督方面，《指引》要求商业银行建立内部控制评价制度，并根据业务经营情况和风险状况确定内部控制评价的频率，至少每年开展一次。当商业银行发生重大的并购或处置事项、营运模式发生重大改变、外部经营环境发生重大变化，或其他有重大实质影响的事项发生时，应当及时组织开展内部控制评价。内部审计部门履行内部控制的监督职能，负责对商业银行内部控制的充分性和有效性进行审计，及时报告审计发现的问题，并监督整改。银行业监督管理机构通过非现场监管和现场检查等方式实施对商业银行内部控制的持续监管，并根据本指引及其他相关法律法规，按年度组织对商业银行内部控制进行评估，提出监管意见，督促商业银行持续加以完善。

整体而言，《指引》的发布不仅提升了商业银行的内部控制质量和风险防范能力，还在复杂的金融环境中为银行业的稳健发展提供了有力保障，推动商业银行在合法合规框架内实现稳健运营，增强其在金融市场中的竞争力和抗风险能力。

2. 证券公司内部控制制度

为规范证券公司经营、加强内部控制机制，中国证监会于2003年12月15日发布了《证券公司内部控制指引》的修订版。此指引共分五章，包含142个条款。此版《证券公司内部控制指引》是对2001年版的全面更新，旨在引导证券公司完善治理结构，建立清晰合理的组织架构，贯彻健全、制衡、独立的内部控制原则，并且明确规定董事会、监事会、经理人员在内部控制中的职责，强调证券公司需在资产、财务、人事、业务等方面与其股东、实际控制人和关联方保持独立性，确保独立运作。

修订后的《证券公司内部控制指引》详细阐述了证券公司在业务、投资、咨询、创新、机构、财务系统、资源等八个证券公司专门领域的内部控制要求。这些要求涉及建立实时监控系统、岗位分离制、统一的经济业务标准化服务规程、操作规范和相关管理制度，以及预防客户资金挪用、非法融资和结算风险等措施。其还包括建立发行人质量评价体系和投资银行项目管理制度，提高项目质量，防范法律、财务及道德风险。

总体而言，《证券公司内部控制指引》的修订标志着中国证券市场在规范化、透明化方面迈出重要步伐。通过提高证券公司的内部控制水平，为金融市场的稳定和健康发展提供了坚实基础，有助于增强证券公司的自我约束能力和现代企业制度建设。

3. 保险公司内部控制制度

为加强保险公司内部控制建设，提高保险公司风险防范能力和经营管理水平，促进保险公司合规、稳健、有效经营，保护保险公司和被保险人等其他利益相关者合法权益，中国保监会于2010年8月10日制定并发布了《保险公司内部控制基本准则》（以下简称《准则》）。《准则》为保险公司建立健全内部控制制度提供了全面的指导和探索，其中明确了内部控制的概念、目标和原则，并对内部控制体系进行了清晰的阐释。

《准则》的核心内容包括：保险公司应当建立全面、系统、规范化的内部控制体系，覆盖所有业务流程和操作环节，贯穿经营管理全过程。这要求在组织架构、岗位设置、权责分配、业务流程等方面，通过适当的职责分离、授权和层级审批等机制，形成合理制约和有效监督。内部控制应当与绩效考核和问责相挂钩，确保内部控制措施满足管理需求，风险得到有效防范。在有效控制的前提下，合理配置资源，尽可能降低内部控制成本。

其次，《准则》明确了销售、运营、基础管理和资金运用等四个领域的内部控制要求。在销售控制方面，建立并实施科学统一的销售人员管理制度，规范对各渠道销售人员的甄选录用、组织管理、教育培训、业绩考核、佣金和手续费、解约离司等，同时确保宣传广告内容真实、合法，以及建立销售过程和销售品质风险控制机制。在运营控制方面，要求以效率和风险控制为中心，强化操作流程控制，强调了反洗钱控制制度的重要性。在基础管理控制方面，涉及战略规划、人力资源、计划财务、信息系统管理、行政管理、精算法律、分支机构管理和风险管理等活动的全过程控制。其中，风险管理既是保险公司基础管理的重要组成部分，也是内部控制监控的重要环节，这强调了风险管理的重要性。在资金运用控制方面，要求以安全性、收益性、流动性为核心，进行资产战略配置、资产负债匹配、投资决策管理、投资交易管理和资产托管等活动的全过程控制。

《准则》还要求建立内部控制评价制度，要求保险公司内部审计、内控管理职能部门和董事会共同评估内部控制体系的健全性、合理性和有效性，并根据监管部门的评价标准，得出自评得分及等级，报送至中国保险监督管理委员会。

美国硅谷银行破产事件

整体而言，《准则》的制定，对于提升保险公司内部控制水平，促进其合规、稳健和有效经营至关重要，进而为保护保险公司及被保险人等利益相关者的权益提供了坚实保障。

本章小结

本章首先概述了金融监管的含义、金融监管的必要性、金融监管的目标等；其次详细介绍了金融监管的类型和方式；最后系统性地梳理了金融监管体系的三大组成部分，即国家金融监管体制、金融行业监管体制以及金融机构内部控制制度。

思考题

1. 什么是金融监管？为什么要进行金融监管？
2. 金融监管的一般目标有哪些？
3. 简述金融监管的类型及作用。
4. 金融监管的方式有哪些？
5. 现阶段在中国金融监管体制中扮演金融监管当局角色的是什么机构？主要金融监管对象有哪些？
6. 最后贷款人有哪些鲜明的特点？银行的哪些问题体现了最后贷款人制度存在的必要性？
7. COSO报告中的内部控制要素有哪些？我国金融机构内部控制的目标是什么？

即测即评

参考文献

[1] 郭田勇. 金融监管学 [M]. 4版. 北京：中国金融出版社，2020.

[2] 李成. 金融监管学 [M]. 2版. 北京：高等教育出版社，2016.

[3] 祁敬宇. 金融监管学 [M]. 2版. 西安：西安交通大学出版社，2013.

延伸阅读

[1] 部慧,陆凤彬,魏云捷."原油宝"穿仓谁之过?我国商业银行产品创新的教训与反思 [J]. 管理评论, 2020, 32 (9): 308-322.

[2] 黄辉. 中国金融监管体制改革的逻辑与路径:国际经验与本土选择 [J]. 法学家, 2019 (3): 124-137+194-195.

[3] 周镕基,姚帅,吴思斌. 美国金融安全系统之"殇":来自硅谷银行破产的经验证据 [J]. 财会月刊, 2023, 44 (22): 105-111.

第二章

金融创新与监管科技

科技是第一生产力,创新是第一动力。科学技术的进步深刻驱动着金融业的创新与变革,传统金融业的面貌逐步被重塑,金融创新成为国家及全球经济发展的重要引擎之一。金融创新的蓬勃发展,对现有的监管体系提出了更多方面的、全方位的调整要求,科技赋能监管的重要性愈发明显。健全的监管体系能够保障金融业的持续健康发展,实现科技与金融的良性融合。由于传统的监管体系无法完全适应新的金融业态,建立现代化的金融科技监管体系势在必行。为更好地理解金融监管科技,必须首先明确金融创新的发展趋势并总结其对监管科技的新需求。

第一节 金融创新的发展趋势

一、金融科技的兴起与金融创新

(一) 金融科技的兴起

金融科技,由英文单词 FinTech 翻译而来,取"Finance"与"Technology"的各一部分拼合而成。从字面含义看,"金融科技"由"金融"与"科技"耦合而成。目前金融科技并无严格的统一定义。综合各组织与学者的观点,金融科技是以科技创新为驱动,利用大数据、云计算、人工智能、区块链等核心技术,实现金融与科技深度融合,创新金融商业模式、服务方式及产品等多种要素,旨在提升行业效率、推动金融业创新发展的新型金融业态。众多组织、学者给出的定义大致可分为以下三类。

部分组织与学者认为金融科技是一种新的技术手段。国际货币基金组织和世界银行集团在巴厘岛金融科技议程中将金融科技定义为技术进步,这种技术进步能够刺激金融业务模式和流程创新,产生新的服务与产品,推动金融行业转型。金融科技是应用于金融领域的科学技术,服务于广大群众,能够提升金融业的整体效率、降低成本。提出相关定义的学者认为金融科技本质上是属于"科技"的范畴,只是这种科技的存在能够对金融业的创新发展产生催化作用。

此外,也有部分定义表明金融科技是一种新的产业。维基百科对金融科技的解释从企业行为出发：企业运用新的技术手段提升金融服务的效率，进而形成了新的经济产业，这种经济产业被称为"金融科技"。金融科技是改变人们支付、汇款、借贷和投资方式的新浪潮。这种定义认为金融科技更倾向于形成了一种全新的产业，行业内出现新的金融科技公司，提供专门的产品与服务。

除上述两类外，更主流的定义认为金融科技是一个较为综合的概念，同时囊括了技术与金融创新两方面的内容。金融稳定委员会（Financial Stability Board，FSB）对 FinTech 的解释是：以技术为基础、存在于金融服务中的创新，包括新的商业模式、应用程序、业务流程或产品的产生，影响金融市场、金融机构以及金融服务的提供。这一定义目前被广泛接受。中国人民银行在 FSB 的定义基础上进一步解释，指出金融科技是借助先进科学技术，改良革新金融行业的经营运行模式、产品服务及业务流程，以推动金融领域业务发展和效率提升。该定义所表达的内涵与金融稳定委员会的定义十分相似，均指出了技术手段的激励与对金融业务的改进及影响。此外，国际证券委员会（IOSCO）将金融科技定义为商业模式和技术的创新，这与金融稳定委员会的定义基本相似，但将技术与金融模式放置在并列位置。在这一类定义下，金融科技实质上并不脱离金融本身，只是特指在传统模式的基础上由于技术的进步而产生的那部分创新。

数字货币 Libra

（二）金融科技与金融创新

相较于金融科技这一出现不足十年的概念，"金融创新"的出现已有很长的时间。从字面意义看，"金融创新"是金融领域内的创新。早在 20 世纪初，经济学家熊彼得（Joseph Alois Schumpeter）初次给出了"创新"的定义，即体系中的新组合，也就是企业家向生产体系中引入区别于过去的生产要素与技术的"新组合"，从而塑造全新的生产函数。熊彼得创新理论奠定了创新经济学的基础，后来的学者将其引入金融领域进行金融创新研究。

金融创新是一个灵活而广泛的概念。宏观上，金融创新可以理解为自金融体系诞生以来的一切变革，而微观上的金融创新一般仅包含新的金融产品的出现。关于金融创新的研究从未停止，不同学者对其定义有不同角度的阐释。部分定义重点描述金融创新的过程，如 1986 年国际清算银行在 *Recent Innovations In International Banking* 中指出不断变化的监管环境、不断扩大的技术、波动的市场以及金融机构之间日益激烈的竞争等因素均会刺激金融创新，金融创新是风险、收益、流动性不同的金融资产的组合方式改变的过程。而有部分学者定义的重点在于界定金融创新涵盖的范围，有人指出金融创新是金融产品和服务的优化升级，但另有人给出的范围更广，认为金融创新是金融机构在工具、方式、技术、机构和市场等多方面的突破和变革。

综合以上内容，本书将金融创新定义为：在外部或内部因素驱动下，金融要素在金融体系中重新组合的过程，其内容包括金融制度创新、金融市场创新、金融机构创新、金融产品创新与金融监管创新。这个概念定义的范围较为中观，也是目前的诸多研究中采用较为广泛的定义范围。

科技的进步改变了人们对生活的创想，同样地，科技的发展也拓展了金融创新的边界。金融科技的发展为金融体系注入了新的活力，消费者需求的广度与深度逐渐拓展，刺激着金融机构提供更加便捷、智能的服务。而在激烈的市场竞争下，金融机构作为金融服务的供给者，拥有创新产品以吸引消费者的动力。金融科技的诞生为金融机构创新产品与服务提供了新的思路，服务边界不断拓展，使金融服务趋向于无形。在金融科技发展的热潮下，新兴的金融科技企业或传统金融机构的金融科技子公司具有颇高的成长价值与投资价值，吸引了大量金融资源介入，为现代金融的创新发展提供充足的流动性与更加广阔的运作空间。

二、金融科技背景下金融创新的发展概况

纵观金融体系的发展历史，科技为金融体系带来了多次颠覆性的变革。这些变革可总结为金融信息化、互联网金融、数智金融三个阶段。

（一）金融信息化

金融体系在科技背景下的第一次创新变革使金融系统由完全依赖人力趋于自动化。20 世纪中叶之前，金融行业仍属于劳动密集型行业。以银行为例，其经营、提供金融服务完全依托于线下网点与人工服务，在服务的空间与时间上均有极大限制。至 20 世纪中后期，第二次世界大战结束，世界迎来了发展的高潮，计算机、原子能等高科技产物的应用标志着第三次工业革命的到来，信息技术的发展为人类社会的生产及生活方式带来了颠覆性的变革，同样也为传统金融行业带来了第一次创新变革。

20 世纪 60 年代，计算机电子技术开始被广泛运用于金融交易中，运用电子信息系统实现内部管理与业务交易，计算的准确性与计算量均得到了大幅提升，提高了金融体系的运作效率，银行信用卡也在这个阶段得到推广。20 世纪 70 年代，自动柜员机（Automated Teller Machine，ATM）的发明使银行业务自动化程度提升，打破了物理网点服务的时间限制，银行业务量提升，直至今日仍被沿用。20 世纪 80 年代，电子支付系统出现，第一台 POS 机诞生，使用磁卡和密码输入设备，能够实现实时交易处理，是电子支付领域的重大突破，在全球范围内得到了广泛应用。20 世纪 90 年代，网络银行诞生。1995 年全球首家明确标识网络银行的金融机构 Security First Network Bank 成立，其由于实时、便捷性迅速得到大众认可。1998 年，互联网支付平台 PayPal 建立，即时支付、即时到账的方式迅速得到推广。

科技背景下金融创新的第一阶段，金融趋于自动化、电子化、信息化，金融服务的方式实现颠覆性创新，推动金融服务范围迅速扩张，为金融行业的发展注入了新的活力。

(二) 互联网金融

科技背景下金融创新的第二阶段，金融趋于数字化、移动化，也被广泛地认知为互联网金融阶段，利用互联网与信息技术创新金融活动中的各个环节，如支付方式、信息管理、资金管理等，不仅实现金融服务数字化，更串联各项业务、建立新的业务模式，如第三方支付、网络信贷等。

进入21世纪以来，互联网迅速崛起，深度融合至金融服务的各环节。一方面，互联网与传统金融领域深度融合，"互联网+"一度成为各个领域的热词，互联网保险、证券、基金均取得发展，超越了传统业务模式的时间、空间限制，传统金融渠道取得重大变革，降低金融服务中的摩擦程度。而另一方面，在互联网驱动下，众筹、第三方数字支付、消费信贷、互联网理财等新的金融业务形式诞生。其主要原因是：一方面互联网信息存储、分析及处理功能强大，能够提高金融信息的利用效率，降低交易双方的信息不对称程度，使得金融趋于去中介化，资金供给方与需求方可以直接进行交易而无须中介参与；另一方面，互联网平台的运用使得多渠道信息可以充分融合，而在用户端，移动手机的普及也为用户接受这种服务并及时反馈提供了有力的支持。在这个过程中，互联网节约交易双方的搜寻与合作成本，因此金融机构运营成本与消费者的综合成本均可得到压缩，解决低效率问题，大幅提升了金融的可获得性，驱动新的业务模式诞生。

科技背景下金融创新的第二阶段，互联网与金融深度融合，金融行业趋于数字化、移动化，金融服务的提供与接受变得愈发触手可及。

(三) 数智金融

科技背景下金融创新的第三阶段正是现今金融发展所处的阶段。这一时期涌现出了包括大数据、云计算、人工智能和区块链等前沿颠覆性科技，这些技术与传统金融业务和场景深度融合，给金融业态带来了深刻的改变。

中信证券智能云平台以及智能应用

数据在当今已成为新的生产要素，大数据技术使得金融数据的获取、处理、存储、分析与运用取得了重大突破，能够实现精准客户画像，使金融产品与服务更充分地满足消费者需求。同时，在信贷业务中，大数据能够综合多项信息对用户进行全面信用情况分析，降低信用风险。云计算本质是一种计算模式，由一个基于网络的可配置共享资源池组成，服务器、网络、数据、应用等计算资源均由该资源池提供，并进行统一自主管理，向用户共享，大幅提升了用户获取丰富资源的可能性，云计算在金融领域的应用有助于向客户提供更加高效、便捷的金融服务。人工智能技术在金融领域的具体运用主要基于算法实现，如机器学习理论、神经网络算法、Transformer模型等，目前最基础的应用，比如智能投顾与聊天机器人、根据用户提问内容自动生成回复等，能够降低机构人力成本。除此之外，也能运用于量化投资、客户消费行为分析及

蚂蚁集团分布式金融核心套件

预测、保险业精准理赔、风险管理等一切使用计算机技术的业务中。区块链技术与当前的互联网治理方式及底层协议存在较大差异，其突出特点是去中心化，使金融交易更加透明，降低信息不对称程度，提升交易的安全性，并能够产生完全由算法驱动的金融业务模式，向以客户为中心、接近零成本的交易环境发展。

嘉信理财多层次智能投顾服务

科技背景下金融创新的第三阶段，金融趋于智能化，借助先进技术，金融机构能够更加精准地识别消费者的需求情况，推出愈发能够满足人们生产生活中的各项资金需求的金融服务，使金融变得无处不在。

三、金融科技背景下金融创新的未来趋势

科技作为当今世界发展的强劲动力，驱动着生产生活方式的日新月异。2020 年以来，各类基础的金融服务逐步向云端转化，推动金融线上化、智能化、无接触化创新。在进一步深化下，金融创新呈现出场景化、普惠化的发展趋势。

（一）金融场景化

移动互联网的发展推动金融服务向各类消费场景嵌入，拉动消费增长。消费者对包括金融在内的多种服务丰富性的需求愈发明显，大数据技术也使金融机构捕捉客户消费行为、了解市场痛点成为可能，将更加个性化、具有针对性的金融服务纳入教育、医疗等场景内，让客户在消费时即可享受到所需的资金服务，能够更加充分地满足消费者的资金需求，促进客户消费，为传统金融机构提供新的增长动力。场景化的理想状态是无形化，在技术的支持下，金融产品与服务的可获得性更强，客户能够获得最适宜的解决方案，实现"当你需要时，它就在那里"的无感体验，深刻融入出行、购物等多场景中，并实现规模化应用。

（二）金融普惠化

随着技术快速进步，金融将在赋能社会经济中表现更加突出。各类信息交互平台建立更加完善，大大减小作为资金供给方的金融机构与资金需求方的实体经济企业之间的信息差。同时，利用人工智能与大数据技术，金融机构能够逐步实现智能风控，降低对小微企业投融资的信用风险，并能综合包括非结构化数据在内的海量信息，加速业务审批，推动金融普惠化。除小微企业外，金融服务面向各行业的覆盖面同样在扩大，如典型的绿色、环保类行业，利用智能化的信息技术促进绿色识别更加精准、绿色监管更加严格，约束重污染型企业的污染排放，将金融资源更多地向环保企业倾斜，进而助力全球生态环境保护。

第二节　金融创新的风险与监管技术需求

一、金融科技背景下金融创新的挑战与风险

传统的金融风险包括技术风险、伦理风险、法律监管风险等。在金融科技发展的过程中，持续更新的技术逐渐融入金融产品与服务中，革新了传统的金融业务体系，深刻改变了金融体系的信息与风险属性。高效、便捷、智能化的金融服务是金融业发展的全新机遇，但机遇与挑战往往并存，技术与金融深度融合带来金融创新的同时也增加了新的问题与不确定性，为金融业带来新的风险与挑战。

（一）技术风险

技术风险是指由于技术失败或技术不足导致的风险。这可能包括硬件故障、软件故障、数据丢失或外部攻击（如黑客攻击）。技术风险还涵盖了采用新技术可能带来的潜在问题，如实施困难、技术不兼容、用户接受度低等。

技术风险的存在主要有以下原因。一是技术成熟程度的不确定性。新技术的诞生与运用是一个机遇，但由于并无可借鉴之处，便产生了重大的不确定性，可能导致无法预期的结果，若技术本身不成熟，也会将这种不成熟的风险传导至金融系统内。二是从业者专业水平的不确定性。科技与金融的深度融合发展对从业人员的专业能力与水平带来了新的挑战，只有科技与金融的复合型人才才能正确引导科技在金融领域的恰当应用与合理发展，而复合型人才较为匮乏。因此，从业者自身的专业水平为新的领域的发展带来了不确定性。三是消费者接受程度的不确定性。作为金融服务的接受者，消费者是否能理解并接受新的产品或服务存在不确定性，不法分子利用新的技术扰乱市场秩序、实施操纵和欺诈行为，会进一步阻碍消费者对新事物的接受程度。

技术互联让金融系统内各要素链接更加紧密，但这同时使得风险更易在系统内传播扩散。此外，金融科技的发展促使各项金融资源愈发具有对技术的依赖性，风险突发的可能性增大。而"科技"与"金融"的融合也使得风险复杂程度提高，因此加大了风险的化解难度。

（二）伦理风险

伦理风险是指由于行为不符合道德标准而可能导致的负面后果。在企业层面，伦理风险可能因不良行为（如内部欺诈、误导性广告、隐瞒重要信息）而损害公司声誉和法律地位。伦理风险的管理是企业治理的一部分，旨在维护企业的道德标准和社会责任。

金融业伦理风险存在的原因主要有以下几点。一是金融服务供需双方的利益冲

突。金融机构作为金融服务与产品的供给方，比需求方更具备信息优势，可能存在为牟取私利而伤害消费者利益的现象。二是私人数据和隐私安全的保障不足。私人数据的收集和使用规则不清，金融机构过度收集用户信息，并利用私人信息牟利，将导致个人隐私泄露与伦理问题。三是伦理教育的缺乏。科技发展迅速，而对伦理问题的认识和教育可能不足，一方面导致金融从业者在面对伦理抉择时无法做出正确的决策；另一方面大部分消费者对技术的底层逻辑及伦理道德了解甚少，更容易承担伦理风险的不确定性。四是人工智能决策的不确定性。随着人工智能的发展，自主决策系统的应用日益普遍，在未来可能面临道德判断和责任认定问题，如智能理财或投资产品建议是否符合道德准则。

由于技术门槛较高、专业性更强，伦理风险往往隐藏在技术手段之下，难以察觉。同时，伦理风险监管难度较高，在金融科技的新业务模式下，金融脱媒已成为明显特征。金融服务逐渐趋于无形，失去时间、空间特征，交易对象模糊，交易不透明，且伦理问题往往存在诸多争议，这都极大增加了伦理风险的监管难度，导致带来损失的可能性进一步增大。

（三）法律监管风险

法律监管风险是指企业由于法律或监管政策的变更而面临的风险。这种风险包括新法律的实施、监管框架的变动或法律诉讼的不确定性，这些都可能对企业运营产生重大影响。企业必须遵守相关法律和规定，不遵守可能导致罚款、业务限制甚至牌照吊销。

党的二十大报告指出，加强和完善现代金融监管，强化金融稳定保障体系，依法将各类金融活动全部纳入监管，守住不发生系统性风险底线。金融创新必然需要伴随着监管创新，但金融业务创新与监管创新过程中存在的不匹配与不适应产生了法律监管风险。

一方面，与传统金融业务一致，金融科技下的新业务模式同样可能存在部分金融机构或个人违反法律法规的情况，进而引发损失产生的可能性。另一方面，新的金融业务模式产生了新的监管风险。首先，技术更新迭代速度快，迅速推动金融业务模式创新，但相应的监管法规的制定必须严谨、科学合理，因此往往不能及时跟上新的业务模式的发展，产生监管不完全适配的风险。其次，如何在监管过程中合理运用新的技术手段、对新的业态做出恰当适度的监管也是需要面临的问题，监管过度则限制创新，但过于宽松任其发展则可能产生不可控制的严重后果。最后，"科技"与"金融"的混合使得监管主体模糊、监管标准不明确，在金融业务往来过程中涉及的信息服务由互联网信息管理部门监管，而具体的网络借贷、众筹等业务的监管隶属于金融监管部门，不同监管主体容易造成业务监管沟通障碍，产生监管矛盾与漏洞，造成监管风险。

当前背景下，金融风险复杂多变且隐蔽频发、金融监管尚不能完全匹配风险的情形，鼓励规范而创新发展十分重要，应寻找合适的金融科技风险治理机制，守住不发生系统性风险的底线。

二、金融创新对金融监管带来的新需求

随着大数据技术、区块链、云计算和人工智能等技术快速发展,金融机构客户营销、产品创新、风险评估和运营优化等环节得到极大的改进,金融业正朝着更智能、高效、个性化的方向发展。这也对国家金融监管提出了新的要求。

(一)数据安全与隐私保护

银行、保险、证券等金融机构在处理大量客户数据时,需要建立健全的数据安全责任制,明确各级负责人的责任,确保数据安全工作有效执行。这要求金融机构不仅在技术层面加强防护,还在管理和制度上不断完善。金融机构在收集、使用、处理客户数据时,必须严格遵守相关法律法规,确保数据的合法性和合规性。金融机构在利用大数据进行客户画像、精准营销等操作时,需要确保客户隐私不被泄露,遵循"最小必要"原则收集数据,并加强数据加密和脱敏处理。

(二)风险识别与防控

大数据技术为风险评估提供了新的工具和手段,但也带来了新的挑战。监管机构需要指导金融机构利用大数据技术构建更加全面、精准的风险评估模型,提高风险评估的准确性和时效性。监管机构需要密切关注新技术应用带来的风险变化,及时制定相应的监管政策和措施。监管机构应推动金融机构建立完善的风险监测与预警机制,利用大数据技术对潜在风险进行实时监测和预警,确保风险能得到及时控制和处置。

(三)监管科技的推广与共享

传统的人工监管和统计分析技术无法跟上金融创新的快速发展,监管机构应积极推动监管科技的应用,利用大数据、人工智能等技术手段提高监管效率和准确性。例如,通过"监管沙盒"等机制,允许金融机构在控制风险的前提下测试新技术和新业务。监管机构建立统一的数据标准和接口规范,实现监管数据的互联互通和共享共用。这有助于监管机构全面掌握金融机构的风险状况和市场动态。

(四)提升监管智能化水平

监管机构需要不断提升自身的智能化水平,利用大数据和人工智能技术优化监管流程、提高监管效率。例如,通过构建智能监管系统,实现对金融机构的自动化、智能化监管。

(五)促进金融创新与监管平衡

监管机构在加强监管的同时,也要积极支持金融机构的创新活动。通过制定合理的

监管政策和措施，为金融机构的创新活动提供必要的支持和保障。监管机构需要在鼓励金融创新与防范金融风险之间找到平衡点，既要允许金融机构在控制风险的前提下进行有益的创新尝试，又要确保这些创新活动不会对整个金融体系造成重大冲击。

综上，金融创新应用对国家金融监管提出了数据安全与隐私保护、风险识别与防控、监管科技应用以及促进金融创新与监管平衡等新的要求。这些要求将推动金融监管体系不断完善和发展，以适应金融科技快速发展的新形势。

第三节 监管科技与风险应对

监管科技起源于私营部门对信息技术的应用，旨在有效遵守政府法规。近年来，监管专家越来越多地将这一术语的覆盖范围扩大到包括各国政府为追求更有效的目标而利用技术解决方案以及进行监管监测和执法的努力。无论是部署在私营部门还是公共部门，监管科技在改善监管合规性、降低合规成本以及提高处理已知危害和识别新风险的速度和准确性方面都具有巨大的潜力。当前，随着互联网、云计算、大数据、人工智能、区块链等信息科技在金融行业加快应用，金融创新日新月异。在这样的新形势下，需要发展新的监管技术手段作为当前金融监管手段的有效补充与辅助。现代金融生态呈现出高度复杂的网络形态，市场风险、运营风险与操作风险等多期叠加，形成了系统性金融风险冲击环境。金融业作为典型的数据密集型行业，每天都在生成和处理海量数据资源，对以数据为基础的金融监管产生了深刻影响。数量巨大、来源分散、格式多样的金融数据超出了传统监管手段的处理能力。监管部门需要运用科技手段来进行风险管理，运用大数据技术及时、有效地挖掘出隐藏在金融海量数据中的经营规律与风险变化趋势，实现金融风险早识别、早预警、早发现、早处置。金融监管科技是当前应对错综复杂的金融形势的必然选择，是信息时代与大数据时代环境下金融监管进步的必然趋势。

一、金融监管科技的内涵

广义的金融监管科技（Reg-Tech）泛指一切运用于金融监管的科学技术手段。金融监管科技是由 Regulation（监管）和 Technology（科技）组成的合成词，其含义是运用科技手段提升金融监管效率与合规性等。

（一）金融监管科技的定义

监管科技（Reg-Tech）涉及三方主体：监管机构作为监管端，制定规则和要求；金融机构和金融科技公司作为合规端，其行为需要满足合规要求；监管科技公司作为技术端，提供技术服务。

监管科技的内涵主要有三类观点：一是监管端运用科技实现监管技术工具的创新，如英国金融行为监管局（Financial Conduct Authority，FCA）2015 年时将监管科技定义为"监管机构运用现代信息科技创新监管手段和模式，提高监管效能"。二是合规端的这些金融从业主体应用新技术降低合规成本，提高合规效率。三是综合上述两类观点，认为监管科技是指监管端和合规端采用先进的科学技术同时实现各自的监管和合规管理目标，如多伦多中心（Toronto Centre）认为监管科技又具体包括两个分支：监管端的应用技术，即 Sup-Tech（Supervisory Technology）和合规端的应用技术，即 Comp-Tech（Compliance Technology）。

一般认为，监管科技是"使用新技术来更有效地解决监管和合规要求"。监管科技利用大数据、云计算、人工智能、区块链等新兴科技，维护金融体系的安全稳定，实现金融机构的稳健经营以及保护金融消费者权利。

（二）金融监管科技的特征

1. 实时性

传统监管模式依赖金融机构报送监管数据和合规报告，这种监管模式存在明显的时滞性。借助人工智能技术，直接将监管端与合规端连接起来，实现对相应交易活动、市场指标的实时监控，以最小成本满足金融监管和合规管理的要求。

2. 穿透性

部分金融创新产品过度包装，业务本质被其表象掩盖，准确识别跨界嵌套创新产品的底层资产和最终责任人存在一定难度，监管科技由事后监管向事中监管转变，有效解决信息不对称问题、消除信息壁垒。

3. 公平性

金融机构合规人员在业务经营范围、数据报送口径、信息披露内容与准则、金融消费者权益保护等方面存在理解偏差，造成监管标准难以做到一致，监管科技通过数据的共享、监管流程的自动化和智能化来实现统一和公平。

二、金融监管科技的应用流程

监管科技在金融监管的事前、事中和事后都可以得到应用。具体来说，监管科技的应用框架如下。

（一）事前监管规则数字化

利用信息技术手段将文本规则翻译成数字化协议，运用自然语言处理等技术转译监管规则，精准提取量化指标，建立规则中所涉主体间的关联关系模型。利用计算机程序设计语言将监管规则编译为"程序代码"，封装为具有可扩展性的监管 API 等监管工具。建立健全数字化监管规则库，利用深度学习、多级融合算法等手段及时挖掘发现监管漏洞、分歧和新需求，增强金融监管自我提高的能力。

（二）搭建事前监管应用平台

监管应用平台是承载监管科技应用的关键信息基础设施。利用微服务架构、容器技术等手段，将监管功能切分成粒度较小的微服务置于容器中运行。整合相关联的微服务形成微服务簇，共同完成大型复杂的监管任务。运用虚拟化技术搭建一个能适应监管要求快速变化的应用环境。根据监管负载需要，利用云计算实时调配IT资源，最大限度提高对监管业务需求的响应速度和效率。

（三）事中监管的数据自动化采集

在数据提取环节，优化监管数据报送手段，利用API、系统嵌入等方式，实现监管端和合规端的实时数据交互，减少人工监管成本。在数据传输环节，利用加密技术、数据安全存储单元等技术，标记元数据的属性、对象和访问类型，增强安全性和可靠性。在数据清洗环节，针对海量异构金融数据，特别是低质量数据，综合运用数据挖掘、模式规则算法、分析统计等手段进行多层清洗，使获得的数据具有高精度、低重复、高可用优势。

（四）事中监管的风险态势智能化分析

搭建合规风险评估模型，根据合规风险评估模型对金融机构的业务流、信息流和资金流进行全方位分析，把整个业务链条穿透连接起来，透过数据分析业务本质，精准识别信贷、支付、征信等金融业务风险。开展宏观审慎分析，利用规则推理、案例推理和模糊推理等方式，模拟不同情景下的金融风险状况，开展跨行业、跨市场的关联分析，提升系统性、交叉性金融风险的甄别能力。

（五）事后监管的综合化利用

针对风险态势智能分析得到的不同结果，合理运用、因事制宜。借助深度学习等技术实现风险隐患的自动化处置，针对不同的风险类型触发最优的风险处置和缓释措施，如对欺诈交易采取自动中断，对系统性金融风险实行早期预警。利用可视化等技术将合规情况进行全方位、全要素展现，同时借助云平台实现风险信息在监管科技参与主体间的全局共享。

三、金融监管科技面临的挑战与风险

金融监管科技发展中面临的风险无处不在，主要包括以下几个方面。

（一）金融监管科技内生的技术风险

监管科技的运行依赖于设计好的架构逻辑、算法模型和指标维度，要发现和修复软

件中存在的技术漏洞和技术风险绝非易事。任何风险预警模型都无法百分之百地准确预测每一次风险事件。监管科技所用算法或模型对政治、经济领域内的大型扰动事件的准确预测存在不确定性。因此，依赖技术预测的金融监管可能存在模型准确性不足的隐患。

（二）金融监管科技的伦理风险

金融监管机构在通过监管科技获取部分底层数据时，可能需要解决相应法律和道德问题。比如奥地利中央银行在利用监管科技实现数据推送时，在设计架构中特别剔除掉了对商业敏感数据的采集，以确保符合法律规定。此外，在采集和使用社交媒体等信息时还涉及隐私保护问题，这些都给监管科技的发展带来伦理挑战。

（三）金融监管科技面临的计算资源瓶颈

金融监管科技需要处理大量的数据，特别是在涉及股票和衍生品交易时，如果计算机的算力无法满足数据处理要求，将无法发挥监管科技的优势。此外，部分数据是来自非传统的数据，如社交媒体等，有着较严重的结构化数据少（数据标准化程度不高）、数据质量不一、数据维度少、数据孤岛等问题。

（四）金融监管科技相关的操作性风险

金融监管科技主体如果依赖云计算、云存储等技术或依托第三方公司来推进监管，则存在网络安全风险、数据安全及保密性问题。一旦发生事故导致数据丢失，将给监管带来巨大影响。此外，云存储服务的高度集中化意味着一旦主要企业出现问题，将可能带来系统性风险。

（五）金融监管科技的可解释性与公平性

金融监管科技需要用到大数据、云计算、人工智能与区块链等技术，在这些技术的应用过程中，可解释性与公平性也是一个非常重要的考虑因素。人工智能技术、机器学习算法模型在金融领域的应用愈加普遍与深入，促进行业智能化发展的同时，算法黑箱问题、安全问题、偏见问题等也随之暴露。当金融监管过程中使用的模型可解释性不高时，监管者很难对其监管结果做出合理的解释，这样也就使得被监管者难以信服监管者做出的监管结果，进而影响到了金融监管的公平性。

四、金融监管科技的长效构建机制

金融监管科技是金融监管与科技的进一步深度融合，以科技赋能金融监管，完善金融业数字化监管框架。应从顶层设计角度谋划监管科技产业布局，制定金融监管科技发展的长期规划。

(一) 金融监管科技标准体系

为了实现监管科技的规范发展,需要加强金融科技审慎监管,运用自然语言处理、模式识别等技术对监管规则、合规要求进行结构化处理,从关键操作流程、量化数据、禁止条款等方面精准提取分析指标,建立数字化规则库。从数据采集和处理、监管科技产品和服务、数据安全等方面建立技术标准,积极健全金融监管科技标准体系,推进监管规则数字化共性标准和统一元数据,畅通监管数据共享与自动化处理等流程。

(二) 金融监管科技的协同机制

金融科技给传统监管体系带来巨大挑战,技术标准和规范还有待完善,金融监管科技水平需要大幅提升。为了避免针对不同领域的监管真空和监管套利,需要一个跨行业、多层次的监管体系,以及时识别风险,有效控制虚拟平台交易风险向实体经济的蔓延,充分保障金融科技健康发展。在经济全球化和金融国际化的发展大趋势下,协同合作监管是未来全球金融监管的必然走向。

(三) 金融监管科技的数据治理

数据是监管科技的基础,在金融监管科技中所运用的数据可能来自监管机构内部,也可能来自许多被监管机构。从商业银行、保险公司、小微金融企业、养老基金、外汇机构、电信运营商等被监管金融机构的 IT 系统中抓取数据,涉及企业商业秘密、公民个人信息,需要通过完善的法律或规章制度来进行规范和保障。

(四) 金融监管决策的智能化构建

处理好监管科技与监管决策的关系是实现监管科技价值的关键。现阶段虽然很多监管科技都以"智能监管"作为概念,但从实际情况看,与真正意义上的"智能"还有不小距离,仍属于"技术辅助"(Intelligent Assistant)的范畴。未来,在监管的智能化建设中还需要进一步因地制宜地探索技术的监管决策全过程应用,以真正提高监管效率。

本章小结

本章介绍了新技术在金融领域的新应用让金融服务更加普惠化、智能化,颠覆传统。随后提出新的金融生态也带来了新的风险,对监管体系提出了新的要求。充分了解新技术的具体应用,有利于了解监管需求的核心内容。金融科技的诞生是技术与金融相互作用的必然结果,金融科技的发展拓展了金融创新的边界。最后指出金融创新对监管科技的需求主要体现在大数据技术、区块链技术、云计算技术、人工智能的应用,以及监管科技的风险应对上。

思考题

1. 在技术飞速创新的背景下，金融业的发展面临着哪些风险与挑战？除书中所涉及的部分外，请补充你的观点。
2. 结合本章案例或其他案例，总结金融科技与金融创新在实际中面临的问题。
3. 结合金融科技与金融创新的实际案例，谈谈未来的发展趋势。
4. 什么是监管科技？广义的监管科技包含哪些方面？
5. 监管科技的应用包括哪些方面？请举例说明。
6. 监管科技主要使用哪些技术？
7. 监管科技发展主要面临哪些挑战？
8. 监管科技未来的主要发展趋势是什么？

即测即评

参考文献

［1］安辉. 金融监管、金融创新与金融危机的动态演化机制研究［M］. 北京：中国人民大学出版社，2016.

［2］黄达. 金融学［M］. 北京：中国人民大学出版社，2003.

［3］李礼辉，王忠民. 金融科技前沿［M］. 北京：中国金融出版社，2019.

［4］周苏，王文. 大数据导论［M］. 北京：清华大学出版社，2016.

［5］王文革. 互联网时代的金融创新［M］. 上海：上海人民出版社，2016.

［6］CHISHTI S, BARBERIS J. The Fintech book：The financial technology handbook for investors, entrepreneurs and visionaries［M］. Hoboken, NJ：John Wiley & Sons, 2016.

［7］Financial Stability Board. Fintech：Describing the Landscape and a Framework for Analysis［R］. Basel, Switzerland：Financial Stability Board, 2016.

延伸阅读

［1］巴曙松，白海峰. 金融科技的发展历程与核心技术应用场景探索［J］. 清华金融评论，2016（11）：99-103.

［2］程华，杨云志. 区块链发展趋势与商业银行应对策略研究［J］. 金融监管研究，2016（6）：73-91.

［3］谢世清. 论云计算及其在金融领域中的应用［J］. 金融与经济，2010（11）：9-11+57.

［4］吕宗凯，刘培振，田程程. 云计算金融应用现状及标准化思考［J］. 数字通信世界，2020（2）：153.

［5］MILLER M H. Financial innovation：The last twenty years and the next［J］. Journal of Financial and Quantitative Analysis，1986，21（4）：459-471.

第三章

金融监管数据

金融监管数据是实现高效金融监管的根本保证。现代金融监管大量运用信息技术,实现异常线索的识别、分析与预警,并及时处置可能的金融风险。金融监管数据泛指一切可用于金融监管的金融交易、社会网络、财务报告、社会调查等多源多模态数据载体。金融监管数据具有分布广泛、来源多样、结构多维等特征。金融监管数据的有效采集与分析技术以及金融监管数据的确权保护是金融监管数据治理的关键。

第一节 金融监管数据概述

金融监管数据泛指一切能够被运用于实现金融监管的数据。这些数据可以是金融市场中依法定期采集,经监管信息系统记录、生成和存储的,或经监管各业务部门认定的数字、指标、报表、文字等各类信息。也可以是从金融市场公开信息中挖掘与分析而获取的信息,如财务报告、新闻、社交媒体、图片等信息。

一、金融监管数据的功能

金融监管科技的核心是数据,监管数据是金融监管科技的重要驱动。因此,金融监管数据的功能是围绕金融监管科技来展开的。金融监管数据的功能分为监管和合规两方面。

(一)发现监管线索与风险隐患

金融监管数据主要作用是通过数据挖掘分析辅助金融监管者防范化解金融风险,构筑金融安全防线和风险应急处置机制。金融监管数据总量庞大、数据类型多样和处理速度快,合理的应用能够降低金融监管的成本,提高金融服务的效率,同时还能有效控制风险。

(二)提升金融业务的合规性

金融监管数据的可视化和公开化能够提高金融监管的透明度,这样对违规违法行为的认定也会更准确。此外，金融监管数据能辅助提升原有合规管理框架的有效性，也能解决合规管理面对的行动滞后、管理被动等问题。金融监管数据通过监管科技能够提升金融系统的合规程度。

二、金融监管数据的来源

传统金融监管的主要信息来源是依靠被监管主体的信息披露，监管机构是被动的信息接收方。监管科技快速发展正在改变传统的数据收集、存储和处理方式，使数据来源更加广泛、多样。

（一）金融业务信息

按照数据的生产主体来看，金融监管数据的来源有金融机构的业务信息系统、金融行业协会等。数据信息主要存在于客户管理系统、核心银行系统、融资管理系统、信贷管理系统等。

（二）金融市场信息

金融市场交易数据大多存在于银行的渠道系统，如网上银行、信用卡系统、贸易系统、核心银行系统、保险销售平台、外汇交易系统等。资产数据则主要存在于银行核心系统和账户系统。

（三）公共开放信息

这些数据并非直接来自金融机构，而是广泛存在于互联网、政府等，如政府机构、非营利组织和企业免费提供的数据。另外，一些关联服务组织也可以获得数据，这种组织主要包括协助金融市场正常运行的互联网服务平台、第三方支付、保险公司、政府管理部门、经营和生活服务部门等。

三、金融监管数据的监管

金融监管部门对金融监管数据的获取、存储、加工、使用、交流、隐私保护、技术保障、披露的监督和管理，其首要目的在于保证金融监管数据的真实性和安全性。在大数据的背景下，金融数据的监管是一种基于数据产权、数据安全、数据共享、数据保护与合法使用的金融监管，是把金融监管数据本身作为一种监管对象，成为了真正意义上的数据监管。

对金融监管数据的监管要重视金融监管数据化的趋势，要完善金融监管数据监管的治理体系，加强金融监管数据监管基础设施建设，优化网络架构和运行维护体系。通过数据治理可以推动全行业数据标准化、加强数据质量管理、防范风险发生、加速业务创新、提高精细化运营效率和更好满足监管要求等。

金融监管的数据化趋势要求风险防范和治理应当采取技术控制与法律控制相结合的综合治理机制。这不仅要求监管机构树立技术治理的思维，还要求其在法治框架下创新监管规则的构建路径，实现法律与技术的优势互补。

第二节 金融监管数据的分类

如果以数据格式作为分类标准，金融监管数据可分为结构化金融监管数据、半结构化金融监管数据和非结构化金融监管数据，而结构化金融监管数据与半结构化金融监管数据都有基本固定的结构模式。

一、结构化金融监管数据

结构化金融监管数据是可以由二维表结构来逻辑表达和实现的金融监管数据，主要通过关系型数据库进行存储和管理。结构化金融监管数据包括公司财务数据、金融客户信贷数据、金融信用评级数据和金融市场股票数据等。

（一）公司财务数据

作为常见的结构化数据，公司财务数据被广泛应用于金融欺诈风险分析中。财务报告舞弊主要有虚构应收账款、存货等会计事项以及利用利润项目、合并报表等粉饰财务报表两大类表现形式，可以通过财务分析法和基本面分析法识别财务舞弊：财务分析法包括审计报告的类型分析、会计报表附注分析、财务数据和财务指标的静态分析等，基本面分析法主要有宏观经济分析、行业现状和前景分析、公司的经营战略、市场份额等。

公司财务数据是反映公司财务状况与经营成果的结构化数据，主要包括两类：一类是财务总账及报表数据，是根据真实的公司经营财务信息统计核算得出的汇总账户数据，以及由总账数据填制的财务报表，包括资产负债表、利润表和现金流量表；另一类是根据不同的需要利用数学模型计算得出的财务分析数据，例如用于企业经营组织的责任考核数据、用于分析企业各项指标的财务管理数据、用于投资决策的决策分析数据等。

通过对公司财务数据的运用及分析，金融监管机构及相关研究人员可以更好地了解企业的运营情况以及各项财务状况。在各国金融监管机构的管理体系中，盈利性指标、准备金充足程度、资本充足率等财务数据是银行监管指标的重要组成部分；证券公司需要报送资本充足率、流动性指标和盈利能力指标等公司财务数据；保险公司的主要监管指标包含资产质量分类、盈利性指标和流动性指标等。

为了满足日益增长的金融监管需求，商业公司开始从全球机构收集公司财务数据，并建立数据库。当前国际研究人员使用的主要公司财务数据库包括标准普尔（Standard & Poor's，S&P）的 Compustat 北美数据库和汤姆森金融公司的 Worldscope 数据库等。

（二）金融客户信贷数据

金融客户信贷数据是指金融机构在存款、贷款和结算业务等经济活动中产生的数据。信贷资金是企业改建、扩建和更新固定资产的主要来源，也是企业流动资金的主要来源。在金融领域，信贷数据分析是评估信用风险和优化贷款审批流程的关键。通过收集和处理客户的信贷数据，金融机构可以使用机器学习算法构建准确的信用评分模型。这些模型可以实时评估客户的信用评分，辅助贷款决策，从而提高审批效率并降低坏账率。整个过程涉及数据收集、清洗、特征工程、模型训练和部署，并且需要确保数据安全、系统高可用性和合规管理。最终，通过透明的信用评分展示和快速响应的审批流程，金融机构不仅能提升业务效率，还能增强客户信任。

（三）金融信用评级数据

金融信用评级数据是指专业评级机构对金融机构整体资产质量，以及其承担各种债务如约还本付息的能力和意愿的评估，是对债务偿还风险的综合评价。金融信用评级的主要分析项目包括外部环境分析、经营管理状况分析、业务及其风险分析、资产质量分析、筹资能力分析、清偿能力分析等，涉及金融机构经营管理与业务发展水平、资产质量与财务状况、行业发展状况、经济发展情况、政策法规的变动、高级管理人才的变更等相关内容。根据国际信用评级惯例，信用评级等级的设置采用三等十级制，即 AAA、AA、A、BBB、BB、B、CCC、CC、C、D，每一个信用级别都有具体的规定标准。

（四）金融市场股票数据

股票是指股份公司为筹集资金而发行给各个股东作为持股凭证并借以取得股息和红利的一种有价证券。股票信息一般包含交易数据和基本面数据两部分。交易数据包括上市公司对应的成交价格、开盘价、收盘价、涨跌金额、涨跌幅度、最高价格、最低价格、总手、委比等。而基本面数据包括公司的流通股、流通值、总股本、总市值、市净率和市盈率等。中国股票市场发展至今，仍然存在扰乱市场秩序的违法乱纪行为，如违法交易和市场操纵等，因此金融市场股票数据是金融监管的重要数据之一。

二、半结构化金融监管数据

半结构化金融监管数据是指在金融监管中使用的非传统方式捕获或格式化的数据，

包括调查问卷、电子邮件、XML 和非关系型数据库等。半结构化金融监管数据不遵循表格数据模型或关系数据库的格式，因为它没有固定的架构。但是，数据不是完全原始的或非结构化的，而是包含了一些结构化元素，例如标记和组织元数据，使其更易于分析。

（一）调查问卷

调查问卷有助于金融监管机构全面了解市场主体对金融服务营商环境的真实感受，进而加强金融监管部门和金融机构的充分沟通合作，切实保护金融消费者权益。基于不同的监管目标，调查问卷的内容可以各有侧重，经济环境、人力资源素质、政府影响、商务成本、金融监管效力等均可以作为调查问卷的主题。

调查问卷在实际监管业务中也得到了广泛应用，有力支撑了全国各地有关部门的金融监管。2019 年 10 月，湖南省地方金融监督管理局在门户网站进行了"金融经济形势问卷调查"，设计了 16 个与金融经济形势密切相关的问题。深圳市地方金融监督管理局于 2022 年 8 月面向企业发布"深圳市金融服务营商环境满意度调查问卷"。

（二）电子邮件

电子邮件有文字、图像、声音等多种形式，由于其元数据而具有一些内部结构，因此一般被认为是半结构化数据的一种。金融监管机构使用的电子邮件数据来源主要包括两类，一类为面向社会各界征集的以电子邮件形式表示的反馈和意见，另一类为金融机构内部的电子邮件通信数据。例如，2022 年 5 月，美国证券交易委员会（United States Securities and Exchange Commission，SEC）强令华尔街系统性地检查 100 多部顶级交易员和银行家的私人手机，是使用电子邮件数据进行金融监管的实践，被称为有史以来针对 WhatsApp 等通信平台上的秘密消息传递展开的最大规模调查。

（三）XML

XML（Extensible Markup Language）是一组定义人机可读格式的文档编码规则，其价值在于它的标签驱动结构非常灵活，编码人员可以使其适应在 Web（World Wide Web）上普及数据结构、存储和传输。目前，各金融机构内部使用了不同的应用系统，例如，商业银行内部业务系统与中国人民银行结算中心业务系统采用不同的平台，XML 技术是解决不同系统间信息传递，使系统之间的数据利用更加充分，令数据资源增值，提高金融机构的工作效率和经济效益的有效手段。针对不同的金融应用领域，已经出现了几种不同的 XML 标准，如 Interactive Financial Exchange（IFX）和 Open Financial Exchange（OFX）标准，在处理消费者和其他形式的小额银行业务中获得了深入应用。在此背景下，XML 势必成为金融监管需要关注的数据类型。

（四）非关系型数据库

非关系型数据库（NoSQL）指"Not Only SQL"，也被解释为"Non-relational"，是

一种分布式的、非关系型的且不保证遵循原子性、一致性、独立性及持久性原则的数据存储系统。非关系型数据库的产生是为了解决大规模数据集合多重数据种类带来的挑战，特别是大数据应用难题。在金融监管中，事件日志是使用最广泛的非关系型数据库，可用于根据金融机构每笔交易的事件日志数据检测内部交易情况。

三、非结构化金融监管数据

非结构化金融监管数据是指数据结构不规则或不完整，没有预定义的数据类型，不易于数据库二维逻辑表来表现，包括文本数据、电话会议、遥感数据、视频和音频、生成式金融监管数据等。

（一）文本数据

上市公司对外披露的信息是监管机构掌握公司最新动态的第一手资料，这些信息中不仅包含结构化的数值信息，还包含大量的文本信息。其中，文本信息披露在所有信息披露中所占的篇幅较大，蕴含更丰富的信息量，如公司发展的相关细节，对监管机构的金融监管决策具有重大影响。上市公司文本信息披露的范围具体包括：招股说明书、募集说明书、上市公告书、定期报告和临时报告等。根据《上市公司信息披露管理办法》的规定，信息披露义务人应当及时依法履行信息披露义务，披露的信息应当真实、准确、完整、简明清晰、通俗易懂，不得有虚假记载、误导性陈述或者重大遗漏。监督机构通过审核上市公司的文本信息披露，保证公司信息披露的质量，有效维护投资市场的健康发展。

新闻报道是指金融机构对新近发生的事实的报道。新闻报道的特点是用事实说话，尽量真实地提供信息，具有一定的准确性、真实性、简明性与及时性。金融机构新闻报道的内容可以是新品发布、高层变动、获奖信息，或者对企业的销售业绩，如财务报告等，进行公开宣传。新闻报道的文本信息可以很好地应用于金融监管。例如，新闻报道语调乐观（悲观）伴随着公司风险降低（提高），新闻媒体的悲观引发股价下跌。

近年来，随着互联网快速发展，各种社交媒体乘势而起，成为全世界网民使用最多的工具之一。与此同时，社交评论的即时性、互动性等特点可以为金融监管提供更加有效的数据支持。通过对金融机构相关事件的社交媒体评论数据，监管部门可以更加及时地获取金融机构的动态，减轻信息不对称的问题。例如，利用金融社交媒体平台上的非结构化文本数据进行金融监管可以识别具有财务欺诈行为的企业。

（二）电话会议通话数据

电话会议是指利用电话机作为工具，电话线作为载体来开会的新型会议模式。电话会议凭借安排迅速，没有时间、地域限制，费用低廉等特点，被广泛应用于企业日常工作中。特别是受新冠疫情的影响，不少上市公司、券商、债券发行人等其他资本市场参与的主体都把电话会议作为自己的选择。作为一种新型的会议模式，电话会议已经被纳入了金融监管数据的范畴。

2017年9月20日，电话邦金融风控大数据产品发布了备受关注的金融风控大数据产品：邦秒爬、邦秒配和催收分。这三款产品基于通话数据的自身丰富的信息价值，通过通话数据在刻画用户画像、识别逾期风险、帮助风险定价和分析偿还能力等方面的突出优势，构建金融风控新生态。

（三）遥感数据

遥感数据是指记录各种地物电磁波大小的胶片或照片，主要分为航空相片和卫星相片。遥感数据作为一个新的金融监管数据来源，可以追踪和分析我国这个世界第二大经济体和陆地面积第二大国的经济金融活动。低空遥感技术、无人机或有人驾驶飞机上的机载成像系统和传感器，以及先进的数据采集技术等，为遥感数据的获取提供了较强的技术支撑。

遥感数据由于具有不可篡改性，已成为金融监管新的调研和监控利器。2019年中国证监会利用卫星定位数据复原采捕船只的真实采捕海域，调查獐子岛财务欺诈和扇贝"出逃"事件。除此之外，遥感数据也在评估企业资产及经营的真实状况，动态识别企业建设、库存、生产及销售状况中发挥了重要作用。

（四）视频和音频等数据

在金融监管中，视频数据的应用至关重要，其可用于监控交易行为、识别金融犯罪、确保合规性和提供证据支持。通过部署高清摄像头和视频采集设备，实时监控交易大厅和关键办公区域，利用视频分析技术检测异常行为，如内幕交易和市场操纵。视频数据存储在安全的存储系统中，并通过加密和严格的访问控制保护。监管人员可以通过直观的界面实时查看和回放视频，系统自动报警并通知异常行为。定期维护和更新视频监控系统，确保其性能和安全性，并遵守数据隐私法规和合规性要求。通过这一方案，金融机构能有效提高监管效率和市场诚信度。

中关村科金智能双录系统（简称智能双录）帮助金融机构实现通话录音和视频资料的自动化管理和智能分析。智能双录能够自动识别、录制和归档所有通话录音和视频资料，极大地减轻了金融机构的工作负担。通过先进的数据分析算法，智能双录可以快速生成通话录音和视频资料的智能分析报告，帮助金融机构更好地了解和掌握市场动态。

2020年2月1日，做空机构浑水发布了一份针对瑞幸咖啡公司的做空报告，指出了两个核心观点：欺诈和商业模式缺陷。通过92名全职员工和1 418名兼职员工对1 832家瑞幸咖啡门店的现场监控，浑水收集了25 000多张小票，录制了11 000小时的视频，覆盖620家门店100%营业时间。将影像数据和财务数据比对后指出瑞幸咖啡公司从

2019 年第三季度开始捏造运营和财务数据,夸大了门店业绩,从而营造出盈利的假象。

(五)生成式金融监管数据

生成式金融监管数据是指利用生成式模型(如生成式对抗网络 GANs、变分自编码器 VAEs 等)生成用于金融监管的数据。这项技术可以模拟市场行为、创建训练和测试数据、检测和防范金融犯罪,并进行风险评估。金融监管机构首先收集和预处理历史交易数据,然后训练生成式模型,学习数据分布和特征。通过这些模型,机构可以生成大量高质量的合成交易数据,模拟不同的市场行为和交易场景。生成的数据经过验证和评估后集成到现有的监管系统和分析平台,用于市场行为分析、模型训练和风险评估。部署和运维方面,确保系统集成顺畅,数据管理安全,模型定期更新,实时监控系统运行状态。用户体验方面,提供直观的界面、快速的数据生成和灵活的配置选项。安全和合规方面,生成数据需遵循数据隐私保护法规,确保合规性,并建立审计日志记录数据生成和使用情况。

第三节 金融监管数据的采集与存储

传统的数据存储技术包括数据仓库、数据湖与湖仓一体(Lakehouse)等。数据仓库是用于存储和分析来自不同来源的大量信息的数据存储库。数据湖是用于存储大量非结构化数据的系统,其中未定义数据的用途。Lakehouse 是一种新的存储架构,它结合了数据仓库的数据管理功能和数据湖的灵活性和较低的成本,将受益于数据仓库和数据湖的功能。

在进行金融监管数据采集的过程中,由于金融监管数据采集涉及多平台、多主体与多来源,需要涉及多平台数据、多主体数据与多源异构数据的采集与分析技术运用。

一、多平台数据的实时采集与存储技术

对于从多个平台采集到的数据,要进行正确的存储与分析,进而将数据转化为金融监管中有效的信息与知识。

(一)数据采集

平台信息抓取采用多线程搜索技术,可以同时搜索多个站点。根据资源抓取策略自动抓取数据。它实现对目标平台的非涉密、经授权的信息进行实时监控,并把符合条件的最新数据及时采集到本地,进行内容分析和过滤等操作。

对于数字多媒体资源,直接采集数据。对非数字形式存放的多媒体资源,比如录音

带、视频母带等，需要经过专用转换工具转换成数字资源，这个转换通过与特定资源对应的各种数据转换工具来完成。采集完成后，系统自动调用内容标引工具对多媒体数字资料进行自动标注操作，并在将其保存到资讯之前，自动对这些数字资源进行病毒扫描，确保系统安全。

例如，中国人民银行构建了反洗钱监测系统大数据综合分析平台，实现了监管数据统一收集、分析以及非结构化处理。立陶宛银行运用应用编程接口（API）开发了一套数据报送解决方案，使得监管机构能够自动从监管对象的数据库中获取所需数据并以标准化格式呈现。墨西哥与美国 R2A 项目合作，借助国际力量开发基于 API 和人工智能的反洗钱解决方案，提高数据提取、传输、储存和分析的有效性。菲律宾与美国 R2A 项目合作，借助国际力量开发基于 API 和人工智能的反洗钱解决方案，提高数据提取、传输、储存和分析的有效性。

（二）数据存储

在进行数据存储的过程中，需要运用到数据集成技术。数据集成是把不同来源、格式、特点、性质的数据在逻辑上或物理上有机地集中，从而为企业提供全面的数据共享。在企业数据集成领域，已经有了很多成熟的框架可以利用。企业通常采用联邦式、基于中间件模型和数据仓库等方法来构造集成的系统，这些技术在不同的着重点和应用上解决数据共享和为企业提供决策支持。目前最常用的数据集成技术是 ETL（提取、转换、加载）和 ELT（提取、加载、转换），用于将数据传输到统一的目标，如数据库、数据仓库、数据湖等。

例如，奥地利国家银行（Oesterreichische Nationalbank，OeNB）与奥地利报告服务股份有限公司共同开发了一个统一数据报告平台，该平台的核心是只从银行收集一次具有足够粒度的数据上传至报告平台的"基础立方"（the Basic Cube），然后再基于这些数据生成不同类型的监管报告，提高报告数据的一致性、真实性和明晰性。上汽财务公司基于腾讯云大数据处理套件（Tencent Big Data Suite，TBDS）构建业财一体实时数据湖仓平台，提供元数据统一管理，建立与完善数据标准体系和数据安全质量体系，实现财务数据实时分析，从宏观、规范性、结果性的财务数据深入到原始的业务数据中。

二、多主体数据的转换互认与汇聚技术

由于现实监管中的需要，监管数据必须包含不同金融公司、不同业务板块、不同规模、不同行业的数据，这些数据来自不同的企业主体、监管主体，往往呈现出多源性和异构性特征，表现为数据来源、数据结构、存储模式、数据标准、平台以及应用等的多样性。

星图金能：空天地网大数据助力金融风险管控

(一) 数据传输

数据传输是数据在不同数据源或存储设备之间的传递。目前国际上较为成熟的数据传输方案主要有三个：一是应用程序编程接口（以下简称 API）。API 是一个应用程序如何与另一个应用程序交互的协议集，通常用于促进数据交换。二是基于云计算的数据传输方案。云计算是一种高效和可扩展的数据存储解决方案，可以实现 TB 量级的大数据传输。三是分布式账本技术（以下简称 DLT）。DLT 允许通过一种一致的算法进行自动验证，该算法在不同地点复制、共享和同步数字数据。

从各国的监管科技实践经验来看，基于云计算的数据传输对基础设施要求严格，分布式账本的传输效率较低，API 作为数据传输介质的应用最为广泛。API 可以在没有人工干预的情况下直接在数据库之间传输大量数据，从而克服了通过电子邮件或网页传输文件的大小限制，并减少了耗时和容易出错的手工提交。

(二) 数据验证

数据验证是按照报告规则对格式和计算的完整性、正确性和一致性进行质量控制检查。一般来说，自动数据验证检查包括：数据接收检查、数据完整性检查、数据正确性检查、合理性检查和一致性检查。这些检查提高了分析数据的效率，节省了管理者的决策时间，使数据使用者能够更专注于挖掘数据的潜在价值。随着大数据时代的到来，数据验证已不再是数据管理的难点所在，应用机器学习的数据验证模型可以较好地完成这项任务。只要提供足够多的数据样本供模型训练，机器学习尤其是深度学习模型可以自动地识别异常数据，将其标记为统计过程或数据提供源的潜在错误。

数据验证在各国监管科技中使用较为广泛。例如，新加坡金融管理局使用数据验证技术，包括数据清洗和数据质量检查；奥地利国民银行开发了一个基于机器学习和非监督学习的数据验证模型，用来甄别并删除错误的数据。

(三) 数据可视化

数据可视化是位于大数据架构之上的接口，这些接口以最小的延迟提供无缝交互的用户体验。它们常常代替需要手动更新的静态电子表格生成的仪表板。为了从数据中提取最有意义和可操作的信息，大数据仪表板允许进行大量的分析操作，例如，向上钻取（在一个维度上总结数据）和向下钻取（沿一个维度更深入地挖掘数据），以及跨多个维度对数据进行切片、分割、转置和覆盖。例如，新加坡金融管理局开发的监督仪表板，简化了数据使用的体验，并为监管者提供对其投资组合中金融机构健康状况的一目了然的可见性；澳大利亚证券投资委员会（Australian Securities and Investment Commission，ASIC）使用 iBase 程序来表示结构化数据源的时间、关联和因果关系。

(四) 数据融合

数据整合是很多监管科技应用程序的重要组成部分。监管科技应用程序能够结合多个数据源来支持分析工作,这通常涉及连接结构化数据和非结构化数据。根据不同数据应用,综合考虑接入能力、计算能力、存储能力和数据安全等功能和性能指标要求。可选择不同的处理框架,如以 Hadoop 为核心的数据处理框架,在大数据存储及计算方面优势明显,但因其与具体业务结合度不高,仅提供底层数据基础服务平台,在功能和性能上不能满足汇聚和共享方面的需求。因此,多平台数据融合,首先需要建立数据确权与共享协议,然后通过与具体业务结合和拓展,根据监管任务需求采取平台架构、数据汇聚、数据交换、数据存储、数据共享、数据服务和数据安全问题等关键技术。

例如,广州地方金融监管局和深圳地方金融监管局分别建立了广州市金融风险监测防控中心和灵鲲金融安全大数据平台,实现主动识别风险、实时监测、精准预警的功能,这为我国其他地区的系统性风险预测及监管提供了重要范本。重庆银行"一体化智能数据湖探索与实践"采用全栈信创架构体系,实现了数据湖平台及应用建设的自主可控。实现行内外全结构化数据的统一接入、存储和处理,并对外提供统一的数据服务。

三、多源异构数据的特征挖掘与分析技术

在多源数据背景下,监管机构可以实现结构化数据与非结构化数据结合,以更加多元化和动态化的数据采集方式获取全面、系统的监测预警数据。同时,多源数据经过加工、处理和融合可转化为统一规格数据,其在数据口径、精准度等方面更好地满足监测预警服务的要求。因此,以多源数据驱动的监测预警服务可以提高决策的及时性、可靠性、科学性,对推进统计监测预警服务的现代化具有重要意义。

"冒烟指数":利用大数据监测金融风险

收集金融监管的数据,找到分析需要的数据,将其汇聚到一个特定的区域,利用数据仓库探索性进行分析。多源异构数据具有数据来源、数据结构、存储模式、数据标准、平台以及应用等多样性的特点。在进行特征挖掘过程中,首先要进行数据清理。对不同来源、不同结构的数据进行整理和分类,剔除数据中的噪声。在数据清理后,对数据进行基本描述统计,查看数据本身的特征。然后,进行相关的数据分析,如聚类、分类、关联分析等。最后,根据分析结果进行总结归纳,找到在金融监管过程中的重要数据。

例如,荷兰中央银行(De Nederlandsche Bank,DNB)利用神经网络技术开发了监测银行流动性的自动编码器,可以有效检测出银行的流动性问题和预测银行挤兑。我国的国家金融监督管理总局北京监管局通过大数据所涉及的相关技术建立了大数据打击非法集资监测预警云平台,对各维度风险量化赋值,计算冒烟指数,对非法集资进行监测预警。中国信息通信研究院分布式系统稳定性实验室牵头制定了《分布式系统稳定性保障能力分级要求》标准,并于 2021 年 12 月正式推出了分布式系统稳定性保障能力评估

项目。2022年1月26日，金融行业首个分布式系统稳定性保障能力评估顺利完成，参评系统为中国工商银行企业级对象存储平台。评估通过管理保障、设计与开发、测试与评估、发布与变更、监控与应急、基础设施保障6个大类项目、124个细分项目，全方位评估了工商银行企业级对象存储平台的稳定性保障体系完整度。

第四节 金融监管数据管理面临的挑战

作为数字经济的重要生产要素，金融监管数据可以为各类金融机构创造巨大的商业价值。但不容忽视的是，金融监管数据在积蓄与深挖潜能及价值的同时，却存在金融机构违法使用和过度获取数据等诸多现实隐忧。

一、风险错配突出

金融机构在追逐利润动机的驱使下，利用与数据公司建立合作关系的方式，依托自身具有的金融数据处理能力，试图收集更多的用户数据。并且，部分数据公司会对金融用户数据进行深度挖掘与二次利用，更有甚者将此视为公司的核心业务进行风险投资，这使得数据主体很大程度上会面临数据泄露等诸多风险。

二、数据共享程度低

目前，伴随全球化和智能化进程日益加快，数据价值得以不断释放。数据作为促进数字经济可持续发展的关键生产要素之一，对社会治理以及民生改善具有深刻影响。金融监管数据共享，不仅能够加快形成大数据、释放数据潜能，还能够显著提高金融服务质效、充分发挥金融对区域高质量一体化发展的赋能作用。例如，传统金融机构与金融科技企业、互联网金融公司等机构之间通过共享金融数据，能够全方位地对消费者信用加以评估。但就现实情况而言，不容忽视的一大瓶颈在于数据共享程度低、"信息烟囱"林立。

三、数据质量不高

金融监管数据报送不准确、数据安全有漏洞，就会导致监管失去准星，甚至可能出现误导金融决策等严重问题。监管数据的真实性和准确性是监管部门做好金融稳定工作的重要依据。倘若金融机构无视制度规则，瞒报、谎报金融监管数据进而演变成资本逐利的行为，会造成金融市场失衡。在金融科技得以广泛应用的当下，高质量数据不仅是创新金融服务的关键要素，还是提高金融机构精准施策能力的重点所在。但长久以来，金融行业始终面临着数据质量不高的发展困境，极大制约着数据的深度挖掘和高效应用。

四、数据处理能力不足

国内目前有着众多的金融机构，各机构在金融数据治理能力方面存在较大差异。大型金融机构不仅拥有海量大数据，还普遍拥有较强的金融监管数据治理能力，具备自建金融监管数据治理系统与平台的能力。与之相比，大多数中小型金融机构囿于财务与IT能力不足、金融数据库容量有限等因素，依然面临金融监管数据治理能力相对欠缺的发展瓶颈，通常情况下会采用外包及采购等方式获取金融监管数据治理赋能服务。从《中小银行金融科技发展研究报告（2019）》可以看出，仅有9%的中小型银行建立了相对健全的数据治理体系。而27%的中小型银行在公司级数据规范方面有所欠缺，仍然存在部门数据共享依靠人工传递、数据多头管理等问题。

第五节 金融监管数据的治理

金融业是数据密集型行业，它积累了大量有价值的数据。因此，金融监管数据治理也是国家数据治理的重点工作。有效提升我国数据治理能力、强化数据管理，关键就是强化金融监管数据治理。所以，有效推进以发掘金融监管数据价值为核心的金融监管数据治理具有重大意义。

一、金融监管数据治理的历史与现状

数据治理起源于20世纪90年代，最初并非作为实际管理手段被提出。数据治理是一种极具权威性的对数据资产进行控制并实现其价值的活动，是进行数据管理的相关顶层规划与控制。就内容来看，数据治理涵盖数据的组织、管理、资产运用、政策以及技术等内容。在实践过程中，数据治理逐步延伸到金融领域。2013年，巴塞尔银行监管委员会发布《有效风险数据加总和风险报告原则》，该文件主要对数据质量要点进行论述，促使金融机构风险数据管理得以强化。

从全球视角对比来看，中国开展金融监管数据治理工作的时间较晚。2018年，银保监会发布《银行业金融机构数据治理指引》。在该文件中，对金融数据治理内涵进行了重点阐述，并从数据治理架构、数据管理、数据质量控制、数据价值实现以及监督管理方面进行细则描述。金融监管数据治理是金融行业在信息化发展过程中为提升数据资产价值逐渐衍生的一种管理活动，旨在实现企业数字战略。

近年来，《银行业金融机构数据治理指引》《个人金融信息保护技术规范》和《金融数据安全分级指南》等各类型指引性政策相继发布。在这些政策指引之下，金融机构致力于建立并优化金融监管数据治理流程，从事前、事中及事后三阶段强化数据全流程管理，探索构建基于全生命周期的金融监管数据治理管控框架。

二、金融监管数据治理体系

金融监管部门统筹制定金融监管中长期发展规划，搭建金融大数据平台，以推进金融监管的合理应用。

（一）顶层设计：划定金融监管数据治理框架的安全底线

划定金融监管数据治理框架的安全底线是金融监管数据治理的首要问题。在数据保护原则的确定上，应有利于数据控制者义务的履行，可根据金融监管数据敏感度、数量大小、运用场景、风险高低不同，规定不同的数据安全原则，构建阶梯式的原则。同时，为保障金融监管数据得以有效共享，可设定原则遵守的例外情况，若相关数据主体已经履行安全保障义务，则可适当免除其责任的承担。

细化金融领域识别关键信息基础设施的参数指数，识别不同金融子领域中的关键业务，厘定关键业务的支撑性信息系统的边界，进而区分金融业的关键信息基础设施，对属于关键信息基础设施的金融科技企业，其控制的金融监管数据应进行强制共享，同时也负有更高的数据安全保障义务。

（二）基础构建：采取审慎包容的差异性规制措施

金融监管数据治理过程中的包容性规制方式的构建，一方面要考量规制手段的力度和方式，另一方面应关注金融创新的积极性。首先，设立容错试错机制，在划定底线监管的基础上，可借鉴金融监管中的沙盒运行原理，设立"规制沙盒"，由金融监管部门划定范围，允许一部分互联网金融企业在"数据安全空间"内试错、实践，创新数据开发利用方式；其次，融合软法治理、柔性规制的理念，为规制部门留下一定的缓冲空间，防止出现极端规制措施，同时明确规制目标，增强规制手段的科学性，解决规制滞后性问题；再次，规制手段应重视培育数据控制者保障数据安全的内生机制，引导企业将数据安全要求内化为企业的内在需求，比如通过安全认证或减免税费等方式鼓励企业履行安全保障义务；最后，实行差异化规制，协调数据监管和金融监管，协调不同金融子领域的各类规范，缩减监管真空。

（三）金融监管数据治理的框架与流程

我国金融监管数据治理框架主要包括三个部分：第一是数据治理，包括数据战略、组织形式和制度流程三个维度，工作流程与职责分工完善，考核机制、金融数据管理办法以及规章制度较完备，能够保证金融监管数据治理的高效性。第二是数据管理，主要通过构建专业的金融监管数据管理系统、人才以及工具，实现金融监管数据全生命周期管理。第三是数据服务，它是开展金融监管数据管理活动的最终目的和数据资产价值的体现。

具体实施流程包括：

（1）安全管理。确保金融监管数据安全，建立完善合规管理体系指南、个人信息安全标准、信息安全等级保护标准和金融服务安全标准。评估数据治理过程，建立数据管理能力评估模型和数据安全能力模型。

（2）质量管理。强化数据全生命周期质量管控，致力于建立并优化金融监管数据治理闭环流程，从事前、事中及事后三阶段强化数据全流程管理，探索构建基于全生命周期的金融监管数据治理管控框架。促进质量管理，制定金融监管数据质量评估指标。

（3）分级管理。金融监管数据根据安全等级进行分类管理是金融机构为确保数据安全性、保护客户隐私和遵守相关法律法规而采取的重要措施。这种分类管理根据数据的敏感性和重要性将数据划分为不同的安全等级，然后根据各等级的安全要求采取相应的管理措施。制定分类标准、管理策略和安全控制措施，对数据存储、处理、传输和共享等方面进行精细化管理，并加强员工安全意识培训，以提高整体信息安全水平。通过这些措施，金融机构能够更好地保护客户数据隐私，降低数据泄露的风险，确保数据的安全性和完整性。

（4）风险控制，重点关注评估过程中出现的问题，最小化数据治理过程中出现的风险。

（四）我国金融监管数据能力建设的实践

2021年3月，中国人民银行发布了《金融业数据能力建设指引》，规定了数据战略、数据治理、数据架构、数据规范、数据保护、数据质量、数据应用、数据生存周期管理能力域划分，明确了相关能力项，提出了每个能力项的建设目标和思路，旨在为金融机构开展金融监管数据能力建设提供指导。2018年5月，中国银行保险监督管理委员会发布《银行业金融机构数据治理指引》。这些指引的出台都为金融机构开展数据工作指明方向、提供依据，引导金融机构加强数据战略规划、着力做好数据治理、强化数据安全保护、推动数据融合应用，充分释放数据要素价值，为金融机构加快数字化转型发展夯实数据基础，打造适应数字经济时代发展的金融核心竞争力。

> **本章小结**　本章主要概述了金融监管数据的基本概念、金融监管数据的功能、金融监管数据的类型、金融监管数据的来源等；详细介绍了金融监管数据的分类与结构特征；进一步讲述了金融监管数据的采集与分析技术；通过梳理金融监管数据治理的挑战与风险，介绍了金融监管数据的治理思路与基本框架；通过监管数据的具体案例，介绍金融监管中数据运用的场景。

思考题

1. 什么是金融监管数据？广义的金融监管数据包含哪些方面？
2. 金融监管数据有哪些类型？请举例说明其主要来源。
3. 金融监管数据的采集主要使用哪些技术？
4. 金融监管数据治理主要面临哪些挑战？
5. 请结合你的理解，查询资料，举例说明金融监管数据的主要应用。

即测即评

参考文献

[1] 马长峰，陈志娟，张顺明. 基于文本大数据分析的会计和金融研究综述［J］. 管理科学学报，2020，23（9）：19-30.

[2] CHOI D. Heterogeneity and stability：Bolster the strong, not the weak［J］. The Review of Financial Studies, 2014, 27（April（6））：1830-1867.

[3] CSÓKA P, HERINGS P J J. An axiomatization of the proportional rule in financial networks［J］. Management Science, 2021, 67（5）：2799-2812.

[4] CSÓKA P, HERINGS P J J. Decentralized clearing in financial networks［J］. Management Science, 2018, 64（10）：4681-4699.

[5] FERNHOLZ R T, KOCH C. Big banks, idiosyncratic volatility, and systemic Risk［J］. American Economic Review, 2017, 107（5）：603-607.

[6] MORRISON A D, WALTHER A. Market discipline and systemic risk［J］. Management Science, 2020, 66（2）：764-782.

[7] MOULIN H, SETHURAMAN J. The Bipartite Rationing Problem［J］. Operations Research, 2013, 61：1087-1100.

[8] SCHULDENZUCKER S, SEUKEN S, BATTISTON S. Default ambiguity：Credit default swaps create new systemic risks in financial networks［J］. Management Science, 2020, 66（5）：1981-1998.

延伸阅读

[1] BARDOSCIA M, BARUCCA P, BATTISTON S, et al. The physics of financial networks［J］. Nature Reviews Physics, 2021, 3（7）：490-507.

[2] BATTISTON S, FARMER J D, FLACHE A. Complexity theory and financial regulation [J]. Science, 2016, 351 (6275): 818-819.

[3] GAO J, BARZEL B, BARABÁSI A L. Universal resilience patterns in complex networks [J]. Nature, 2016, 530 (7590): 307-312.

第二篇

技术篇

第四章
大数据技术

随着数字经济飞速发展和互联网广泛使用,大数据已经融入社会发展的方方面面,其与金融行业的融合也日益加深。纵观监管科技的发展及其应用实践,不难发现数据技术是其发展的核心之一。大数据和人工智能等技术必将推动金融监管范式的转换,形成多主体协同的基于数据驱动的全新金融监管框架,监管方作为框架内的积极主体,需凭借智能监管保持金融生态安全稳定。

第一节 大数据技术概述

大数据技术是指利用各种技术和工具来处理、存储和分析大规模数据集的方法。大数据技术可以帮助组织和企业从海量数据中提取有价值的信息,以支持决策制定、产品创新、市场营销等方面的工作。在金融领域,大数据技术扮演着重要的角色,金融机构拥有大量的客户数据、交易数据、市场数据等,通过大数据技术的应用,可以更好地理解客户需求、预测市场走势、降低风险等。大数据技术也可以帮助金融监管机构更有效地监控金融机构的交易活动、风险暴露等,及时发现潜在的风险和违规行为。

一、大数据技术的概念

大数据是指难以通过传统数据库管理工具和数据处理应用进行处理的大型复杂数据集。大数据的核心特性通常包括"4V":Volume(体量大),是大数据的首要特性,数据的规模极其庞大,是传统数据集无法比拟的,数据规模能够达到TB或者PB级别,甚至部分大型企业运用了ZB和EB等计量级别;Velocity(速度快)是大数据的关键特性,数据的生成和处理速度非常快,实时性要求高;Variety(类型多)是大数据的自然属性,数据的来源与形态包罗万象,数据种类繁多,包含结构化、半结构化和非结构化数据;Value(价值密度低)说明大数据具有极大的隐藏价值,表面上一些企业拥有大量数据,事实上能发挥价值的只是其中一小部分数据,价值密度较低。

在 21 世纪信息爆炸的时代，市面上存在着海量的数据信息，在这些数据信息中又存在着各种各样的关联和有待挖掘的深度信息，传统的数据分析技术难以实现对大量数据的快速分析。随着数据种类大幅度增加和数据处理能力的增强，大数据技术由此产生。

二、大数据技术的发展历史

大数据技术的发展历史可以追溯到计算机和互联网技术的早期阶段。以下是大数据技术发展的主要阶段。

第一阶段，起步发展期（20世纪60—70年代）。在计算机逐渐普及的20世纪60年代，早期的数据库管理系统（Database Management System，DBMS）出现，如IBM的IMS和CODASYL的数据库系统。这些系统主要处理结构化数据，提升了数据管理和检索效率。20世纪70年代，关系数据库模型出现，IBM开发了System R，奠定了现代SQL（Structured Query Language）标准的基础。

第二阶段，数据仓库和商业智能期（20世纪80—90年代）。随着企业数据量的增加，数据仓库概念在20世纪80年代被提出，用于存储和分析大量历史数据。数据仓库系统如Teradata帮助企业集成和管理数据，以支持决策支持系统（Decision Support System，DSS）。20世纪90年代，商业智能（Business Intelligence，BI）工具比如OLAP（Online Analytical Processing）和数据挖掘技术出现，帮助企业从数据中提取有价值的商业洞察，支持战略决策。

第三阶段，大数据的出现期（2000—2010年）。进入21世纪，互联网的爆炸性增长和Web 2.0应用的普及带来了数据量急剧增加。大数据的概念开始形成，强调数据的体量（Volume）、速度（Velocity）和多样性（Variety）。2004年，Google发布MapReduce论文。2006年，Apache Hadoop项目启动，提供了一个开源的分布式计算框架，能够高效处理和存储大规模数据集。

第四阶段，技术成熟期（2010—2020年）。随着数据类型的多样化和数据规模的增长，NoSQL数据库迅速发展，如MongoDB、Cassandra和HBase，用于处理非结构化和半结构化数据。实时数据处理框架使得实时数据分析成为可能，如Apache Storm、Kafka和Spark Streaming。数据湖概念被提出，允许存储结构化和非结构化数据，提供更大的灵活性和扩展性。

第五阶段，蓬勃发展期（2020年至今）。随着机器学习和深度学习技术的发展，大数据为AI模型的训练提供了丰富的数据源。大数据技术和AI技术的融合成为新的趋势，推动了智能应用和自动化系统的发展。云计算平台如AWS、Google Cloud和Azure提供了大规模数据存储和处理的弹性平台，降低了IT基础设施成本。数据隐私和伦理问题逐渐受到关注，推动了相关法律法规的制定。

三、大数据技术在金融监管领域的应用

大数据技术在金融监管领域的应用可以追溯到 21 世纪初。随着互联网和信息技术迅猛发展，金融机构逐渐意识到大数据技术在提升业务效率、优化风险管理和增强客户体验方面的巨大潜力。

在 21 世纪初，金融机构开始探索大数据技术的潜在应用，主要集中在数据存储和处理能力的提升方面。随着数据量爆炸性增长，传统的数据处理技术逐渐无法满足需求。金融机构开始引入 Hadoop 等大数据处理框架，以应对大规模数据的存储和计算需求。

从 2010 年开始，金融机构逐步将大数据分析技术应用于业务实践中。这一时期的应用主要包括：风险管理，金融机构能够利用大数据技术更精确地分析和预测风险；反欺诈，通过分析交易数据、客户行为和其他相关数据，金融机构可以实时检测异常行为和潜在的欺诈活动，从而提高交易的安全性；客户分析与营销，大数据技术帮助金融机构深入了解客户需求和行为模式，通过对客户数据的分析，金融机构可以提供更加个性化的产品和服务，提升客户满意度。

2015—2020 年，大数据技术在金融领域的应用更加深入和广泛，同时也伴随着技术不断创新。主要的应用领域包括信用评估、智能投顾、监管科技等方面。大数据技术在监管科技领域的应用显著提升了金融监管的效率和效果，通过实时数据监控和分析，监管机构可以更及时地发现和应对金融市场的异常波动和风险。

而 2020 年至今，随着金融科技进一步发展，大数据技术在金融领域的应用进入了全面数字化转型阶段。金融机构不断探索新的应用场景和技术创新，推动业务模式的变革和优化。实时数据分析技术使金融机构能够在瞬息万变的市场中做出快速反应。通过实时数据流处理和分析，金融机构可以及时抓住市场机会，优化交易策略。大数据技术推动了智能风控系统的建立，能够通过机器学习和深度学习技术，自动分析海量数据，识别潜在风险，提高风控的智能化水平。

大数据技术在金融领域的应用不仅提升了业务效率和客户体验，而且推动了金融行业的数字化转型和创新发展。随着技术不断进步和应用的深入，大数据技术将在金融领域发挥越来越重要的作用，助力金融机构在竞争激烈的市场中保持领先地位。

第二节 大数据的关键技术

大数据技术包括数据采集与预处理、数据存储与管理、数据分析与挖掘、数据可视化与展示四个部分，这些关键组成部分共同构成了大数据技术的完整周期，驱动着大数据应用的发展和运用，帮助企业和组织更好地做出决策和发现商机。

一、数据采集与预处理

数据无处不在，互联网网站、政务系统等每时每刻都在不断产生数据。这些数据需要通过相应的设备或软件进行采集。采集到的数据通常无法直接用于后续的分析，因为数据缺失和语义模糊等问题是不可避免的，因此，需要对数据进行预处理，以实现高效存储和挖掘。

（一）数据采集方法

1. 结构化数据采集

结构化数据是指具有一定结构性、可以划分为固定的基本组成要素、能通过一个或多个二维表来表示的数据。

这类数据的主要采集方法包括：① 数据库接口采集，例如，直接使用 SQL 查询关系数据库（如 MySQL、PostgreSQL）中的数据，或者使用数据仓库或 ETL 工具（如 Apache Nifi、Talend）连接数据库，抽取数据；② API 接口采集，RESTful API 和 SOAP API 是两种常见的接口类型，前者使用 HTTP 协议，通过发送 GET、POST 请求，获取或提交数据，后者则基于 XML 消息结构的 Web 服务协议，用于企业级数据交换和服务调用。

2. 非结构化数据采集

非结构化数据是指结构化数据以外的数据，数据结构不固定，无法使用关系数据库存储，只能够以各种类型的文件形式存放，例如 Office 文档、文本文件、图片、视频等。

常见非结构化数据采集方法有：① 网络爬虫技术（Web Scraping），通过编写脚本或使用工具模拟用户浏览网页，从中提取所需的数据，常用工具有 Beautiful Soup、Scrapy、Selenium 等，图 4-1 展示了爬虫技术流程；② 物联网（IoT）设备采集，从物联网设备（如传感器、智能家居设备等）采集数据，通过信号采集模块将物理量转换成电信号，

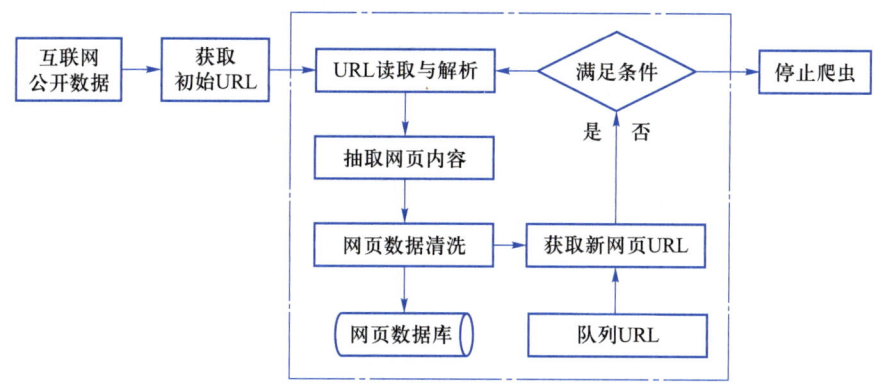

图 4-1 爬虫技术流程

再通过数据采集模块将信号转换成数字数据,进而传输到数据中心进行分析和处理,常见物联网设备包括温度传感器、加速度传感器、音频和视频采集器等。

3. 半结构化数据采集

半结构化数据是指介于严格结构化的数据和完全无结构的数据之间的数据形式。它是具有一定结构的数据,但是结构变化很大,因此该数据不能简单地组织成一个文件按照非结构化数据处理,也不能够简单地建立一个表与之对应。

这类数据的采集技术主要包括:① 日志文件采集,从服务器、应用程序等处生成的日志文件中解析和提取数据,常见的实时日志采集工具有 Logstash、Fluentd 等;② 消息队列与流处理,实时数据流通常是半结构化的,消息队列系统(如 Kafka、RabbitMQ)可以用于传输和存储实时数据流,而流处理平台(如 Apache Flink、Apache Spark Streaming)则用来实时处理和分析这些数据。

三种数据类型的采集方法如表 4-1 所示,各种采集方法有时也能够用于不同数据类型的采集。

表 4-1 不同数据的主要采集方法

数据类别	常见类型	主要采集方法
结构化数据	数字、日期、时间等	数据库接口采集、API 接口采集
非结构化数据	Office 文档、文本文件、图片、财务报表、图像、音频和视频等	网络爬虫技术、物联网(IoT)设备采集
半结构化数据	XML、JSON、HTML 等	日志文件采集、消息队列与流处理

(二)数据预处理

数据预处理是数据分析前的一个重要步骤,用于清洗、转换和准备原始数据,以便进行后续的分析和建模。大数据的预处理技术主要可以分为以下部分。

1. 离散化和归一化

离散化和归一化是将数据转换为更适合分析的形式的关键步骤。较为常见的方法如二进制化(Binarizer)、桶化(Bucketizer)、标准化(Standard Scaler)、元素乘积(Elementwise Product)、最小—最大缩放(MinMax Scaler)。特殊的方法还有:离散余弦变换(Discrete Cosine Transform),将时域信号转换为频域信号,以便更好地表示信号的频率特性,广泛用于音频、图像和视频压缩;归一化(Normalizer),将每个样本向量的欧几里得长度(两点的线段的长度)缩放为 1,不保留原始数据的分布形状,适用于计算样本之间的相似性。

2. 特征提取

特征提取技术通过组合原始特征集来获得新的、更少冗余的变量。常见方法有:多项式展开(Polynomial Expansion),将特征集扩展到多项式空间,生成特征的多项式组合,帮助模型捕捉更复杂特征之间的交互关系;向量组合器(Vector Assembler),将多个特征组合成一个向量列，简化数据处理流程；奇异值分解（Singular Value Decomposition，SVD），将矩阵分解为多个子矩阵，以便降维和特征提取，适用于处理大型矩阵。

3. 特征选择

特征选择旨在选择相关特征的子集，以减少特征冗余，提高模型性能。常见方法有：过滤式特征选择（Filter Methods），利用统计学手段为每个特征赋予一个权重，根据权重对特征进行排序，以此选择保留或移除某些特征；包裹式特征选择（Wrapper Methods），基于模型性能来评估特征的好坏，并通过搜索寻优的方式选择最佳的特征子集，计算成本较高，但能更好地捕捉特征之间的复杂关系，适用于需要最大化模型性能的场景；嵌入式特征选择（Embedded Methods），在模型构建的同时选择最好的特征，适用于训练模型时需要进行特征选择的场景，最为常用的一个方法就是正则化。

4. 特征索引

特征索引在多媒体数据库和图像检索等领域尤为重要。当处理高维数据时，有效的索引技术能够显著提高查询效率。常见的特征索引方法包括：多维索引方法，通过划分数据空间，根据划分对数据进行聚类，并利用划分对搜索空间进行剪枝以提高查询效率，如 R-tree、KD-tree 等；降维方法，通过降低数据的维度来减少"维度灾难"的影响，提高索引效率，包括主成分分析（PCA）、线性判别分析（LDA）、自编码器（Autoencoder）等；近似最近邻方法，在特征空间中寻找与目标特征近似的特征，以提高查询速度，常见算法有局部敏感哈希（LSH）、随机投影树（Random Projection Trees）等。除此之外，还有多重填充曲线方法、基于过滤的方法等。

5. 特征编码

特征编码是将原始数据转换为机器学习算法可以处理的格式的过程。常见的特征编码方法有：One-Hot Encoding，将分类变量转换为一系列二元变量（0 或 1），每个二元变量表示一个可能的分类值；Label Encoding，为分类数据变量分配一个唯一标识的整数，需要注意的是，整数的大小可能被误解为优先级；Label Binarizer，将多类别分类变量转换为二进制矩阵，其中每行表示一个样本，每列表示一个类别；Leave One Out Encoding（LOOE），对于每个记录，通过计算不包括该记录的其他记录的目标变量的平均值来编码目标分类特征变量，常用于处理具有缺失值的分类特征。

二、数据存储与管理

数据存储是将数据存储在适当的介质中，并进行有效的管理和维护。对于不同类型的数据，业界提出了不同的存储技术。

（一）分布式文件系统 HDFS

存储海量非结构化数据的分布式文件系统中比较有代表性的是开源的 HDFS（Hadoop Distributed File System）。分布式文件系统 HDFS 具有兼容廉价硬件、流数据读写、大数据集等特点。然而，HDFS 不适合处理低延迟访问、存储大量小文件以及多用户同时写入同一个文件。其核心概念是块，采用主从结构模型，包括名称节点和数据节点，实现冗余数据存储和错误恢复机制，提升系统性能。

（二）NoSQL 数据库

NoSQL 数据库是一种与传统关系数据库不同的数据库管理系统设计方式，统称非关系型数据库。NoSQL 数据库旨在应对大数据量、高并发读写、弱一致性要求等场景下的需求。它采用的数据模型不是传统的关系模型，而是类似键值、列族、文档等非关系模型。NoSQL 数据库没有固定的表结构，通常也不存在连接操作，也没有严格遵守 ACID 约束。NoSQL 数据库的出现弥补了关系数据库在商业应用中存在的缺陷，并挑战了关系数据库的传统地位。

（三）分布式数据库 HBase

HBase（Hadoop Database）是一个高可靠、高性能、面向列、可伸缩的分布式数据库，主要用来存储非结构化和半结构化的松散数据。它建立在 Apache Hadoop 之上，能够提供高可靠性、高性能和可伸缩的数据存储解决方案。HBase 适用于需要快速随机读写和大规模数据存储的场景，以低成本来存储海量的数据，并且支持高并发写和实时查询。同时，HBase 存储数据的结构非常灵活。HBase 以列族和列的方式存储数据，这种列存储的结构使得用户可以根据实际需求自由设计数据表的列族和列，灵活地应对不同数据类型和访问模式。它可以通过水平扩展的方式，利用廉价计算机集群处理由超过 10 亿行数据和数百万列元素组成的数据表，因此大型互联网公司都使用 HBase。

（四）云数据库

云数据库是部署在云计算环境中的数据库，利用虚拟化技术极大地增强了数据库的存储能力。云数据库具有高可扩展性、高可用性、支持多租户形式和资源有效分配等特点。用户无需管理底层硬件和软件，只需通过网络连接即可使用云数据库服务。云数据库的存储和处理能力几乎是无限的，适用于随时存储和处理大量数据的场景。随着大数据应用不断发展，云存储将持续提供更多高级功能和服务，满足用户需求。技术进步将进一步提升云存储的性能和安全性，为大数据存储管理带来更多优势和便利。

三、数据分析与挖掘

数据分析与挖掘是通过各种算法和技术对数据进行深入分析，发现潜在的规律和趋势。常用的方法包括聚类分析、分类规则挖掘、关联规则挖掘、离群数据挖掘。

（一）聚类分析

聚类分析是指比较相似的研究对象，按一定的方式归为同类。广泛应用在银行、零售和保险等各个领域。例如，金融方面，根据金融投资产品的收益、波动性、市场资本等指标将这些产品归为几类，可以通过持有多种类型的产品分散风险，从而优化我们的投资组合。常见聚类方法包括 K-means、层次聚类、DBSCAN 聚类、谱聚类、高斯混合模型、DBA 聚类等。

（二）分类规则挖掘

分类规则挖掘是指从数据集中发现描述不同类别之间关系的规则，帮助我们理解数据中的模式和趋势，从而更好地对数据进行分类和预测。具体而言，对于给定的训练样本集 S 和分类属性 $C=\{C_1, C_2, \cdots, C_k\}$，如果能找到一个函数 f 满足：$f: S \rightarrow C$，即 f 是 S 到 C 的一个映射，并且对于每个 $X_i \in S$ 存在唯一的 C_j 使得 $f(X_i)=C_j$，则称函数 f 为分类器或分类规则，其寻找过程称为分类规则挖掘。常见的分类算法包括以下几种：决策树算法、朴素贝叶斯算法、K 近邻（KNN）算法、神经网络算法、支持向量机（SVM）算法等。

（三）关联规则挖掘

关联规则挖掘是指利用数据之间的关联性进行数据挖掘，并对数据进行辨别处理，最后将其运用到行业分析中。在关联规则挖掘中，通常会使用支持度和置信度等指标来衡量规则的重要性和有效性。支持度指规则在数据集中出现的频率，而置信度表示规则成立的准确程度。例如，市场营销人员可以通过挖掘数据发现各类商品之间的联系，并以此为基础调整营销策略，通过捆绑销售等方式提高销售量。

（四）离群数据挖掘

离群数据是指明显偏离总体数据，不满足数据一般模式或行为，与存在的其他数据不一致的数据，这些数据往往代表着潜在的风险或机会，对这些数据的分析对人们也更具价值。例如在金融领域中，通过对交易数据的监控，我们能够发现一些数据的异常值，这些异常值可能由于欺诈行为导致，还有可能蕴藏着潜在的高收益机会。离群数据挖掘技术大致包括基于统计的方法、基于距离的方法、基于密度的方法、基于聚类的方法。而找出离群数据后，常用的异常值处理方法包括删除异常值、替换异常值、将异常值视为缺失值等。

四、数据可视化与展示

数据可视化与展示是指综合运用计算机图形学、图像、人机交互等技术，将采集或模拟的数据变换为可识别的图形、图像、视频或动画,并允许用户对数据进行交互分析的理论、方法和技术,将分析结果以直观、易懂的方式展示给用户。不同数据类型有不同的可视化技术,常用的可视化工具有 Tableau、Processing 等。

(一)常见的可视化技术

1. 时间数据可视化

时间数据是以时间为分组的数据,它显示了在一段时间内发生的一系列事件。对于连续型时间数据,通常采用折线图、梯形图、拟合图等展示,而离散型时间数据通常采用柱形图、堆叠图、点状图等展示。

2. 比例数据可视化

比例数据是根据类别、子类别和群体来进行划分的。对比例数据进行可视化主要从整体与部分的关系或者时间与空间的分布入手,通常可以使用饼图、环形图、堆叠柱形图和板块层级图来呈现各部分比例数据。

3. 关系数据可视化

关系数据具有关联性和分布性,通常采用气泡图、散点图矩阵来进行可视化;当需要研究数据的统计学指标如众数、中位数等时,则常用茎叶图、直方图、密度图来研究。

4. 文本数据可视化

人们对于图形的接受度一般要高于枯燥复杂的文本数据。对文本数据进行可视化的关键是要帮助客户迅速而准确地提取出关键重要的信息进行展示。表 4-2 展示了文本数据可视化的一些方法。

表 4-2 文本数据可视化方法

文本数据可视化	类别	常用方法
文本内容的可视化	关键词可视化	标签云、文档散
	时序文本可视化	主题河流、文本流、故事流
	文本分布可视化	文本弧
文本关系的可视化	基于图的文本关系可视化	词语树、短语网络
	文档间数据可视化	星系视图、文档集抽样投影
文本多特征信息的可视化	对多个特征进行全方位展示	平行标签云

(二)常见的可视化工具

数据可视化工具在现代数据处理和分析中发挥着重要作用。入门级工具如 Excel 广泛用于日常数据管理和简单可视化,在线工具如 Tableau 具备强大的数据连接和交互式仪表板创建功能,Crossfilter 通过 JavaScript 库在 Web 上实现多维度交互数据分析。此外,虚拟现实(VR)技术作为前沿可视化手段,通过构建逼真的三维环境,为天文学、地球科学、生物医学、金融领域的研究提供沉浸式数据呈现和分析平台。随着技术不断进步和应用领域的扩展，数据可视化工具将变得更加智能和多样化，为各行业提供更精准和深入的数据洞察，进一步推动科学研究与商业决策的发展。

第三节　大数据技术与金融监管

随着信息技术的迅猛发展以及金融市场的快速发展，各类金融产品不断创新，监管部门面临的挑战也日益复杂，传统监管手段无法满足日益增长的监管需求。大数据金融监管技术的不断完善使其在金融领域的应用愈发普遍。2018 年《国务院办公厅关于全面推进金融业综合统计工作的意见》提出：建立科学统一的金融业综合统计管理和运行机制，制定完善标准和制度体系，建设运行国家金融基础数据库，建成覆盖所有金融机构、金融基础设施和金融活动的金融业综合统计，完善大国金融数据治理。2020 年，《中国银保监会办公厅关于开展监管数据质量专项数据治理工作的通知》发布，主要内容是深入贯彻落实习近平总书记关于统计工作的重要指示批示精神和中央有关决策部署，切实提升银行业保险业监管数据质量，以优质信息服务监管工作大局和银行业保险业高质量发展。通过大数据技术进行优质的监管工作及风险预警工作，为实现全面风险管理作贡献。大数据技术在金融监管领域的应用可以从多个方面体现。

一、实时金融风险监测与预警

大数据技术以其强大的数据处理和分析能力为监管机构提供了全新的检测与预警手段，使监管机构能够更及时、全面地了解金融市场的运行情况，发现潜在的风险点，并在风险出现之前采取相应的应对措施，从而有效维护金融市场的稳定，保障投资者的利益。

（一）金融风险识别

准确识别金融风险是进行风险管理的第一步。大数据技术的应用帮助金融机构更准确地识别潜在的风险因子。

1. 日志分析工具

金融机构使用日志分析工具来监控其 IT 系统运行状况以及时发现异常行为。① 收集服务器、应用程序和网络安全设备生成的日志数据。② 对日志数据进行解析和结构化处理，以便于分析。③ 应用异常检测算法，如聚类或机器学习模型，来识别异常模式。④ 通过分析异常日志，识别潜在的操作风险，如系统故障、未授权访问等。

2. 网络分析工具

金融机构使用网络分析工具来评估其与其他金融机构或市场的关联性，以识别可能的传导风险。① 收集金融机构之间的交易数据、资金流动信息等。② 根据收集的数据构建金融网络图,包括节点(金融机构)和边(交易关系)。③ 分析网络结构,识别网络中关键节点,这些节点可能对整个网络的稳定性产生重大影响。④ 通过模拟网络中风险的传播,识别可能的传导路径和风险溢出效应。

3. 交易行为分析工具

证券交易所和监管机构使用交易行为分析工具来监控市场活动,预防市场操纵。① 收集交易数据,包括买卖订单、成交量和价格变动等。② 应用模式识别算法,如序列模式挖掘或机器学习模型,来识别异常的交易模式。③ 通过分析交易行为,识别可能的操纵策略,如虚假交易、拉抬价格等。

4. 卫星图像分析工具

保险公司和资产管理公司使用卫星图像分析工具来监测自然灾害,如洪水、干旱或火山爆发,评估自然灾害对投资和保险业务的影响。① 获取卫星图像数据,包括可见光、红外线和雷达图像等。② 对卫星图像进行增强和分割,提取有用的信息。③ 通过分析图像变化,识别自然灾害事件,如洪水淹没区域、火山灰云等。④ 将自然灾害事件与可能受影响的资产或地区进行关联,识别潜在的风险。

(二) 金融风险测度

要对金融风险进行实时的监测与及时预警,前提是要准确测度金融风险。金融风险测度方法主要有以下几种。

1. 在险价值法

在险价值(Value at Risk,VaR)是给定置信水平下,一段时间内资产或其组合可能遭受的最大损失。例如,一个投资组合的 1 天 99% VaR 为 100 万美元,意味着在正常市场条件下,该投资组合在一天内损失超过 100 万美元的可能性不超过 1%。基于方差—协方差法,VaR 可表示为:

$$VaR = -(\mu + z \cdot \sigma) \cdot 资产组合价值 \tag{4-1}$$

式中:μ 是投资组合的预期回报;z 是与所选置信水平相对应的标准正态分布的分位数;σ 是投资组合回报的标准差。

2. 条件在险价值法

条件在险价值(Conditional Value at Risk,CVaR)也称期望损失(Expected Shortfall,ES),是 VaR 的扩展。它度量了超过 VaR 的损失的期望值,考虑了极端事件发生时可能发生的损失,因此比 VaR 更稳健。

$$CVaR = \frac{1}{1-c} \int_{-\infty}^{-VaR} L(x) \, \mathrm{d}x \tag{4-2}$$

式中:c 是置信水平;$L(x)$ 是损失分布函数。

3. 历史模拟法

它是一种非参数方法,不直接使用公式,而是通过重新采样历史数据来估计未来的风险,无须对资产回报的分布做出假设,因此能够较好地捕捉到极端事件的影响。例如,如果选择95%的置信水平,用历史模拟法计算的 VaR 将是历史回报分布中第5百分位的回报值乘以投资组合的当前价值。

4. 蒙特卡罗模拟法

它是一种基于模拟的方法,通过模拟大量的资产价格路径来估计投资组合的未来价值分布,可以处理复杂的投资组合和期权等衍生品的风险度量,但计算成本较高。例如,如果模拟了10 000条路径,那么用蒙特卡罗模拟法计算的 VaR 将是第9 500条路径(对应于95%的置信水平)的损失。

5. 压力测试

它通过模拟极端但可能发生的市场事件来评估投资组合的风险,不依赖于统计模型,而是基于对市场可能出现的极端情况的假设。例如,可以通过计算在市场突然下跌10%时的投资组合损失来进行压力测试。

(三) 市场风险监测

1. 市场风险定义

市场风险是指金融机构在金融市场的交易头寸由于市场价格因素的不利变动可能遭受的损失。市场风险可以分为利率风险、汇率风险、股票价格风险、商品价格风险和信贷息差风险。其中,利率风险又分为收益率曲线风险、重定价风险、基准风险、期权性风险。汇率风险又分为外汇交易风险、外汇结构性风险。如图4-2所示。

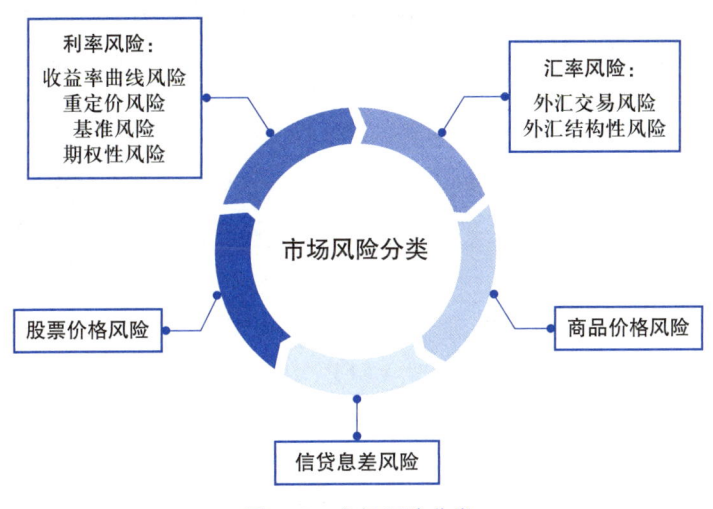

图 4-2 市场风险分类

2. 市场风险度量

市场风险度量是指对投资组合在市场变动中可能遭受的损失进行量化评估的过程。以下是一些常用的度量方法。

(1) 波动率(Volatility)。波动率是市场价格变动的度量,通常通过计算资产或市场指数的标准差或方差来衡量。波动率越高,表示市场风险越大。

(2) 预期缺口(Expected Shortfall,ES)。ES 是超过 VaR 水平的损失的平均值,也被称为条件 VaR。ES 提供了 VaR 的补充,更全面地衡量了投资组合或资产的风险。

(3) Beta 系数。Beta 系数衡量了一个资产或投资组合与市场整体波动的相关性。Beta 系数越高,表示资产或投资组合对市场风险的敏感程度越高。

(4) Sharpe 比率。Sharpe 比率是投资组合超额收益与其波动率的比率。较高的 Sharpe 比率表示在承担相同风险的情况下,投资组合的回报相对更高。

(5) Treynor 比率。Treynor 比率衡量了投资组合超额收益与 Beta 系数之间的关系。Treynor 比率越高,表示投资组合在市场风险方面的表现越好。

(6) 信息比率(Information Ratio)。信息比率衡量了投资组合超额收益与跟踪误差的比率,是评估投资组合管理者超额收益的有效性指标。

(7) 损失概率(Probability of Loss)。损失概率是投资组合或资产在特定时间内遭受损失的概率。损失概率越高,表示市场风险越大。

3. 大数据技术在市场风险监测方面的应用

大数据技术可以在数据采集、分析、模型建立、测度、预警等过程中帮助金融机构监测市场风险,及时采取应对措施。

(1) 数据收集阶段,通过分布式数据存储技术,金融机构使用分布式文件系统(如 HDFS)来存储和管理大规模的非结构化和结构化数据;利用 Apache Nifi 或 Apache Kafka 等工具实现实时数据同步,确保数据的时效性和一致性。

(2) 数据分析阶段,使用 Apache Spark 等大数据处理框架进行数据挖掘,可以快速地从大规模数据集中提取有价值的信息;使用 Apache Lucene 或 Elasticsearch 等工具进行文本搜索和分析,Apache OpenNLP 或 Stanford NLP 等工具进行自然语言处理,有助于分析市场情绪和趋势。

(3) 模型建立阶段,运用随机森林、梯度提升机等机器学习算法来构建预测模型,这些模型可以从历史数据中学习,并对未来的市场走势进行预测;使用 ARIMA(差分自回归移动平均模型)、SARIMA(季节性差分自回归滑动平均模型)或 LSTM(长短期记忆网络)等模型对时间序列数据进行预测,以识别市场风险。

(4) 测度阶段,通过复杂事件处理(CEP)技术,金融机构可以实时监控市场事件流,并对其进行分析,计算得到实时风险指标。为了处理和分析大规模数据,金融机构通常会采用 Hadoop 和 Spark 等大数据分析平台来处理和分析大规模、高速度的数据流,帮助金融机构计算风险敞口和风险价值(VaR)。

(5) 预警阶段,运用孤立森林(Isolation Forest)、单类支持向量机(One-Class SVM)等异常检测算法来识别市场中的异常行为,从而发出预警。通过集成多个机器学习模型(如 Bagging、Boosting)来提高预警系统的准确性和鲁棒性。

基于历史数据和市场指标,利用大数据技术构建风险模型和预测模型,监管机构能够有效评估金融机构的市场风险水平,并提前识别潜在的风险。利用高频数据对金融机构进行实时监测和分析,有助于监管机构及时发现市场变化,更快速地响应市场波动,采取相应措施稳定市场。此外,大数据技术通过监测社交媒体和新闻报道等非传统数据源,分析公众情绪和舆论动向以及金融市场相关信息,也为监管机构提供了了解市场参与者情绪和行为、发现潜在市场风险的新途径。将来自不同来源、不同领域的数据进行整合和关联分析,建立更全面、更准确地实时监管和报告系统,大数据技术实现了对金融市场的实时监测和分析,能为监管部门和市场参与者提供及时的报告与警示。

(四)信用风险监测

1. 信用风险定义

信用风险是债务人或交易对手未能履行合约规定的义务或因信用质量发生变化导致金融工具的价值发生变化,给债权人或金融工具持有者带来损失的风险。由于信用风险的损益与期权中的空头类似,出现大额损失的概率要高于正态分布,所以信用风险的分布与大多数市场风险不同,呈严重的左偏态势。信用风险分类如图 4-3 所示。

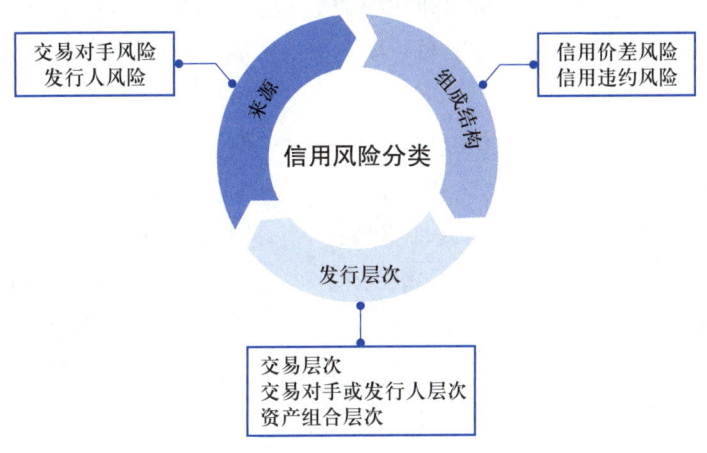

图 4-3 信用风险分类

2. 信用风险度量

信用风险度量是指对借款人、债券发行人或其他金融合约对手方可能违约的风险进行量化评估的过程。常用的信用风险度量方法见表 4-3。

表 4-3 信用风险度量方法

方法	分析工具
专家分析法	5C 法、LAPP 法、五级分类法
评级法	外部评级法、标准法、内部评级法
信用评分法	线性概率模型、Logit 模型、Probit 模型、Altman 的 Z 评分模型等
定量的度量模型	KMV 模型、CreditMetrics 模型、信贷组合观点、CreditRisk+模型

专家分析法是基于主观判断,主观性较强。评级法和信用评分法从方法上看本质是一致的,区别在于对现代数量模型的依赖程度不同。通过数据整合、建模分析、行为预测、实时监测、社交网络分析等方法,大数据技术能够帮助金融机构及时发现应对信用风险,维护金融系统的稳定与安全。

3. 大数据技术在信用风险监测方面的应用

(1) 识别阶段。通过使用网络分析技术,如社群检测算法和中心性度量,金融机构可以识别交易对手之间的关联,并分析他们在社交媒体上的活动模式。例如,当发现某交易对手与已知的违约者或高风险个体存在紧密联系时,即可初步判断该交易对手具有较高的信用风险。此外,利用 Apache Solr 或 Elasticsearch 等工具对非结构化数据进行索引和搜索,金融机构可以深入分析客户的社交媒体活动和新闻,进一步识别潜在的信用风险。例如,通过分析社交媒体上的评论和帖子,可以捕捉到交易对手的财务困境或信誉问题。

(2) 评估阶段。金融机构可以使用分类算法(如逻辑回归、支持向量机、随机森林)从历史数据中学习并预测交易对手的违约可能性,为其新的交易进行风险评分。使用大数据技术进行特征工程,如采用独热编码处理分类数据,通过主成分分析(PCA)降维以及执行特征选择等方法,提取和转换数据中的关键特征,提高信用风险评估模型的性能。

(3) 度量阶段。利用模型评估方法(如 Shapley 值、特征重要性评分、敏感性分析等),金融机构能够准确评估单个交易对手的信用风险的贡献,识别出对整体信用风险影响最大的交易对手,为风险管理提供明确指导。此外,通过构建和分析信用转移矩阵,金融机构还能预测交易对手信用评级的未来变化,并评估相应的信用风险。

(4) 监测阶段。金融机构使用交互式仪表板来实时监测信用风险指标,提供可视化的风险报告,帮助风险管理人员快速了解当前的信用风险状况,并采取相应的决策。在线学习算法的运用能够持续更新信用风险评估模型,以适应新的市场条件,提高预测准确性。

(5) 预警阶段。基于时间序列分析的预测模型(如 Prophet 或 Holt‐Winters 方法等)能够准确预测未来的信用趋势和潜在的违约事件。结合多个数据源和模型输出的预警信号,金融机构利用数据集成平台(如 Talend 或 Informatica)进行集中管理和分析。借助自动化工具(如 Tableau 或 Power BI),金融机构能够生成实时信用风险报告,并通过电子邮件、短信或内部通信系统迅速通知相关风险管理人员,确保风险得到及时有效的应对。

大数据技术通过整合来自不同来源的数据如个人信用报告、财务数据、交易记录、社交媒体数据等,建立客户的全面信用档案,通过分析客户的行为数据如消费习惯、支付行为、借贷记录等识别异常行为和风险信号。基于数据分析的结果,大数据技术利用机器学习和统计模型对数据进行建模分析以识别潜在的信用风险因素和模式,确定客户的信用评分,预测客户的违约概率,评估信用风险,为金融机构提供决策支持。实时监测客户的交易行为和市场情况也能及时发现潜在的信用风险并预警，使得金融机构及时采取制定信贷政策、优化资产配置、调整风险管理策略等方式有效管理、降低信用风险。

（五）操作风险监测

1. 操作风险定义

《巴塞尔资本协议》中将操作风险定义为由不完善或有问题的内部程序、人员及系统或外部事件所造成损失的风险。它包括但不限于内部欺诈、操作失误、系统故障、法律变化、不利天气条件和其他意外事件，涵盖了广泛的潜在风险来源，但通常不包括策略风险和声誉风险。

2. 操作风险度量

《巴塞尔协议Ⅱ》提出，操作风险的资本计量方法按业务复杂程度及风险敏感性由简至繁分为基本指标法、标准法及高级计量法。

（1）基本指标法。银行持有的操作风险资本等于前三年总收入的平均值乘以固定比例：

$$K = \alpha \times GI \tag{4-3}$$

式中：K 是操作风险的资本要求（资本扣减额）；α 是一个固定的百分比，巴塞尔协议建议的值为15%；GI 是银行前三年总收入的平均值，总收入通常包括净利息收入加上净非利息收入，不包括保险公司的收益、持有至到期投资的收益、出售固定资产的收益等非常规性收入。

（2）标准法。标准法比基本指标法更为复杂，因为它将银行的业务分为几条不同的业务线，并为每条业务线分配不同的操作风险资本系数。计算公式如下：

$$K = \sum BIC_i \times GI_i \tag{4-4}$$

式中：K 是操作风险的资本要求（资本扣减额）；BIC_i 是第 i 条业务线的操作风险资本系数，根据不同业务线的风险程度设定；GI_i 是第 i 条业务线的总收入，通常包括净利息收入加上净非利息收入。

（3）高级计量法。高级计量法是用于度量操作风险的较为复杂先进的方法，允许金融机构使用自己的内部模型来计算操作风险的资本要求，但这些模型需要得到监管机构的批准。金融机构需要收集和存储大量的历史损失数据、情景分析数据、业务环境和内部控制因素等，以便构建和校准操作风险计量模型。使用统计模型（如损失分布法、贝叶斯网络、回归分析等）或非统计模型（如计分卡、专家系统等）来估计损失频率和损失严重性。金融机构可以将操作风险分为不同的维度，如业务线、地区、产品类型、损失事件类型等，以便更准确地识别和管理风险。通过模型计算出的操作风险资本要求应当反映金融机构预期的操作损失，包括高频低严重性的损失和低频高严重性的损失。此外，金融机构需要向监管机构证明其内部模型满足巴塞尔银行监管委员会提出的要求，包括准确性、一致性、审慎性和稳定性等，并定期验证和更新操作风险计量模型，确保模型的准确性和有效性。同时，金融机构需向市场披露其操作风险管理和计量方法的相关信息，提高透明度。

3. 大数据技术在操作风险监测方面的应用

（1）识别阶段。文本挖掘技术可以用于分析内部报告、审计记录和外部通信，以识别潜在的风险因素。实时数据流处理技术可以实时监控交易和事件数据，快速识别、响应潜在的风险事件。这对于需要快速识别和处理的操作风险（如市场操纵或即时欺诈）至关重要。

（2）计量与评估阶段。通过孤立森林或单类支持向量机（One-class SVMs）等异常检测算法，能够识别出数据中的异常模式，侦测异常交易行为，发现可能的风险点。图神经网络（Graph Neural Networks）算法能够识别出数据中的复杂关系和网络结构，因此可用于分析交易网络，以识别潜在的欺诈模式。

（3）控制阶段。使用实时数据流处理技术可以连续监测关键风险指标和交易活动，一旦检测到异常或阈值被超过，系统会立即发出预警，允许金融机构迅速响应，采取措施来避免或减轻潜在的损失。机器人流程自动化技术可以自动完成重复性高、规则性强的任务，减少人为错误，提高流程效率。例如，自动化交易对账可以减少交易错误和欺诈的风险。

（4）风险报告提交阶段。运用数据聚合技术，可以将来自不同来源和格式的数据整合在一起。使用风险管理信息系统，可以集成数据管理、风险评估、风险报告和监控等功能，提供实时风险视图，并支持风险报告的生成。机器人流程自动化技术如合规性检查和审计准备自动化、法律和监管报告自动化有助于减少人为错误，提高效率，降低操作风险。

二、金融欺诈检测与防范

随着科技飞速发展和互联网广泛普及，金融欺诈问题已经成为全球范围内备受关注的突出挑战。针对金融机构的欺诈和犯罪不仅日益增多，更呈现出多样化、科技化的特点，给金融机构及客户造成了非常大的风险和损失。不论是小规模的个人欺诈行为，还是跨国集团的金融犯罪活动，都对金融体系的安全和稳定构成了严峻威胁。在此背景下，金融机构和银行面对日益增长的欺诈风险必须采取切实有效的措施来应对这一挑战。除了传统的安全措施，大数据技术的应用在金融欺诈检测和预防领域发挥着越来越重要的作用。

（一）异常交易行为识别

异常交易行为可能是金融欺诈的早期迹象。利用大数据技术，金融机构能够实时监测和识别异常交易行为，有效防范金融欺诈。传统的手动分析方式无法应对市场产生的海量交易数据，而大数据技术可以快速而准确地处理这些数据，提取出潜在的异常交易模式。通过分析历史交易数据，大数据技术能够建立起客户的正常交易模式，并与实时交易进行对比，一旦发现异常，系统将立即发出警报。此外，结合客户的个人信息、行为轨迹、地理位置等多维度数据，大数据技术能够更全面地评估交易行为的风险性。通过建立实时监测系统，大数据技术能够及时捕捉异常交易行为，并迅速响应，降低欺诈损失的可能性。系统还能根据积累的数据和经验不断优化识别模型，提高其准确率和效率。借助大数据技术的强大分析能力和实时监测功能，金融机构能够更有效地识别和预防欺诈行为，保护客户资产安全，维护金融系统稳定。

由于无监督学习算法无须预先标记的数据就可以识别出与正常行为模式不符的交易，因此其在金融欺诈领域的异常行为识别中很有成效。以下是一些专注于异常行为识别的算法。

1. 孤立森林

孤立森林是一种常用的异常检测算法，适用于高维数据集。其原理是基于异常点在数据集中通常是"孤立的"，因此只需要少量的分割就可以在树结构中隔离它们。孤立森林通过随机选择特征和切分值来构建树，从而创建隔离异常点的路径。如果一个数据点在树中很快就被隔离，那么它很可能是一个异常点。

2. 局部异常因子算法

局部异常因子（Local Outlier Factor，LOF）算法通过比较一个数据点的局部密度与其邻居的密度来识别异常。如果一个数据点的局部密度远低于其邻居，那么它被标记为异常。LOF 计算每个数据点的局部异常因子，该因子反映了该点与周围数据点的密度比较。

3. 聚类算法

聚类算法（Clustering Algorithms）如 K-means、DBSCAN 等，可以将数据点分组到多个簇中。在异常检测中，如果一个数据点不属于任何簇或者它与最近的簇的距离远大于簇内数据点之间的平均距离，那么它可能是一个异常点。

4. 基于密度的异常检测算法

基于密度的异常检测（Density-Based Anomaly Detection）算法是一类无监督的机器学习方法，通过估计数据点的密度来识别异常。例如，使用核密度来估计数据的密度，然后标记密度较低的区域为异常。

5. 自编码器

自编码器（Autoencoders）是一种神经网络。它试图将输入数据编码成一个低维表示，然后从这个表示中解码出原始数据。如果输入数据是正常的，自编码器可以很好地重构数据。但如果输入是异常的，自编码器很难重构它，从而产生较高的重构误差。通过设置一个重构误差的阈值，可以识别出异常点。

（二）反洗钱监控

利用大数据技术识别监控异常行为，有助于识别潜在的洗钱活动。通过实时监控交易流程和数据，大数据技术可以检测到与正常交易模式不符的大额交易、频繁跨境资金转移与高风险地区的关联，快速发现可疑活动并生成警报，使得金融机构能够及时采取行动，阻止可能的洗钱活动。此外，金融监管机构可以自动优化反洗钱监控流程，通过不断学习提高大数据技术的准确性和效率，从而优化反洗钱策略和流程以适应不断变化的洗钱模式和手段。

在反洗钱监控领域，星环科技的智能反洗钱解决方案、渊亭科技的反洗钱智能监测分析平台作为先进的技术和平台被广泛应用。它们融合了人工智能、大数据分析和知识图谱等尖端技术，极大地提升了反洗钱监控的效率和准确性。

1. 星环科技的智能反洗钱解决方案

该方案结合了大数据、人工智能、机器学习和知识图谱等技术，以提升反洗钱（AML）监控的效率和准确性。其旨在解决金融领域中洗钱风险不断上升的问题，特别是针对高智商、高科技的洗钱手段。它与传统反洗钱手段相比，效率更高，能够处理海量数据，同时降低人力成本和操作风险。星环科技的智能反洗钱解决方案依托于其大数据平台，能够处理与日俱增的海量交易数据，从而减轻金融机构在人力成本和操作风险上的压力。该平台使用机器学习进行洗钱风险识别，其优势在于不易受外部因素干扰，能够实现比人工分析更精准的判断，并且可以通过持续训练和优化来预见未来可能发生的可疑交易。此外，该解决方案利用图数据库和知识图谱分析工具，可以直观地展现交易全景图，帮助用户快速发现风险点和可疑团伙。这种方法实现了人机结合的智能化分析、研判和决策，有效地提高了反洗钱工作的排查效率和准确度。2022年9月，星环科技与中国银行上海分行合作，发布了金融风控联合解决方案，其中包括基于TDH构建的信用风险预警监控管理系统（CRO）。CRO采用智能风控架构，引入了大数据、自然语言处理、知识图谱等技术，搭建了大规模的数据仓库，并支持预警地图、客户预警、行业预警等功能。这一系统基于关系型分析引擎Inceptor和搜索引擎Scope，整合了对公、对私、内部存贷款数据以及工商、诉讼、舆情等外部数据，实现了海量数据的高速检索和多维度客户关联图谱的自动编制，从而精准排查隐性关系，并实现预警信息的全面响应。

2. 渊亭科技的反洗钱智能监测分析平台

该平台融合了图计算、AI模型和规则模式等前沿技术，旨在为金融机构提供全方位的反洗钱监控功能。该平台的核心功能包括监测和警告异常交易行为，这对于预防和识别洗钱活动至关重要。同时，平台通过对历史交易数据的分析，能够回溯和识别潜在的洗钱行为，进一步增强了对洗钱活动的侦测能力。此外，平台对客户进行风险评级，帮助金融机构有效识别和管理高风险客户。基于风险评分和交易行为，平台还能够实施预警机制和布控策略，从而全面提升金融机构在反洗钱方面的管理能力和效率。该平台的核心优势在于其结合了机器学习和知识图谱技术，这两者的结合使得平台能够高效地从大量数据中学习和提取关键特征。机器学习技术自动识别异常交易，而知识图谱技术则用于深入分析交易之间的复杂关联，揭示潜在的洗钱模式。通过这种综合应用，平台显著提高了反洗钱监控的效率和准确性，同时减少了对传统专家规则的高度依

Standard Chartered 与 HSBC 的反洗钱（AML）失败与整改

赖。此外，渊亭科技的反洗钱智能监测分析平台还针对反洗钱领域的特定挑战，例如合规成本高、误报率高、识别难度大等问题，提供了有效的解决方案。通过利用这些前沿科技手段，该平台能够帮助金融机构实现客户全生命周期的动态画像和风险分类，进行可疑交易事件的穿透式监测，沉淀洗钱行为特征知识，并预测洗钱风险，从而全方位升级洗钱风险管理能力。

（三）内幕交易监测

操纵市场、内幕交易会破坏金融市场生态，助长投机炒作的歪风邪气，干扰误导投资者交易决策，使得投资者损失惨重，形成脱离基本面"炒差炒烂"的不良现象，严重影响市场定价功能发挥，侵害广大投资者合法权益。

为了有效识别和打击这些违法行为，全球的监管机构和技术服务提供商开发了多种先进的监控系统。例如，纳斯达克交易所采用的 Nasdaq SMARTS 系统能够通过先进的技术和算法来检测异常交易行为和潜在的内幕交易活动。由专业金融科技公司提供的 TradingHub 系统，集成了多种数据分析技术和模型，帮助金融机构和监管机构发现并阻止内幕交易活动。Thomson Reuters MarketPsych 系统利用情感分析和自然语言处理技术，通过分析市场参与者的言论和情绪来识别潜在的内幕交易线索。NICE Actimize 公司提供的 Actimize Insider Trading Detection 系统，利用大数据分析和模式识别技术来识别异常交易行为和内幕交易活动。Compliance.ai Insider Trading Monitoring 系统则专注于监管合规，通过整合多种数据源和先进的分析技术，帮助金融机构和企业有效识别和预防内幕交易风险。

在中国，证监会也在积极借鉴和应用国际先进的监管技术和经验，不断提升自身的监管能力和水平。通过引入和自主研发高效能的监控工具，证监会能够更加精准地识别和打击市场操纵和内幕交易行为，保护投资者的合法权益，维护金融市场的公平和透明。这些努力体现了中国监管机构在金融市场监管方面的创新和进步，为促进金融市场的稳定和健康发展提供了坚实的技术支撑。

三、客户行为分析与风险画像

在数字化日益深入的当前，金融机构对于精准洞悉客户需求，优化服务体验的需求越发迫切。大数据技术为金融机构提供了高效、准确的手段深度挖掘、分析客户需求，能够有效提升客户满意度。同时，利用大数据技术创建用户画像，也为相关金融机构提供了及时应对风险的手段。

（一）客户行为模式分析

客户行为模式分析是指对客户在金融服务和产品使用中的行为进行系统的收集、解释和评估，以便更好地理解客户的金融需求、偏好、决策过程和交易习惯，帮助金融机构预测市场趋势、改进产品设计、提升服务质量、制定有效的营销策略和风险管理措施。客户行为模式分析分为以下步骤。

1. 数据采集

数据采集是客户行为分析的基础。金融机构利用大数据技术可以收集线上线下各类渠道多元途径的数据，如手机银行、实体网点、网上银行等交易记录、客户咨询记录、社交媒体互动数据，全面收集客户的基本信息、交易行为、反馈评价等多维度数据，分析出客户的金融消费习惯、风险偏好、投资意向等关键特征。

2. 建立合适的数据指标体系

建立合适的数据指标体系有助于全面、深入分析用户行为。这分为以下几个维度。

（1）用户属性维度。关注用户的基本特征，如年龄、性别、地理位置、教育背景等，可以帮助我们了解用户的背景信息，从而更好地理解用户的需求和偏好。

（2）用户行为维度。关注用户在平台或服务上的具体行为，如浏览历史、点击行为、搜索习惯、评论和反馈等。通过分析这些行为数据，可以了解用户的兴趣和活动模式，从而预测他们的未来行为。

（3）用户消费维度。关注用户的消费行为，如购买频率、购买金额、偏好品牌、产品类别，基于此识别高价值客户、理解用户的消费习惯和偏好，从而制定更有效的营销策略。在建立数据指标体系时，需要综合考虑这些维度，并根据业务需求和目标选择合适的数据指标。例如，想要提高用户的留存率，则更多关注用户行为维度，如登录频率、使用时长等。想要提高销售额，则关注用户消费维度，如购买频率、平均订单价值等。

3. 数据存储与管理

使用合适的数据库系统（如 Hive、MySQL、HBase）来存储和管理大量的客户数据，有利于确保数据的安全性、一致性和可访问性。

4. 标签化和分群

根据客户的行为和属性，为客户打上不同的标签。这些标签可以是静态的（如性别、年龄层）或动态的（如最近购买的产品、活跃时间段）。然后，可以将具有相似特征的用户分群，以便进行更精细化的分析。

5. 行为模式分析

先进的数据分析技术如机器学习、人工智能算法等可以帮助金融机构深度处理、解读海量的客户行为数据。识别历史交易行为模式可以洞察客户金融需求变化，关联分析产品使用频率及满意度可以探寻影响客户满意度的关键因素；分析客户反馈的情感表达能准确把握客户对服务的真实感受，从而有针对性地改进产品和服务。

6. 用户画像创建

结合分析结果，创建详细的用户画像。用户画像应包含以下关键信息。① 个人基本信息：姓名、年龄、性别、职业、受教育程度等。② 财务状况：收入水平、资产状况、负债情况等。③ 交易记录：消费金额、消费频率、消费渠道等。④ 信用记录：信用评分、逾期记录、贷款记录等。⑤投资偏好：投资类型、风险承受能力、收益期望等。

7. 应用与优化

基于数据采集和分析的结果，金融机构可以根据客户的投资风格、风险承受能力、生命周期阶段等定制合适的产品和服务，提高客户满意度。通过追踪客户在使用产品或服务过程中的操作路径和交互行为发现并改进可能导致客户困扰或不满的服务环节，简化操作流程，提高服务效率。通过对客户行为数据的实时监测，及时发现异常交易行为，提前预警风险，保护客户资产安全，提高客户信任度。利用客户行为数据推送客户感兴趣的内容或活动，强化与客户的互动沟通来增强客户黏性和忠诚度。

花旗银行和摩根大通使用大数据分析客户行为

（二）客户风险评估与分类

随着金融市场不断复杂化，金融风险评估在金融领域变得极为重要。基于用户画像，可以使用决策树、随机森林、神经网络等统计模型或机器学习算法建立风险评估模型，根据用户特征预测风险水平，并将用户分为高、中、低风险类别。金融机构可据此实施差异化管理策略，如对高风险用户实行更严格的审核，对低风险用户给予更多优惠。为确保模型和策略的有效性，需持续测试和验证，并根据反馈和新数据调整优化。实际应用中，需持续监控模型表现，及时调整策略以应对市场和用户行为的变化，这对于保持模型的长期有效性和准确性至关重要。

传统的客户风险评估主要依赖统计模型和经验判断，但这些方法受限于数据不全、模型简化过度和评估滞后等问题。大数据技术的出现为客户风险评估带来了新方法。首先，大数据技术提供了更广泛的数据源，提高了风险评估的精确性。它不仅使用传统的统计数据和市场数据，还通过互联网和社交媒体等渠道收集舆情、历史交易、用户行为、信用记录等数据。这些数据的整合和处理为风险评估模型提供了坚实的基础。其次，大数据技术利用先进的机器学习等技术，能够建立更有效的风险评估模型。这些模型超越了对简单统计指标的依赖，更准确地评估复杂多变的客户风险，帮助金融机构进行信用评估和风险警示。最后，大数据技术实现了客户风险评估的实时性。它能实时采集和分析数据，及时发现异常并采取措施，有效管理金融风险。

四、金融监管合规性管理

金融监管合规性管理是确保金融机构在经营过程中遵守相关法律法规、行业准则和内部规定的一系列行为和措施。随着金融市场不断发展，金融行业间的关联渗透加深，金融风险的复杂性、隐蔽性不断提高。洗钱、证券欺诈、网络诈骗等问题频发，给传统金融监管带来巨大挑战。在此背景下，金融监管合规性管理的重要性日益凸显。

国际金融监管机构在全球范围内发挥着重要作用，例如，国际货币基金组织

（IMF）致力于促进全球经济的稳定和可持续发展，制定并推动实施全球金融监管标准。同时，国际清算银行（BIS）作为全球央行的银行，促进国际金融合作，推动全球金融稳定和监管标准的制定。此外，金融稳定理事会（FSB）致力于促进全球金融稳定，发展有效的金融监管和制度。

在国内层面，中国的金融监管体系已经经历了重大的改革，确立了以国家金融监督管理总局为核心的"四级垂管"架构。这一架构包括总局、省局、分局和支局，实现了对金融市场的更全面和有效的监管。国家金融监督管理总局负责制定和执行金融监管政策，监督和管理金融机构的合规行为，从而确保金融市场的稳定和健康发展。中国人民银行作为国家的中央银行，在金融监管中发挥着核心作用，不仅制定和执行货币政策，而且负责维护金融稳定。中国证券监督管理委员会则负责监管证券市场的运作，确保市场公平有序。

然而，尽管监管力度增强，目前监管仍面临一些挑战。首先，沟通协作难度大，非现场监管报表涉及表单众多，填报字段数以千计，需要各业务线条分工合作。其次，缺乏统一的数据复核验证机制和填报流程管控机制，难以保证数据的准确性，导致填报数据出错。最后，历史填报数据没有统一管理，无法对金融机构现场监管报送数据开展有效的数据分析，导致数据资源浪费。在此背景下，大数据技术在金融监管领域的应用已成为必然趋势。

（一）自动化合规性检查

金融监管机构应用大数据技术制定统一、科学、完整的金融业综合统计标准，依托先进的金融基础数据库，加强数据分析、运用，促进监管数据的有效使用。通过科技手段，金融监管机构可以将监管政策转换为数字化、标准化的"机器可读"程序语言，为金融机构提供各种监管应用程序接口，实时获取监管数据，利用云计算、大数据等技术实现对监管数据自动化、集中化的聚合分析，判断监管风险点，监测监管合规性，有效提高监管效率，实现自动化合规性检查。

报送数据报表的金融机构应用大数据技术建立监管集市数据仓库，整合数据。金融机构报送的数据应统一数据、统一标准、统一出口。应用"二八法则"将金融监管部门处罚的重点指标导入及录入系统，录入20%的数据信息，涵盖银行内80%的重要数据内容，如自营资金、理财等，将监管数据库与银行数据治理相结合，以重点指标为出发点进行数据加工处理及治理。同时，通知业务人员从前端准入口径进行修改，统计指标频率，出现频率低的指标系统留存，出现频率高的高度重视，提高工作效率，突出工作重点，将前端业务工作与后续监管工作有效衔接，节省工作时间，共享监管口径与业务口径，合理分配资源。系统留存整合过的指标，比如姓名、电话、身份证号等基本数据，节省银行资源、运维成本。设置监管集市预警机制，快速判断未实现指标，快速整改。充分运用国家标准、金融行业标准数据基础，建立本行的基础元数据。

(二) 监管报告生成与提交

作为金融监管体系的重要组成部分，监管报告要求金融机构披露业务、财务和风险状况，提高了金融机构的透明度。此外，监管报告有助于监管机构了解市场最新动态和发展趋势，洞悉金融机构的运营状况、信贷状况等，识别并评估潜在的系统性风险，及时采取防范措施，适时调整监管政策和措施，确保金融机构遵守相关的法律法规，保护投资者的合法权益，保障金融市场的稳定。因此，监管报告的生成与提交是金融合规性管理的重点。

利用大数据技术，监管机构可以自动从庞大的金融数据中提取必要的信息，自动生成监管报告。这些报告可以涵盖各个方面，包括市场风险、机构风险、交易活动、合规性情况等内容，以满足监管机构的监管要求。监管机构也可以根据自身需求，利用大数据技术从海量数据中筛选相关信息，根据指定的格式和要求定制需要的监管报告。大数据技术能够将监管报告中的数据进行可视化分析，方便监管机构直观了解金融机构的状况，还能根据实时数据生成实时监管报告。例如，中国建设银行利用大数据技术建立了一个金融风险监控平台。这个平台能够实时收集和分析大量的金融数据，包括市场数据、交易数据、客户数据等。通过这个平台，建设银行能够自动生成各种监管报告，如市场风险报告、信用风险报告和操作风险报告。这些报告可以根据金融监管部门的要求进行定制，并自动提交给金融监管部门，提高报告的生成和提交效率。

大数据技术的应用使得金融监管机构在生成与提交监管报告方面的效率大大提高，减少人力成本的同时能够更好地满足监管机构的需求。例如，中国人民银行自 2016 年起实施宏观审慎评估体系（MPA），每季度采集商业银行等金融机构的诸多数据指标和风险报告，加强对金融机构事中监测和事后评估。通过大数据技术，中国人民银行可以针对 MPA 需要采集的监管数据生成一个应用程序编程接口（API），规范数据格式、计算函数和报表要求。同时，向金融机构开放该 API 以供调用，自动完成数据统计报送和报告生成等事项。

(三) 人才培养与组织变革

人力资源社会保障部等政府部门发布的《加快数字人才培育支撑数字经济发展行动方案（2024—2026 年）》强调，应发挥数字人才支撑数字经济的基础性作用，紧贴数字产业化和产业数字化发展需要，用 3 年左右时间，扎实开展数字人才育、引、留、用等专项行动。提升数字人才自主创新能力，激发数字人才创新创业活力，增加数字人才有效供给，形成数字人才集聚效应，着力打造一支规模壮大、素质优良、结构优化、分布合理的高水平数字人才队伍，更好支撑数字经济高质量发展。大数据技术在金融业的应用不仅是工具或者系统的引入，更涉及人才培养与组织内部运作方式的根本改变，因此应当考虑人才培养与组织变革因素，鼓励员工不断学习和探索新技术，增加强大的金融人才队伍，推动监管机构在大数据应用领域的持续创新。

本章小结

本章主要概述了大数据技术的基本概念与相关历史等,并进一步介绍了关键的大数据技术。通过梳理大数据技术在实时金融风险监测与预警、金融欺诈检测与防范、客户行为分析与风险画像与金融监管合规性管理方面的应用,凸显了其在金融监管领域的广泛应用。此外,也通过具体的案例展示了大数据技术在金融监管方面的实际应用价值。

思考题

1. 请概括大数据的主要特征。
2. 请概述大数据技术的关键组成部分。
3. 对比传统金融风险评估,大数据技术的优势体现在哪些方面?
4. 在大数据技术被广泛应用于金融监管下,人才培养与组织变革中应注意哪些问题?

即测即评

参考文献

[1] 曹衷阳,王重润. 金融科技概论 [M]. 北京:机械工业出版社,2022.

[2] 林子雨. 大数据技术原理与应用:概念、存储、处理、分析与应用 [M]. 3版. 北京:人民邮电出版社,2021.

[3] 彭俞超,戴韡. 大数据金融 [M]. 北京:高等教育出版社,2023.

延伸阅读

[1] YEUNG K. "'Hypernudge': Big Data as a mode of regulation by design." The social power of algorithms [M]. Routledge, 2019:118-136.

[2] TRELEAVEN P. Financial regulation of FinTech [J]. Journal of Financial Perspectives, 2015, 3 (3):114-121.

第五章

云计算技术

在数字化浪潮的推动下，云计算技术已经成为各行业创新和发展的核心引擎。在金融这一领域中，云计算的影响尤为显著。它不仅彻底重构了传统的 IT 基础设施架构，更以其强大的技术支持，为金融监管开辟了新天地，极大地提升了金融服务的效率、灵活性和安全性。本章旨在引导读者了解云计算在金融监管领域的广泛应用，并洞察其影响。

第一节　云计算技术概述

云计算代表了一种创新的服务模式。它通过互联网向用户提供必要的计算资源，如服务器、存储、数据库、网络、软件和分析工具等，使用户能够根据需求灵活地访问和利用这些资源。这种服务模式通常由云服务提供商（CSP）在远程数据中心进行管理和维护，用户则根据实际使用量进行付费。在金融行业，云计算技术的引入为监管机构提供了强大的技术支持，使得金融监管更加高效、灵活和安全。

一、云计算技术的概念

云计算是一种模式。它提供无处不在的、便捷的、按需的网络访问，用户可以进入一个可配置的计算资源共享池，包括网络、服务器、存储、应用软件和服务等。这些资源可以迅速部署，用户在使用过程中几乎无须进行管理，与服务供应商的交互也降至最低。

简而言之，云计算通过计算机网络（通常是互联网）提供按需的计算资源。它不仅是一种技术，更是一种支持组织转型的全新模式。与传统的网络应用模式相比，云计算在灵活性、可靠性和成本效益方面展现出了显著的优势。云计算为金融监管提供了创新的技术解决方案，确保了监管的高可靠性和灵活性，同时有效降低了监管成本，为金融行业的持续发展和创新提供了坚实的技术基础。

二、云计算技术的发展历史

云计算的崛起并非一蹴而就,而是数十年来计算、存储和网络技术不断积累和发展的必然结果。早在 20 世纪 60 年代,大型主机系统就开始显现其重要性,而云计算的原始思想也在这个时期萌芽。1961 年,美国计算机科学家约翰·麦卡锡(John McCarthy)首次提出了云计算的初步构想,虽然当时尚未出现"云计算"这一术语,但他的前瞻性理念为后来的技术发展奠定了坚实的基础。

云计算的概念最终在 2006 年 Google 的一系列创新活动中得到了实质性的推广。随后,IBM 公司在 2007 年对云计算进行了明确的定义,这一定义得到了业界和学术界的广泛认可。根据美国国家标准与技术研究院(NIST)的定义,云计算提供了一种按需付费的模式,它允许用户访问一个可配置的共享资源池,包括网络、服务器、存储、应用软件和服务。这些资源可以迅速部署,用户几乎不需要进行管理或只需与服务提供商进行简单的交互。

随着时间的推移,虚拟化技术的引入和云计算服务的商业化开启了一个新的纪元。1999 年,VMware Workstation 的推出标志着虚拟化技术在云计算发展史上迈出了重要一步,该产品为云计算的演变和成熟奠定了基础,特别是在资源优化和数据中心管理效率提升方面发挥了核心作用。2005 年,亚马逊推出了商业化的云计算服务,这标志着云计算正式进入商业市场。随着通信和分布式计算技术不断进步,云计算逐步发展成为一种能够灵活分配计算、网络、存储、应用和服务等资源的模式,实现了资源利用的最大化。这一转变不仅为商业世界带来了革命性的变化,也为社会创造了巨大的价值。

今天,我们生活在一个由数据和智能技术驱动的互联时代,全球 5G 网络的商用化已经启动。在这个新时代,数以千亿计的设备通过网络相互连接,而云计算已经成为数字时代不可或缺的基础设施。它不仅支撑着现代企业的运营,也在推动着社会各领域的创新和进步。

三、云计算技术在中国金融监管领域的应用历史

云计算在中国金融业的重要性日益凸显,这不仅得益于国家政策的积极推动,也源于金融业对云计算技术的内在需求和主动探索。随着"互联网金融""普惠金融"和"互联网+"等新兴概念的兴起,云计算已成为推动金融业发展的关键技术支撑。在国家层面,政策的引导为云计算在金融领域的应用提供了坚实的基础。自 2014 年以来,我国陆续出台了一系列云计算发展相关政策,为金融业云计算的应用营造了更加完善的政策环境。2015 年,国务院颁布《关于促进云计算创新发展培育信息产业新业态的意见》,明确提出推动金融机构对技术先进、带动支撑作用强的重大云计算项目给予信贷

支持，为金融业的云计算应用提供了有力的政策保障和支持。

2017年6月，中国人民银行发布了《中国金融业信息技术"十三五"发展规划》，在该规划中明确提出了在"十三五"期间稳步推进系统架构和云计算技术应用研究，并制定云计算、大数据、区块链、人工智能等信息技术在金融业应用的标准。2018年8月15日，中国人民银行正式发布了云计算技术金融应用规范的"技术架构""安全技术要求"和"容灾"三项金融行业标准，这些标准的出台为金融业的云计算应用提供了更加明确的指导和规范，进一步推动了金融云计算技术的规范化和标准化发展。

云计算技术在金融监管领域的应用历史悠久，其发展可追溯至虚拟化技术的早期探索阶段，这一技术的演进为云计算的后续发展打下了坚实的基础。金融机构在2000年年初开始探索虚拟化技术，以提升数据中心的运作效率和灵活性。虚拟化技术使得单个物理服务器能够运行多个虚拟机，每个虚拟机都能够独立运行不同的操作系统和应用程序，这种技术显著提升了服务器的利用率，降低了能源消耗，并简化了IT基础设施的管理。

随着虚拟化技术不断成熟，云计算逐渐成为金融机构的重要选择。云计算提供的新型计算模式允许金融机构通过互联网访问和利用远程数据中心的资源和服务，这些模式的引入使得金融机构能够根据业务需求快速调整IT资源的规模，实现了成本效益和运营效率的最大化。新的模式包括利用公有云的按需付费模式降低初始投资成本，支持非核心业务的发展，以及通过建立私有云来处理敏感数据和满足监管要求。混合云策略的采用进一步结合了公有云和私有云的优势，为金融机构提供了更为全面和灵活的解决方案。

云原生技术的兴起，尤其是容器化和微服务架构的普及，为金融服务的敏捷性和创新能力带来了质的飞跃。这些技术使得金融服务能够以更小、更灵活的组件运行，加快了新服务的部署速度，提高了系统的可靠性和可维护性。Kubernetes等容器编排工具的出现，不仅推动了云原生技术在金融行业的广泛应用，也使得金融机构能够更有效地管理和扩展其云服务，增强了对市场变化的响应能力。

同时，金融业本身也在不断地尝试和探索云计算技术的应用。例如，国有四大国有商业银行开展的数据大集中工作，民生银行建设的大数据平台，大连银行启动的"云服务"五年计划等，都是金融业积极拥抱云计算技术的例子。这些实践表明，金融业正在通过云计算技术提升服务效率、降低运营成本、增强数据安全性，云计算技术的广泛应用已经成为推动金融服务创新的重要力量。

第二节　云计算的关键技术

在上一节中，我们探讨了云计算技术的演进以及其在金融监管领域的应用历史。为了进一步深化对当前云计算技术的理解，本节将聚焦于云计算的四个关键技术：分布式计算框架、分布式文件系统、虚拟化以及资源管理技术，并对它们进行详细的介绍和探讨。

一、分布式计算框架

随着计算技术不断进步，应用程序对计算能力的需求日益增长。面对庞大的计算挑战，分布式计算作为一种有效的解决方案应运而生。分布式计算的基本原理是将一个复杂的、需要巨大计算力的应用问题分解成许多小的子问题，并将这些子问题分配给多台相互独立的计算机进行并行处理。这些计算机协同工作，最后将各自的结果汇总，得出最终的计算结果。

分布式计算框架是实现分布式计算的软件工具。到目前为止，产生的较为流行的分布式计算框架可划分为四代。第一代计算框架以 MapReduce 为代表，支持将分布式计算划分为 Map 和 Reduce 两个阶段，并以批处理方式执行计算。第二代计算框架以 Tez 为代表，能够实现更复杂的分布式计算过程。第三代计算框架以 Spark 为代表，引入了内存计算和流式数据处理，可实现实时计算。第四代计算框架以 Flink 为代表，拥有更加完善的批流一体的数据处理模式，分布式计算的可靠性更高，响应速度更快。可见，分布式计算框架是向着数据处理实时响应、延时短、可靠性高、使用更方便的方向迭代发展的。

分布式计算框架为金融监管提供了强大的数据分析能力。在分布式文件系统、分布式存储和分布式计算框架的支持下，金融机构能够实现对大量数据的高效实时分析，其分析能力远超传统的单机监管与合规数据分析。这使得金融机构能够更快速、更准确地识别和响应市场变化，提高了监管效率和决策质量。

（一）MapReduce

MapReduce 是一种编程模型和处理大规模数据集的软件计算框架。它通过将大型任务分解为一系列小任务（映射和归约任务），并在分布式计算环境中并行处理这些任务，从而实现高效的数据处理。它支持多种编程语言，如 Java、Python 和 C++等。MapReduce 的计算环境可由大量廉价商用服务器组成。

MapReduce 将数据处理逻辑分为 Map 和 Reduce 两个阶段。Map 阶段将输入数据分片后进行并发处理，Reduce 阶段将 Map 阶段产生的中间结果进行合并、排序等处理后输出最终结果。Map 阶段执行完后再执行 Reduce 阶段。

由于 Map 阶段产生的中间结果必须写入磁盘，而 Reduce 阶段从磁盘读入中间结果，因此会产生大量磁盘输入/输出（Input/Output，I/O），影响到计算效率。MapReduce 不支持实时计算、流式数据处理和有向无环图（Directed Acyclic Graph，DAG）。因此，MapReduce 在逐步地被 Spark 和 Flink 替代。

（二）Tez

Tez 是一种旨在提供一个统一的数据处理计算框架，用于构建高性能的大规模数据处理应用程序。作为第二代计算框架，Tez 针对 MapReduce 的不足之处进行了一些改进。

Tez 支持 DAG，支持定义更加复杂的数据处理流程（允许在一个数据处理流程中有多个 Map 阶段和多个 Reduce 阶段，而不是像 MapReduce 只能有一个 Map 阶段和一个 Reduce 阶段，这样可以适配更加复杂的业务场景。Tez 支持将数据处理流程首先映射为逻辑 DAG，再结合资源使用情况将逻辑 DAG 转化为物理执行计划，并且支持在任务运行中动态地修改执行计划（如改变 Map 和 Reduce 的并行度），在一定程度上提升了运行效率。

由于 Tez 并未引入内存计算，对性能的提升并不明显，加之缺乏流式计算、图计算、机器学习和交互式查询语言，可使用的场景仍然有限，因此并未得到广泛应用。

（三）Spark

Spark 是一种先进的分布式计算框架，专为处理大规模数据集而设计。它提供了一个快速、通用的计算平台。Spark 的核心优势在于其基于弹性分布式数据集模型的内存计算能力，这使得它在迭代算法和交互式数据挖掘方面表现出色。与传统的磁盘存储为基础的计算框架（例如 MapReduce）相比，Spark 能够显著提高数据处理速度（提升 10~100 倍），尤其是在需要频繁进行读写操作的场景中。

Spark 支持多种编程语言，如 Scala、Java、Python 和 R，多个子项目构成完善的生态圈，其中 Spark Core 实现了 Spark 的核心功能，Spark SQL 用于处理结构化数据，Spark Streaming 提供了对实时数据进行流式计算的组件，Spark MLlib 用于机器学习和 Spark GraphX 用于图计算。这些工具和库使得 Spark 不仅适用于批处理，也能够高效地执行流处理、机器学习和图数据处理等任务。

此外，Spark 具有良好的扩展性，可以在大量廉价的商用服务器上构建集群（基于内存计算的特性，对 CPU 和内存有一定要求），从而降低了构建和运行大数据应用的成本。随着数据规模的增长和集群规模的扩大，Spark 能够通过增加节点来提升计算性能，满足不断增长的数据处理需求。

（四）Flink

Flink 是一种为流式数据处理和事件驱动应用而设计的分布式计算框架。它的核心特点是支持高吞吐、低延迟、高性能的流式数据处理，支持高度灵活的窗口操作，支持数据容错，这使得 Flink 非常适合需要处理流式数据且进行实时分析和响应的场景。

Flink 不仅支持流式计算，还能够高效地处理批数据，其设计理念是将批处理视为流式计算的特例，实现批流一体。Flink 提供了灵活的 API 和丰富的库，支持多种编程语言，如 Java 和 Scala。它的计算模型基于 DAG，能够有效地管理和优化计算任务的执行流程。Flink 的执行引擎负责将定义的 DAG 计算任务映射到物理机集群中执行，同时处理任务调度、容错和数据传输等关键任务。

Flink 的计算环境由大量廉价的商用服务器组成，这些机器构成了分布式计算的基础设施。Flink 的计算模型允许开发者以一种接近于实时的方式处理无界数据流，同时保证了高吞吐量和低延迟。在金融监管、物联网和实时推荐系统等领域，Flink 的应用可以显著提升数据处理的效率和实时性，为相关行业提供了强大的技术支持。

蚂蚁集团分布式计算平台：金融监管的智能化转型与技术创新

二、分布式文件系统

在云计算环境中，分布式数据存储技术是确保金融数据的高可用、高可靠和经济性的关键。这些技术通过将数据分散存储在多个物理位置，提高了数据的冗余性和访问速度。常见的数据存储系统主要有 Hadoop 分布式文件系统、Google 文件系统和 GlusterFS 文件系统。

（一）Hadoop 分布式文件系统

Hadoop 分布式文件系统（HDFS）是 Hadoop 项目的一个子项目，是 Hadoop 的核心组件之一。Hadoop 非常适于存储海量数据（如 TB 级别和 PB 级别的数据）。HDFS 作为分布式文件存储系统，使用多台计算机存储文件，并且提供统一的访问接口，使得使用者像是访问一个普通文件系统一样访问分布式文件系统。

HDFS 的架构是一个主/从（Master/Slave）体系结构，由 NameNode、Secondary Namenode 和 DataNode 组成，如图 5-1 所示。NameNode 负责管理整个文件系统的元数据，以

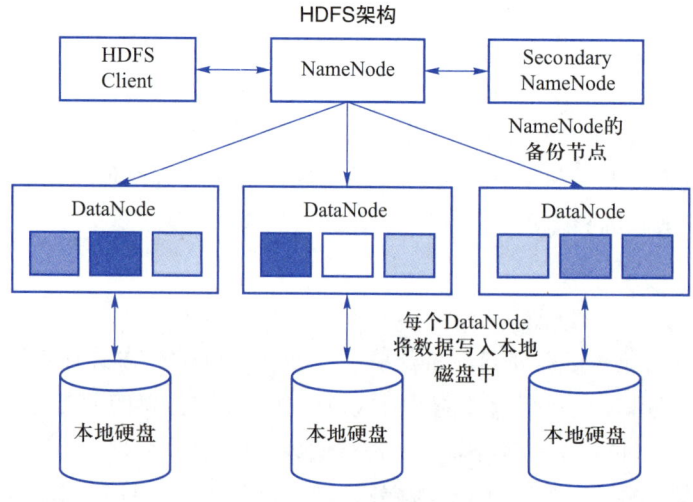

图 5-1　HDFS 的体系结构图

及每一个文件所对应的数据块信息。DataNode 负责管理用户的文件数据块，每一个数据块都可以在多个 DataNode 上存储多个副本。Secondary NameNode 用来监控 HDFS 状态的辅助后台程序，每隔一段时间获取 HDFS 元数据的快照作为备份。

（二）Google 文件系统

Google 文件系统（Google File System，GFS）是一种设计用于处理大规模数据集的高效且可扩展的分布式文件系统。GFS 的独特之处在于其能够在成本低廉的商用服务器上运行，同时内置了强大的容错机制，确保了数据的高度可用性。该系统通过将文件划分为多个数据块，并在众多服务器间进行分布式存储，实现了对数据的并行处理，显著提升了系统输入输出（I/O）的性能。

GFS 架构的核心由一个主服务器（负责管理文件系统的元数据）和多个块服务器（存储实际的数据块）构成，如图 5-2 所示。它们共同为众多客户端应用提供稳定的文件服务。

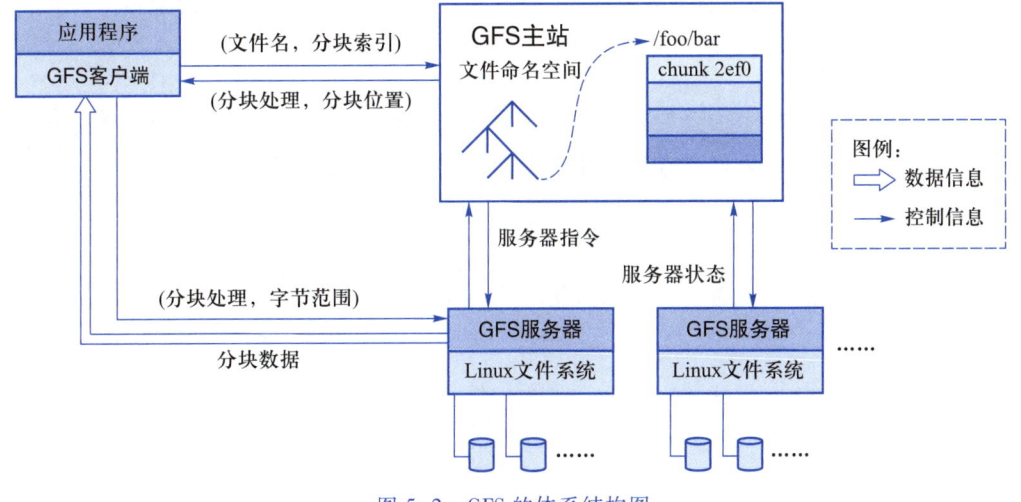

图 5-2　GFS 的体系结构图

（三）GlusterFS 文件系统

GlusterFS 文件系统（Gluster File System，GlusterFS）是一个先进的开源分布式文件系统。它通过消除传统的元数据节点，极大地简化了系统架构，并采用模块化设计理念，以支持高度个性化的存储环境配置。该系统能够将多个物理存储设备融合成一个统一且可扩展的存储池，具备处理大规模数据的能力，轻松应对 PB 级别的存储需求。

GlusterFS 的架构设计如图 5-3 所示，它由存储服务器（称为 Brick Server）、存储客户端以及 NFS/Samba 存储网关等核心组件构成。这种设计显著降低了系统构建的复杂性，同时简化了系统的实现过程。

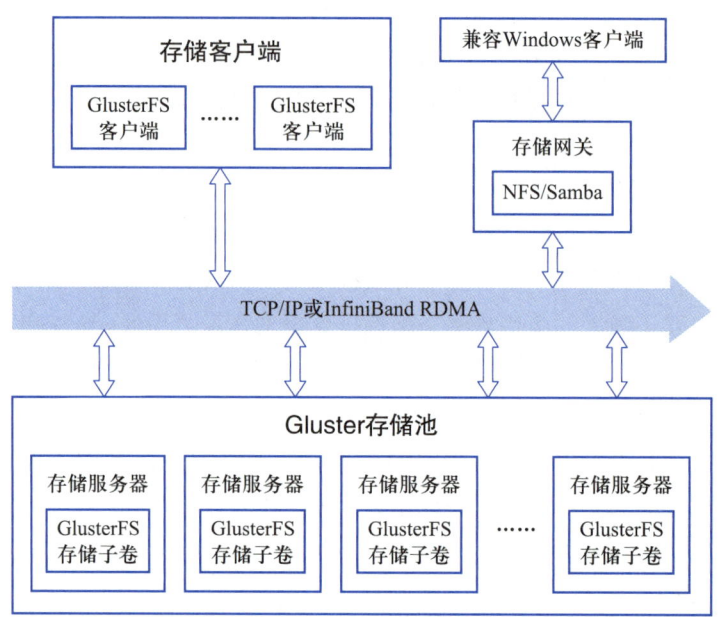

图 5-3　GlusterFS 体系结构图

这些分布式存储技术为金融监管提供了强大的数据支持，使得金融机构能够更加灵活和高效地处理和存储大量的金融交易数据，同时确保数据的安全性和合规性。

华为云的金融级云原生分布式数据库

三、虚拟化技术

虚拟化技术是计算机科学领域的一项革命性进展，它极大地提高了计算效率和资源管理能力。起源于 20 世纪 50 年代的虚拟化概念，随着云计算的兴起，再次成为技术研究的热点，特别是在金融监管等领域，它通过高效管理和资源优化利用，显著提升了性能。

虚拟化技术指的是将计算机物理资源抽象化，从而使得资源的使用和分配不再受限于物理形态。这一过程涵盖了从硬件资源（如内存、存储和 CPU）到软件资源（如操作系统、文件系统和应用程序）的广泛领域。虚拟化通过抽象计算机物理资源，消除了资源使用的物理形态限制。这种抽象使得应用程序能够以统一的方式访问资源，不受底层物理资源变化的影响，简化了资源管理和访问。

虚拟化技术实现了用户与物理资源之间的解耦，允许系统管理员高效地管理和分配资源，同时保持用户体验的一致性。根据虚拟化的对象和目的，它可以分为基础设施虚拟化、系统虚拟化、容器虚拟化、软件虚拟化、服务器虚拟化等类型，每种类型都在云计算中扮演着关键角色。

（一）基础设施虚拟化

基础设施虚拟化包括网络虚拟化和存储虚拟化两个方面。网络虚拟化通过整合网络硬件和软件资源，在基础网络架构中创建多个虚拟网络，为用户提供定制化的网络服务。常见的网络虚拟化包括虚拟局域网（Virtual Local Area Network，VLAN）和虚拟专用网（Virtual Private Network，VPN）。虚拟局域网指将单一物理局域网划分为多个VLAN，并分配给不同用户使用，不同VLAN之间需要配置路由等技术手段实现互联互通，从而提高网络资源的使用效率。虚拟专用网则通过VPN技术，在公用网络（通常是互联网）中建立一个临时的、安全的连接隧道，使用这条隧道可以对数据进行加密传输，实现远程用户对内部网络的安全访问。存储虚拟化则通过抽象物理存储设备的差异性，提供了统一的逻辑存储视图，简化了数据访问和管理。基于存储设备的存储虚拟化技术如独立磁盘冗余阵列，通过整合多块独立磁盘资源形成一个大的磁盘资源，实现比单块磁盘更好的读写性能和更高的可靠性。而基于主机和网络的存储虚拟化，如网络附加存储和存储区域网络，通过运行在主机上的代理或管理软件，实现存储虚拟化的控制和管理。

这些虚拟化技术的应用，不仅提升了数据中心的运行效率，而且为金融监管等复杂场景下的资源管理和优化提供了强有力的支持。通过这些技术，金融机构能够更加灵活地应对市场变化，同时确保了业务连续性和数据安全。

（二）系统虚拟化

系统虚拟化的核心概念在于利用虚拟化技术将单一的物理计算机（物理机）转换为多个独立的逻辑计算环境，即虚拟机（Virtual Machines，VMs）。这些虚拟机在逻辑上彼此隔离，每个虚拟机都拥有一套完整的虚拟硬件资源，使得它们能够在同一物理硬件上并行运行不同的操作系统，而不会相互干扰。这种技术特别适用于解决应用程序的兼容性问题，因为它允许在单一的宿主操作系统之上模拟出多个不同的操作系统环境，从而为运行不兼容的应用程序提供了理想的解决方案。

在系统虚拟化中，虚拟机监控器（Virtual Machine Monitor，VMM）扮演着至关重要的角色，它负责虚拟机的安全访问、资源分配、调度和管理。VMM确保了虚拟机能够高效地运行，同时合理地利用物理资源，保障了各个虚拟机之间的独立性和稳定性。如图5-4所示，系统虚拟化不仅提供了一个灵活的应用程序运行平台，而且极大地增强了计算环境的适应性和可扩展性，为多任务和多用户环境提供了强大的支持。

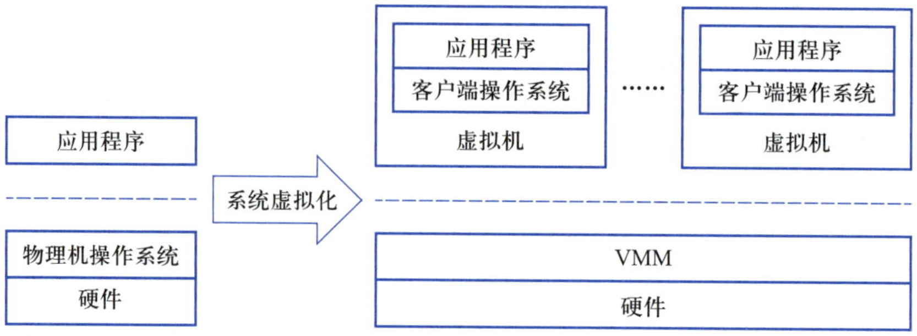

图 5-4　系统虚拟化

（三）容器虚拟化

随着云计算技术不断演进，容器虚拟化技术作为轻量级的虚拟化解决方案，已经成为金融监管领域中一种重要的技术趋势。容器虚拟化技术的核心在于提供了一种高效、灵活且隔离的应用部署环境，它允许应用程序及其依赖项打包在一起，实现在不同计算环境中的无缝迁移和快速部署。

容器虚拟化是一种轻量级的虚拟化技术。它利用操作系统级别的虚拟化，将软件运行所需的环境及其依赖项打包成一个独立的单元。容器虚拟化技术的实现依赖于容器创建工具和容器管理工具。容器创建工具（比如 Docker）负责容器的创建、启动、停止和监控等基本操作，而容器管理工具（比如 Kubernetes）则提供了更高级的功能用于管理多个 Docker 容器，包括服务发现、负载均衡、自动扩展、滚动更新和故障恢复等。这些工具使得金融机构能够高效地管理和运维大规模的容器化应用。

与传统的虚拟机相比，容器直接运行在宿主操作系统上，共享宿主的内核，但为每个应用提供隔离的用户空间环境。这种设计使得容器具有启动速度快、资源占用少、易于管理和扩展等优点。

在银行、证券基金、保险和互联网金融等金融子领域中，容器虚拟化技术的应用日益广泛。例如，银行可以利用容器虚拟化技术快速部署和扩展其在线服务和移动银行应用；证券基金公司使用容器来加速新交易策略的测试和部署；保险公司通过容器虚拟化提高了业务连续性和灾难恢复的能力；互联网金融企业则利用容器虚拟化技术的灵活性来支持快速变化的市场环境和客户需求。容器虚拟化技术为金融监管领域带来了多方面的优势。首先，它提高了应用的部署速度和可靠性，减少了因环境不一致导致的问题。其次，容器的轻量级特性使得资源利用率大幅提升，降低了运营成本。此外，容器虚拟化应用的快速迭代和易于扩展的特性，使得金融机构能够更快地响应市场变化，加速创新。

（四）软件虚拟化

软件虚拟化是一种旨在简化软件管理流程，减少应用程序与操作系统及物理硬件之间的耦合度的技术。这种技术，也称为应用程序虚拟化，通过解耦应用程序的执行逻辑和显示逻辑，允许用户在没有完整安装应用程序的情况下运行它们。在这种模式下，应用程序的关键组件被保留在虚拟环境中，而其他部分则由服务器端提供支持。

当用户需要使用虚拟化应用程序时，他们只需通过客户端向服务器提交必要的交互数据。服务器端随后独立执行应用程序的计算任务，并将处理结果，包括图形界面和输出数据，传输回用户端。这种方式使得用户即使没有在本地计算机上安装完整的应用程序，也能享受到与本地安装应用程序相似的使用体验。软件虚拟化不仅极大地提升了用户的使用体验，还为企业IT管理带来了更高的灵活性和效率，特别是在应用程序的快速部署、维护和升级方面，软件虚拟化技术提供了显著的优势。通过这种方式，企业能够更加灵活地响应市场变化，快速适应新的业务需求，同时降低了IT支持的复杂性和成本。

（五）服务器虚拟化

服务器虚拟化是一种允许多个虚拟机在单个物理服务器上同时运行，每个虚拟机都有操作系统和应用程序的完整镜像的技术。云计算平台通过众多服务器的协同作业，为用户提供了强大而灵活的服务。通过将服务器虚拟化技术整合到云计算中，可以将物理服务器的资源抽象化，形成一个功能强大的"云资源池"，供上层应用程序根据需要动态调用。这种方法不仅极大地提升了用户体验，还通过优化资源配置，显著提高了资源利用率，并有效降低了运营成本。

服务器虚拟化技术将传统的系统虚拟化应用于服务器领域，使得单个物理服务器被分割成多个逻辑上隔离的虚拟服务器。这些虚拟服务器虽然共享同一套物理硬件，但它们彼此独立，拥有自己的虚拟处理器、内存和设备等资源。这种技术使得同一组物理资源能够被多个虚拟服务器重复利用，而资源的分配和共享则由虚拟机管理器负责处理，从而实现了服务器资源的高效整合和利用。如图5-5所示，服务器虚拟化技术能够将原本利用率不高的物理服务器转变为多个高效的虚拟服务器，从而最大化硬件投资的价值。

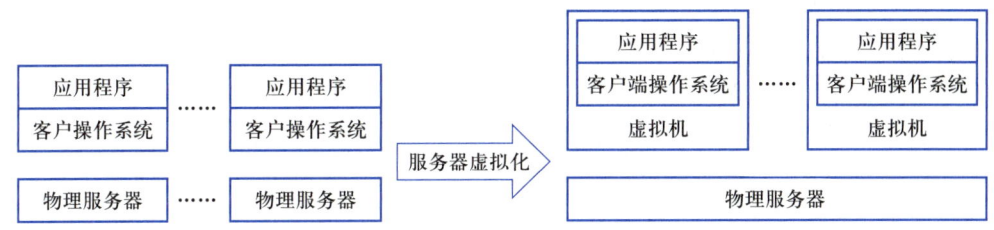

图5-5　服务器虚拟化

服务器虚拟化的核心技术包括对CPU、内存和I/O设备的虚拟化，以及支持虚拟机的实时迁移。这使得动态资源管理和负载均衡成为可能，进一步提升了云计算平台的灵活性和效率。此外，也极大地提高了任务部署的效率，简化了应用程序的部署过程，减少了人为错误的可能性。

服务器虚拟化技术为金融监管带来了显著的优势，包括提高资源利用率和系统可靠性，简化合规性管理，增强数据安全性，以及降低运营成本。通过虚拟化，金融机构能够快速部署和调整 IT 资源，以适应监管要求和市场变化，同时确保业务连续性和数据安全，从而有效支持金融监管的需求。

四、资源管理技术

云计算平台涵盖了多样化的硬件资源、软件组件以及丰富的服务，这些资源不仅层次分明，而且具备了灵活性和动态伸缩的特性。但要提升对这些资源的信息服务质量，还需要动态、可扩展且高效的管理和监控策略。

（一）资源监控

资源监控指的是对云环境中各种资源的使用情况进行实时监控、测量和管理的过程，以确保云服务的性能、可用性和效率。这通常包括对计算资源（比如 CPU、内存、存储和网络资源）的监控，以及对应用程序和服务的性能指标进行跟踪。监控数据的分析不仅揭示了资源的使用模式和业务的发展趋势，而且为资源的合理调度和性能优化提供了重要的数据支持，同时在故障诊断和性能调优方面也发挥着关键作用，从而显著提升云计算平台的可靠性和整体性能。

云资源监控系统通过利用底层监控模块收集的各类监控数据，进行有效的分析和决策，为上层的资源调度模块提供关键的参数输入。这一系统是实现资源负载均衡、资源优化、部署和调整的关键基础。通常，云环境下的资源监控系统框架包括资源状态监控数据采集和存储系统、监控数据分析模块以及分析结果的反馈展示模块，如图 5-6 所示。

资源监控系统主要由六个核心模块构成：数据采集、数据传输、数据管理、预警、系统管理以及监控代理与服务器。数据采集模块负责收集 CPU 占用率、内存使用情况等关键性能指标，采用不同的工具和方法在 Windows 和 Linux 系统中执行。数据传输模块处理监控数据的周期性拉取和推送，以适应虚拟机数量的动态变化，并确保带宽的有效利用。数据管理模块则负责将收集到的数据进行解析、格式化，并安全地存储于数据库中，同时提供应用程序编程接口（Application Programming Interface，API）供外部应用调取数据。预警模块则通过邮件等方式及时通知管理员监控节点的异常情况，并在必要时自动执行恢复指令。系统管理模块负责处理配置文件和监控机器的自动注册与注销，简化了虚拟机群的管理流程。监控代理与服务器模块包括客户端程序和守护进程，它们在监控节点和全局服务器之间传输数据，确保监控信息的准确和及时传递。整个系统旨在提供一个全面、高效的资源监控解决方案，以支持云计算平台的稳定运行和性能优化。

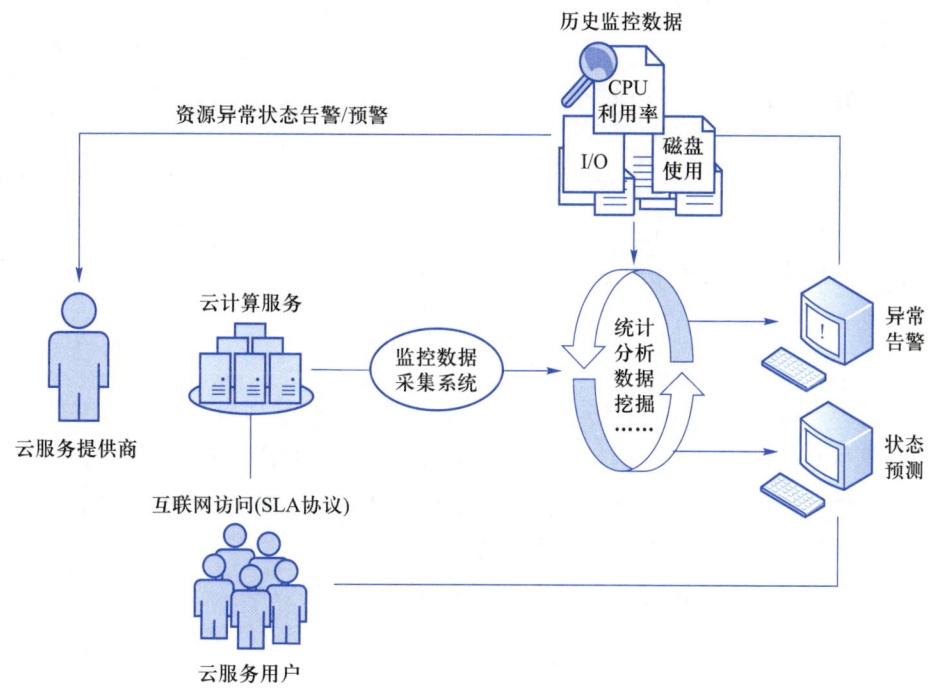

图 5-6　云环境下资源监控系统框架

（二）资源调度

云计算技术以其成本效益和高效处理能力，满足了现代社会对大规模数据需求的挑战。在这一领域中，资源调度策略的研究和优化尤为关键，它直接影响到云服务提供商处理大量并发任务的效率。通过精心设计的资源分配策略，服务提供商能够提升处理能力，减少对数据中心基础设施的投资，从而降低运营成本。

资源调度指在有限资源环境中，根据预定规则和策略，在不同用户之间合理分配和动态调整资源的过程。在云计算环境中，这通常涉及在本地计算机上调整资源分配量或将任务迁移到其他计算机以寻求更优的资源配置。云计算环境的动态变化，如节点的加入和移除，可能导致数据分布不均，从而降低数据中心效率。因此，设计合理的资源分配算法，解决服务器负载不均衡问题，对提高云数据系统的效率至关重要。

云计算中的资源调度策略主要分为非智能的传统资源调度策略和智能化的启发式资源调度策略两大类。非智能的传统资源调度策略基于预设规则进行简单分配，易于部署但可能忽视节点实际负载，导致负载不均衡。与之相对的启发式资源调度策略则考虑了各节点的实际负载情况，通过复杂算法实现任务合理分配，虽增加计算负担，但能更精确地满足负载均衡需求，提升系统性能和资源利用率。

资源调度技术的应用不仅提升了硬件处理能力，还减少了硬件资源投入。优化资源使用提高了数据响应速度，增强了云计算的可靠性和可用性。在云计算系统中，可靠性至关重要，尤其是在使用成本较低服务器的数据中心。资源调度技术通过迁移故障服务器上的任务和数据到健康服务器，确保了用户操作的连续性和数据的安全性。

五、云计算服务

如果说虚拟化技术（基础设施、系统、容器、软件和服务器）是对软硬件设施在原子层面的云化，那么云计算服务则是整合原子化的虚拟技术，以一个整体提供给最终使用者。云计算服务主要包括 IaaS、PaaS 和 SaaS。

（一）IaaS

基础设施即服务（Infrastructure-as-a-Service，IaaS）指使用者通过互联网即可获得完善的计算机基础设施服务（例如计算、存储或网络）。通过 IaaS 这种模式，用户可以从供应商那里获得他所需要的资源（虚拟机、存储或网络）来运行相关的应用。同时，这些基础设施烦琐的管理工作将由 IaaS 服务提供商来处理。

在现代金融系统里，硬件资源已经不必直接购买硬件设备，而是可以选择 IaaS 服务提供，真实的机房可能位于遥远的计算中心。亚马逊、微软、阿里巴巴、腾讯、华为都是主要的 IaaS 服务提供商。

（二）PaaS

平台即服务（Platform-as-a-Service，PaaS）指把服务器、中间件平台或者开发环境作为一种服务提供给使用者。

PaaS 可提供的主要服务有：① 容器服务，比如 Kubernetes 和 Mesos；② 数据库服务，比如 Oracle、MySQL、Hadoop 和 Redis；③ 软件开发环境，比如 JRE、Framework。用户使用 PaaS 将不必自行管理平台软件、中间件软件或开发环境，一切软件的安装部署、使用监控、负载均衡和故障转移等工作都可委托 PaaS 服务商来处理，极大地节约软件使用运维成本，使得使用者可聚焦在业务应用上。

（三）SaaS

软件即服务（Software-as-a-Service，SaaS）指一种通过互联网提供软件应用程序的模式，用户无须在本地计算机或服务器上安装和运行软件，而是通过网络访问和使用这些应用程序。应用软件厂商将软件 SaaS 化，需要提供完善的多方面功能：永远在线、随处访问、支持公开协议、安全保障和多租户机制。使得用户只要连接网络，并通过浏览器，就能直接使用在云端上运行的应用，而无须考虑软件安装运维等琐事，并且免去初期高昂的软硬件投入。

SaaS 的种类与产品已经非常丰富，在金融行业得到广泛应用。面向个人用户的服务包括：个人笔记、在线文档编辑、工作流程管理、日程表管理、联系人管理等。面向企业用户的服务包括：在线文件存储管理、网上会议、项目管理、客户关系管理、企业资源管理、人力资源管理、销售管理、协调办公系统、财务管理和领域的应用服务等。

第三节　云计算技术与金融监管

云计算作为一种创新的技术模式，通过互联网为用户提供了便捷访问和运行远程数据及软件程序的能力。这种技术因其在降低成本、提升生产力、加速业务流程、增强操作效率、提高整体性能和安全性方面的显著优势，已经成为企业和个人用户的首选。在金融监管领域，云计算的应用尤为关键，它不仅改变了金融机构的技术消费模式，还极大地优化了监管流程，并降低了相关成本。

在传统的金融 IT 基础设施中，金融机构需投入大量资金用于购置和维护硬件设备，同时还需承担人力资源的高昂成本，以确保内部系统的稳定运行和数据的安全。云计算技术的兴起，特别是其按需服务的特性，使得金融机构能够摆脱重资产的束缚，转而依赖云服务供应商提供的专业化服务。这些供应商利用其规模优势和专业技术，以更为经济的成本为金融机构提供高效、可靠的 IT 支持服务。金融机构因此能够减少在内部 IT 基础设施上的投资，同时享受到更为灵活和高效的服务。

此外，云计算的按使用付费模式，使得金融机构能够根据实际业务需求动态调整 IT 资源的使用，有效避免了资源的闲置和过度投资。这种灵活的资源管理方式，不仅提升了金融机构对 IT 资源的使用效率，还降低了因技术更新换代带来的资本开支，从而在整体上减轻了金融监管的财务压力。

在云计算方案的部署策略中，首要任务是确定适合自身需求的云部署类型。目前市场上主要的云部署方案包括公有云、私有云和混合云。公有云以其开放性和成本效益受到广泛关注，私有云则因其高度的安全性和控制性而受到需要严格数据保护的金融机构的青睐。混合云结合了公有云和私有云的优点，为金融机构提供了灵活的数据管理和合规性保障。这三种云部署方案都能够有效地支持金融风险监管的需求，满足不同金融机构的特定要求。

本节将介绍这些云部署方案的具体实施流程，分析它们在金融监管中的应用优势，以及如何根据金融机构的特定需求选择合适的云服务模型，以实现业务的顺畅运行和风险的有效管理。通过这些讨论，我们希望能够为读者提供一个清晰的云计算在金融监管中应用的全景图，帮助金融机构在数字化转型的道路上做出明智的决策。

一、基于公有云的监测技术

对于那些追求云计算所带来的灵活性、可扩展性、实用性、高性能以及成本效益的用户企业，公有云无疑是他们的首选部署模式。接下来，我们将探讨公有云的基本概念和独特优势，以及它在金融监管领域中的实际应用和价值体现。

（一）公有云的定义

公有云，又名外部云，是由第三方服务提供商所托管和运营的云计算服务，面向广大公众开放，允许任何个体或组织通过互联网进行访问。这种服务模式提供了包括云存储、应用程序部署和虚拟机技术在内的一系列托管服务，用户可以根据需求灵活地使用这些资源。

公有云的历史可以追溯到20世纪60年代，当时IBM和DEC等计算机巨头开始推广分时计算的概念。进入90年代，随着电信公司开始采用VPN技术，云环境内的网络资源共享成为可能。

公有云的核心优势在于其能够为用户提供几乎无限的存储空间和数据处理能力，而用户无须投入任何硬件设备。服务提供商负责云服务的安装、管理、配置和维护工作，确保了资源的高效利用和可靠性。用户按照实际使用的服务和资源进行付费，实施按需付费的计费策略。

公有云服务通常分为三种类型：① 免费服务，通常通过广告来支持运营，如搜索引擎和电子邮件服务，主要面向个人或非商业用途，可能根据用户数据提供个性化广告，但在通信加密等方面可能不提供充分保护。② 付费服务，这类服务虽然在功能上与免费服务类似，但服务条款由云服务商单方面制定，并且通常以较低的成本提供更高级的保护机制，用户可以根据自身需求进行配置。③ 定制服务，用户与云服务商协商服务条款，通常适用于对服务有特殊需求的客户。

图5-7展示了公有云的部署场景，揭示了一个开放的云基础设施，所有用户都能够

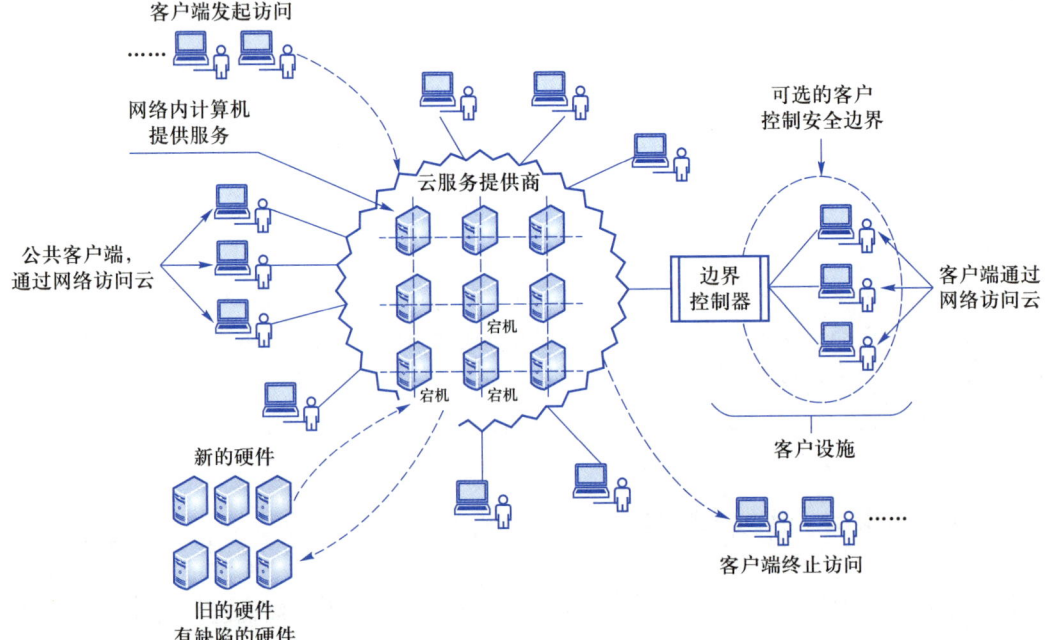

图5-7 公有云

访问并利用这些资源。公有云以其开放性、灵活性和经济性,成为当今云计算市场中一种广受欢迎的部署方式。

(二) 公有云的特点

公有云具有以下几个最典型的特征。

1. 灵活弹性的环境

公有云,如 Google 应用引擎和亚马逊弹性计算云(Amazon EC2),为企业提供了一个极具适应性的环境。这种环境不仅支持用户自主地分享和存储信息,还允许他们根据需要选择性地共享资源,从而实现高效的资源管理和优化。

2. 自主配置的便捷性

公有云用户无须外部援助,即可独立地创建和管理云服务,这种方式被称为预配置云。对于追求自主性和控制力的组织而言,公有云门户的访问是开启云计算之旅的关键,不依赖第三方机构的介入。

3. 按需付费的计费模式

公有云的这一特性极大地简化了组织的云技术使用流程,实现了按实际使用量付费的计费模式。用户仅需为所使用的云服务支付费用,这种灵活的计费方式使得资源的利用更加高效,同时也降低了成本。

4. 广泛的可用性

公有云的另一个显著特征是其广泛的可用性。无论用户身处何地,都能随时随地访问云服务,确保业务的连续性和全球客户关系的紧密性。这种无处不在的可用性使得公有云成为支持全球化业务运营的重要工具。

(三) 公有云对金融监管的作用

公有云以其独特的架构和优势,为金融机构提供了与客户建立紧密联系的桥梁,并推动了金融服务系统进一步创新。随着越来越多的金融机构将目光投向公有云,服务提供商的数量也在稳步增长,这促进了金融服务逐步向混合云模式演进的趋势(见表 5-1)。

表 5-1 使用公有云的金融服务情形

使用公有云的情形	金融服务的公司
组织生产力和合作	英杰华和怡宝
销售和服务	安盛、Century Payments、埃森哲、Rdt 和 Figdo
核心流程和效率	Nvoicepay、Mysis 和 Temenos
风险分析和报告	RiskMetrics 集团、Open Text 和 Kynetix
数据洞察和货币化	Alteryx 和 Xignite

在金融监管的背景下,公有云的应用必须严格遵循数据安全、隐私保护和合规性要

求。金融机构在采纳公有云服务时，应确保服务提供商遵循金融监管法规，包括但不限于数据存储的地理位置、加密标准和访问控制等方面。同时，金融机构应充分利用公有云提供的安全工具和服务，例如身份和访问管理、数据加密、安全审计和监控，以增强其在监管合规方面的防御能力。

公有云作为云服务供应商的首选推广模式，其优势在于简化了服务商的技术准备工作。供应商仅需在自己的数据中心内完成必要的技术部署，便能通过互联网向用户提供服务。这种模式不仅优化了资源的扩展能力，还实现了共享经济性，为金融服务行业带来了更广阔的发展前景。

二、基于私有云的监测技术

虽然公有云因其高灵活性和低成本的特点而被大多数企业广泛使用，但对于一些对安全性和私密性要求高的用户来说，公有云并不是他们首选的云部署方案。与公有云相比，私有云具有更强的隐私性和安全性，更适用于金融监管。下面将从私有云的定义、特点，以及其在金融监管中是如何发挥作用的进行介绍。

（一）私有云的定义

私有云，作为一种专为特定企业或组织量身定制的网络解决方案，通常部署在企业内部或通过专用网络基础设施实现。这种云服务的独特之处在于其专属性和隐私性，它仅服务于创建它的组织或其授权的用户群体，而不对外界开放。私有云的基础设施可以由企业自建、整体租赁或部分租赁，也可以由第三方服务商提供，甚至可以是企业与第三方共同维护，这样的灵活性使得企业能够对云服务的供应、运维和安全性进行全面的控制和优化。

私有云在安全性方面的表现尤为突出，由于数据的处理和存储完全在企业内部进行管理，因此它被认为是最为安全的云计算部署模式。这种模式不仅提供了更强的安全性保障，还有助于企业更有效地遵守相关法规，确保服务质量。虚拟私有云是在公有云平台上创建的一种私有网络环境，它结合了公有云的可扩展性和私有云的隔离性，为用户提供了更多的自定义选项和安全保障。

私有云的部署形式主要分为两种：本地私有云（场内私有云）和外部托管的私有云（场外私有云）。本地私有云位于企业自己的数据中心内，为企业提供了对基础架构和安全性的全面控制能力，尤其适合那些对数据安全和合规性要求极高的应用程序。尽管这种部署方式可能增加企业的 IT 资本和运营成本，但它为企业提供了最高级别的数据控制和安全性。场内私有云和场外私有云的示意图如图 5-8 和图 5-9 所示。

外部托管的私有云则由专业的云服务供应商在外部环境中托管，为企业提供了一种避免公有云资源共享风险的同时，又能享受云计算优势的解决方案。这种部署方式适合那些对数据安全性有高要求，但又不希望或无法投入大量资源自建数据中心的企业。

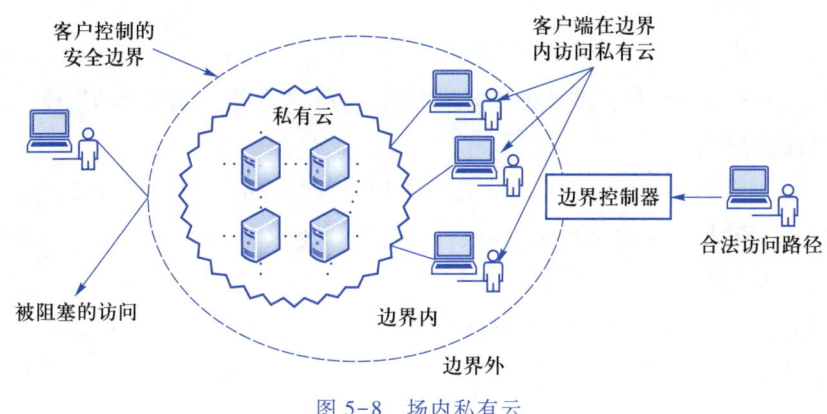

图 5-8 场内私有云

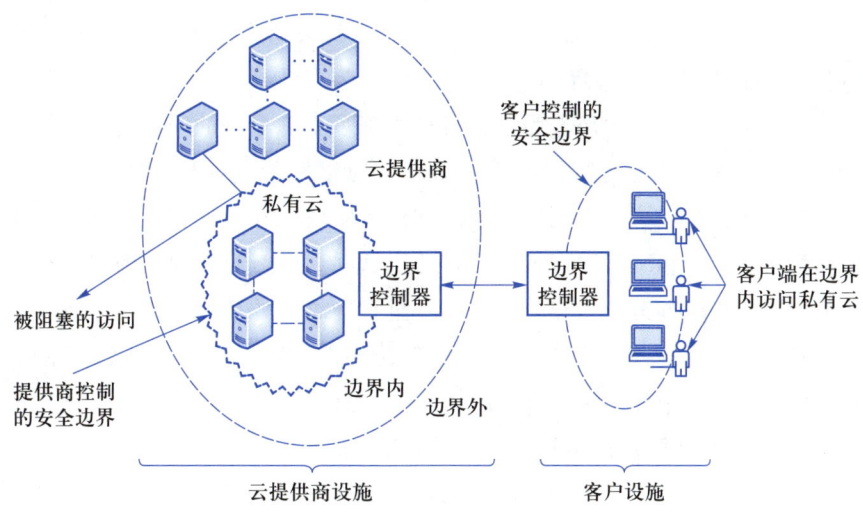

图 5-9 场外私有云

在本地私有云的部署中，企业可以自主设定云基础设施的安全访问策略，确保只有经过授权的用户才能直接访问敏感资源。而在外部托管的私有云中，企业通过与云服务供应商的合作，建立了两个安全边界：一个是企业控制的客户端安全边界，另一个是云服务商管理的云基础设施安全边界。这两个边界通过一条加密的连接相互联结，形成了一个安全的数据传输通道，确保了数据在传输和处理过程中的安全性和完整性。

（二）私有云的特点

私有云具有以下几个特点。

1. 强化的安全措施

在金融机构的 IT 部门，安全性始终是首要考虑的因素，对于涉及敏感金融数据的机构尤为关键。私有云提供了可定制的、全面的安全措施，包括先进的防火墙和多样的安全保密工具，确保了对潜在非法行为如黑客攻击的防范能力。

2. 专属的资源

私有云所提供的专属资源是其显著特点之一，确保了企业能够享有专用的计算能力，如处理器时间和稳定运行所需的数据带宽，无须担心资源共享可能带来的性能波动。

3. 更强的定制性

私有云的部署具有高度的定制性，能够按照企业特定的需求进行构建。这种灵活性使得企业能够对数据实施更为严格的控制，从而确保数据安全得到加强，满足金融行业对安全性的高标准要求。

私有云的这些特性使其成为金融机构理想的云计算选择，特别是在需要严格数据控制和高度安全性的金融环境中。通过私有云，金融机构不仅能够保护其关键数据免受未经授权的访问，还能够根据业务需求灵活调整资源配置，同时确保符合行业法规和合规要求。

（三）私有云对金融监管的作用

相较于公有云，私有云的部署为金融机构带来了更为显著的安全优势，同时也满足了金融行业对应用程序高速运行的严格要求。实力雄厚的金融机构更倾向于采用私有云，这一趋势已在生产环境中得到广泛体现和深入实践。在金融领域，私有云主要承担着关键业务系统的运行和敏感数据的存储任务。这些私有云环境通常通过自建基础设施或采购硬件产品与解决方案来构建，并在运营过程中结合外包的现场技术支持与机构自身的运维团队进行维护管理。这样的部署策略不仅确保了金融交易的安全性和稳定性，也提升了金融服务的效率和质量。

如表 5-2 所示，多家金融机构已经通过私有云优化了其关键业务系统的运行和敏感数据的存储，确保了金融交易的安全性和稳定性，同时提升了服务的效率和质量。这些实例充分展示了私有云在金融领域的实际效益和应用价值。

表 5-2 使用私有云的金融机构

金融服务机构	私有云职能
劳合社	全球唯一的专业保险市场，使用虚拟环境以减少运营支出、提高资源利用水平
挪威银行	挪威最大的金融服务集团，打造信用卡评估流程的新平台
奥地利事故保险总公司	奥地利最大的社保和应急医疗保险的供应商。通过虚拟将服务可用性最大化
巴西中央银行	虚拟化方案帮助该银行削减 20% 的能源成本，生产效率提高 20%，处理速度提高 50%
卢森堡银行	私有银行，将数据中心虚拟化，获取 ICT、业务和环境效益
夏威夷银行	该银行对其关键运营集团的老旧环境进行升级，同时降低了业务中断的风险

私有云为金融机构提供了更大的控制权和更高的安全性，使其能够更好地满足监管要求。私有云环境下的检测技术可以包括内部威胁检测、异常交易分析，以及对敏感操

作的实时监控。金融机构可以部署定制的安全策略和合规性工具,以确保所有交易和数据处理活动都符合监管机构的规定。

三、基于混合云的监测技术

在当今的云计算领域,公有云以其庞大的服务资源库而广受欢迎,为用户提供了几乎无限的计算能力和存储空间。然而,面对多样化的行业需求和企业特定的业务场景,公有云并不能完美适配所有情况。特别是在数据安全、成本控制以及运营效率方面,私有云展现出了其独特的优势。为了兼得公有云的灵活性和私有云的安全性,混合云作为一种创新的云部署模式应运而生。

(一) 混合云的定义

混合云是一种云计算模型。它结合了私有云和公有云的特点,使组织能够利用两种环境的优势。混合云允许数据和应用程序在私有云和公有云之间移动,同时确保数据安全和应用程序的灵活性。

在这种云架构下,管理和运维的责任在企业机构和公有云服务提供商之间分担,使得企业能够在保持成本和安全性可控的同时,提高关键任务流程的效率。混合云的部署模式因其涉及多个云环境,相较于单一云模式更为复杂。在混合云环境中,各个云节点保持独立性,但通过标准化或定制化的技术手段实现互联,确保了数据和应用在不同云平台间的无缝迁移和移植。

(二) 混合云的特点

混合云为组织提供了极大的灵活性,它们可以根据业务需求和数据敏感性,将关键数据存储在安全性更高的私有云上,同时利用公有云的弹性和成本效益来处理非关键信息和资源。混合云的主要特点包括:

1. 灵活性

组织可以根据业务需求,在不同的云环境中处理数据,并根据需要调整其基础架构。混合云结合了传统系统和最新的云技术,使得组织能够在传统 IT 基础设施和公有云之间灵活迁移工作负载,以应对不断变化的业务需求。

2. 成本管理的高效性

混合云使得组织能够高效地管理云服务的成本。通过私有云,组织可以减少对昂贵的数据中心基础设施的投资,同时根据实际使用的资源和服务在公有云中进行付费。这种成本效益的考量使得组织能够优化资源配置,实现更高效的财务管理。

3. 敏捷性和可扩展性

混合云提供了丰富的资源选项,结合了公有云的弹性和私有云的控制力。组织可以根据业务需求快速配置、部署和扩展资源,当本地数据中心的容量不足以应对需求时,可以无缝扩展到公有云,以获取更多的资源和容量。

4. 弹性和交互操作性

在混合云架构中,企业能够在私有云和公有云环境中灵活运行工作负载,并实现两者之间的交互操作。这种弹性和交互性使得企业能够根据业务需求和性能要求,优化资源分配和工作负载管理。

5. 可遵守性

对于受到严格监管的行业,如金融服务,数据存储位置的合规性至关重要。混合云允许企业在满足监管要求的同时,利用云计算的优势。企业可以在私有云中存储和处理敏感数据,同时利用公有云的资源进行其他业务操作,确保数据安全和合规性。

通过混合云,组织可以根据数据的敏感性和业务的重要性,选择最合适的存储和处理方案。表 5-3 对比了不同云部署方案的特点,从中我们可以看到混合云在安全性、可扩展性和成本方面的优势。

表 5-3 各种云部署方案的对比

部署方案	所有者	安全性	可扩展性	成本
公有云	云服务供应商	比其他部署方案低	很高	按次计费
私有云	单个私有组织	比其他部署方案高	有限	高
混合云	云服务供应商和私有组织	比私有云低,比公有云高	高	按次计费

(三) 混合云对金融监管的作用

混合云分布式网络监控系统的设计应与金融机构的业务需求紧密相连,推动网络运维向智能化发展。该系统旨在解决金融企业在网络监控方面的实际挑战,提供一站式的运维和安全平台规划,避免资源重复投入,并强化资源池中网络保障的薄弱环节。

传统的网络监控策略主要集中在物理网络层面,依赖于集中式处理模式,通过分光器、端口镜像等手段捕获网络流量,并在中央分析设备上进行处理。然而,在混合云架构下,这些传统方法已难以满足对规模复杂性、东西向流量管理和扩展性的现代需求。混合云技术为证券行业提供了有效的"疏堵"解决方案,在市场行情旺盛期间,通过提高处理能力和响应速度,显著提升客户体验。预计混合云技术能够将互联网侧突发流量的处理能力提升 3~5 倍,同时将成本降低超过 50%。

混合云架构融合了公有云的灵活性与私有云的安全性,为金融监管提供了均衡的解决方案。在此环境中,金融机构能够将关键监管数据和应用程序保留在私有云的保护之下,同时利用公有云的弹性来处理非敏感数据和执行计算密集型任务。混合云的监管和检测技术需要能够在不同云环境之间无缝工作,确保数据和应用程序在云间迁移时维持合规性和安全性。

混合云有望成为未来金融监管云计算部署的主要趋势。它不仅支持内部资源的池化管理和数据的本地化存储,还保留了在必要时调用外部公有云资源的能力,以应对极端情况，实现了安全性、可扩展性和成本效益的最佳平衡。

本章小结　本章主要介绍云计算技术概述、云计算的关键技术、云计算与金融监管、云计算技术的应用案例等。详细介绍云计算的分布式计算、分布式文件系统、虚拟化以及资源管理技术；通过三种云部署方案，介绍了云计算在金融监管中的作用。最后，通过实际应用案例，介绍云计算技术在金融监管中的运用。

思考题
1. 总结云计算的核心技术。
2. 阐述云计算在金融监管中的主要作用。
3. 结合本章案例或其他案例，探讨未来云计算技术在金融监管领域应用的趋势。

即测即评

参考文献
［1］张尼，刘镝，张云勇，等. 云计算安全技术与应用［M］. 北京：人民邮电出版社，2014.

［2］ARMBRUST M，FOX A，GRIFFITH R. Above the clouds：A berkeley view of cloud computing［M］. Berkeley：University of California，2009.

［3］KRUTZ R L，VINES R D. 云计算安全指南［M］. 北京：人民邮电出版社，2013.

延伸阅读
［1］ARMBRUST M，FOX A，GRIFFITH R，et al. A view of cloud computing［J］. Communications of the ACM，2010，53（4）：50-58.

［2］DEAN J，GHEMAWAT S. MapReduce：Simplified data processing on large clusters［J］. Communications of the ACM，2008，51（1）：107-113.

［3］BUYYA R，YEO C S，VENUGOPAL S，et al. Cloud computing and emerging IT platforms：Vision，hype，and reality for delivering computing as the 5th utility［J］. Future Generation Computer Systems，2009，25（6）：599-616.

［4］KEPHART J O，CHESS D M. The Vision of Autonomic Computing［J］. IEEE Computer，2003，36（1）：41-50.

第六章

人工智能技术

在这个信息爆炸的时代，人工智能（Artificial Intelligence，AI）技术正以其独特的方式重塑着金融监管的面貌。随着机器学习、深度学习、大模型以及知识图谱等技术飞速发展，金融监管正逐步从传统的人工审查向智能化、自动化、创新化的方向转变。

第一节 人工智能技术概述

人工智能是一门研究、开发用于模拟、延伸和扩展人的智能的理论、方法、技术及应用系统的学科。它涉及让计算机或其他机器能够执行通常需要人类智能才能完成的任务，如学习、推理、解决问题、知识表示、规划、自然语言处理、感知、运动和操纵等。在金融领域，人工智能能够为监管提供更智能化的方案。

一、人工智能概念

人工智能是机器创造出的一种智能形式，旨在模拟人类的思考和行为过程。自从1955年约翰·麦卡锡提出人工智能这一概念以来，该领域经历了巨大的发展。人工智能的应用已经深入各个行业和领域，为人们的生活和工作带来了诸多便利和效益。在计算机科学领域，人工智能被定义为对智能体的研究，目的是模拟人类的智能行为。智能体是指能够模拟人类智能的计算机系统，能够进行自主学习、推理、理解自然语言等复杂任务。通过对人类的学习、思考和推理等活动进行模拟，智能体能够从环境中获取知识并做出决策。在金融监管领域，人工智能技术的应用正在不断扩展。通过模式识别和机器学习等技术，人工智能可以自动化地识别和防范金融欺诈和风险，为金融监管提供强大的技术支持。

二、人工智能技术的发展历史

大数据时代的到来，并非由于某一项技术的突现，而是得益于技术进步与应用需求升级的相互推动。人工智能的发展之路充满了未知与挑战，其历史进程可以划分为六个阶段。

第一阶段是起步发展期：1956年至20世纪60年代初。人工智能概念提出后，相继取得了一批令人瞩目的研究成果，如机器定理证明、跳棋程序等，掀起人工智能发展的第一个高潮。

第二阶段是反思发展期：20世纪60年代末至70年代初。人工智能发展初期的突破性进展大大提升了人们对人工智能的期望，人们开始尝试更具挑战性的任务，并提出了一些不切实际的研发目标。然而，接二连三的失败和预期目标的落空（例如，无法用机器证明两个连续函数之和还是连续函数、机器翻译闹出笑话等），使人工智能的发展走入低谷。

第三阶段是应用发展期：20世纪70年代初至80年代中。20世纪70年代出现的专家系统模拟人类专家的知识和经验解决特定领域的问题，实现了人工智能从理论研究走向实际应用、从一般推理策略探讨转向运用专门知识的重大突破。专家系统在医疗、化学、地质等领域取得成功，推动人工智能走入应用发展的新高潮。

第四阶段是低迷发展期：20世纪80年代中至90年代中。随着人工智能的应用规模不断扩大，专家系统存在的应用领域狭窄、缺乏常识性知识、知识获取困难、推理方法单一、缺乏分布式功能、难以与现有数据库兼容等问题逐渐暴露出来。

第五阶段是稳步发展期：20世纪90年代中至2010年。由于网络技术特别是互联网的发展，加速了人工智能的创新研究，促使人工智能技术进一步走向实用化。1997年国际商业机器公司（IBM）深蓝超级计算机战胜了国际象棋世界冠军卡斯帕罗夫，2008年IBM提出"智慧地球"的概念。以上都是这一时期的标志性事件。

第六阶段是蓬勃发展期：2011年至今。随着大数据、云计算、互联网、物联网等信息技术的发展，泛在感知数据和图形处理器等计算平台推动以深度神经网络为代表的人工智能技术飞速发展，大幅跨越了科学与应用之间的"技术鸿沟"，诸如图像分类、语音识别、知识问答、人机对弈、无人驾驶等人工智能技术实现了从"不能用、不好用"到"可以用"的技术突破，人工智能迎来爆发式增长。

三、人工智能技术在金融监管领域的应用历史

在国际金融行业，人工智能在金融监管中的应用集中于识别异常交易和风险主体。人工智能技术能够用于识别异常交易和风险主体，检测和预测市场波动、流动性风险、金融压力、房价、工业生产、GDP以及失业率，抓住可能对金融稳定造成的威胁。当前，一些国际监管机构，例如澳大利亚证券及投资委员会（ASIC）、新加坡货币管理局（MASP）及美国证券交易委员会（SEC），都在使用人工智能进行可疑交易识别。具体做法包括从证据文件中识别和提取利益主体，分析用户的交易轨迹、行为特征和关联信息，更快、更准确地打击地下洗钱等犯罪活动。

在国内金融行业，银行业也紧随国际银行业步伐，开始了应用人工智能技术的探索。国内人工智能在风险控制和管理上的应用主要包括以下三个方面：一是数据收集和处理；二是风险控制和预测模型；三是信用评级和风险定价。中国银行推出贸易融资业务反洗钱核查项目，综合运用文本分析、图像识别、机器学习等人工智能技术，将原本每单审核时间从手工的两个小时下降到两分钟，效率与质量得到极大提升，银行人工成本大幅降低。

第二节 人工智能的关键技术

人工智能技术发展到现在，已经有了比较成熟的一些技术。本节将对人工智能中使用最为广泛的机器学习、深度学习、大模型以及知识图谱进行介绍。

一、机器学习

机器学习是一门致力于探索如何通过计算技术，利用数据经验来提升系统性能的科学。它不仅关注算法本身，更关注算法如何从数据中学习，以及如何将学习到的知识应用于实际问题的解决。

（一）聚类算法

聚类算法是无监督学习领域中的一种重要技术。它旨在探索和发现数据中的自然分组，而无须预先定义任何类别标签。聚类指对数据集的样本尽可能划分为若干个不相交的子集，每个子集称为一个"簇"，也称为"类"。

在金融机构中，这种算法可以用来分析客户的交易行为，从而揭示他们的消费偏好和习惯。通过将交易数据根据描述信息划分为不同的类别，如食品、运动、服装、账单支付等，金融机构可以更准确地理解客户的需求，进而提供更加个性化的服务。每个客户交易记录被视为一个多维特征向量，将这些向量划分为若干个簇，使得同一簇内的样本尽可能相似，而不同簇之间的样本尽可能不同。这种划分是自动进行的，不依赖于任何先验知识，因此聚类算法能够揭示数据的内在结构，为后续的数据分析和决策提供基础。

（二）逻辑回归

逻辑回归是一类用于分类的统计学方法。其主要思想是：根据现有数据对分类边界线建立回归公式，以此对数据进行分类。常用于逻辑回归的分类函数有 Sigmoid 函数，而使用梯度上升法可以寻找到最佳参数。

逻辑回归通常用于对数据进行二分法分类，应用于金融领域的多个方向，特别是风控和用户画像，如识别正常/异常操作、活跃用户/沉默用户等。

（三）支持向量机

支持向量机（Support Vector Machine，SVM）是一种有监督学习算法，主要用于分类和回归问题。SVM 是在高维空间中寻找一个分隔超平面，将不同类别的样本分隔开，如图 6-1 所示。这个超平面是通过最大化两个类别之间的间隔来确定的，要使得间隔尽可能宽，同时保证分类的准确性。支持向量就是离分隔超平面最近的那些点。在样本空间中找到一个正确划分训练数据集并且集合间隔最大的超平面就是 SVM 的基本思想。

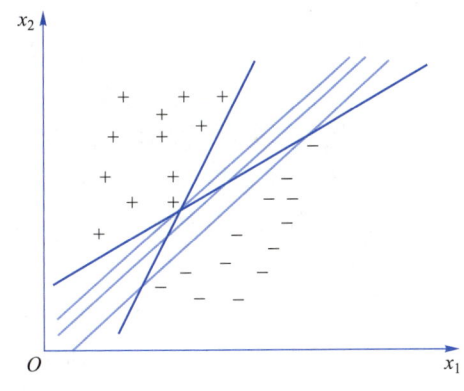

图 6-1　寻找最优超平面将两类训练样本分开

在金融领域，SVM 的应用非常广泛。例如，在股票价格预测中，可以使用 SVM 对历史股票价格数据进行训练和学习，找到股票价格变化的规律，并预测未来的走势。此外，SVM 还可以用于信用风险评估和优质股票选择等问题。通过训练和学习大量的金融数据，SVM 可以帮助金融机构更好地理解市场和客户，作出更准确的决策。

（四）贝叶斯分类

贝叶斯分类是解决分类问题的一种经典方法。贝叶斯分类的基本思想是：充分利用先验信息（如已有的模型、数据信息以及经验资料），将先验分布和抽样分布整合成后验分布，从而利用后验分布进行决策。如果有新的信息，则更新后验分布，实现递归决策方案，得到最优策略，使得决策风险尽可能低。在概率统计中的表述是：应用所观察到的现象对有关概率分布的主观判断（先验概率）进行修正的标准方法。

在金融监管中，贝叶斯分类可以用于多种场景，例如信用评分、欺诈检测、洗钱监测以及市场行为分析。通过对大量历史数据的分析，贝叶斯分类器能够学习到不同金融行为的特征，从而在新数据出现时，快速准确地为样本数据分配类别标签，如将交易分类为正常或欺诈、为贷款申请者评估信用等级。

(五) 决策树

在机器学习中,决策树是一种预测模型,代表的是对象属性与对象值之间的一种映射关系。从结构上来说,决策树是一种树形结构,其中每个内部节点表示一个属性上的测试,每个分枝代表一个测试输出,每个叶节点代表一种类别。

决策树学习旨在产生一棵泛化能力强的决策树。例如,商业银行要从贷款中获利,就必须加强对于贷款的风险管理,在进行单一评估的同时从大量规律中获取经验,对于人力无法理解的大规模数据,就需通过相关研究来获取有用的规律,帮助商业银行及其他金融机构做出决策,而决策树对银行及金融机构来说就是一种很好的决策管理方法。

(六) 集成学习

集成学习作为一种先进的机器学习技术,在金融监管中的应用尤为突出。它通过融合多个基础模型(弱学习器)的预测结果,构建出一个性能更优越的集成模型(强学习器)。这种方法通过集合多个模型的优势,有效减少了单一模型可能出现的偏差和方差,从而提升了整体的预测准确性。

集成学习方法主要分为两类:一类是序列化方法,如 Boosting,它通过顺序迭代增强模型的预测能力;另一类是并行化方法,如 Bagging 和随机森林(见图6-2),它们通过并行生成多个弱学习器来提高模型的稳定性和准确性。这些方法在金融监管中的应用,使得监管机构能够更有效地处理大量复杂的数据,作出更加精确和及时的风险评估,从而维护金融市场的稳定和安全。

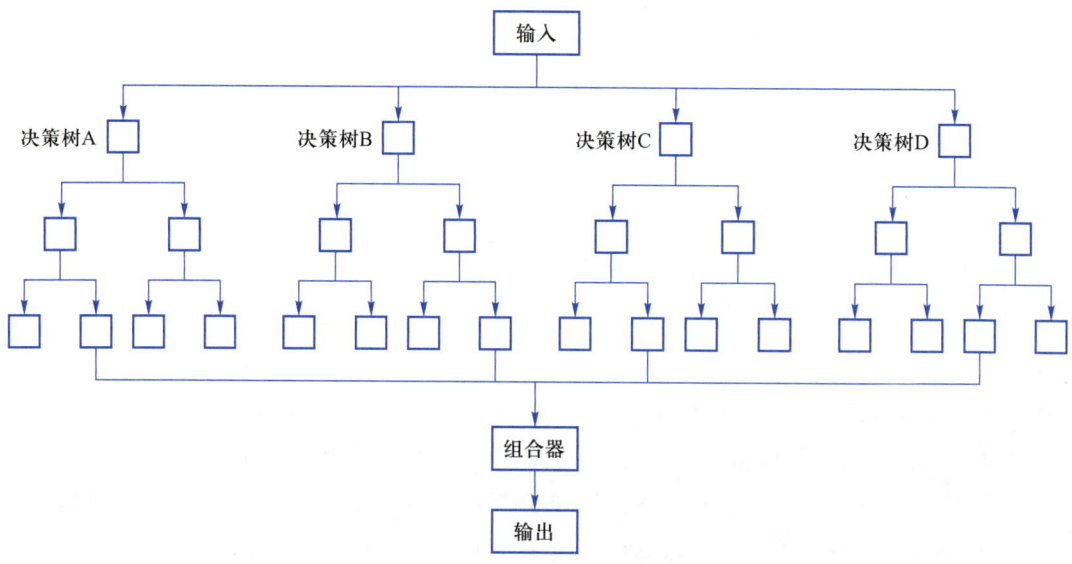

图 6-2　随机森林算法的流程

在金融监管领域，集成学习技术被用于增强风险评估模型的性能，如信用评分、欺诈检测和市场异常行为监测等。通过集成多个弱学习器，模型能够从不同角度捕捉数据的特征，提高了对复杂金融现象的识别能力。这种多样性和独立性的结合，不仅增强了模型对噪声和异常值的鲁棒性，还降低了过拟合的风险。

二、深度学习

深度学习是机器学习的一个子领域。它基于人工神经网络的学习算法，特别是那些具有多层（深层）结构的网络。这些网络能够从有限的数据中捕捉并归纳出普遍适用的模式，将这些模式应用于新的、未知的数据集。深度学习模型的复杂性主要体现在其多层的架构上，每一层都由众多神经元构成，这些神经元通过线性或非线性的转换来处理输入的信息。随着信息在网络中逐层传递，每个神经元都会对数据进行进一步的处理，共同塑造最终的输出结果。

然而，这种层次化的网络结构也带来了一个核心挑战，即贡献度分配问题。这个问题关注的是如何精确地衡量每个神经元或网络组件对最终预测结果的贡献度，这对于深入理解和优化网络的学习过程极为关键。幸运的是，通过应用反向传播算法，我们可以有效地应对这一挑战，使得网络能够通过迭代的训练过程调整参数，最终在各种任务中达到卓越的性能表现。

（一）神经网络

神经网络是由大量具有自适应能力的简单单元组成的、广泛并行且高度互联的网络系统，其结构设计旨在模拟生物神经系统对现实世界中各种刺激的响应和处理机制。在神经网络的核心构成中，神经元模型扮演着最基本的角色。在生物神经系统中，神经元通过突触与其他神经元相连接，当神经元兴奋时，它会释放神经递质，从而改变与其相连的神经元的电位水平。一旦某个神经元的电位超过了特定的激活阈值，它就会被激活，引发兴奋，并向其他神经元传递信号。

美国学者沃伦·麦卡洛克（McCulloch, W.S.）和沃尔特·皮茨（Pitts, W.）通过对生物神经网络的深入研究和抽象，提出了"M-P神经元模型"，如图6-3所示。在这个模型中，一个神经元接收来自其他n个神经元的输入信号，这些信号通过带有权重

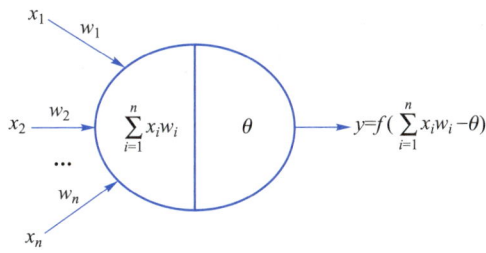

图6-3　M-P神经元模型

的连接进行累加，形成神经元的总输入。随后，该总输入值与神经元的阈值进行比较，并通过激活函数 f 处理，以产生神经元的最终输出。通过将众多这样的神经元按照特定的层次结构进行组织和连接，便形成了复杂的神经网络系统。

（二）深层神经网络

深层神经网络（Deep Neural Networks，DNNs）是一种包含多个隐藏层的人工神经网络，这些隐藏层可以学习和表征数据中的复杂模式和高级特征。感知机是最基础的神经网络形式，由两层神经元组成：输入层和输出层。输入层负责接收外部信号，并将这些信号传递给输出层，而输出层则由 M-P 神经元构成。这种简单的结构使得感知机能够轻松地执行基本的逻辑运算，如与、或、非操作。然而，由于感知机仅在输出层的神经元上应用激活函数，它实际上只有一层具有功能性的神经元，这限制了其学习能力。特别是，感知机无法解决如异或这类简单的非线性问题。

为了克服这一限制并解决非线性问题，我们需要引入多层具有激活函数的神经元，从而构建多层感知机。多层感知机，也称为前馈神经网络，具有分层的结构，其中每一层的神经元与下一层的神经元完全相连，而同层神经元之间以及跨层之间并无连接。图 6-4 展示了一个具有单个隐藏层的前馈神经网络结构，输入层神经元接收外部输入，隐藏层和输出层神经元则对这些信号进行进一步的处理，最终由输出层神经元输出计算结果。在这种网络中，输入层神经元仅负责接收输入信号，不进行任何函数处理，而隐藏层和输出层则包含具有激活函数的功能性神经元。神经网络的学习过程本质上是通过训练数据集来优化神经元间的连接权重以及每个功能性神经元的阈值，以此提高网络的预测能力和准确性。

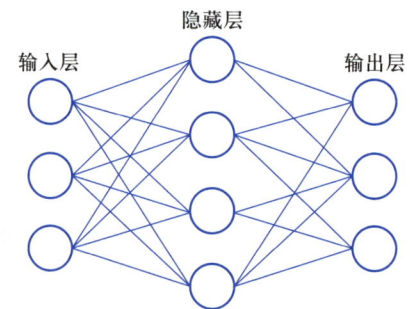

图 6-4　单隐层前馈神经网络

前馈神经网络旨在精确逼近目标函数 f^*。这类模型得名"前向"，因为数据沿着网络结构单向流动，通过一系列定义好的函数处理，最终产生输出 y，而在整个过程中不存在任何形式的反馈连接。当这样的前馈结构得到扩展，包含了循环的反馈连接时，便演化为循环神经网络（Recurrent Neural Network，RNN）。

前馈神经网络之所以称为"网络"，是因为它们通过复合多个不同的函数来构建复杂的表示能力。这些模型可以视作有向无环图，图中的节点代表函数，边则表示数据流，从而展示了函数是如何逐层复合的。例如，若有三个函数 f^1、f^2 和 f^3 串联构成一个链式结构 $f(x)=f^3(f^2(f^1(x)))$，其中 f^1 作为输入层，f^2 和 f^3 依次构成中间层，这样的结构分别对应网络的第一层和第二层。整个链条的长度定义了模型的"深度"，这也是"深度学习"术语的起源。网络的最终层被称为输出层，它负责生成模型的最终输出。

在神经网络的训练过程中，我们致力于调整模型参数，使得 $f(x)$ 能够尽可能地接近目标函数 $f^*(x)$。训练样本为输出层提供了明确的指导，即在每个输入样本上，输出层应产生与目标标签相近的值。然而，对于网络中的其他层，即隐藏层，训练数据并不直接提供如何操作的指示。因此，学习算法需要自行探索如何利用这些隐藏层来生成期望的输出，并以最有效的方式逼近目标函数$f^*(x)$。隐藏层之所以被称为"隐藏"，是因为它们的输出并不直接与外部标签对比，而是通过学习算法间接地进行优化。

在金融监管等领域，前馈神经网络可以被视为一种高效的函数近似器，旨在通过统计学习实现对复杂数据模式的泛化和预测。

（三）反向传播算法

反向传播算法是深度学习和人工神经网络中用于训练多层前馈神经网络的算法。它通过计算损失函数关于网络参数的梯度来更新网络的权重和偏置，通常与梯度下降或其他优化算法结合使用。在神经网络的操作中，每一层都以前一层的输出作为输入，并在此基础上产生新的输出，这些输出再传递给下一层。反向传播算法通过计算网络输出与目标输出之间的误差，并利用这个误差来调整网络中的权重。具体来说，算法从输出层开始，逆向追踪前向传播路径，逐层计算误差，并将误差信号反向传播至网络的每一层，以此作为权重更新的依据。

在这个过程中，误差与权重之间的偏导数（梯度）起着至关重要的作用，它决定了权重更新的方向和幅度。通过多次迭代训练，网络的权重逐渐优化，预测结果也越来越接近目标输出。反向传播算法的优势在于提供了一种系统化的方法来调整神经网络的内部参数，有效提升了模型的预测能力和对新数据的泛化能力。

1. 网络学习

神经网络的学习过程始于一个未经训练的初始状态。在这个阶段，我们向网络的输入层引入一系列的训练样本，信号随之在网络中流动，直至达到输出层并产生预测结果。随后，将这些预测结果与预先设定的目标值进行逐一比较，从而计算出每个结果的误差。这个误差通过一个损失函数来量化。该函数是一个关于网络权重的标量量度，其值在网络的预测输出与期望输出完全一致时达到最低点。利用这个损失函数，我们可以对网络中的权重进行调整，使其沿着减少误差的方向进行优化。通过这种有目的的权重调整，网络逐步学习并提升其性能，以便更准确地预测和匹配目标输出。

现在考虑一个训练模式的均方误差，对于训练样本(x_k, y_k)，假定神经网络的期望输出值为y_k，网络的实际输出值为$\overline{y_k}=f(\sum_{i=1}^{n}x_i w_{ki}-\theta)$，均方误差定义为：

$$E(w) = \frac{1}{2}\sum_{k=1}^{n}(y_k - \overline{y_k})^2 = \frac{1}{2}\|y - \overline{y}\|^2 \tag{6-1}$$

式中：w表示网络里的权值向量；y和$\overline{y}$表示长度为n的目标向量和网络输出向量。

反向传播学习规则主要基于梯度下降法，首先权值被随机初始化，然后向误差减小的方向调整为：

$$\Delta w = -\eta \frac{\partial E}{\partial w} \tag{6-2}$$

其分量的表达形式为：

$$\Delta w_{ki} = -\eta \frac{\partial E}{\partial w_{ki}} \tag{6-3}$$

其中 η 是学习率，表示权值的相对变化尺度，由于采用的是均方误差，是非负的，因此该学习规则能够保证学习一定可以收敛（病态情况除外）。在第 m 次迭代时，下一个权值向量 $w(m+1)$ 更新为：

$$w(m+1) = w(m) + \Delta w(m) \tag{6-4}$$

考虑第一个隐藏层到输出层的权值变化，使用链式微分法则：

$$\frac{\partial E}{\partial w_{ki}} = \frac{\partial E}{\partial \overline{y_k}} \frac{\partial \overline{y_k}}{\partial w_{ki}} = -\delta_k \frac{\partial \overline{y_k}}{\partial w_{ki}} \tag{6-5}$$

其中单元 k 的敏感度定义为：

$$\delta_k = -\frac{\partial E}{\partial \overline{y_k}} \tag{6-6}$$

此敏感度表示总误差是如何随着单元的激发而变化的，对式（6-6）微分：

$$\delta_k = -\frac{\partial E}{\partial \overline{y_k}} = (y_k - \overline{y_k}) \overline{y_k}' \tag{6-7}$$

因此我们得到了隐藏层到输出层的权值更新：

$$\Delta w_{ki} = \eta \delta_k y_i = \eta (y_k - \overline{y_k}) \overline{y_k}' x_i \tag{6-8}$$

在选择并确定函数 $f(\cdot)$ 后，我们可以得到权重更新的公式即式（6-8）。该公式是神经网络训练中权重迭代更新的基础。这一过程被称为反向传播算法。在训练神经网络时，我们可以观察到梯度（敏感度）从输出层反向传播到隐藏层，这一机制促进了从输入层到隐藏层的权重学习。反向传播算法本质上是梯度下降法在分层模型中的扩展应用，它通过链式法则计算损失函数关于模型中所有权重的梯度。这个过程从输出层开始，逐层向输入层传递误差信号，精确地调整每一层的权重。通过这种方式，算法能够有效地指导网络权重的调整，以最小化损失函数，从而优化模型的性能。

2. 训练协议

在有监督学习的范畴内，训练协议的核心目标是利用已知类别标签的训练样本集，通过调整网络的权重，使得网络的预测输出与期望的目标值之间的差距最小化。目前，三种最为高效的训练协议包括随机梯度下降（Stochastic Gradient Descent，SGD）、批量梯度下降（Batch Gradient Descent，BGD）以及在线梯度下降（Online Gradient Descent，OGD）。

随机梯度下降法是在每次迭代过程中，随机挑选单个样本或者一小批样本来计算梯度，并据此更新模型权重。这种方法的优点在于其简单性和高效率，尤其在处理大规模数据集时，能够有效减少计算资源的消耗。

批量梯度下降法则采用整个训练集或其一个固定大小的子集（称为小批量），来计算梯度并更新模型权重。这种方法在每次迭代中提供更为稳定的梯度估计，有助于模型更平滑地收敛至最优解。

在线梯度下降法则是一种实时更新模型权重的方法，每当有新的数据到来时即进行权重更新，特别适用于需要即时响应的数据处理场景。

这三种训练协议各有优势和适用场景，选择合适的训练协议对于提高模型的学习效率和性能至关重要。

3. 学习曲线

学习曲线是描述神经网络在学习过程中性能变化的重要工具。在训练的早期阶段，网络尚未捕捉到数据的关键模式，因此训练集上的误差相对较高。随着训练持续进行，网络逐步识别并学习数据中的规律性，导致误差逐步降低，这一趋势在学习曲线上体现为一根持续下降的线条。最终，训练误差趋于稳定，达到所谓的渐近误差，其大小受多种因素影响，如贝叶斯误差、训练集的大小、网络的结构复杂度以及模型的表达能力。如果贝叶斯误差较大或网络的权重数量不足，可能导致较大的渐近误差。由于训练过程通常采用基于梯度下降的反向传播算法来最小化损失函数，训练误差整体上呈现递减趋势。然而，值得注意的是，尽管总体趋势是下降的，但在训练过程中，误差可能因为权重的局部更新而出现暂时性的上升或波动。

为了全面评估神经网络的性能，除了依赖训练集，还需要一个独立的测试集来验证网络在未知数据上的表现。此外，验证集在确定合适的训练停止时间以防止过拟合方面发挥着至关重要的作用。通过这些工具，可以更准确地理解模型的学习动态，并确保其在实际应用中的最佳性能。

4. 自动微分

在神经网络的参数优化过程中，梯度下降法是核心算法。一旦确定了损失函数和网络结构，我们可以通过手动应用链式法则来计算梯度，并通过编程实现。幸运的是，现代深度学习框架普遍内置了自动微分功能，这使得我们只需关注网络结构的构建，而无须手动计算梯度，极大地提升了开发效率。

自动微分（Automatic Differentiation，AD）是一种能够自动计算程序函数导数的技术。与符号微分处理数学表达式不同，自动微分处理的是具体的函数或程序代码。通过在原始程序代码上直接进行微分操作，自动微分技术已成为当前深度学习框架中实现梯度计算的首选方法。

三、大模型

大模型技术在金融监管领域的应用正日益成熟，通过深入分析庞大的数据集，为监管机构提供了强大的支持，有效识别潜在风险、提升合规审查的效率，并有助于维护市场的稳定性。这些先进的模型不仅能够提供定制化的客户端服务，还推动了监管科技的进步。然而，随着这些技术广泛应用，我们必须对数据隐私保护、模型的透明度以及伦理治理给予足够的重视，确保技术进步与监管框架的同步更新，保障金融市场的稳健与安全。

大模型技术，尤其在人工智能领域，指的是那些拥有庞大参数体系、对计算资源要求极高的复杂模型，它们通过海量数据的训练而形成。这些模型基于深度学习的核心算法，以其庞大的参数规模、卓越的表征能力、出色的泛化性能，以及在生成任务中所展现的自适应性和创新性而著称。特别是大型语言模型（Large Language Models，LLMs），在很多方面取得了显著成就，技术日益成熟。在此基础之上，金融业也迎来了如 BloombergGPT、FinGPT 等大模型的兴起，它们正深刻地重塑金融投资和金融监管的生态。

度小满"轩辕"大模型助力金融监管

（一）大模型架构

大模型的核心原理依托深度学习技术，通过动用庞大的数据集和强大的计算能力来训练那些拥有海量参数的神经网络。这些模型通常基于 Transformer 架构，这是一种在自然语言处理（Natural Language Processing，NLP）中被广泛认可的高效架构。Transformer 的核心在于自注意力机制，它能够捕捉输入数据的全局依赖关系，并将这些关系通过多层网络进行传递和处理。这种结构使得大模型在处理序列数据，尤其是文本信息时，展现出卓越的性能。

标准的 Transformer 架构如图 6-5 所示，是一个编码器—解码器（Encoder-Decoder）结构，其编码器和解码器均由一个编码层和若干相同的 Transformer 模块层堆叠组成。编码器采用堆叠的多头自注意力层对输入序列进行编码以生成其潜在表示，而解码器对这些表示进行交叉注意并自回归地生成目标序列。由于 Transformer 摒弃了循环结构，为保持输入序列的顺序信息，模型在输入嵌入向量上添加了位置编码。位置编码通常是正弦和余弦函数的组合，这样可以为序列中的每个位置提供一个唯一的、周期性的向量表示。与传统的 RNN 相比，Transformer 架构的优势在于其卓越的并行处理能力，它不受时间步顺序的约束，能够更有效地处理长序列数据。

现有的大模型几乎都是以 Transformer 模型作为基础架构来构建的，不过它们在所采用的具体结构上通常存在差异。从建模策略的角度看，主流的大模型框架大致可以分为三类：

（1）Encoder-Only，又称掩码语言模型。这类模型仅包含编码器部分，通过掩码语言建模任务进行预训练，主要适用于不需要生成序列的任务，只需要对输入进行编码和处理的单向任务场景，如文本分类、情感分析等。这类代表是 BERT 相关的模型，例如 BERT、RoBERT、ALBERT 等。

（2）Encoder-Decoder，又称序列到序列模型，既包含编码器也包含解码器。序列到序列模型可以形式化地表示为在给定掩码的字符序列的情况下最大化目标字符序列的概率，通常用于序列到序列任务，如机器翻译、对话生成等。这类代表是 Google 的 T5 以及相关的大模型。

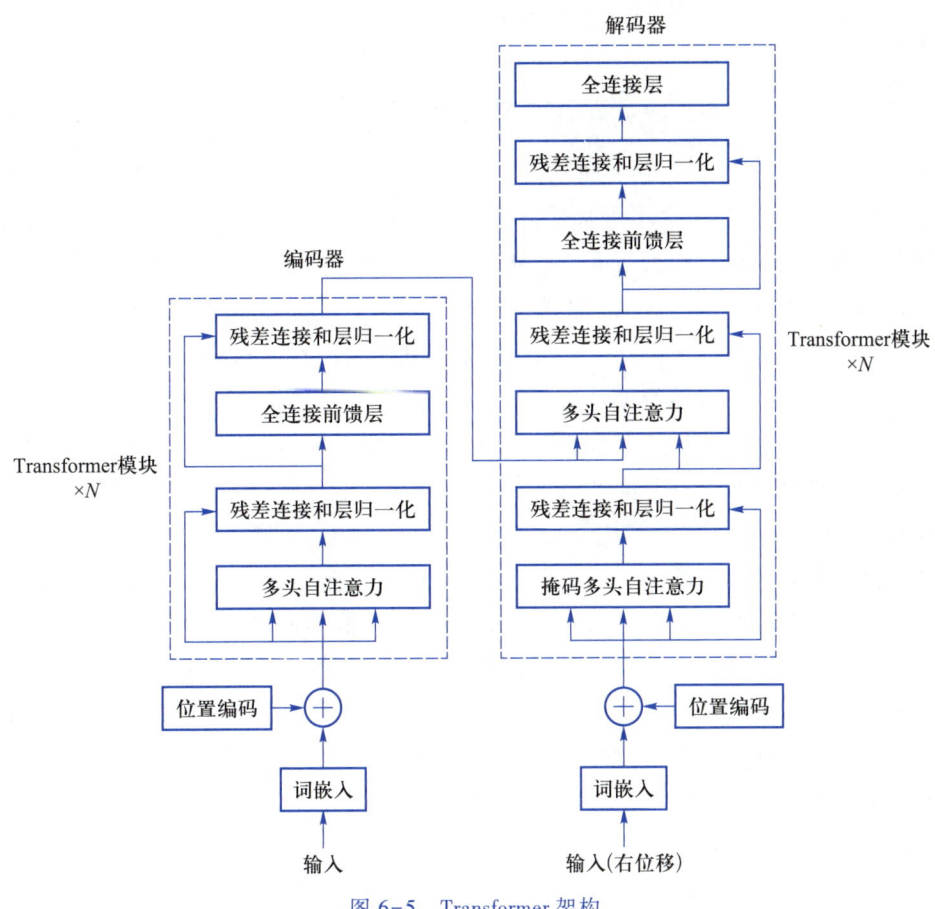

图 6-5 Transformer 架构

（3）Decoder-Only，又称自回归语言模型，仅包含解码器部分。自回归语言模型的优化目标为最大化对序列中每个位置的下一个词的条件概率的预测。这类结构的模型可以从输入的编码中生成相应的序列，通常用于序列生成任务，如文本生成、聊天对话及代码生成等。这类结构的代表是 GPT 系列模型。

（二）预训练与微调

训练大型模型是一项涉及多个阶段和策略的复杂任务，它主要包括预训练和微调两个阶段，每个阶段都对模型的性能起着至关重要的作用。预训练阶段是建立大模型的基础，其目标是让模型掌握数据的统计规律和语义信息。这个阶段需要大量的无标注数据，如金融监管模型需要包括新闻、财报、会议记录和社交媒体帖子在内的多种金融文本。这些数据通常多样性丰富，常涉及多种话题、多种数据来源、多种语言等，并且在预处理阶段需要进行彻底的清洗和整理，以确保数据的准确性和可用性。在预训练过程中，模型将学习词汇、句法、语义以及上下文之间的关系。LLMs 常见的预训练任务是语言建模。给定一个 token 序列 $x = \{x_1, x_2, \cdots, x_n\}$，语言建模任务旨在基于序列中前面的 token $x_{<i}$，自回归地预测目标 token x_i。通常的训练目标是最大化以下似然函数：

$$L_{LM}(x) = \sum_{i=1}^{n} \log P(x_i \mid x_{<i}) \tag{6-9}$$

式中，$P(x_i \mid x_{<i})$ 是一个条件概率，表示在给定前面的 token $x_{<i}$ 的情况下，当前 token x_i 出现的概率。鉴于众多语言任务本质上可归结为基于输入序列的预测问题，那些架构上仅由解码器构成的大型语言模型因而展现出独特优势。这类模型能够通过自学习过程，隐式掌握并采用一种统一的语言建模方法来处理各种不同的任务。这种统一性不仅简化了模型的设计，还提升了其在处理多样化语言问题时的适应性和效率。

在经过预训练后，大模型可以获得解决各种任务的通用能力。然而，要想进一步适配到特定的目标，在特定任务上获取更佳的效果，则需要适配微调，也称微调。大模型的微调包括指令微调和对齐微调。

1. 指令微调

指令微调是大模型训练的一个重要阶段，它通过有监督学习的方式，使模型能够准确理解和执行人类的指令。在这一阶段，需要准备一系列任务，并将其转化为"指令—输出"对，以此对预训练的大模型进行微调，使其在特定任务上的表现得到提升。为了提高训练效率，参数高效微调（Parameter-Efficient Fine-Tuning，PEFT）技术应运而生。它通过最小化微调参数的数量和计算复杂度，实现了高效的迁移学习。目前，Transformer 语言模型的参数高效微调方法主要分为如图 6-6 所示的三类方法：添加式方法，如适配器微调，通过引入小型神经模块并仅调整这些模块的参数；指定式方法，选择模型中部分参数为可训练参数；重参数化方法，将模型参数重参数化到低维度空间，降低计算量和内存消耗。

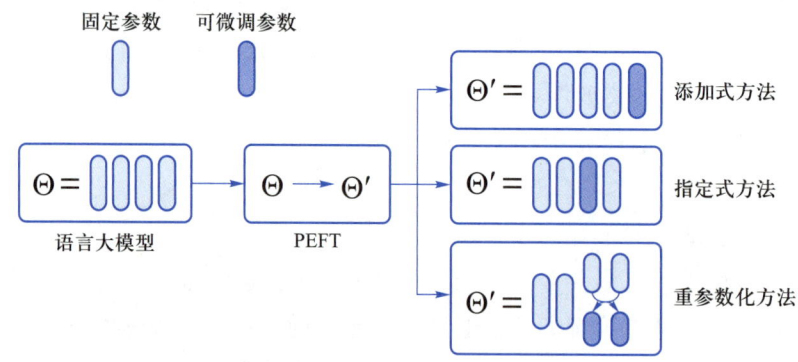

图 6-6 参数高效微调的三种范式

2. 对齐微调

对齐微调是大模型微调的另一项关键技术。关注于大模型可能出现的非预期行为，如编造虚假信息或产生有害表达。基于人类反馈的强化学习（Reinforcement Learning from Human Feedback，RLHF）是实现对齐微调的关键技术。通过 RLHF，模型通过学习奖励模型来适配人类的反馈,将人类纳入训练过程中,以培养出与人类偏好相符的模型行为。金融大语言模型 FinGPT 便是采用 RLHF 技术,通过有监督微调、训练奖励模型和强化学习微调三个步骤,使模型更好地理解和适应投资者的偏好,进一步提升了模型的实用性和安全性。

(三) 提示学习

通过大规模数据预训练之后的大模型具备了作为通用任务求解器的潜在能力,但这些能力在执行一些特定任务时可能不会显式地展示出来。在大模型输入中设计合适的指令提示有助于激发这些能力,该技术即为提示学习。

提示学习的核心理念在于不强制大型模型直接适配特定的下游任务,而是通过引入"提示"来为数据提供额外的上下文以重新组织下游任务,使之看起来更像是在预训练过程中解决的问题。但需要注意的是,提示学习中的"学习"与深度学习中的"学习"意义不同。提示学习主要通过改变输入文字的形式提升模型输出质量,模型参数不改变;深度学习中的"学习"过程主要指模型训练,训练的过程中模型参数会不断变化。目前用于 LLMs 的提示学习有四种形式:零样本提示、少样本提示、上下文学习和思维链,这些提示学习的简要对比如图 6-7 所示。

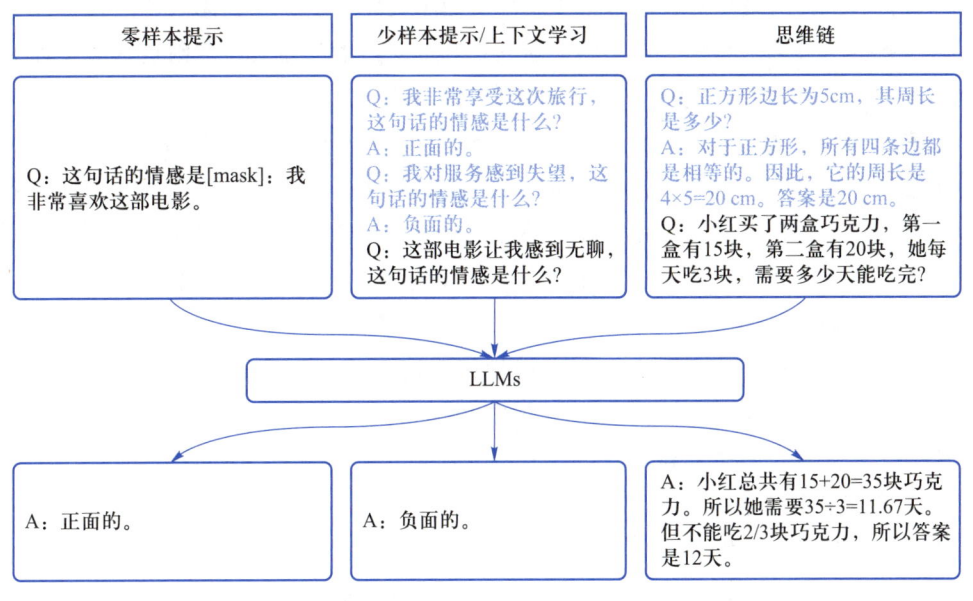

图 6-7 几种提示学习对比

零样本提示,是指不使用任何示例数据,只依靠一个精心设计的提示来激活大模型中与目标任务相关的知识和能力。模型根据其预训练时积累的语言知识,尝试理解提示并给出相应的答案。零样本提示关键问题包括如何设计合适的提示、如何选择最优的提示等。

少样本提示,是指在一个自然语言提示之前(之后)附加一些示例数据,作为

LLMs 的输入。这种方法结合了预训练模型的强大泛化能力和针对特定任务的微调策略，通过设计的提示或模板来引导模型理解和解决新问题。少样本提示学习也存在一些挑战，例如如何确定合适的示例数量、如何选择示例等。

上下文学习（In-Context Learning，ICL），是指 LLMs 能够根据输入中的前几个示例直接生成答案，而无须额外的训练。ICL 可以看作一种特殊形式的少样本提示，在问题中隐式地包含了目标任务和格式信息。ICL 的性能非常依赖示范，在提示中如何合理地设计它们也是一个重要的课题。

思维链，是指一种改进的提示策略，旨在提高 LLMs 在复杂推理任务中的性能，例如算术推理、常识推理和符号推理。它通过引导模型逐步解决问题，以一系列连贯的步骤展示推理的思路和逻辑关系。比如在数学问题求解中，除了要求模型给出解答，还通过提示要求模型展示解题思路。这种逐步推理的方式有助于提升模型的透明度和可解释性，同时也可以增强模型在复杂任务上的表现。

（四）工具学习

大模型拥有解析、推断及作出决策的能力，并能与外界工具进行交互。面对像金融市场中的证券交易或趋势预测这类专业任务时，大模型往往要借助外部工具来补充信息与专业技能，以便有效应对。将外部工具与大模型相结合，旨在利用两者独特的优势来应对复杂挑战。外部工具带来深化的专业知识和解释能力，而大模型则负责语义理解及策略性推理。工具学习的过程涉及以下几个关键步骤。

1. 环境感知与交互接口

大模型首先需要一个能够感知并调用外部工具的接口。这可能包括 API 调用、系统命令执行或者通过预定义的交互协议与外部数据库、软件工具直接交流的能力。这样的设计让模型能够"走出"纯文本的世界，与现实世界的数据和服务连接。

2. 指令理解与生成

为了有效地使用工具，大模型需掌握如何构造合适的指令或查询语句来与工具交互。这意味着模型不仅要理解用户请求的深层意图，还要将其转换成工具可以理解并执行的形式。这涉及自然语言到机器指令的翻译能力。

3. 结果解释与融合

工具执行后返回的结果往往是以非自然语言形式（如数字、代码片段或结构化数据）出现的。大模型需能够理解这些输出，并将其融合到后续的对话或报告中，以人类友好的方式呈现出来。这一过程考验模型的解释能力和上下文理解能力。

4. 反馈循环与学习

通过实际使用中的成功和失败案例，大模型可以不断优化其与工具交互的能力。这可能涉及基于强化学习的方法，即根据工具使用后的结果质量给予奖励或惩罚信号，促使模型调整其行为策略。长期来看，这有助于模型学习更高效、准确地使用工具。

四、知识图谱

知识图谱也被称为科学知识图谱。它以结构化的形式描述客观世界中概念、实体及其之间的关系,将互联网的信息表达成更接近人类认知世界的形式,提供了一种更好地组织、管理和理解互联网海量信息的方式。

知识图谱由节点和边组成,每个节点表示一个实体,实体可以指客观世界中的人、事、物,每条边表示一种关系,关系可以表达不同实体间的联系。本质上,知识图谱可以理解为以图结构存储的语义网络。

表示知识图谱的两种主要图数据模型是资源描述框架(Resource Description Framework,RDF)和属性图。RDF 是以主、谓、宾三元组形式描述知识的一种数据模型。图 6-8 为 RDF 图示例。

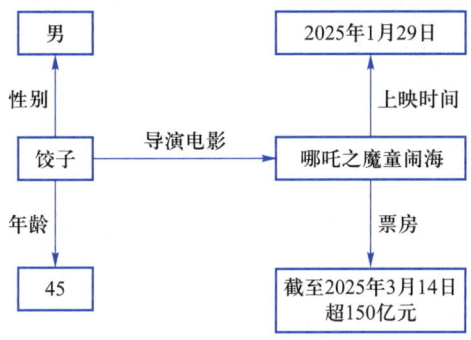

图 6-8 RDF 图示例

属性图,由顶点表示实体,边表示实体间的关系,属性作为一个键值对,顶点和边都支持属性。图 6-9 为属性图示例。

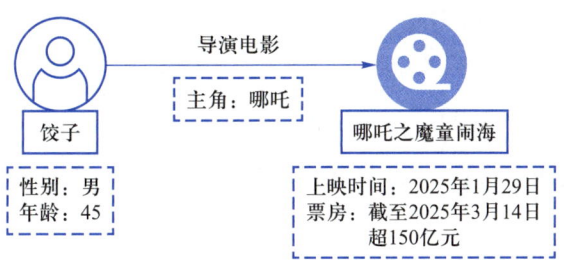

图 6-9 属性图示例

知识图谱源于 20 世纪 50 年代,发展至今可大致分为三个阶段。第一阶段(1950—1977 年)是知识图谱的启蒙期,这一时期文献索引的符号逻辑被提出,并逐渐成为研究当代科学发展脉络的常用方法。第二阶段(1977—2012 年)是知识图谱的成长期,这一阶段语义网络得到快速发展,知识本体的研究成为计算机科学的重要领域,在此期间出现了 WordNet、Cyc、Hownet 等大规模的人工知识库,使得知识更易于在计算机之间和计算机与人之间进行交换流通。第三阶段(2012 年至今)是知识图谱的繁荣期,2012 年 Google 公司率先提出知识图谱概念,谷歌公司通过知识图谱技术,改善了搜索引擎性能,增强了用户搜索体验,同时也揭开了现代知识图谱的篇章。

知识图谱的分类方式很多,例如可以通过知识种类、构建方法等划分。从领域上来说,知识图谱通常分为两种:通用知识图谱、特定领域知识图谱。

(一)通用知识图谱

通用知识图谱可以被形象地看成一个面向通用领域的结构化的百科知识,它的内容包含了许许多多现实世界中的常识性知识,涵盖的领域也非常广。通用知识图谱主要强调知识的广度,通常运用百科数据采用自底向上的方法进行构建。

通用知识图谱强调的是广度,因而强调更多的是实体,对于生成完整全局性的本体层的统一管理这一点,它是很难做到的。并且,它主要适用于搜索业务,对于准确度的要求不是很高,使用者也多为一般用户。

(二)特定领域知识图谱

特定领域知识图谱经常被用来辅助各种比较复杂的分析应用以及决策支持,在很多领域都有相应的应用,而在不同领域的构建方案与应用形式则有所不同。

在金融领域中,知识图谱提供金融知识的提取、融合、分析、推断、决策等功能,打通金融领域内孤立的多源数据,通过数据抽取、信息提取、语义消歧、知识融合、知识加工等技术,构建金融知识图谱,实现信用卡反欺诈、风险预测、智能营销等应用。例如,知识图谱根据手机号码、联系号码、IP 地址、设备、申请件等主要欺诈要素构建信用卡反欺诈关系图谱,欺诈团伙考虑到犯罪成本,可能共用 IP、手机号码、设备等信息,根据这些既定规则对欺诈行为进行判定,挖掘出潜在欺诈用户,从而做到提前预警。

第三节 人工智能技术与金融监管

随着信息技术飞速进步,我们每天都会迎来海量的图像、语音、文本和行为数据。利用先进的技术手段对这些数据进行分析和挖掘,可以揭示出丰富的、有价值的信息。人工智能技术在处理和分析数据方面展现出了独特的优势,它能够高效地处理和分析大规模数据集。当人工智能技术被应用于金融监管领域时,它不仅能够显著提升监管的智能化水平,还能推动整个金融行业的智能化转型。

为了构建一个基于人工智能的金融监管框架,机器学习、深度学习、大模型以及知识图谱等技术成为了关键的支撑。与传统的针对特定任务设计的算法不同，机器学习和深度学习通过训练大量数据，利用多样化的算法从数据中学习并掌握完成任务的方法。同时，金融机构在日常运营中产生的大量非结构化数据，如图像和音频，可以通过人工智能技术得到有效处理。这使得监管机构能够从庞大的信息海洋中提取出关键的、有价值的信息，极大地提升了监管的效率和效果。接下来，本节将向读者详细介绍针对不同类型数据的监测技术，以及这些技术在金融监管领域的实际应用。

一、图像数据监测技术与金融监管

图像中包含了大量可供人类发掘的信息，同时，图像数据也是日常生活中最常见的数据之一。利用人工智能技术处理图像数据，可以赋予计算机识别图片中不同物体的能力。对于图像中目标的检测问题，基于深度学习的算法是目前最主流的算法，大多数最先进的目标检测器都是将卷积深度学习网络（Convolutional Neural Networks，CNN）作为主干，并通过检测网络从图像中提取特征，实现对图像中物体的分类和定位。下面将对基于图像数据的一般监测技术，以及这些技术在金融监管中是如何发挥作用的进行介绍。

（一）基于图像数据的一般监测技术

在图像数据和深度学习领域中，物体检测技术的发展已经取得了显著成就，目前的目标检测方法主要基于 CNN。这些方法大致可以分为两个主要类别：以 Faster R-CNN 为代表的两步检测法和以 YOLO、SSD 为代表的单步检测法。

1. 两步检测法

两步检测法检测的两个阶段由感兴趣区域（Region of Interest，RoI）池化层进行划分。例如，在 Faster R-CNN 中，第一阶段的网络称为区域选取（Region Propose Network，RPN），是一个区域提取网络，用来提取候选物体的边界框。在第二阶段中，通过 RoI 池化操作从每个候选边界框中提取特征，用于后续补的分类和边界框回归任务。图 6-10（a）展示了两步检测法的基本结构。

2. 单步检测法

与两步检测法不同的是，单步检测法从输入的图像中直接提取出预测框，不需要使用额外的区域提取网络来提取候选物体的边界框。因此，这种方法检测的速度更快，可用于实时任务。图 6-10（b）展示了单步检测法的基本结构。

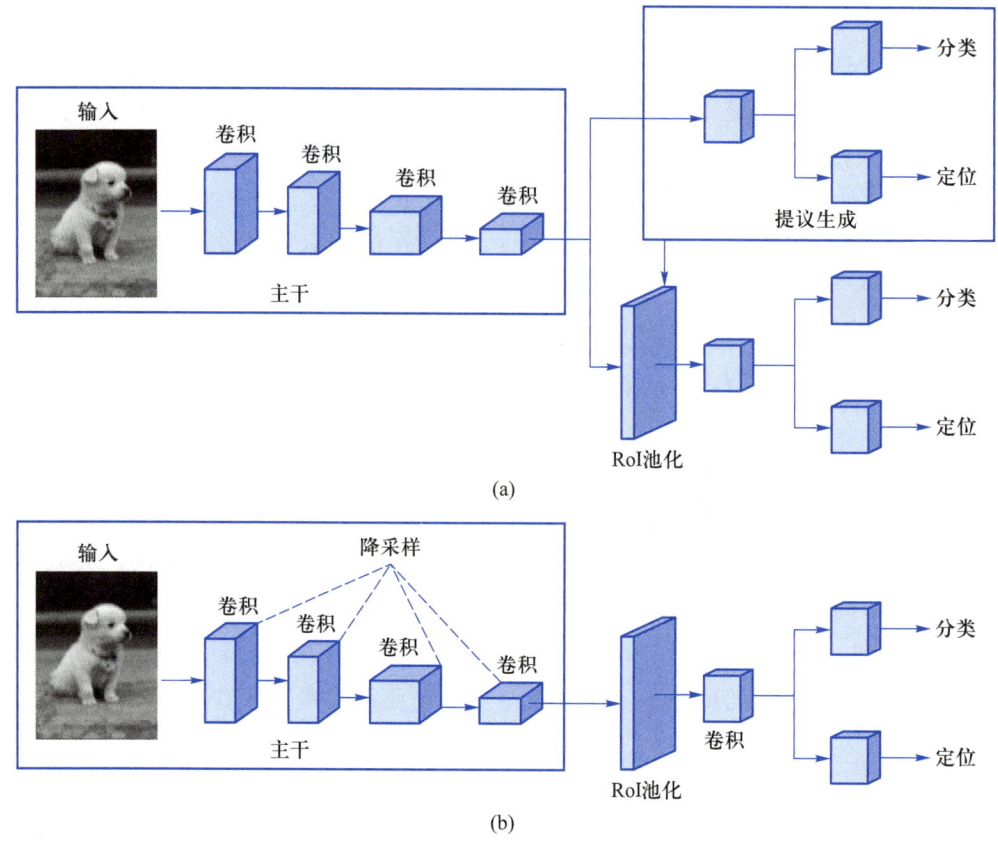

图 6-10 两种检测方法的基本结构

(二)图像数据在金融监管中的应用

图像识别技术,作为深度学习领域的一项关键技术,尤其是人脸识别,已成为推动信贷业务审核效率提升的广泛应用方法之一。人脸识别是以图片数据作为输入的技术,首先通过物体检测网络检测出图片中人脸所在区域,之后再利用五官配准网络在人脸区域内提取五官关键点,最后计算识别到的五官与数据库中的人脸数据的相似度,输出图片中的人脸与数据库中人脸的匹配度信息。该技术在用户审核认证中的应用已被证明是防范金融欺诈的一种可靠且有效的手段。

腾讯优图将人脸检测应用于用户信用评估

二、语音数据监测技术与金融监管

在日常生活中,人们已经习惯使用麦克风等声学传感器接收语音信息,并通过计算机、手机等智能设备将麦克风所收集到的语音信息传递给接收人。语言是人类最主要的交流方式,因此,使用人工智能技术对语音数据进行处理,可以获取到许多有价值的信息。语音自助激活银行卡、家电自动化和声控设备只是语音识别的众多用途中的一小部分。下面将介绍基于语音数据的一般监测技术，以及语音数据在金融监管中的应用。

（一）基于语音数据的一般监测技术

语音识别技术通常涉及两个关键步骤。首先，需要从原始语音信号中提取出关键的声学特征。这一步骤包括训练声学模型以识别语音中的基本单元，如音素或词，以及构建语言模型来分析语言的文法结构。其次，识别系统将采用适当的方法来解析语音信号，提取出与所选识别技术相匹配的特征参数。在这一过程中，系统将根据预设的评价标准和度量方法，将提取的语音特征与内部模型进行比对，从而作出准确的识别判断，并输出最终的识别结果。通过这种方式，语音识别系统能够有效地将人类的语音转换为可理解的文本信息。

设经过特征提取后，从一段语音信号中得到的特征向量序列为 $X=[x_1, x_2, \cdots, x_N]$，$x_i$ 是一帧的特征向量，$i=1, 2, \cdots, N$，N 为特征向量的数目。这段语音对应的文本序列设为 $W=[w_1, w_2, \cdots, w_M]$，$w_i$ 是诸如单词、字符和音素的基本组成单元，$i=1, 2, \cdots, M$，M 为文本序列的维度。语音识别的目标就是从所有可能的特征向量序列 X 的文本序列中，找出使式（6-10）取得最大值所对应的文本序列。

$$W^* = \underset{W}{\mathrm{argmax}} \frac{P(X|W)P(W)}{P(X)} \propto \underset{W}{\mathrm{argmax}} P(X|W)P(W) \quad (6-10)$$

式中：$P(X|W)$ 是条件概率，由声学模型决定；$P(W)$ 是由语言模型决定的先验概率，当 $P(X|W)$ 和 $P(W)$ 的乘积最大时才能与最可能的文本序列相对应。

声学模型是对式（6-10）中的 $P(X|W)$ 进行建模，建立语音特征和音素之间映射关系的过程。其中，建模过程的输入是将语音信号进行特征提取所得到的特征向量序列。GMM-HMM 声学模型是最常见的一种声学模型，在语音识别领域有着很高的地位。但由于该模型中的 GMM 忽略时序信息，且随着数据量的上升所需要优化的参数也会急剧增加，给声学模型带来了很大的计算负担。深度学习技术的发展为声学模型的构建指出了新的研究方向，由于 RNN 在当前时刻的输出不仅依赖当前时刻的输入，也依赖之前时刻的信息，这种特性非常有利于语音上下文的相关性建模。由于 CNN 具有不变性和池化技术，使其不易受噪声的干扰，同时可以减少计算量，近年对声学模型的研究主要集中在深度学习，将 RNN 和 CNN 引入声学建模中。

语言模型的核心作用在于预测一系列字词出现的概率，从而判断给定的语言序列是否符合语法规则和语义连贯性。这一过程涉及如何计算特定的概率模型，例如式（6-10）所示的问题。循环神经网络在构建语言模型方面发挥了重要作用，形成了循环神经网络语言模型（Recurrent Neural Network Language Model，RNNLM）。在 RNNLM 中，隐藏层的循环结构使得网络能够捕捉更为丰富的上下文信息。通过训练过程中的交叉熵优化，网络学习到能够反映自然语言序列及其后续词汇之间内在联系的模型，使得同一网络结构和超参数能够灵活处理任意长度的历史信息。

结合训练完成的声学模型和语言模型，我们可以对收集到的语音数据进行有效识别，实现基于语音数据的智能监测。自然语言处理是计算机科学和人工智能领域的一个重要分支，专注于研究如何让计算机理解和处理自然语言。NLP 的应用场景广泛，包括语音识别、句法分析、文本分类、信息检索和信息抽取等。近年来，随着深度学习技术不断进步，各种神经网络模型被广泛应用于 NLP 领域，成为解决相关技术问题的关键工具。图 6-11 展示了传统 NLP 流程与基于深度学习的 NLP 流程的对比。通过利用 NLP 处理语音，提取相关信息进行语义分析，实现基于语音数据的智能监测。

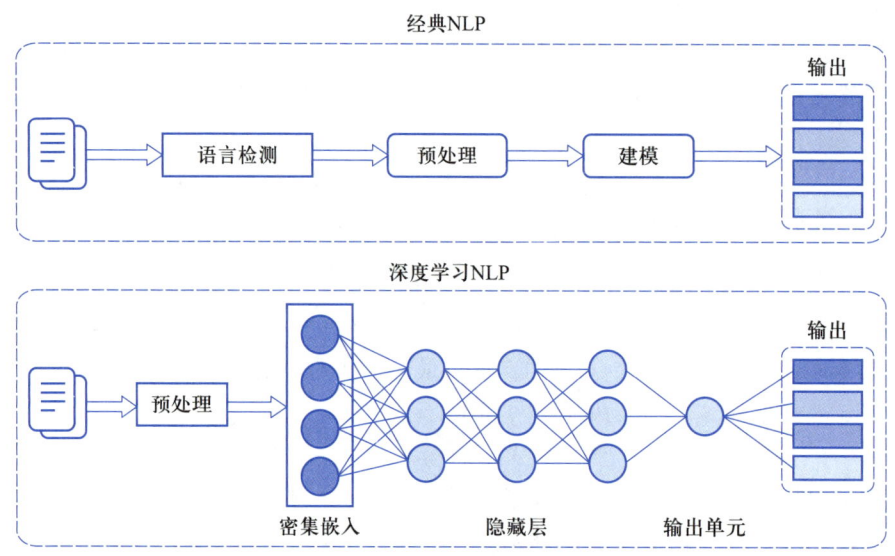

图 6-11 两种 NLP 过程

（二）语音数据在金融监管中的应用

在金融服务的场景中，与客户的交互往往涉及音频、视频、图片等多种形式的数据。语音分析作为金融风控的一个探索性应用，能够有效地帮助监管机构识别潜在风险并加强风险管理。语音识别技术通过对语音信号进行特征分析，实现对特定声音的辨别，即判断某句话是否由特定人所说。在金融监管中，语音识别技术得益于其"非接触式"和"远程识别"的特性，在防范诈骗和构建语音反欺诈模型方面发挥着重要作用。仅需使用麦克风、电话或手机等设备，就能采集用户的语音特征信息，完成身份认证。与传统的指纹和面部识别技术相比，语音识别技术在远程身份确认方面更为便捷，有助于提高金融监管的效率和安全性。

三、字符数据监测技术与金融监管

手写字符是现代大多数人具备的技能，它被定义为由人工图形标记组成的平面表达形式，通过这些标记与语言的一般关系来传达信息。手写字符识别的任务是从存储的手写字符数据中生成符号形式，这一过程可以通过扫描纸上的字迹或使用特殊笔在电子屏上书写来完成,将手写数据以数字格式捕获和存储。近年来,基于深度学习的字符识别技术在解决手写字符识别问题上取得了显著成果。

(一)基于字符数据的一般监测技术

在基于深度学习的手写字符检测方面,LeCun 等于 1998 年创建的 MNIST 数据集,已成为不同机器学习和模式识别方法的广泛测试平台。他们还提出了经典的手写字符识别网络 LeNet-5,该网络能够高效地实现手写字符的检测和识别。这些技术的发展为金融监管提供了新的工具,有助于提高监管的准确性和效率。

LeNet-5 是一个较为简单的卷积神经网络,网络的结构如图 6-12 所示。在该网络中,输入的是大小近似归一化并居中处理的 32×32 像素的字符图像,除开输入层后整个网络由 7 层组成。LeNet-5 首先对输入的图像进行卷积,得到 6 个 28×28 像素大小的特征图,随后对各特征图进行降采样得到 6 个 14×14 像素大小的特征图。之后,再使用 16 个 5×5 像素大小的卷积核对特征图进行卷积,生成 16 个 10×10 像素的特征图,再对这些特征图进行降采样后,将 S4 层的 16 个通道的特征图都与 120 个卷积核进行卷积操作,之后再由一个全连接层进行处理。最后输出层的高斯连接也是全连接层,采用 RBF 函数(径向欧氏距离函数)计算输入向量和参数向量之间的欧氏距离,最终输出该模型对输入字符图像的识别结果。利用训练好的字符识别模型,就可以检测输入的字符数据,检测到由使用者设定的需要识别的字符。

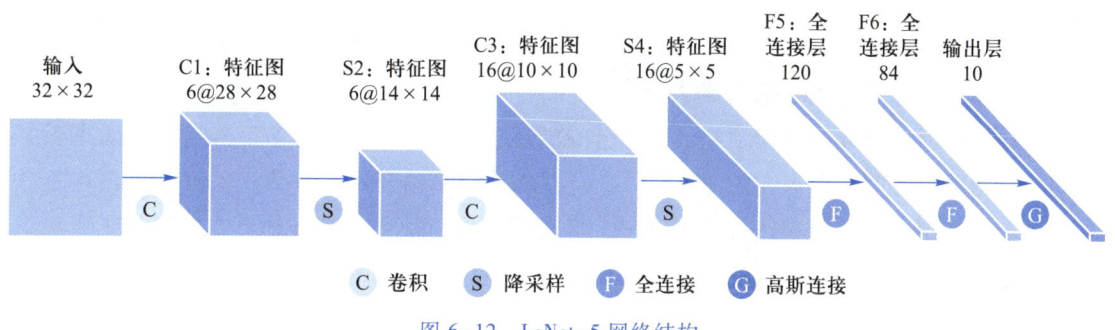

图 6-12 LeNet-5 网络结构

光学字符识别(Optical Character Recognition,OCR)是一种将纸质文档上的打印字符转换为计算机可读文字的技术。该过程涉及使用电子设备,如扫描仪或数码相机,对纸张上的字符进行检查,并通过字符识别方法将这些形状转换成电子文本。OCR 技术不仅能够识别手写体和印刷体字符,还能通过倾斜校正、版面分析、字符识别和字符切割等技术手段处理排版复杂的文档。这些技术的应用使得从图像文件中提取文字和版面信息成为可能,为字符监测提供了重要的数据输入。

(二)字符数据在金融监管中的应用

在金融监管领域,文本数据蕴含着丰富的信息,反映了金融机构、企业以及个人的日常经营活动、行为和舆情等各个方面。在这些文本数据中，风险信号往往隐藏在细节之中。因此，有效提取文本中的关键知识，并通过分析将这些看似独立的知识点串联起来，形成知识的可视化和立体化透视，是实现基于文本数据的金融风险监测的关键技术路径。

随着互联网的发展和信息量爆炸式增长，基于字符数据的监测技术在预防系统性金融风险方面发挥着越来越重要的作用。近年来，该技术已在大型金融机构和具有创新意识的中小型金融机构中得到应用，并呈现出快速增长的趋势。在这种背景下，利用 OCR 技术、手写字符识别网络 LeNet-5 等字符数据监测技术，从大量文本中提取关键信息，不仅对金融机构的技术选型具有指导意义，而且有助于金融信息服务提供商开发更适应市场需求的技术产品，同时也为相关监管部门制定和执行统筹监管措施提供了便利。这些技术的应用，将进一步提升金融监管的效率和准确性，为金融市场的稳定和健康发展作出贡献。

四、行为数据监测技术与金融监管

人类作为社会活动的主要参与者，其行为分析对于金融监管具有重要意义。通过人工智能技术对个体行为的分析，可以有效识别不合规行为，实现对人体行为的监测。人体行为识别主要依赖于视频中的图像、语音和字符等数据进行分析，以实现对行为的理解和识别。

（一）基于行为数据的一般监测技术

视频数据由连续的图像帧组成，部分视频还包含语音和对白文本字符信息。这些不同模态的数据之间存在潜在的语义关联，通过综合分析语音和字符信息，可以提高对视频内容的理解。在视频人体行为识别中，多模态数据的融合与选择对于提高识别准确度至关重要。语音和字符数据的识别技术已在前两节中讨论，本节将重点介绍视频中人体行为的识别技术。

基于深度学习的视频行为识别技术主要包括双流法、C3D 法和 CNN-LSTM 法。双流法通过计算视频中相邻两帧图像间的密集光流，训练两个 CNN 模型分别对动作类别进行判断，最后结合两个模型的判断结果得到最终分类。C3D 法利用 3D 卷积和池化来构建网络，有效捕获时序信息，计算效率高且易于训练。CNN-LSTM 法则结合预训练模型提取的帧级特征和光流特征，通过池化框架或 LSTM 网络进行分类。结合语音和字符识别结果，可以辅助判断视频数据中的人体行为，提高监测的准确性。

（二）行为数据在金融监管中的应用

行为数据以其体量庞大和直观性强的特点，在金融监管中具有重要价值。尽管行为数据并非传统意义上的"数字"形式，但其在反欺诈流程和规则中的应用，为传统手段提供了有效的补充。利用行为数据重构线上反欺诈方案，可以在营销、贷前、贷中和贷后等阶段发挥作用，通过机器学习和人工智能技术，如语音、字符和人体行为识别，精确识别异常行为。

行为数据可以作为监测的前线，以直观、易懂、快速的方式，筛选交易方是否涉嫌欺诈。在欺诈行为中，往往存在与常人不同的行为特征，例如输入用户名和密码时的按键行为、按键间隔时长、误按和漏按模式等。此外，通过分析登录时间、上网环境等信息，也可以判断用户行为是否存在欺诈嫌疑。基于行为数据的监测技术，可以捕捉到这些关键行为特征，辅助判断欺诈行为，从而在提高监管效率的同时，有效提升预测精度。

本章小结　本章主要介绍人工智能概述、人工智能的关键技术、人工智能技术与金融监管、人工智能技术的应用案例等。详细介绍人工智能技术中的机器学习、深度学习、大模型以及知识图谱技术；通过三种常见类型的数据，阐述人工智能利用这些数据在金融监管中进行监测的方式。最后，给出实际应用案例，介绍人工智能技术在金融监管中的运用。

思考题
1. 总结机器学习的主要技术。
2. 阐述深度学习在金融监管中的主要应用。
3. 结合本章案例或其他案例，探讨未来人工智能技术在金融监管领域应用的趋势。

即测即评

参考文献
［1］中国人工智能学会. 中国人工智能系列白皮书：大模型技术（2023版）［M］. 北京：中国人工智能学会，2023.
［2］周志华. 机器学习［M］. 北京：清华大学出版社，2016.
［3］HAYKIN S. Neural networks：A comprehensive foundation［M］. Prentice Hall，1994.
［4］BISHOP C M. Pattern recognition and machine learning［M］. Berlin：Springer，2006.
［5］GOODFELLOW I，BENGIO Y，COURVILLE A. Deep learning［M］. Cambridge，MA：MIT Press，2016.

延伸阅读
［1］HINTON G，DENG L，YU D，et al. Deep neural networks for acoustic modeling in speech recognition：The shared views of four research groups［J］. IEEE Signal Processing Magazine，2012，29（6）：82-97.

［2］ DING N, et al. Parameter-efficient fine-tuning of large-scale pretrained language models［J］. Nature Machine Intelligence, 2023, 5: 220-235.

［3］ KRIZHEVSKY A, SUTSKEVER I, HINTON G E. Imagenet classification with deep convolutional neural networks［J］. Communications of the ACM, 2017, 60 (6): 84-90.

［4］ LECUN Y, BENGIO Y, HINTON G. Deep learning［J］. Nature, 2015, 521 (7553): 436-444.

［5］ LECUN Y, BOTTOU L, BENGIO Y, et al. Gradient-based learning applied to document recognition［J］. Proceedings of the IEEE, 1998, 86 (11): 2278-2324.

第七章

区块链技术

区块链技术是一种去中心化的分布式账本技术,通过将交易数据以区块的形式链接在一起,形成链条,实现安全、透明、不可篡改的信息存储。在金融领域,区块链技术快速发展,也给金融创新带来了诸多可能性。特别地,区块链技术的应用给金融监管带来的机遇与挑战更值得重视。

第一节 区块链技术概述

2015年,在拉斯维加斯举办的Money20/20金融峰会上,美国Capital One公司对151位与会者进行了调查,大家普遍认为区块链是对金融服务影响最大的信息技术之一。区块链技术作为近年来的一项创新技术,正以惊人的速度发展并改变着各个领域。在发展初期,区块链主要应用于数字货币领域。随着技术不断成熟,其应用场景迅速扩展。从各类机构发布的研究报告来看,在金融监管科技解决方案中,区块链技术在金融服务领域具有举足轻重的地位。

一、区块链技术的概念与类型

(一)区块链概念

区块链(Blockchain)的概念由一个自称为中本聪的匿名人士或团体在2008年的一篇关于比特币的论文中首次提出。但是,该论文在其中提及"区块"67次和"链"27次,却并未明确使用"区块链"这一术语。随着中本聪设计的比特币以及各种虚拟货币系统的涌现,为了将这些系统的共同特征抽象成一个总体概念,人们约定俗成地创造了一个新的词汇——"区块链"(Blockchain)。

"区块链"这一术语所描述的"区块+链式"数据结构确实是中本聪在比特币系统中首次构建的。事实上,比特币可以被看作区块链技术在全球范围内的首个应用案例。这种以"区块"和"链式"结构为基础的数据模型为去中心化、安全和透明的交易奠定了基础,成为后来区块链领域发展的重要基石。

(二) 区块链的技术原理

从技术角度来看，区块链可以被视为一个由计算机代码构建的分布式账本，或者说是一类分布式数据库。其技术核心可被看作基础数据结构和一系列网络协议的结合体。区块链技术通过加密算法确保数据的安全性和一致性，使所有参与者都能在无须信任第三方的情况下共享信息。其在金融监管中具有显著的应用价值，能够提高透明度、增强数据安全、提升效率，并降低成本。

区块链采用了一系列由"区块"构成的"链"表结构的数据库来存储信息。每个区块的主体包含了特定时间段内发生的交易数据信息的合集。比特币系统中，每个区块存储的是大约10分钟内全球比特币交易的数据。尽管各种区块链的"区块"设计可能不完全相同，但仍然可以统一分为块头和块身两部分。块身包含了经过验证的交易数据信息的记录集合。块头则由前一个块头的哈希值、本区块时间戳、一个随机数以及本区块交易记录哈希值这四个关键要素构成。前一个块头的哈希值用于建立本区块与前一区块的关联关系，并连接形成一条链；时间戳记录存储区块的时间段；随机数用于验证该区块是否符合共识机制的要求；哈希值则是块身存储交易数据信息的摘要集合。

由于每个区块的块头包含了前一区块头的哈希校验值，从创世块（第一个区块）到当前区块形成了一条首尾相连的链，存储着全网的信息，构成了最终的区块链结构，数据结构见图7-1。

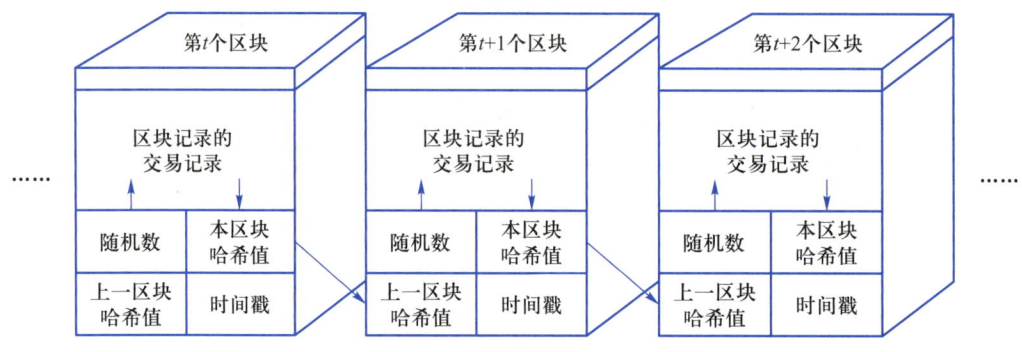

图7-1 区块链数据结构

为了解决在分布式环境中生成新区块和存储区块的所有权问题，区块链技术依赖一系列协议机制，以确保其数据结构的稳健性。通过建立对等P2P（Peer-to-peer）协议，形成了无中心的网络通信拓扑，每个节点在记录信息的同时负责验证其他节点记录结果的正确性。通过共识协议机制，保证只有全网大多数节点认同某个记录的正确性时，该记录才会得到全网认可，从而被允许纳入区块链。这个过程是不依赖于特定中心节点的，体现了区块链技术的去中心化特性。

在协议层之上，智能合约技术赋予了区块链技术应用编程的功能，使其能够提供更为灵活的合约功能，执行更为复杂的操作。由于智能合约技术的扩展，区块链不仅具有数据记录功能，并已经演变成为一种能够提供更加透明、更加可信、更加高度自治且去中心化的泛在计算环境。

整体而言，区块链技术以加密算法为基础，通过去中心化的链条连接、有序的时间结构，借助对等网络和共识机制构建了分布式可信网络数据库，并利用智能合约实现了应用编程扩展接口。

（三）区块链数据库的三种形式

区块链技术是互联网技术不断发展的产物。当前，行业主流观点认为，如果说互联网实现了信息互联、移动互联网实现了人人互联的话，区块链技术将会成为第二代互联网，能在无法取得相互信任的前提下，继续从事价值交换活动，有可能把人类从信息传递的互联网时代带入价值传递的互联网时代。也有观点认为，区块链技术言过其实，应用前景并没有想象的那样完美。对于一个尚处于发展和完善过程中的技术，我们难以知晓区块链将走向何处，终点在何方，所以还应该以辩证的视角，理性地分析其应用发展现状及潜力，既要看到其在不信任环境下建立信任关系的独特创意，认真分析其可能给金融业发展转型带来的机遇，又不能把它视为无所不能的万能钥匙。

当前行业主要存在三类区块链数据库应用类别：公有链、联盟链和私有链。三种类型的区块链的比较详见表7-1。

表7-1 三种类型的区块链比较

比较项	公有链	联盟链	私有链
特征	去中心化，任何人都能参与	多中心化，联盟机构间参与	中心化，组织内部使用
优势	匿名，交易数据默认公开，访问门槛低，社区机理机制	性能较高，节点准入控制，易于落地	性能较高，节点可信，易于落地
节点写入权限	任何节点	群体内指定节点	特定组织或个人
节点数量	几十万甚至更多	一般不超过几百个	一般为几个
共识机制	工作量证明（Proof of Work，PoW）、权益证明（Proof of Stake，PoS）、委托权益证明（Delegate Proof of Stake，DPoS）、能力证明（Proof of Capacity，PoC）、活动证明（Proof of Activity，PoA）、燃烧证明（Proof of Burn，PoB）等	公有链共识机制+应对"拜占庭将军问题"的分布式异质性算法，例如PBFT、dBFT、Byzantine和Paxos算法等	联盟链共识机制+经典分布式一致性算法，例如Paxos和RAFT等技术
共识效率	低	中	高
处理效率	低	中	高
篡改难度	高	中	低
信任程度	低	中	高

续表

比较项	公有链	联盟链	私有链
适用业务	面向互联网公众，信任基础薄弱且单位时间交易量不大的场景	有限特定合作伙伴间信任提升，可以支持较高的处理效率	特定机构的内部数据管理与审计、内部多部门及其间的数据共享，改善可审计性

1. 公有链

公有链是指全世界任何人都可读取的、任何人都能发送交易且交易能获得有效确认的、任何人都能参与其共识过程的区块链。公有链是最早出现的区块链应用类别，可以看作节点完全分散化的区块链，其共识机制主要采取工作量证明机制或权益证明机制等"加密数字经济"方式，将经济奖励和加密数字验证结合起来，并遵循着一般原则：每个人从中可获得的经济奖励，与对共识过程做出的贡献成正比。

2. 联盟链

联盟链往往是指由某个群体内部指定多个预选节点作为记账人，每个区块由所有预选节点基于共识机制共同确定。除了公有链适用的共识机制，联盟链还可以采用实用拜占庭容错（Practical Byzantine Fault Tolerance，PBFT）、授权拜占庭容错（Delegated Byzantine Fault Tolerance，dBFT）等可以解决"拜占庭将军问题"的算法作为共识机制。联盟链可视为"部分分散化"的区块链。

3. 私有链

私有链是指区块写入权限仅在一个组织或个人手里的区块链，而读取权限则可视需求对外开放或者被任意程度地进行限制。私有链的共识机制选择更为宽泛，除了联盟链适用的共识机制，还可以选择 Paxos、RAFT（Replicated And Fault Tolerant）等成熟的、不能防范"拜占庭将军问题"的分布式一致性算法作为共识机制，以进一步提升共识验证的效率。

二、区块链技术的主要特征

一是去中心化。整个对等网络中，没有中心化的记账节点，任意节点之间的权利和义务都是均等的，且部分节点的损坏或者被攻击，都不会影响整个系统的正常运作。

二是去信任化。参与整个系统中的每个节点之间进行数据交换是不以互相信任为前提的，整个系统的运作规则是公开、透明的，而对整个系统的信任是由分布在网络各处的节点通过各类共识机制建立的且很难推翻或篡改，所有的数据内容都是公开的。因此在系统指定的规则范围和时间范围内，单个（或少数）节点想要欺骗其他节点，其付出的代价往往是得不偿失的，从而有效解决"拜占庭将军问题"。

三是过程透明化。系统中的数据块由整个系统中所有具有维护功能的节点共同维护，任何人都可以扮演这些具有维护功能的节点，权属转移记录集体维护，过程透明。

四是不可篡改性。依靠签名技术，区块链使得每一个操作都可鉴权可审计；依靠哈希链式数据结构使得所有的数据融为一体，无法单独修改其中的一点；通过共识算法，可以让所有节点形成合力，让每个参与节点都能获得一份完整数据库的拷贝。除非能够同时控制超过一定阈值的节点（例如，在比特币区块链上，这个确切的阈值上限为拥有超过全网算力51%的节点数量），否则单个或少数节点对数据库的变更是无法生效的，也无法影响其他节点上的数据内容。因此，参与系统的可靠节点越多且计算能力越强，该系统中的数据安全性越高。

三、区块链技术的发展现状

（一）区块链的进阶阶段

最初的区块链仅仅指比特币的总账记录。这些账目记录了自2009年比特币网络运行以来产生的所有交易。然而，这些总账并不是仅仅记录在某台服务器上，而是在所有的客户端都有1份相同的实时同步的备份。这个总账对于所有参与人来讲都是公开的，并且任何人都可以查阅、审核。

时至今日，区块链技术已超越了最初比特币的应用范畴，未来有可能与云计算、大数据和人工智能等技术更加紧密地结合，使得分布式的计算服务可以在基于区块链技术的共识和激励基础上协同工作，从而引发更多的技术和服务创新。

区块链根据其作用不同可以分为基础层和应用层。其中基础层是一种类似互联网的TCP/IP（Transmission Control Protocol/Internet Protocol），而应用层是基于该协议的具体应用。根据梅兰妮·斯万在《区块链：新经济蓝图及导读》一书中的观点，区块链可以被细分为三个应用阶段：区块链1.0，可编程货币；区块链2.0，可编程金融；区块链3.0，可编程社会。如表7-2所示。

表7-2 区块链应用阶段划分

区块链应用阶段	特征	应用场景
区块链1.0	可编程货币	支付、转账、汇款等货币应用场景
区块链2.0	可编程金融	股票、债券、贷款、金融衍生品等非货币应用场景
区块链3.0	可编程社会	医疗、产权登记、知识产权登记和保护、彩票登记、物流、食品追溯、公证认证、数字权利、第三方保管、多方签名交易、财务审计等应用场景

一是区块链1.0——可编程货币，虚拟数字货币阶段。该阶段主要产生了各类与转账、汇款和数字化支付相关的基于密码学的虚拟货币应用。比特币是其中最为典型的

代表。

二是区块链2.0——可编程金融，智能合约阶段。该阶段主要产生了除虚拟货币外的基于智能合约的各类经济和金融领域区块链应用。从理论上分析，所有的金融产品（如股票、债券、期货、贷款、抵押、众筹、基金等）的交易，都可以依托区块链来实现。以太坊、超级账本等是区块链2.0的典型应用。

三是区块链3.0——可编程社会，智能社会阶段。该阶段区块链将产生超越货币和金融范围的泛行业应用，特别是在政府、医疗、科学、文化等领域的应用。

（二）区块链的发展现状

截至目前，梅兰妮·斯万所描述的绝大多数应用场景中，区块链有较大影响力的应用实践案例仍较为罕见，且主要集中在1.0阶段（以比特币为代表）和2.0阶段（以以太坊为代表），3.0阶段的成熟应用案例尚未出现。区块链应用未来将何去何从，还有待技术不断进步完善后，在未来予以答复。从现阶段的应用情况看，区块链技术可以在以下几个方面改进金融服务体系。

首先，降低特定金融业务的整体信任风险。以传统的场外交易（Over-The-Counter，OTC）为例，该业务场景的痛点在于交易双方没有可信权威节点充当中介，无法实现同步实时交割，只能由交易双方自行承担信用风险。如果交易各方建立联盟链，实现代码透明共享，确保智能合约运行规则对参与者透明，充分利用区块链技术下每个节点都可以验证账本内容和账本构造历史的真实未篡改特性，智能合约可以实现单链或多链架构下不可分割交易的特性，就能确保交易的可靠性和安全性。即便违约，自动违约补偿也具备技术可行性，有望降低整个业务场景的信任风险。当然，交易双方进行的如果不是资产所有权互换或有法定数字货币参与的交易，想通过区块链实现不可分割交易仍然是很困难或不可能的。

其次，降低特定金融交易的复杂度及成本。以跨境支付转账交易为例，该业务场景的痛点在于较难产生一个全球的权威可信中心清算节点，因此跨境业务往往存在到账周期长、费用高、交易透明度低等问题。如果各国商业银行和其他金融机构建立联盟链，借助区块链分散化和不可篡改的特点来实现去中介化交易，则有望缩短跨境交易周期、降低费用。如果通过加密传递技术，控制交易细节仅对参与交易各方可见，以消除参与者之间对客户流失的潜在顾虑，同时通过硬件等技术手段支撑较高的交易吞吐量，那么，基于区块链协议的跨境支付转账技术方案还是有希望实现大规模应用的。

最后，提升共享特定金融信息的便利性。以供应链金融场景为例，该业务场景的痛点在于，商品从原料供应到销售的全流程缺乏透明的跟踪机制，无论是金融监管部门、金融机构还是终端用户都无法对商品生产情况或销售情况进行监督，较难控制商品质量和信贷安全性。即便应用物联网技术全面广泛地收集进货信息和销售信息，也很难直接将繁杂的物联设备获取的信息全部送至某个权威可信节点进行存储处理。通过辅以区块链技术，在准确收集物品流转信息后，可以基于共识机制就近上链存储，促使金融信息高效流动，从而实现价值和信息的共享。

（三）区块链技术应用场景适用性分析

在业务参与各方与不信任且缺乏共同信任的第三方交易的场景下，区块链技术将大有可为。虽然可以在此场景下解决价值交换问题，但在一定程度上是以牺牲效率、隐私性和软件可维护性为代价的。不信任的参与者数量越多，效率、隐私性和软件可维护性则越难得到保证。因此，根据参与者数量上的差异和权限控制需求方面的差异，业界自然而然形成了上述三类不同的区块链数据库应用类别。2017年10月，摩根·派克（Morgen E. Peck）深入剖析了真正需要区块链技术的场景，进一步论述了区块链场景适用性的评估策略。

在进行适用性评估时，可以利用如图7-2所示流程进行对标。根据区块链使用类型，可以将适用场景划分为不需要区块链、需要联盟链或私有链和需要公有链三种应用场景。首先，当传统数据库满足业务需求，或者不需多参与者写入权限时，可以不使用区块链，实现快速交易。其次，当需要多参与者写入、没有第三方依赖和需要保持私密性时，可以采用联盟链或私有链，实现中速交易。最后，当不需要控制修改区块链软件的用户时，可以采用完全的公有链，但是这也将降低交易速度。

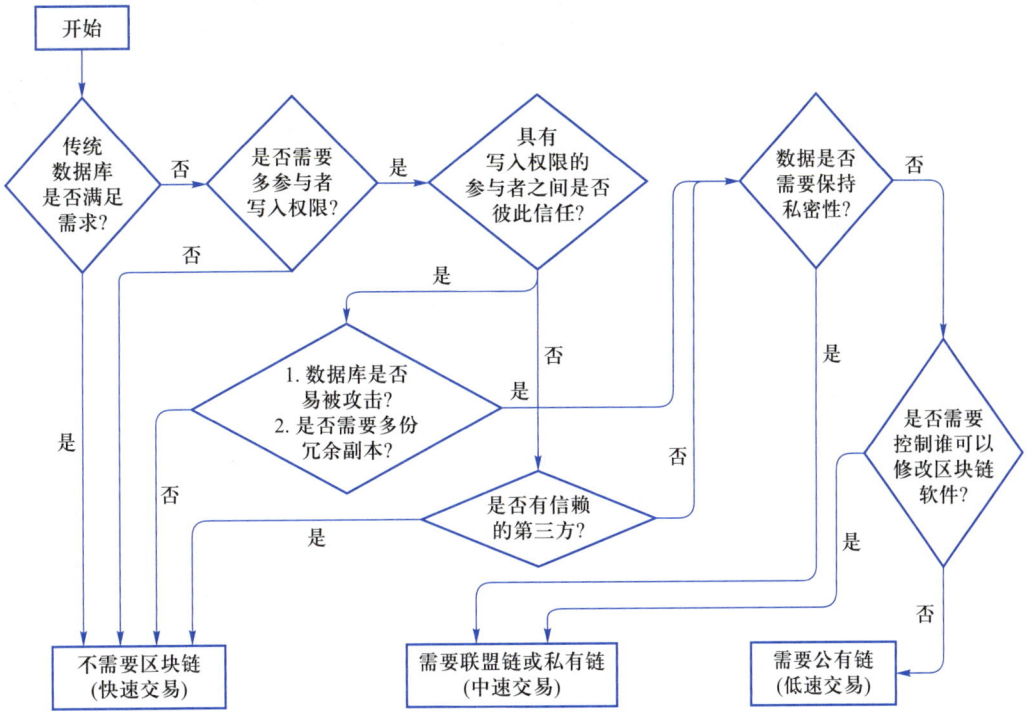

图7-2　区块链技术应用场景适用性分析

四、区块链技术的风险与挑战

虽然区块链技术在金融业有着较广泛的应用前景，但在具体应用中仍有诸多风险需要重点关注。

（一）引入区块链特性的技术风险

从网络安全性方面看，现有区块链应用往往采用分布式的点对点网络结构，未充分考虑或较难实施身份认定、地址绑定等传统网络安全机制，服务网络体系存在遭受路由欺骗、地址欺骗或拒绝式服务等网络攻击的风险。此外，由于采用消息广播机制，区块链网络易接收恶意节点广播的垃圾消息，导致带宽、计算资源被耗尽，服务被中断。

从应用安全性方面看，某些区块链技术应用中允许在区块中附加自定义信息（例如比特币区块链允许在 Coinbase 数据域任意填充信息），如果自定义数据中包含病毒、木马等恶意内容，有可能形成对全网的恶意攻击。由于区块链信息的不可篡改性，这些恶意内容将难以移除。此外，目前很多区块链平台均提供了图灵完备的智能合约功能，这本身就是把"双刃剑"。复杂的智能合约虽可以完成更多更复杂的业务逻辑，但合约代码中潜在的漏洞也可能更多，某些漏洞甚至会对核心系统产生致命的影响。例如前面提到的以太坊 The Distributed Autonomous Organization（DAO）事件，就是合约代码漏洞的典型代表。

从共识机制安全性方面看，某些共识机制（如工作量证明等）的安全性是建立在大量可信的计算节点基础上的，在发展大量可信节点之前确保不被攻击是其发展面临的一大挑战。特别是在某些区块链应用发展起步阶段，如果参与计算的节点数太少，采用工作量证明的共识机制应用将容易面临 51% 攻击的风险。这在虚拟货币发展史中并不鲜见。

从应用管理和工程实施方面看，由于参与节点处于点对点网络中，版本升级等操作难以同步实施，通常只能采取渐进式的硬分叉或软分叉升级策略。

从软件开发角度看，软件从开发启动到真正稳定成熟使用存在较长周期，考虑到区块链大量应用了密码学技术，软件开发的难度更大，即便不考虑人或机构主观恶意引入 Bug 的可能性，开发过程中大量存在的工程实现上的非主观缺陷也是在所难免的。可以预见，区块链应用过程中，多个不同版本软件并行工作的方式较为普遍（公有链将更是如此），此情况有可能产生较难预见的严重后果，如已识别的软件 Bug 迟迟得不到修复、未识别的软件 Bug 被利用来篡改区块链上保存的数据等。

（二）区块链技术滥用带来的法律风险

由于区块链技术正处在市场持续炒作的阶段，该技术被包装后用于金融投机乃至金融欺诈场景中的案例日益增多。如比特币、以太坊等较流行的虚拟货币，因其无中心和匿名性特征，很容易成为投机交易的标的物，变成资金出境，甚至是毒品交易、洗钱等违法活动的媒介。此外，区块链技术还被广泛应用于首次代币发行（Initial Coin Offering，ICO）领域。从实际发展现状看，现在 ICO 项目大多数仅停留在白皮书阶段，并没有实际应用价值，存在项目执行风险，特别是 ICO 融资还存在项目"跑路风险"以及 ICO 完成之后的庄家操控风险。一些非主流 ICO 代币仅需要几百万即可"做庄"操控市场，代币的发行方以及利益相关方，披着去中心化的外皮，仍然通过调整代币发放规则及发行比例等手段，将代币牢牢掌控在自己手中，对价格进行人为操控。众多 ICO 项目无序发展带来了巨大的道德风险，不论是项目发起方"跑路"还是项目发起方操控虚拟货币交易市场牟利，投资人都将面临巨大的经济损失。

（三）区块链金融创新应用新增的合规风险

现行金融法规体系对于区块链金融的诸多应用尚无明确的规定，例如虚拟货币发行的合法性、虚拟货币交易所乃至区块链上资产权属交易所设立的合法性、公证确权以及举证的合法性、智能合约是否具备合同效力、数字票据等数字化资产在区块链上的权利归属效力、基于区块链技术的记账清算应用中清算最终性的确定和资金跨境管制、基于区块链的股权交易发行方和发行对象的合法性等问题。此外，区块链金融因其去金融中介、数据应用部署管理分散的特点，有可能带来确定法律责任对象困难的新挑战。对于那些跨越国家地理边界和司法管辖边界部署的区块链金融应用而言，如果没有权威机构而是由松散的自治组织来控制和管理，这种法律责任认定和追责将更加困难。

（四）区块链金融无序发展导致的管理风险

当前，区块链金融应用的规范化和标准化程度有待完善，在技术、应用各个层面仍存在亟待解决的难题，各类区块链金融应用无序发展容易产生市场混乱。

从技术运用合理性管理方面看，区块链技术采用分散化的存储模式，参与记录区块链的每个节点往往需要存储完整的历史交易信息，数据的冗余备份量大，存储空间消耗多，而目前较为常见的共识机制工作量证明算法体系又具有高耗能的特点，参与生成及验证区块链的每个节点都会投入大量算力用于毫无意义的随机数计算。此外，数据需要以多路径方式在区块链服务及用户节点间流转，增大了网络通信资源开销。参与构建区块链的节点数越多，这种存储、计算和网络通信资源浪费就越严重。当大量同质业务（例如虚拟货币）不受监管地无序发展时，资源浪费问题将不容忽视。

从应用场景适用性管理方面看，区块链本身的技术优势未必适合所有的应用场景，或者说对于有些应用场景来说，使用传统技术解决方案的效率更高。当前很多业务创新在一定程度上盲目追求技术热点，片面认为区块链可以"包治百病"。实际上并未厘清多方参与、数据共享、数据回溯、合约自动执行等方面的需求。如果不及时加强行业引导,盲目依托区块链实施金融业务创新项目,有可能增加无谓成本、降低业务效率。例如,分布式网络节点数量与共识效率本身就是一对矛盾,在高并发、实时性要求高的场景中并不适合使用区块链技术。

从资产确权仲裁管理方面看,区块链技术完全依赖加解密算法、哈希算法、共识机制等,对交易的有效性进行技术背书,而存储的交易信息本身也仅仅通过公私钥信息实现与权属主体身份的间接绑定。对于受黑客攻击、客户疏漏造成的密钥丢失或被盗等原因,造成交易违背用户真实意图的情况,如何通过其他渠道达成共识,重新确认真实合理的交易权属转移的有效性及被冒名的交易权属转移的无效性,实现中心化管理措施与非中心化技术共识机制的有机整合,是一类不容忽视又较难处置的管理难题。如果众多未加规范管理的区块链金融应用仓促上线,多类权属纠纷风险叠加后,甚至可能带来一定的社会不稳定因素。

从行为监管方面看,如何兼顾金融消费者隐私保护需求和金融反洗钱反欺诈制度要求,需要监管部门精准把握。不可否认,基于化名机制的区块链技术应用已在实践中增大了监管部门反洗钱工作的难度。在传统监管模式下,只要锁定客户,通过管理员身份,就可以由后台直接调取中心系统的数据,进而掌握客户账户下的资金往来等信息。但在区块链环境下,由于没有中心系统,很难锁定客户的多个化名账户,除非掌握密钥,或者采用复杂的关联性挖掘算法,否则很难了解交易的真实性与合理性。这就极容易被犯罪分子利用,从而带来洗钱、诈骗、偷漏税等一系列监管新难题。近年来涌现的混币、环签名、零知识证明等技术,在进一步提升区块链技术应用匿名性的同时,也使得交易情况完全不可观测,不仅较难及时发现人为故意和软件缺陷引入的错误交易,更是难以甄别洗钱等非法交易,与"穿透式监管"要求相背离。此类情况应引起监管部门的高度关注。

第二节 区块链的关键技术

区块链技术基于加密算法,通过去中心化的链条连接、时间有序的排列,依托对等网络和共识机制,构建了一个分布式的可信网络数据库,并具备内置的应用编程扩展接口。其关键技术包括密码学技术、分布式账本技术、共识机制技术和智能合约技术。如图 7-3 所示,密码学扮演着区块链的基石角色,它负责保障数据的安全性并验证数据的归属。分布式账本则构成了区块链的基本框架,负责金融数据的分布式存储。共识机制作为区块链的规则,协调各节点的功能,同时负责主持数据处理任务。智能合约在区块链中扮演执行和应用的关键角色。

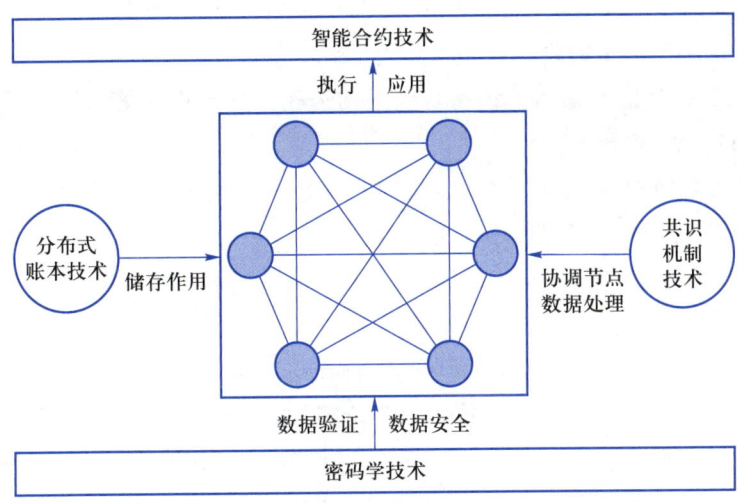

图 7-3　区块链的关键技术框架

一、密码学技术

区块链是一门依赖于庞大而复杂密码学系统支持的技术，密码学技术是区块链技术的基石。在金融监管领域，通过充分利用密码学技术，区块链确保金融交易和数据在传输和存储中的安全性、完整性以及隐私保护。这为金融监管提供了更为安全、透明和可追溯的交易环境。

区块链技术所采用的密码学主要包括非对称加密算法和哈希算法。这些加密算法不仅确保了各个区块之间的安全连接，同时也保障了整个链上数据的准确性。非对称加密算法与哈希算法相互协同，在区块链技术中被广泛运用于数字签名和时间戳等功能，从而进一步确保了区块链技术的安全性和全网公开等特性。

（一）非对称加密算法

在区块链金融监管领域，非对称加密是一项至关重要的密码学技术。与对称加密只使用一个密钥进行加密和解密不同，非对称加密算法采用一对密钥，分别是公钥和私钥。这两个密钥之间存在数学上的关系，但无法通过已知一个密钥推导出另一个密钥。非对称加密算法的独特之处在于加密和解密过程可以是完全不对称的。私钥由用户保留，而公钥则在区块链上公开。在不传递密钥的前提下，私钥可以用于解密由公钥加密的信息，反之则无法解密。在区块链金融中，非对称加密算法的主要作用并非仅限于保护数据隐私，更重要的是用于验证用户身份。

目前，区块链金融监管中使用的非对称加密算法具有以下三个特点。

（1）公钥的公开性：加密时使用的公钥是公开的，每个区块都能够查看所有的公钥信息。

（2）私钥的保密性：解密时使用的私钥只有包含密文的区块拥有，因此只有拥有私钥的区块才能解密加密的信息。

（3）安全性：其他人无法根据区块公开的公钥反向推断出密文的原信息，只有使用另一个私钥才能解密密文。

因此，从区块链技术在去除第三方机构的情况下能够建立信任的角度来看，非对称加密算法成为利用密码学实现信任的基础。

（二）哈希算法

在区块链中，哈希算法（Secure Hash Agorithm，SHA）是一种用于生成固定长度字符串（通常称为哈希值）的密码学技术。哈希算法利用哈希函数将任意长度的输入数据（可以是文本、文件、交易等）转换为固定长度的一串数字和字母组成的字符串。其中包括 SHA-1、SHA-2，而 SHA-2 中又包含 SHA-224、SHA-256、SHA-384 和 SHA-512。SHA-1 已经被使用在许多安全协议中，然而 SHA-1 在 2005 年已经被我国的密码学专家王小云等破译。而如今的区块链技术采用的 SHA-2 技术至今没有被完美破译，这确保每个区块中的数据都不可篡改以及信息的真实性。

哈希函数具有单向性、免碰撞性和抗篡改能力等主要特征。

（1）单向性是指从哈希值无法反推出原始输入数据。具体而言，无法通过哈希值还原出原来的明文或原始数据。例如 SHA-256 哈希函数将原始数据输出固定为 256 位的哈希值，但是无法从这些哈希值中推断出原始内容。

（2）免碰撞性是指在哈希函数中，无法使两个不同的输入产生相同的哈希值。具体而言，免碰撞性要求哈希函数尽可能地分散输入空间，使得每个不同的输入都有唯一的哈希值，减小相同哈希值的产生概率。

（3）抗篡改能力是指对输入数据的任何微小改动都能显著改变输出哈希值的性质。具体而言，即使输入数据发生细微的变化，其哈希值应该表现出明显不同，这样能够防止恶意篡改和确保数据的完整性。

在区块链金融中，任何一笔交易和地址都是完全依托于区块链生成的，保证交易在区块链中的唯一性。

（三）数字签名

数字签名是在区块链技术中结合了哈希函数和密钥技术的重要机制。数字签名主要被用于进行身份验证和保证交易完整性。

首先，数字签名用于验证交易的发起者身份。每个用户都有一对密钥，包括私钥和公钥。私钥用于生成数字签名，而公钥用于验证签名。这确保了交易只能由合法拥有相应私钥的用户发起。比如，A 要向 B 发送一定数量的比特币，而 B 要知道这些比特币是由 A 发送的，就必须要在这些比特币上看到 A 的签名。

其次，数字签名通过确保交易数据的完整性，防止数据被篡改。交易的数字签名是基于交易内容和私钥生成的，一旦交易内容发生变化，签名也会变化。而所有的签名信息都会被记录在区块里，既不能更改，也不能伪造。

通过数字签名，区块链金融系统能够建立信任，确保参与者的合法性，并增强整个系统的安全性。

（四）时间戳

时间戳主要解决区块链中存在的信息在传递过程中的时间差问题。时间戳可视为区块链中数据的生产日期，它能够表示在某个特定时间之前已经完整存在的其他数据，并提供验证机制。在区块链中，节点首先对区块中的信息进行哈希加密生成哈希值，然后为这个哈希值添加时间戳。

值得注意的是，时间戳同样是建立在公钥密码学基础之上的系统。时间戳记录每个区块接收信息的确切时间，确保了每条信息的先后顺序。通过引入时间戳，区块链系统能够消除由于信息传递时间差可能导致的不一致性，进一步提高了交易和数据的可信度。

二、分布式账本技术

在金融交易领域，保护身份信息和资产安全是一项复杂的任务。单一数据中心容易受到黑客攻击，导致大量信息泄露，严重影响客户隐私安全。区块链技术的本质是建立在分布式基础上的去中心化数字账本，为解决这一问题提供了理想方案。值得注意的是，并非所有分布式账本都等同于区块链，有时区块链技术仅作为分布式账本的底层技术存在。

区块链金融中的分布式账本是指通过分布式技术在多个节点上存储和验证交易数据的账本系统。区块链是一个去中心化的数据库，由一系列按照时间顺序链接的数据块组成，每个数据块包含一定数量的交易信息。而分布式账本则意味着这个账本的副本被保存在网络中的多个节点上，而不是集中存储在单一实体或中心服务器上。参与分布式账本运行的每个节点成为网络中的一个独立小账本，任何网络变动都会自动记录。这些信息可以通过特定渠道传递给其他小账本。在这个去中心化的大账本中，每个小账本可视为独立存储仓库，具备相应密钥以确保信息安全。

区块链金融通过分散数据存储和验证机制，消除了对中心机构的依赖。交易数据由网络中的多个节点共同维护，降低了单一故障点的风险，提高了系统的整体安全性和可靠性。利用智能合约能够自动执行合同条款，无须中介，从而降低交易的成本和提高执行效率。由于去中心化和自动化的特性，区块链金融中的交易通常能够更快速地完成，尤其是跨境交易方面。每个参与节点都能够查看完整的交易历史记录。这种透明性有助于减少潜在的不当行为，提升系统的信任度。一旦交易被添加到区块链上，其内容几乎不可能被修改或删除。这种不可篡改性可确保交易数据的安全性，有效防止恶意篡改和欺诈行为。

分布式账本的精髓就是形成一个由点构成的网络，而这个由点构成的网络有极大的可能性取代传统金融业中的各个中间平台。虽然这个网络目前还存在很多挑战，甚至还有很多未知的隐患，但是这个特殊的点对点网络在未来的发展与应用才是真正的关键，因为任何挑战与未知的问题在未来都有可能被破解。

三、共识机制技术

在区块链金融领域，共识机制被视为技术框架的核心组成部分。共识机制旨在确保网络中参与记录的各个区块能够达成一致，以维护整个分布式账本的一致性和信息的准确性。为了实现每个区块的共识，区块链系统依赖于不同的共识算法，这些算法在确保网络安全、有效添加新区块以及优化资源利用方面发挥关键作用。目前，区块链技术中主要采用的共识算法有如下几种。

（一）PoW 机制

PoW（工作量证明）的概念最早在 1993 年由辛西娅·德沃克（Cynthia Dwork）和莫尼·纳奥（Moni Naor）提出。他们在论文中强调 PoW 机制需要发起人进行一定的运算，因此需要消耗一定的时间。中本聪将 PoW 机制引入区块链技术，实现了区块链的去中心化，使节点上的信息能够全网公开。

PoW 是一种典型的共识算法，要求矿工通过解决复杂的数学难题来证明其完成了一定的计算工作。这种机制在比特币等系统中得到广泛应用，强调计算能力与网络安全之间的关联。

尽管 PoW 机制现在广泛应用于各种数字货币，但它也存在明显的缺点。比特币挖矿导致了大量资源浪费，随着区块链的增长，共识达成的延迟也在增加。比特币在全球市场占据大部分份额，导致算力集中在比特币上。此外，PoW 机制的容错性有限，仅允许全网 50% 的区块存在错误。这些缺点限制了 PoW 机制广泛应用的可行性。

（二）PoS 机制

PoS（权益证明）通过考虑节点持有的货币数量来决定其在网络中的地位。持有更多货币的节点更有可能被选中，从而减少对计算能力的依赖，提高系统的能源效率。然而，与此同时，该机制将数字货币持有者的权益与区块链技术进行紧密绑定，数字货币数量的增多会提高成功挖矿的概率。以太坊等平台计划将 PoS 算法引入其设计。

然而，PoS 机制并未完全弥补工作量证明的不足，而是在其基础上进行部分改进。PoS 机制仍然无法摆脱对挖矿的需求，在本质上并未完全解决工作量证明存在的问题，而是将其问题弱化。此外，PoS 机制还需要矿工贡献已有的资源来进行网络维护，从某种程度上降低了矿工挖矿的积极性。

（三）DPoS 机制

DPoS（委托权益证明）是对 PoS 的改进，其引入了代表进行区块的生成和验证。通过持币者的投票选举代表，这些代表负责确认交易和生成区块。商用分布式设计区块链操作系统（Enterprise Operation System，EOS）等项目采用 DPoS 算法，强调一种基于社区参与的治理结构。

DPoS 在区块链金融领域被认为比 PoS 更具权威性。类似于投票机制，它是在 PoS 的基础上构建的一种共识算法，旨在确保数字货币的安全性。DPoS 引入了一种与一般区块链技术不同的共识算法，其中存在一个特定的中心，即"受托人"，但这个中心受到其他股份持有者的限制。系统通过公平的选举程序选出受托人，使每位股份持有者有机会成为受托人。

与 PoS 相比，DPoS 的主要区别在于不需要强制信任拥有最多资源的个体。这使得 DPoS 在一定程度上保持了中心化易监管的优势，同时保持了去中心化的特性。因此，DPoS 具有多方面的优势，包括减少了区块记账的数量，提高了运行效率，最大化了持股者的盈利，并降低了机器设备的维护成本，从而使整体成本最小化，避免了不必要的资源浪费。

然而，值得注意的是，DPoS 并没有完全实现真正的去中心化，在下一个区块由谁生产的问题上存在一定的争议。因此，DPoS 并非绝对安全可行的共识机制，其适用性仅限于特定领域。

（四）RCP 机制

2013 年，美国旧金山的瑞波实验室提出了一项创新的互联网金融协议，即瑞波共识协议（Ripple Consensus Protocol，RCP）。该协议旨在实现全球范围内有价值物品、货币、虚拟货币的自由交易，并实现高效转换。

瑞波共识协议实质上是在 PoS 的基础上进行的一次升级，其通过节点轮流提出和验证交易来达成共识。在瑞波共识协议中，当接纳新成员时，老成员集体投票需要达到 51% 的通过率，从而保证外部因素不会影响内部接纳新成员的过程。这使得瑞波共识协议在内部执行上避免了外界因素的干扰。瑞波的设计旨在实现低延迟、高吞吐量的交易，并积极配合监管部门，促进与银行、金融企业的融合，使其在短时间内受到了广泛好评，在金融领域得到广泛应用。

区块链技术中的共识机制，除了目前主要的工作量证明、权益证明、股份授权证明、瑞波共识协议之外，还有 PBFT、Pool 验证池、dBFT 等。这些共识机制在不同的金融企业中，大多数已经被应用于区块链技术中。这些共识机制在不同的场合，运用不同的方式，实现了同一个目标——使每个节点都能够达到一致的效果。

四、智能合约技术

智能合约的概念最早由密码学家尼克·萨博（Nick Szabo）于1994年提出。他将智能合约定义为："智能合约是一个由计算机处理的、可执行合约条款的交易协议。其总体目标是能够满足普通的合约条件，例如支付、抵押、保密甚至强制执行，并最小化恶意或意外事件发生的可能性，以及最小化对信任中介的需求。智能合约所要达到的相关经济目标包括降低合约欺诈所造成的损失，降低仲裁和强制执行所产生的成本以及其他交易成本等。"从直观角度看，智能合约是指在满足一定条件后，由程序自动执行交易协议的技术。这是一种区块链技术中的应用编程功能，结合区块链使其提供更灵活的合约功能，执行更为复杂的操作。经过智能合约技术扩展的区块链已经超越了单纯数据记录的功能，实际上可以提供更加透明、可信、高度自治且分散化的泛在计算环境。

在技术层面上，智能合约可以被看作一种计算机协议，一旦制定和部署，就能实现自我执行和自我验证，无须人为干预。这种程序能够自主执行全部或部分合约相关的操作，并产生可验证的证据。在部署智能合约之前，与合约相关的所有条款的逻辑流程就已经被制定好了。智能合约通常具有一个用户接口，供用户与已制定的合约进行交互，这些交互行为都严格遵守此前制定的逻辑。通过密码学技术，这些交互行为能够被严格验证，确保合约能够按照规则顺利执行，防止违约行为的发生。例如，智能合约在银行账户管理中的应用可以代替传统方式，用户不再需要中心化的银行进行授权，而是通过正确调用合约完成存取款等操作，无须银行的参与。另外，用户信息登记系统也可以通过智能合约实现，抛开中心化数据管理方式，用户可以通过合约完成信息登记、修改、注销等功能。通过设计更复杂的合约，智能合约几乎可以应用于任何需要记录信息状态的场合，例如各种信息记录系统以及金融衍生服务。需要注意的是，智能合约一旦部署成功，就不再受到人为的干预，合约设计者必须深入了解流程的各个细节，并进行合理设计，以防止合约设计中的漏洞。

第三节 区块链技术与金融监管

一、区块链技术在金融监管领域的应用背景

金融市场的不完全性，导致需要政府或有关主体对金融市场的参与者进行监管，约束金融市场中不同主体的行为，维护金融市场的稳定。而金融市场的固有缺陷也给金融监管带来了阻碍，增加了监管的难度。金融监管主要面临着以下四个方面的难题。

第一，在大数据时代，金融监管中的数据安全性问题愈发凸显。金融数据作为金融市场的核心组成部分，不仅含有高度敏感的信息，还面临着确权困难和容易复制的挑

战。传统的数据管理方式在创造金融机构价值的同时，也凸显了数据安全的紧迫性问题。在金融监管领域，数据的安全性直接关系到市场的公平性、交易的透明度和金融机构的稳健性。鉴于金融数据在储存、传递和处理的过程中容易受到复制、篡改和盗用，金融监管机构在监管过程中面临着巨大的挑战和威胁。比如，在数据采集过程中，存在可能导致数据不准确的人为篡改风险，这可能对监管报告和决策产生负面影响。而在数据传递的过程中，传统的数据管理方式难以应对意外的数据安全威胁，比如网络攻击或数据泄露。因此，金融监管机构需通过引入先进的密码学技术以及建立更为严格的访问控制和监测机制等手段，确保金融数据的完整性和安全性。唯有强化数据安全措施，监管机构方能更为有效地履行监管职责，保障金融体系健康运行。

第二，金融市场广泛存在信息不对称，降低了金融监管的效率。信息不对称是指在金融市场中信息的获取和传递存在差异，从而导致市场参与者之间的信息不平衡。这种不对称可能导致不公平的市场行为和风险。金融监管的目标之一是确保市场的公平、透明和高效运作，以防止不当行为和保护投资者利益。现有的金融监管主要依靠法律和制度来要求金融市场参与者披露更多信息，实施监管规定以确保交易的透明度，以及进行监测和调查以防止市场操纵等行为。虽然依靠法律和制度的金融监管能缓解信息不对称带来的市场失灵问题，但是由于法律和制度的制定具有一定的滞后性，难以对金融市场的主体采取及时的监管，从而使得信息不对称降低了金融监管的效率。

第三，全球化趋势下，跨境金融监管面临挑战。在全球化背景下，金融市场参与主体的活动不局限于某一国家。而不同国家在法律和制度上的差异给跨境金融监管带来了诸多阻碍。比如一个国家可能对某一金融产品采取宽松的监管措施，而另一个国家可能对同一产品实行更为严格的监管，导致监管标准的不一致性，从而给金融监管带来了风险和挑战。此外，不同国家之间存在的监管沟通障碍也是跨境金融监管的难点。监管机构需要跨越语言、文化和时区的障碍进行有效合作，这对信息共享和监管合作构成了实质性的困扰。在某些情况下，由于监管沟通不畅或协调困难，监管机构可能难以及时获得关键信息，影响了对潜在风险的快速响应。技术发展的不均衡也是跨境金融监管所面临的问题之一。不同国家在监管科技应用上存在差异，有些国家采用了先进的监管技术，而另一些则仍然依赖传统的监管手段。这使得全球监管体系的统一性和协同性难以实现，进一步增加了监管的复杂性。在跨境金融监管的困境中，如何促使不同国家的金融监管主体达成共识，是解决跨境金融监管问题的关键。只有促使金融监管主体之间形成互信和统一的监管标准，才能有效地解决跨境监管带来的风险与挑战。

第四，金融监管智能化程度低，监管成本居高不下。目前的金融监管方式主要仰仗人工干预，面对庞大的金融市场参与主体，亟须采取智能化手段，以减少人工干预、降低监管成本。在现行的金融监管体系中，监管智能化程度相对较低，监管人员需要耗费大量时间和资源进行手动检查、审计和报告，以确保金融市场的合规性和透明度。这种高度依赖人工的监管方式不仅效率低下，还使得监管成本居高不下。当前金融市场的参与主体庞大且多样，包括各类金融机构、企业和个人，而传统监管方式对这些主体的监管需要耗费大量人力和物力。在这个背景下，如何采取智能化的监管方式成为迫切需要解决的问题。采用智能化手段，监管机构能够更快速、精准地识别潜在风险和异常行为，提高监管效能。自动化的监管系统可以实现对庞大数据集的实时分析，从而更好地理解市场动态，及时发现并应对潜在风险。因此，提升金融监管的智能化程度，不仅能够降低监管成本，还能更好地适应金融市场的快速发展和复杂变化。

二、区块链技术对金融监管的作用

区块链技术能通过关键技术的创新，为应对金融监管中存在的问题提供可能的解决方案。区块链技术在金融监管中的作用主要表现在以下方面。

（一）防篡改与保护数据安全

首先，区块链中的密码学技术具有防篡改的特性，这可为金融监管提供巨大的帮助。区块链使用先进的密码学技术来保护数据的隐私和完整性。交易信息在被添加到区块中之前经过加密，只有经授权的参与者才能访问解密后的信息。区块链是由一系列相互关联的区块构成的，每个区块都通过哈希指针与相邻的区块连接。一旦某个区块发生篡改，其对应的哈希值将随之改变，引起后续区块的哈希指针相应变化。为了实现不被发现的修改，攻击者需要改动被篡改区块之后的所有区块，这涉及庞大的计算量，其所带来的成本和计算量是篡改者难以承受的。其次，采用共识算法的区块链系统被篡改的难度和成本也是极高的。实施篡改需要攻击者掌控整个系统大部分的计算力，并且整个网络会见证攻击过程。而且，一旦检测到该区块链系统被攻击控制，人们将不再信任和使用该系统，使其失去了再被认可的价值。

区块链的防篡改性为金融监管中的数据安全提供了有力的保障。区块链的防篡改性确保了金融交易记录一经写入便无法修改，从而防止任何形式的欺诈、篡改或虚假交易的发生。这为金融监管提供了可信的、历史完整的交易数据，有力地保障了数据的安全性。

（二）去中心化与提升监管效率

区块链中分布式账本技术使得其具有去中心化的特性，而去中心化的特性在金融监管方面发挥重要作用。区块链技术通过去中心化的系统实现，使得金融网络中的所有节点都是平等的，并能够公开发送和接收信息。每个节点都有权完整地监控整个系统中其他节点的行为，并将这些观察结果记录在本地账本中。这种透明性和均等性确保了整个金融系统对于每个节点都是公开的，即使某些节点受到攻击或损坏也不会影响整个系统的正常运行。这种去中心化的特性为金融监管提供了更高的透明度和安全性，能够有效地缓解信息不对称问题。

在去中心化的特性下，监管机构得以通过直接分享交易账本的方法，实现对目标数据的实时或准实时取得，省略了监管文件再次提交的步骤。对于一些关键领域，监管机构能够在不影响交易过程的情况下直接观察整个业务流程的详细过程，实现事中监管。监管机构无须投入大量资源来收集、整理和审核手工报告，而是可以通过即时获取区块链上的数据，实现对市场活动的即时监控。区块链去中心化的特性一方面能有效地缓解信息不对称的问题，另一方面可以明显优化监管流程，进而大幅提高监管效率。

（三）共识机制与实施跨境监管

共识机制是一种存在于去中心化体系中的算法，其目的是在短时间内促成所有节点形成统一认识。在区块链的分布式账本技术中，所有节点拥有平等的记账权。若允许所有节点同时记录某一事件，就会导致记录的不一致性。因此，每当有新的事件发生，区块链必须确定某一节点进行记录，其他节点则复制该节点的记录，确保全网节点账本的一致性。共识机制的关键作用在于在保障所有节点对事件记录达成共识的前提下，选出负责记账的节点，并真实记录事件。

在跨境金融监管方面，共识机制发挥着至关重要的作用。首先，共识机制通过确保节点对事件的共识形成，保障了全球范围内的金融监管数据的一致性。这对于跨境金融交易的透明性和准确性具有重要意义，有助于监管机构在全球范围内实现更加精准的监管。其次，通过选择记账节点的方式，选取负责记账的节点能够减少数据处理的冗余，简化监管流程，从而降低监管成本，使得监管机构能够更迅速、精准地获取跨境金融数据。此外，共识机制的应用使得全球各地的金融监管机构能够建立起一种互信的合作关系。通过节点间的共识形成，建立了一种信任机制，加强了国际监管协作。这种信任机制有助于更有效地应对跨境金融犯罪和风险。总体而言，共识机制在跨境金融监管中发挥着关键作用，通过确保全球各节点对金融事件记录的一致性，提高监管效率，降低监管成本，同时促进国际监管机构之间的信任合作。

（四）智能化与降低监管成本

智能合约可以理解为数字化的传统合约，通过对合约进行数字化处理，使得在不依赖第三方可信机构的情况下，降低合约签署的成本，提升合约的安全性。通过计算机语言编程等技术手段，将智能合约嵌入到区块链系统中，变成区块链系统中的一部分。在此基础上，一旦触发合同约定的生效条件，程序将自动执行。智能合约具备可编程的特性，将其应用于区块链系统可提高区块链的扩展性。特别是对于解决"区块链不可能三角"的问题，智能合约具有明显的优势。在现有区块链系统中，如比特币系统中，区块链编程语言采用脚本语言，其应用范围主要限定在交易验证和执行方面。相对而言，在以太坊平台上，智能合约使区块链的编程语言更为完备，具备更强的可编程性，由此拓展了区块链技术的应用场景。

智能合约的应用不仅在于提高合约执行的效率和安全性，还在于降低金融监管的成本。通过自动执行合同约定，减少人工干预的需要，智能合约有助于简化监管程序，提高监管的效率。这种自动化的执行方式还能减少错误和欺诈的风险，进一步降低了金融监管的整体成本。

三、区块链技术在金融监管领域的应用

（一）数据安全

在金融活动中，金融数据有着不可替代的作用。随着金融数据不断增长，数据安全面临着极大的挑战，如在传统征信业务中存在信用信息泄露的问题。在数据收集方面，现有的官方征信系统数据主要来源于政府部门和金融机构，要想获得更加丰富的征信数据，需要依赖社交平台和电商平台中涉及用户个人信息的数据。但在隐私保护方面，这些信息的采集往往在未经授权的情况下展开，侵犯用户隐私，甚至直接泄露用户的信息，对用户的信息安全造成威胁。

对于上述问题，区块链技术的应用在数据安全监管领域有着深远的影响，尤其体现在密码学技术的高效应用上。通过采用先进的加密手段，其成功地降低了信用主体隐私泄露的潜在风险，同时严格执行了隐私信息的"授权—采集"程序，保障了用户数据的完整性和安全性。这种数据安全监管的创新不仅解决了传统征信模式中的问题，更为整个行业提供了全新的解决方案。密码学技术通过对数据的加密处理，确保了用户敏感信息在传输和存储过程中的安全性，有效抵御了各类潜在威胁。此外，这种技术的应用也使得隐私授权过程更为精细化和透明化，用户对个人信息的掌控得到了加强，进一步维护了数据主体的权益。区块链技术的加密特性为数据安全监管提供了强有力的保障。通过保持数据的机密性、完整性和不可篡改性，它创造了一个可信赖的环境，减少了数据泄露的风险。这对于金融机构、征信公司和监管部门而言都是一项革命性的进展，为数据安全监管树立了新的行业标准。这一创新为建立更加安全、高效和公正的数据管理体系奠定了基础，将深刻影响金融监管中的数据安全和隐私保护。

（二）欺诈识别

在金融业务中，许多业务复杂且烦琐，同时还具有跨部门和周期长的特点。而某一个金融业务的开展，涉及多个金融主体，同时还需要监管部门的参与。在金融业务开展过程中，多主体的参与既有可能造成职能重叠，也有可能出现职能空白，而不同的主体则可能利用彼此间的信息不对称实施数据造假等欺诈行为。对于处于信息优势地位的金融主体来说，其可以通过其信息优势地位获得超额收益，而处于信息弱势地位的金融主体可能因为信息不对称而蒙受损失。

此外，为了躲避监管，处于信息优势地位的金融主体甚至可能通过复杂的交易手段来欺骗监管机构。而金融监管部门由于监管滞后、监管效率低下等问题，可能无法及时发现欺诈行为，从而导致金融风险的产生。引入区块链技术，可以在一定程度上解决信息不对称带来的欺诈等问题。首先，基于分布式账本技术，所有业务节点均可在权限范

围内读取数据,并共同监督金融主体是否按照要求进行了完整的信息披露;其次,区块链技术可以保证数据自始至终的一致性,因为任何数据篡改行为都会被所有节点及时发现;最后,区块链技术使监管机构可以直接通过区块链平台收集和审计数据,从而缩短了数据查找和核实的时间,这有助于提高监管的效率,从而能及时发现欺诈行为。

(三) 跨境支付

支付清算体系是金融系统不可或缺的核心基础设施,关系到金融业务的高效运行和系统的稳定性。在跨境支付领域,传统支付清算方式存在烦琐的信息修改和查询环节,需要不同环节的工作人员及时协调,导致跨境支付周期较长,从而难以监管。同时,由于跨境支付涉及不同国家的支付制度和规则,这些制度和规则之间的不协调,也为跨境支付的监管带来了困难。为解决这些问题,区块链技术在跨境支付监管中得到了一定的应用。

区块链共识机制是区块链技术在跨境支付监管体系中的关键组成部分,通过共识机制,所有参与节点在短时间内达成一致认知,从而实现了交易的有效确认和共同监督。区块链共识机制通过确保所有节点在事件记录上达成一致认知,选择出负责记录的节点,并自动执行合同约定,从而降低了跨境支付监管中人工干预的需求,提高了监管效率。这种自动执行方式进一步降低了错误和欺诈风险,有力地降低了跨境支付监管的难度。区块链技术基于共识机制的特性,为跨境支付监管带来了更加高效、安全和透明的解决方案。共识机制的引入使得跨境支付更具可靠性,也更有利于监管跨境支付中的违规行为。

(四) 合规建设

在传统的金融监管活动中,金融监管主体可能面对复杂且烦琐的手续,且需要大量的人力和物力进行审计和核查,智能化程度相对较低,给合规建设带来不便。同时,由于金融监管多以人工的方式进行,难免会出现错误判断,从而带来合规风险,而智能合约在金融监管中的应用将提高效率、降低风险和成本,为监管体系带来了显著的优势,推动了合规建设的数字化和智能化进程。

首先,智能合约的自动化执行有助于简化合规建设的程序。传统的金融监管涉及烦琐的手续和文件审查,而智能合约通过程序代码的自动执行,将合同条款的履行转化为机械化的过程,减少了繁杂的手工操作,提高了合规建设的执行效率。监管机构可以更快速地获取和验证信息,从而更迅速地应对市场变化和监管需求。

其次,智能合约的自动执行方式还能减少错误,降低在合规建设中的风险。由于智能合约的执行依赖于预先编码的程序规则,减少了人为因素的介入,降低了执行过程中的错误概率。同时,智能合约的透明性和不可篡改性也有助于防范欺诈行为,监管机构能够更容易地追踪和审计交易,确保金融市场的诚信和透明度。

最后,通过降低监管的整体成本,智能合约为合规建设提供了更加经济高效的工具。自动执行的智能合约消除了繁重的手动审查和监管流程,大大节省了人力资源和时间成本。监管机构可以专注于关键的监管职能，提高监管的针对性和精准度，促进了合规建设的发展。

四、区块链技术在金融监管领域的发展前景与趋势

区块链技术快速发展给金融监管带来了新的机遇，为金融监管提供了更多可供选择的技术工具。未来，区块链技术在金融监管领域主要呈现以下四个趋势。

"证券业联盟链"

首先，数据安全保护更加有力。区块链中的密码学技术将不断提高数据的安全性能，减少数据泄露和数据篡改。通过密码学技术不断升级可以有效抵御对金融数据的攻击和盗取。

其次，金融监管将向低延迟、高频率稳步迈进。通过分布式账本等技术，利用区块链去中心化的特点，将显著减少人为的干预，逐步实现对金融活动的低延迟监管。同时，由于随时可以获得监管所需的数据，可以帮助监管者随时监管金融主体的行为，提高监管的频率。

再次，通过万链互联技术拓展金融监管的广度。基于区块链跨链技术的发展，将实现对不同区块链的链接，增强不同区块链在金融监管中的协作，从而推动金融监管在更宽的维度上发挥监管作用。

最后，金融监管智能化程度显著提高。区块链技术将为金融监管的智能化提供更加有效的工具，助力金融监管实现从智能发现问题到自动完成监管的全流程智能化，从而提升金融监管的智能化程度，进而可以通过较低的成本实现对金融活动的监管。

本章小结 本章首先对区块链技术进行概述，介绍区块链技术的有关概念与类型、主要特征、发展现状以及风险与挑战。其次，介绍区块链监管的关键技术。最后，分析区块链技术与金融监管之间的关联。通过本章的介绍，可以发现区块链技术在金融监管中的应用前景广阔，特别是其在保护数据安全、提高监管效率和降低监管成本上有着较大的潜力。未来对于区块链在金融监管中的应用需要聚焦于不同金融场景的挖掘，在不同金融场景的监管中嵌入区块链技术，从而将区块链这种新兴技术应用到金融监管的创新中，更好地满足金融监管的需求。

思考题
1. 概述区块链技术的基本原理。
2. 区块链技术的主要类型与特征有哪些？
3. 区块链技术的核心技术包括什么？
4. 区块链技术应用于金融监管领域可能存在的风险有哪些？
5. 分析区块链技术在金融监管中所起的作用。
6. 概括区块链技术在金融监管领域的主要应用。

即测即评

参考文献

［1］巴曙松. 金融监管科技［M］. 北京：机械工业出版社，2022.

［2］陈晓静. 区块链：金融应用及风险监管［M］. 上海：上海财经大学出版社，2018.

［3］杜宁，王志峰，沈筱彦，等. 监管科技：人工智能与区块链应用之大道［M］. 北京：中国金融出版社，2018.

［4］何诚颖. 区块链金融革命［M］. 北京：中国财政经济出版社，2018.

［5］刘振友. 区块链金融：未来金融的核心竞争力［M］. 北京：文化发展出版社，2018.

［6］马勇. 金融科技概论［M］. 北京：机械工业出版社，2023.

延伸阅读

［1］PAECH P. The governance of blockchain financial networks［J］. The Modern Law Review，2017，80（6）：1073-1110.

［2］TRELEAVEN P，BROWN R G，YANG D. Blockchain technology in finance［J］. Computer，2017，50（9）：14-17.

［3］ZHANG L，XIE Y，ZHENG Y，et al. The challenges and countermeasures of blockchain in finance and economics［J］. Systems Research and Behavioral Science，2020，37（4）：691-698.

第三篇

应用篇

第八章

银行监管应用

商业银行业务复杂,为广大的客户群体提供服务,同时在金融市场中进行多元化交易。在这一过程中,银行持续产生大量数据,监管机构需要从中提取信息、及时准确评估风险并采取措施。随着监管科技的发展,商业银行监管的方式和流程不断优化。具体来说,大数据在银行资金监控和风险预警中发挥作用,人工智能协助数据挖掘和合规审查,云计算提供数据集中管理平台和云端算力部署,区块链在去中心化管理和自动合规等方面提供新型解决方案。

第一节 银行监管概述

一、银行监管的内涵及必要性

(一)银行监管的内涵

银行监管是国家金融监管体系的核心组成部分,涉及对银行及其他金融机构的设立、运营和退出的监督与管理。这一概念有狭义和广义之分。狭义上,银行监管特指外部监管,由国家相关机构主导,通过一系列官方行动实施,包括适用的法规、法律、原则,以及政府监管机构执行的各类检查、监督、管理、规制和处罚等。广义上,银行监管构成一个全面的系统框架,不仅包括上述外部监管,而且涵盖银行及其金融机构的内部监管或自律监管。

(二)银行监管体制的类型

当前,世界各国的银行监管体制可分为四种类型,分别是中央银行监管体系、专门监管机构体系、双重或多重监管体系和集成监管体系。其特点如表8-1所示。

表 8-1 银行各监管类型特点

类型	银行监管权	优点	缺点	主要国家
中央银行监管体系	中央银行作为主要监管机构，直接负责监管国家的银行系统，同时管理货币政策和金融稳定	集中权力，能快速响应金融危机；监管决策统一，政策配合度高，有利于维持宏观经济稳定	可能导致监管过于集中，缺乏灵活性和针对性	日本法国印度
专门监管机构体系	设置独立的监管机构，专门负责银行的监管，与中央银行的职责分离	专注于银行监管，能专业化处理银行特有的问题和风险；提高了监管的专业性和透明度，能更细致地解决行业问题	可能存在与中央银行的政策不协调，以及监管机构间的职责重叠	英国德国
双重或多重监管体系	银行的监管职责由多个机构共同承担，例如中央银行和专门监管机构共同监管	多机构合作，覆盖更广泛的监管范围，分散风险；可以综合多方面的专业知识和资源，提高监管效果	可能导致监管责任不明确，决策协调困难，效率较低	美国加拿大
集成监管体系	一个监管机构负责所有类型金融服务的监管，如银行、保险、证券等	简化监管流程，易于实现跨行业监管和风险管理	监管过于集中可能缺乏行业特定知识，处理行业特定问题时可能不够灵活	新加坡澳大利亚

（三）银行监管的演变

1. 国际银行监管的演变

回顾国际银行监管的演变，主要经历了以下几个时期：

（1）无监管时期。在银行发展的初始阶段，业界长期处于无监管状态，缺乏具体机构或法规的约束。为追求最大利润，银行广泛投资于股市，导致了美国股市的泡沫，并触发了一场波及多国的金融危机。这一事件凸显了银行监管的必要性，从而引发了全球对银行的系统性监管。

（2）全面监管时期。随着经济逐步复苏，银行成为国家经济的支柱。然而，危机后实施的严格监管政策过分强调安全，阻碍了金融行业与其他行业的交流，反而制约了银行的健康发展。监管机构逐渐意识到，过度严苛的监管措施不仅无助于银行的成长，反而可能产生负面影响，因此开始转向追求监管效率。

（3）平衡监管时期。进入 20 世纪 90 年代，由于监管过于宽松，多次金融危机相继爆发，如欧洲货币体系危机、亚洲金融危机和美国次贷危机等。这些事件促使监管部门不断寻找新的监管模式，以防止历史的重演和减少对国家及民众的损害。监管机构开始着重考虑安全与效率的平衡,并认识到监管创新是防止金融危机的关键。

2. 我国银行监管演变

从 1983 年开始,我国银行监管的演变如表 8-2 所示。

表 8-2 我国银行监管的演变

时期	时间	标志性事件
初步法规阶段 (1983—1992 年)	1983 年 9 月	国务院颁布《关于中国人民银行专门行使中央银行职能的决定》,明确中国人民银行行使中央银行职能的规定
	1984 年 1 月	中国工商银行成立,标志着以中国人民银行为中心、四大专业银行为主体的二元银行体系初步建立
分业探索阶段 (1992—2003 年)	1992 年 10 月	国务院证券委员会和中国证监会成立,我国分业监管体制开始形成
	1995 年 3 月	在《中华人民共和国中国人民银行法》中,我国第一次以国家立法的形式明确了金融监管的主体——中国人民银行,我国银行业监管开始走上依法监管的轨道
	1998 年 11 月	中国保监会成立,分业监管体制不断推进
完善监管阶段 (2003 年至今)	2003 年 4 月	中国银行业监督管理委员会正式成立,标志着银行业监管机构化和专业化的开始
	2013 年 8 月	国务院批复建立由中国人民银行牵头,银监会、证监会、保监会和外汇局参加的金融监管协调部际联席会议制度,承担金融监管协调日常工作
	2018 年 3 月	中国银行保险监督管理委员会(CBIRC)成立,此机构由原中国银行业监督管理委员会和中国保险监督管理委员会合并而成
	2023 年 5 月	国家金融监督管理总局(NFRA)成立,此新机构在原中国银行保险监督管理委员会的基础上组建,并整合了部分中国人民银行和中国证券监督管理委员会的职能

(四)银行监管的必要性

1. 银行的公共产品特征

银行的产品因其公共产品特征而对监管极为关键。银行系统的稳定与高效对客户至关重要,这种服务的公共产品属性意味着个别客户的利用不会减少其他人的服务质量。因此,银行的风险经营可能触发挤兑等理性个体行为,这些行为又可能导致非理性的群体反应,从而威胁到这些公共产品的正常供应。这一连串反应强调了监管部门必须对银行实施严格的审慎监管的重要性。

2. 银行的不完全竞争

银行的不完全竞争现象随着经济全球化进一步加剧，不仅受到国内金融系统的冲击，国际影响也日益显著。

（1）恶性竞争。各国监管标准和法律法规的不一致，以及不同经济发展水平国家对银行的不同要求，引发了国际市场上的不公平竞争。此外，部分银行为追求利润最大化，采取过度扩张和市场份额掠夺等策略，以及银行高级管理人员利用内部信息进行不正当竞争，导致行业内部存在不公平竞争现象。这种恶性竞争可能破坏银行的正常秩序，影响金融市场的健康发展。

（2）自然垄断。由于银行的规模经济特性，银行通过开设分行、并购等方式扩张，增加市场份额，使得新进入者难以进入市场，从而形成自然垄断。长期合作关系也可能导致特定银行形成市场主导地位，边缘化其他竞争者。虽然这可以为垄断银行带来超额利润，但可能对社会整体福利产生负面影响。因此，防止银行垄断行为、维护市场竞争秩序是监管的重要任务。

3. 银行的信息不对称

银行的信息不对称主要体现在银行与存款人、银行与贷款人之间的交互中。对于银行与存款人而言，银行对自己的经营状况非常清楚，而存款人了解有限，这导致一旦传出银行经营不善的消息，存款人可能急于提款，引发挤兑危机，对银行乃至整个金融系统造成严重影响。相反，在银行与贷款人的关系中，贷款人对自己的财务状况清楚，而银行难以完全掌握贷款人的信用状况，这可能导致信用良好的申请者被误拒贷款，或发放的贷款无法收回。为了降低这种信息不对称带来的风险，监管机构需要加大监管力度，并建立健全的征信系统，以确保金融市场的稳定运行。

4. 银行的负外部性

银行由于其自有资本相对较少，普遍依赖负债经营模式来维持日常运营。这种模式使得银行对经营不善或金融市场的波动极为敏感，一旦出现问题，不仅对单一银行造成严重冲击，还可能对整个金融市场产生广泛影响。鉴于金融风险具有明显的传染性，单个银行的问题有可能引发行业范围的连锁反应。因此，加强对银行的监管至关重要，以降低这种负外部性对更广金融市场的潜在危害。

5. 委托代理问题

银行的委托代理问题主要体现在银行股东与经理之间，以及银行与存款人之间的关系中。在股东与经理的关系中，股东致力于银行的长期利润最大化，而经理则可能更关注个人收益的最大化。由于信息不对称，股东难以全面监控经理的行为，这容易引发委托代理问题。同时，在银行与存款人之间，银行的高杠杆性质可能驱使经营者偏好高风险投资，如果投资失败，存款人承担的损失可能远超银行本身的损失。因此，加强银行监管，规范双方行为是非常必要的。

二、银行的经营监管

(一) 商业银行经营原则

《中华人民共和国商业银行法》第四条规定:"商业银行以安全性、流动性、效益性为经营原则……"

1. 安全性

安全性是银行保障资产免受损失的可靠性程度。在商业银行运营中,这一原则极为关键。由于银行业务涉及货币,受到存款准备金率、存贷款利率和其他金融市场因素的影响。鉴于银行业的高度负外部性,一旦银行破产,可能波及整个金融体系。因此,确保安全性是银行运营的首要任务。只有确保了安全性,储户才会信任银行,银行才能进行各种盈利性投资。银行需要通过各种手段来识别、控制和规避风险,不断增强安全性。

2. 流动性

流动性是银行能够随时满足客户提款和必要贷款的能力。它从负债和资产两个方面对银行提出要求。例如,如果银行忽视流动性以追求更高利润,当储户需要提款时,银行若无法提供足够现金,可能导致公众恐慌甚至引发挤兑。此外,如果银行流动性不足,无法满足客户贷款需求,也将损害其信誉和盈利能力。

3. 效益性

效益性,也称为盈利性原则,是银行为其所有者创造利润的能力。银行作为企业单位,追求利润最大化是其本质。只有不断盈利,银行才能在竞争激烈的金融市场中保持竞争力。

商业银行经营的三个原则既相互统一又有一定的矛盾。如果没有安全性,流动性和效益性就无法实现。流动性越强,风险越小,安全性也越高。但流动性、安全性与效益性存在一定的矛盾:一般而言,流动性强、安全性高的资产,其效益性则较低;效益性较强的资产,则流动性较弱,风险较大,安全性较差。由于三个原则之间的矛盾,商业银行在经营中必须统筹考虑三者关系,综合权衡利弊,不能偏废其一。一般应在保持安全性、流动性的前提下,实现盈利的最大化。

商业银行经营原则基本指标如表 8-3 所示。

表 8-3 商业银行经营原则基本指标

商业银行经营原则	基本指标	计算方式
安全性	权益乘数	权益乘数=资产总额÷所有者权益总额 =资产÷(资产-负债) =1/(1-资产负债率)
流动性	流动性缺口	流动性缺口=银行资金使用-资金来源
	核心存款比率	核心存款比率=核心存款÷总资产

续表

商业银行经营原则	基本指标	计算方式
效益性	股权盈利率	股权盈利率=当期银行净利润÷当期发行在外普通股的加权平均数
	资产收益率	资产收益率=资产收益÷银行总资产

(二) 商业银行经营监管的内容

监管商业银行的关键领域包括合规性经营、金融风险控制、资本充足率、资产流动性、资产质量、盈利能力与内部控制等方面。

1. 对合规性经营的监管

监管部门强调银行必须遵守相关的法律和规章，这是确保银行健康发展的基础。银行的合规性监管不局限于防止违法行为，还包括推动银行采纳最佳实践和标准。此外，合规性监管也涉及确保银行不参与或助长市场中的恶性竞争，如通过不正当手段获取市场份额，这对维护公平的市场环境至关重要。

2. 对金融风险控制的监管

随着金融市场日益复杂化，监管部门需要实施更为动态和综合的风险管理策略。这包括利用先进的技术和数据分析工具来预测和缓解潜在风险。例如，监管机构可能需要银行实施压力测试，检查其在不同经济和市场条件下的表现。监管部门还着重于防范系统性风险，确保单个金融机构的问题不会引发更广泛的市场不稳定。

3. 对资本充足率的监管

资本充足率是银行能够抵御未来损失的关键指标。监管部门通过设定最低资本要求来确保银行具有足够的资本缓冲。《巴塞尔协议Ⅲ》在2008年国际金融危机后进行了更新，提高了银行的资本和流动性要求，以促使银行能在经济下行时期维持运营。监管机构不仅监督银行保持规定的资本水平，还定期评估银行的资本管理策略和实践，确保它们与银行的风险状况相匹配。

我国目前对资本充足率的要求为：

（1）核心一级资本充足率不得低于5%。这是指商业银行的资本充足率中核心一级资本的最低要求。

（2）一级资本充足率不得低于6%。这是指商业银行的资本充足率中一级资本的最低要求。

（3）资本充足率不得低于8%。这是指商业银行的资本充足率中总资本的最低要求。

（4）储备资本要求为风险加权资产的2.5%，由核心一级资本来满足。

（5）逆周期资本要求为风险加权资产的0~2.5%，由核心一级资本来满足。

（6）国内系统重要性银行附加资本要求为风险加权资产的1%，由核心一级资本满足。

通过这些细致的监管措施，监管部门旨在确保银行系统的稳定性，保护投资者和储户的利益，并促进整个金融系统的健康发展。

4. 对资产流动性的监管

流动性是指商业银行履行到期债务、应对存款变动、依赖借入资金、持有可变现资产、管理资产负债以及紧急筹措资金的能力。然而，由于银行规模和宏观环境的多变性，监管部门难以制定统一的流动性指标。固定流动性比率难以适用于不同规模的银行，无法确定合理的最低流动性比率。当前普遍采用的是基于历史流动性管理经验的数据来确定各种比率，但此方法存在不足，无法充分反映银行的流动性。现今流动性监管趋势是通过考核银行资产负债期限和利率结构来进行系统评价。监管部门需要不断创新流动性测度方法，以提高监管质量。

5. 对资产质量的监管

监管部门通常通过商业银行的资产质量来衡量其经营状况。资产质量的影响因素包括贷款政策、风险资产数量、逾期贷款数量、资产管理人员素质、贷款集中度、资产状况恶化可能性以及呆账准备金充足情况。由于资产质量受准备金政策影响，监管时需充分考虑这一因素。准备金一般由监管部门根据宏观经济环境和银行经营实际情况提取，但各国发展状况不同，导致缺乏统一的准备金政策。监管部门应加强国际合作，逐步促进准备金政策的统一。

6. 对盈利能力的监管

金融监管部门希望商业银行不断提高盈利能力，确保效益与风险平衡，并按规定提高准备金水平。银行的资金筹集能力取决于其资本实力、盈利能力和经营前景。除了红利分配，资本回报率是反映盈利能力的重要指标。在评估银行收益时，不仅要考核资产收益率，还要考虑历史收益情况和未来趋势，同时关注收益来源结构。

7. 对内部控制的监管

由于商业银行的管理水平难以直接表现，监管部门通常通过内部控制、业务政策、经营计划、管理经历和员工素质等相关因素进行间接评价。2014年9月发布的《商业银行内部控制指引》进一步规范了商业银行的内部控制制度，在内控评价的实施主体等方面提出了详细规定，为企业开展内控评价提供了依据。内部控制的内容及目标如图8-1所示。

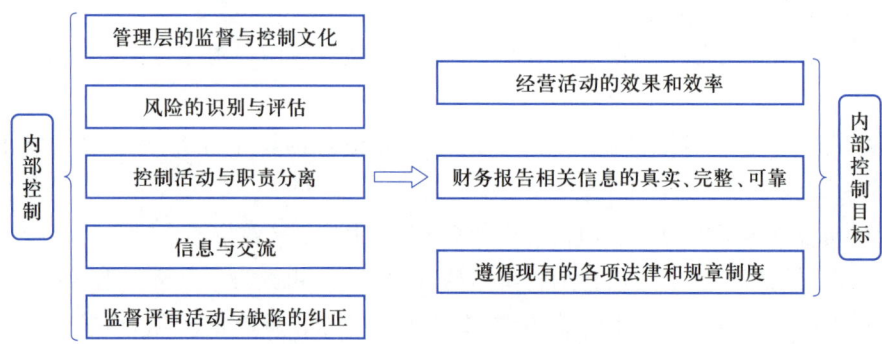

图8-1 内部控制的内容及目标

（三）商业银行经营监管的方式

1. 非现场检查监管

非现场检查监管，是指通过收集银行以及行业整体的业务活动和风险状况的报表数据、经营管理情况及其他内外部资料等信息，对银行以及行业整体风险状况和服务实体经济情况进行分析，作出评价，并采取相应措施的持续性监督过程。

2. 现场检查监管

现场检查是法律赋予监管者的重要职责，是指金融监管部门及派出机构派出检查人员在银行的经营管理场所以及其他相关场所，采取查阅、复制文件资料、采集数据信息、查看实物、外部调查、访谈、询问、评估及测试等方式，对其公司治理、风险管理、内部控制、业务活动和风险状况等情况进行监督检查的行为。

3. 商业银行压力测试

《商业银行压力测试指引》将商业银行压力测试定义为"一种银行风险管理和监管分析工具，用于分析假定的、极端但可能发生的不利情景对银行整体或资产组合的冲击程度，进而评估其对银行资产质量、盈利能力、资本水平和流动性的负面影响"，并对我国商业银行压力测试的治理结构、方法流程、情景设计、保障支持、验证评估以及压力测试监管作出详细说明。商业银行压力测试流程如图8-2所示。

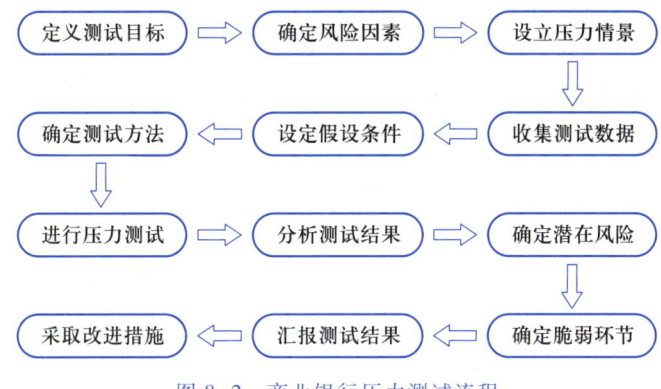

图 8-2　商业银行压力测试流程

三、巴塞尔协议与银行监管

从 20 世纪 70 年代开始，各国监管者逐渐意识到国际银行间协调监管的重要性。1974 年年底，国际清算银行（BIS）在瑞士巴塞尔主持召开了由经合组织（OECD）和瑞士、卢森堡等 12 个国家参加的会议，对国际银行监管相关问题进行商议。1975 年 2 月成立巴塞尔银行监管委员会（简称巴塞尔委员会）。巴塞尔委员会于 1988 年颁布《巴塞尔协议Ⅰ》，提出资本充足率的概念和要求；2004 年发布《巴塞尔协议Ⅱ》，提出了监管的三大支柱；2010 年《巴塞尔协议Ⅲ》的颁布，强调了微观监管和宏观审慎监管并行。

2004 年以来，我国一直以《巴塞尔协议Ⅰ》的标准对我国银行进行监管。2007 年，《巴塞尔协议Ⅱ》在我国正式开始实施，紧接着监管部门先后出台了 17 个法律法规贯彻《巴塞尔协议Ⅱ》的思想。2011 年 5 月，当时的银监会颁布《关于中国银行业实施新监管标准的指导意见》，这标志着《巴塞尔协议Ⅲ》在我国正式实施。从此，我国银行并行《巴塞尔协议Ⅱ》和《巴塞尔协议Ⅲ》。

（一）《巴塞尔协议Ⅰ》

鉴于 20 世纪 80 年代初发生的国际债务危机给银行带来的损失，1988 年 7 月，巴塞尔委员会公布了《统一国际银行资本计量和资本标准的协议》(《巴塞尔协议Ⅰ》)。该协议建立了一套完整的、国际通用的、以加权方式衡量表内与表外风险的资本充足率标准，在实施方面有很强的可行性和可操作性，可以使监管部门更加全面地实施监管，维护储户的合法利益和银行的信誉。

1997 年东南亚金融危机引起了巴塞尔委员会的高度重视，1997 年 9 月，巴塞尔委员会颁布《有效银行监管的核心原则》，进一步补充了《巴塞尔协议Ⅰ》的内容，提出了更为系统全面的风险管理思路，并更加注重银行监管的全方位和有效性。

1. 主要内容

（1）资本的组成。对各类资本按照各自不同的特点进行明确界定，将银行的资本构成划分为核心资本（包括股本和公开的准备金）和附属资本（包括未公开准备金、资产重估准备金、普通准备金或呆账准备金、次级债务工具等）两个层次，核心资本至少占全部资本的 50%。

（2）风险加权的计算。根据资产类别、性质以及债务主体不同，将银行资产的风险划分为五个等级，从"无风险"到"十足风险"，即 0%、10%、20%、50% 和 100% 的风险权数；风险越大，加权数就越大。对资产负债表外项目采用"无风险"到"十足风险"的 0%、20%、50%、100% 的信贷风险折算率。

（3）资本与风险资产的目标标准比率。银行资本对风险加权资产的最低目标比率为 8%，其中核心资本至少为 4%。允许在五年过渡期内各银行对其资本基础进行必要的充实，以达到该水平。2004 年 2 月，中国银监会以《巴塞尔协议Ⅰ》为基准，颁布《商业银行资本充足率管理办法》，对银行资本的构成作出具体规定，商业银行资本应抵御信用风险和市场风险，以期形成以资本充足率为核心的新银行经营框架。

2.《巴塞尔协议Ⅰ》的特点

《巴塞尔协议Ⅰ》首次在全球建立统一的资本监管标准，促进了银行的公平竞争；引导银行审慎发展业务，适当控制了杠杆程度。然而，20 世纪 90 年代，国际银行业的运行环境和监管环境发生了巨大的变化，《巴塞尔协议Ⅰ》的局限性逐渐暴露出来。一是该协议只涉及了信用风险和市场风险，未全面覆盖各类风险，没有对银行面临的操作风险、流动性风险等予以考虑。二是将风险权重仅设为五档，难以准确反映银行所面临的风险,未能与银行的内部风险计量充分挂钩。三是区分 OECD 和非 OECD 成员国规定不同的资产风险权重,影响了资本要求的合理性。

(二)《巴塞尔协议Ⅱ》

由于《巴塞尔协议Ⅰ》本身存在缺陷,且随着经济金融全球化进一步发展,金融创新不断涌现,银行业趋于多样化和复杂化,各种各样的风险逐渐露出来,造成许多严重的银行危机事件。此外,银行通过开展表外业务等方式来逃脱监管,监管难度不断提高。因此,2004年6月,巴塞尔委员会公布《统一国际银行资本计量和资本标准的协议:修订框架》最终稿,即《巴塞尔协议Ⅱ》。

1. 主要内容

(1) 全面风险管理体系的提出。《巴塞尔协议Ⅱ》进一步扩充了商业银行风险的含义,认识到商业银行风险是信用风险、市场风险和操作风险共同作用的结果。全面的资本监管框架的建立,顺应了银行业务结构和经营环境的需要。

(2) 对银行业务的监管从表内业务突破到了表外业务。《巴塞尔协议Ⅱ》顺应金融形势的变化需要,不仅对表内资产风险进行监控,也提出了对照表内项目确定表外资产风险权重的做法。

(3) 提出了商业银行监管方法的三大支柱。《巴塞尔协议Ⅱ》提出了三大支柱,分别是最低资本要求、监管部门的监督检查和市场纪律(见图8-3)。

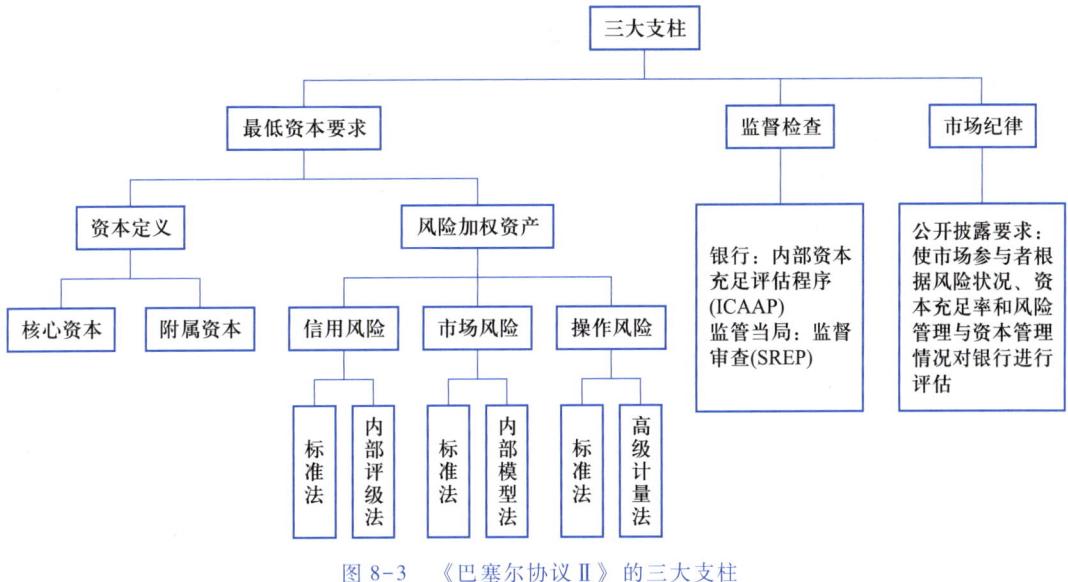

图 8-3 《巴塞尔协议Ⅱ》的三大支柱

我国 2007 年 2 月发布的《中国银行业实施新资本协议指导意见》涵盖了《巴塞尔协议Ⅱ》三大支柱的全部内容,并分别颁布了具体的文件,对每个支柱进行了详细阐述,作为我国实施《巴塞尔协议Ⅱ》的参考标准。

2. 《巴塞尔协议Ⅱ》的特点

《巴塞尔协议Ⅱ》不仅包含对传统银行业的要求，也包含了证券化资产和银行持有证券的资本要求，推广了经典的最低资本比例的适用范围；允许银行实行内部评级方法，更加灵活、动态化；以三大支柱构建新的政策架构，重视定性与定量的结合。然而，《巴塞尔协议Ⅱ》同样存在不足之处，如对资产证券化、交易业务、交易对手信用风险的资本计提不足；没有考虑流动性风险；伴随风险敏感性的提高，"顺周期性"问题凸显；缺乏宏观审慎监管视角，不能有效防范系统性风险。

（三）《巴塞尔协议Ⅲ》

随着金融创新不断涌现，《巴塞尔协议Ⅱ》的种种管理理念不断受到质疑，2007年美国次贷危机的爆发使得《巴塞尔协议Ⅱ》存在的问题彻底暴露。为了适应国际市场的变化，巴塞尔委员会于2010年12月发布《巴塞尔协议Ⅲ》。

1. 主要内容

（1）强化资本监管。一是改进资本充足率计算方式，提高监管资本的损失吸收能力。将监管资本分为三级，即核心一级资本、其他一级资本和二级资本。二是提高资本充足率监管要求。规定核心一级资本充足率、一级资本充足率和资本充足率分别不低于5%、6%和8%。三是建立杠杆率监管标准。引入杠杆率监管标准，即一级资本占调整后表内外资产余额的比例不低于4%。

（2）改进流动性风险监管。建立流动性覆盖率、净稳定融资比例、流动性比例、存贷比以及核心负债依存度、流动性缺口率、客户存款集中度、同业负债集中度等多个流动性风险监管和监测指标，其中流动性覆盖率、净稳定融资比例均不得低于100%。进一步明确银行业金融机构流动性风险管理的审慎监管要求，提高流动性风险管理的精细化程度和专业化水平。

（3）引入宏观审慎监管。一是增强信息披露。《巴塞尔协议Ⅲ》修订了第三支柱的信息披露要求，使得监管者有充足的信息进行比较。二是使用附加指标。除监管资本指标外，其他指标同样能够很好地判断银行的风险状况和预测危机的程度。三是将简单性作为实现有效监管的目标。巴塞尔委员会正在探索通过提高相关文件的一致性，把提高监管效率作为目标。

2017年12月，巴塞尔委员会发布《巴塞尔协议Ⅲ：危机后改革的最终方案》。相较于2010年版的《巴塞尔协议Ⅲ》，2017年的最新修订版本致力于提升风险计量框架的可信度，加强各家银行使用内部模型法测算出的加权风险资产的可比性，同时设定了风险加权资产的最低测算值，以减少银行通过使用内部模型降低资本计提的行为。

2. 《巴塞尔协议Ⅲ》在我国的实施

我国自2012年起分阶段推进《巴塞尔协议Ⅲ》落地，通过政策框架构建、流动性监管深化和差异化监管升级，逐步实现与国际标准的接轨。2012年6月，中国银监会发布《商业银行资本管理办法（试行）》，明确商业银行的核心一级资本充足率不得低于5%，一级资本充足率不得低于6%，资本充足率不得低于8%；同时，商业银行应当在最低资本要求的基础上计提储备资本。储备资本要求为风险加权资产的2.5%，由核心一级资本来满足。该办法规定，商业银行应在2018年年底前达到规定的资本充足率监管要求。

2014年引入流动性风险监管，设定流动性覆盖率（LCR）和净稳定资金比率（NSFR）分阶段达标时间表，系统性银行2017年率先实现LCR≥100%，2020年全行业完成NSFR≥100%。

为提升风险防控系统性，中国人民银行自2016年起将《巴塞尔协议Ⅲ》指标纳入宏观审慎评估体系（MPA），动态监测资本、杠杆率和流动性风险。

2018年后重点强化系统重要性银行监管，中国人民银行发布指导意见对19家国内系统重要性银行（D-SIBs）实施1%~1.5%附加资本要求，2021年正式公布名单并启动差异化监管。同时，中国对标2017年的《巴塞尔协议Ⅲ》修订版，于2021年启动更新《商业银行资本管理办法》，于2023年2月发布《商业银行资本管理办法（征求意见稿）》。最终于2023年11月1日，金融监管总局发布《商业银行资本管理办法》正式稿，要求自2024年1月1日开始施行。《商业银行资本管理办法》（以下简称《资本办法》）正式稿在征求意见稿基础上，围绕风险权重校准、穿透规则及过渡期安排三方面进行优化调整，重点变化如下：

（1）信用风险权重更趋精细化。对存在币种错配情形的个人风险暴露和向个人发放的居住用房地产风险暴露的风险权重，风险权重从统一150%调整为"无币种错配情形下权重的1.5倍且不超过150%"。此外，对房地产领域进一步细化分类管理。商业银行对房地产开发风险暴露的风险权重为150%，其中符合《资本办法》附件规定的审慎要求的，风险权重为100%。商业银行对居住用房地产风险暴露的风险权重按贷款价值比分七档设定风险权重，整体与新《巴塞尔协议Ⅲ》接轨且略有调降。此外，商业银行对工商企业股权投资的风险权重为250%，对我国开发性金融机构和政策性银行的次级债权（未扣除部分）的风险权重为100%。在商业银行各类表外项目的信用转换系数方面，与贸易直接相关的短期或有项目，信用转换系数为20%，其中基于服务贸易的国内信用证的信用转换系数为50%。

（2）资管产品穿透计量规则适度放宽。商业银行采用穿透法计量资产管理产品风险加权资产时，允许特定情况下（特指"商业银行投资的资产管理产品是公开募集证券投资基金"时）资产管理产品管理人自身可作为独立第三方确认商业银行所获取的基础资产信息，降低穿透操作难度。另外，《资本办法》明确商业银行应按照规定划分交易账簿和银行账簿，分类计量风险。

（3）设置差异化过渡期以平滑政策冲击。《资本办法》自2024年1月1日起施行，但设置有"并行期"，明确自实施之日起至2024年年底，商业银行应按照新旧《资本办法》相关要求，分别计算并报送资本监管非现场监管报表。损失准备方面，对计入资本净额的损失准备设置2年的过渡期。过渡期内，商业银行应分别计算贷款损失准备和非信贷资产损失准备，与金融资产风险分类新规衔接；信息披露对中小银行倾斜，根据《资本办法》确定的所属档次、国内系统重要性以及上市情况，适用不同的信息披露要求；对第一档商业银行中的国内系统重要性银行，设置 5 年的信息披露过渡期，期间应至少披露附件要求的全套表格中的 34 张，过渡期结束后，原则上应披露全套 70 张表格；对第二档商业银行中的非上市银行，设置 5 年的信息披露过渡期，期间应至少披露附件要求的全套表格中的 2 张，包括监管并表关键审慎监管指标（KM1）表格和资本构成（CC1）表格，过渡期结束后，原则上应披露全套 8 张表格；第三档银行永久豁免复杂披露，自《资本办法》实施之日起，应按照附件中的相关要求进行披露，共计 2 张表格。

此次调整兼顾国际规则与本土适应性，通过风险权重动态校准引导资金流向小微、绿色及政策性领域，放松穿透认定缓解资管业务合规成本，差异化过渡安排则为中小银行赢得缓冲空间，整体助力银行业稳健转型。

四、传统银行监管面临的挑战

（一）"太窄、太迟、太软"

监管视野太窄，是指银行监管者专注于银行及银行体系自身的风险，而忽略了快速增长的非银行金融机构，以及其与银行体系之间千丝万缕的关系。银行监管者"就银行论银行"的监管理念和方法，使大量期限转换和信用转换业务在银行体系之外迅速发展，基本不受监管约束，形成了庞大的影子银行体系。在金融危机爆发时，影子银行体系的风险又通过银行的流动性支持、隐性担保等方式回到了银行体系内部。这同时也反映出银行监管数据的不完整性。

监管行动时机太迟，原因之一是监管信息具有滞后性。监管机构所采集的非现场监管报表信息通常按月或按季度报送，监管者对银行的风险判断和评估乃是基于对这些滞后信息的分析，故而缺乏前瞻性。较有代表性的案例是，雷曼兄弟公司倒闭前夕所报送的监管报表显示，其资本充足率仍高达 15% 以上，而且依然拥有良好的监管评级。

同时，监管者对银行风险的评估严重依赖于银行报送的信息和数据报表，而监管者与银行之间的信息不对称问题一直是阻碍监管有效性的重要挑战。在金融危机爆发之前，这个问题通常会更加突出。许多银行自身状况已经相当脆弱，却仍然通过各种手段（包括报送虚假监管数据、操纵会计账目、采用激进的交易手段和策略以短期利润来掩饰长期风险等）来掩盖其内部风险的实际水平。

监管行动不及时与措施力度不够，一方面反映出监管对风险的分析判断缺乏准确性和前瞻性，另一方面反映出监管宽容的普遍存在。监管宽容的存在具有多方面的原因，包括监管目标不明确、来自外部利益团体的压力、早期预警和早期干预的难度、监管绩效评价难等。其中，监管绩效评价难的问题最为突出：由于难以对监管行动的效果进行精确评估，所以很难建立有效的监管问责机制，以确保监管者在重大风险形成的初期进行有效干预。

(二) 宏观审慎的困境

就银行监管而言，国际上普遍实施的宏观审慎监管规制在设计上存在缺陷。虽然宏观审慎监管的目标是防范系统性风险，也即维护整个银行体系乃至金融体系的稳定，但其使用的工具却仍主要为微观审慎工具，即资本、拨备、杠杆率、贷款成数等规范单家金融机构审慎经营的监管工具。这种政策架构设计反映出传统银行监管理念中的一个关键假设，那就是银行体系的整体稳定是建立在单家银行机构（尤其是系统重要性银行机构）稳定的基础上的；防范系统性风险、维护银行体系的稳定，必须从提高单家银行机构的稳健性入手。因此，目前宏观审慎政策的主要着力点，在于对系统重要性金融机构进行识别，对其施加更高的资本和流动性要求，加强日常监管，建立平稳有序的处置框架和流程。

上述政策逻辑忽略了一个关键问题，那就是系统性风险与金融体系结构（包括金融体系的关联度、集中度和金融机构之间的同质性等）之间的关系。长期以来，西方金融监管当局并不重视金融体系的结构性问题。主要原因有二：一是源于对金融市场过度信任。其认为，金融体系的宏观结构是金融市场发展的自然结果，是合理的，监管者不应予以干涉。这种盲目信任市场力量的主张在这次国际金融危机中遭到重创，但仍未被完全颠覆。二是源自技术层面的阻力。要对金融体系的宏观结构进行量化分析和评估，不仅需要理论上的突破，还需要在数据信息采集和分析能力方面有大幅度的提升。

(三) 金融科技的挑战

近年来，信息科技在金融领域的应用突飞猛进，金融科技的广泛应用使金融服务突破了时间和地域的限制，各类新型金融产品、业务模式、应用场景不断涌现，金融业的竞争格局发生了根本性变化。对于传统金融机构而言，金融科技的发展既是机遇也是挑战。一方面，金融科技大幅拓展了金融服务和金融产品销售的渠道和场景，提高了银行风险分析和定价能力，使其能够更加精准地定位目标客户，提供更好更优的服务。同时，金融科技还可以提高银行内部运行效率和管理能力，大幅降低金融服务的人工成本。另一方面，金融科技的发展也给传统金融机构带来了严峻挑战，尤其是银行在金融价值链中的传统主导地位受到威胁。这种趋势在消费金融领域已经开始显现。除战略风险外，传统金融机构所面临的网络风险，也伴随其信息系统与外部网络关联迅速提升而成倍增加。尤其在"开放银行"模式下，银行业务与互联网生态对接融合，开放共享接口，增加了其遭受网络攻击的脆弱性。有效保障网络安全和信息系统的稳健运行已成为传统金融机构面临的重大挑战。

对监管机构而言，金融科技带来的挑战是巨大的。一方面，被监管机构的风险正在发生根本性的变化。监管者需要对银行面临的新型风险、传统风险的新内涵以及银行管理能力进行有效评估。需要重点评估的领域包括战略风险、声誉风险、操作风险、网络风险等。另一方面，在信息科技的推动下，金融体系的发展日新月异，金融体系的结构性变化速度加快，金融价值链中不同机构之间的关联更加多样化、更为复杂，金融风险也更加隐蔽，系统性风险更加难以识别、监测。传统的、基于有限数据的监管模式已经很难适应金融体系的变化。在新的环境下，传统监管方式对金融风险的理解、识别和监测的滞后性更显突出，监管行动不及时、监管措施不到位所要付出的代价就更高。

第二节　银行监管技术

一、基于大数据技术的银行监管

在当今的金融环境中，银行所有经营和交易活动无不是数据来源，其经营理念、风险定价、产品设计、客户服务、风险管控都在不断地适应大数据时代的要求。同时，大数据也给银行监管带来了挑战，传统的监管数据应用手段无法及时、准确、全面地监测、分析、评估信息极速膨胀的银行体系的风险特征，亟须采用新的理念和技术来应对。鉴于此，基于大数据技术的银行监管正在逐渐成为全球金融监管框架的核心组成部分。

（一）对银行进行全息画像

大数据技术的应用使监管者能够对银行形成实时、多维度、全方位的了解。这些信息通常是碎片化的，存在于不同的数据库和信息系统中，既有结构化的报表数据也有非结构化的信息，既有银行定期报送的风险数据和指标也有来自市场的实时数据，既有关于银行自身的信息也有其关联方的信息。监管大数据平台能够对这些数据信息进行及时收集、集中处理、结构化展示，使监管者能够实时、真实、全面地掌握银行的财务、风险和业务发展状况。

除了增加对银行的了解以外，多渠道、不同层面的信息汇聚，使监管机构能够对银行报送的监管数据、风险治理水平和合规状况进行交叉验证，以缓解与银行之间的信息不对称问题。此外，监管人员日常的监管活动中有大量与准入相关的事务性工作。在监管大数据平台上，监管人员可以快速调阅有关银行的财务、风险和合规情况的信息，这将大幅提高准入工作的效率，减少监管的人工成本。

（二）对银行进行风险预警

在大数据技术的基础上，监管者可以通过多种方式对银行的风险进行前瞻性识别、监测和预警。一是异常值分析。针对银行不同维度数据和指标的变化，进行历史趋势分析、与同质同类机构的对标分析，迅速发现异常值，自动生成预警信号。二是市场行为分析。通过对银行的市场行为的分析，包括交易对手选择、授信客户迁移等，与模型数据库中的银行行为模式进行对比分析,判断银行是否存在脆弱性或管理上的缺陷。三是市场信号分析。通过对各类市场信号的分析,以及对各类非结构化信息的分析(包括新闻报道、社交媒体评论等),挖掘市场信息的风险发现作用,通过分析市场观点的变化来判断银行脆弱性变化。四是主要客户分析。通过对银行的主要客户的财务和风险状况(包括市场违约、税收变化、环保和行政处罚情况等)进行分析,判断对其提供融资的银行是否具备相应的风险抵补能力(包括利润水平、拨备和资本充足情况等),并对相关银行进行预警。

(三)对银行系统性风险的监测

监管大数据技术通过对银行与其他金融机构之间的资金链进行分析,绘制银行的结构关联图(包括影子银行体系的结构图),以帮助监管人员判断,一旦某个银行出现流动性危机或清偿性问题,首先可能受到波及的机构范围。这样,监管人员就可以提前采取监管措施,有效阻断风险在金融体系内的传递。在此基础上,可以定期绘制金融体系"风险热图",通过对银行的脆弱性分析以及机构之间的关联状况,确定需要重点关注的、具有系统性风险的脆弱性机构,以确保监管者及时采取相应的监管措施。

利用知识图谱、可视化、机器学习等新技术,对银行的结构关联及其变化进行更为精准的描述。这样就可以通过对风险事件的分析,建立银行脆弱性分析框架,识别与银行脆弱性相关的结构性因素,在衡量银行复杂性、关联度、集中度等方面确定可操作的量化指标,作为系统性风险监测的前瞻性指标。

通过识别银行结构性变化与系统性风险之间的关系,监管者可以从宏观层面识别、监测和防范系统性风险,把政策着力点放在银行结构本身,而非仅限于对单家银行的干预。政策目标更为明确,宏观审慎政策的考量才能更为精准,以避免承担不必要的监管成本。

(四)提升银行的反洗钱能力

对于银行而言,任何反洗钱案件实质上都是客户与交易,洗钱犯罪者、恐怖分子在发生交易之前都需要直接或间接成为银行的客户,切实做好客户身份识别、客户准入、客户持续识别和重新识别是银行反洗钱工作的核心所在。随着大数据技术的应用,对银行内外部数据的收集、拼接、筛选、挖掘、分析能够帮助银行对客户进行更全面、更立体化的识别,多角度勾勒出客户的行为特征,形成全方位的客户风险画像。国内外信用公司已经开始考虑利用微信、Facebook、Twitter等社交网站的个人资料来评估客户风险,客户的社会身份、在线声誉、风险偏好、职业、社交圈子等信息都成为考量客户风险的因素。银行亟待利用内外部数据构建出精准的客户风险画像,通过与客户画像的匹配,识别出客户交易行为的合理性,及时发现客户身份与交易行为之间的异常。

二、基于人工智能技术的银行监管

在商业银行中,人工智能技术的应用已经覆盖了智能客服、信用评分、智能投顾和风险管理等方面。而在银行监管领域,人工智能技术通过精准分析和处理大量数据,助力监管机构的数据挖掘、合规监督等。

(一) 对银行进行数据挖掘

银行的数据量非常庞大,这些数据包括用户信息、交易数据和其他信息等。随着技术的发展,监管部门已经开始运用人工智能技术对这些数据进行深入分析和挖掘。通过人工智能算法,监管机构不仅能够高效地处理和分析大规模数据集,还能更准确地理解银行的运营情况、客户需求和市场趋势等多方面的信息。

这种技术的应用,使得监管部门可以实时监控银行的金融活动,及时发现并处理潜在的风险和不规范操作。例如,通过分析交易模式和频率,人工智能可以帮助识别异常交易行为,预防金融欺诈和洗钱活动。此外,通过挖掘客户交易数据和反馈,监管部门还能帮助银行更好地了解客户需求,从而推动银行产品和服务的创新,优化客户体验。

(二) 监督银行财务健康

人工智能技术可以通过分析多年的财务报表和实时市场数据来预测银行的流动性风险和信贷风险。这种分析能帮助监管机构评估银行的风险承受能力,并在问题成为系统性风险之前进行干预。通过使用机器学习和深度学习算法,人工智能系统能够从历史数据中识别出潜在的风险模式,并将这些模式与当前市场动态相结合,从而作出更准确的风险评估。

例如,人工智能可以分析不同经济周期下银行财务状况的变化,预测在经济衰退或市场波动时银行可能面临的流动性短缺。此外,通过对客户信用历史和交易行为的深入分析,人工智能也能有效预测信贷违约的可能性,从而帮助银行调整信贷政策,合理配置资源,防止信贷风险的蔓延。

这种预测不仅提高了监管部门对银行健康状况的监控效率,还使监管部门能够在风险形成的早期阶段就采取措施,如引导银行加强资本储备、优化资产负债结构等,以防止风险进一步扩大。此外,人工智能技术的应用也支持监管机构更有效地实施差异化监管策略,针对不同银行的风险特征和业务模式,制定更为精准的监管政策。

(三) 提升银行的反欺诈、反洗钱能力

人工智能技术驱动的反洗钱解决方案提供了一种动态的欺诈检测和预防方法。通过采用复杂的算法,分析交易模式和用户行为,人工智能反洗钱解决方案可以实时快速地识别数据异常和可疑活动,有助于防止诸如账户盗用、交易欺诈和网络攻击等安全威

胁，让银行能够领先于不断变化的欺诈策略。这种技术的核心在于其学习和适应能力，能够不断从新的数据和情况中学习，从而不断提高检测精度和反应速度。

随着金融犯罪手段不断进化和复杂化，传统的规则基础的监控系统已经难以满足当前的需求。人工智能技术能够处理和分析大量的数据，包括非结构化数据如社交媒体信息、网络流量记录等，这些都是传统系统难以涉及的。通过这些广泛的数据输入，人工智能系统能够揭示出隐藏在表面之下的复杂模式和关联，从而识别出那些精心策划、隐蔽进行的洗钱活动。

此外，人工智能反洗钱解决方案还可以实现跨国界的监控，与全球的数据库和监控系统相连接，实现对可疑交易的国际跟踪和比对。这种全球视野是对抗跨国金融犯罪的关键。它不仅加强了银行内部的安全防护，也为全球金融安全体系贡献了力量。

三、基于云计算技术的银行监管

随着银行业务日益数字化，云计算技术在银行监管中的应用已成为提高效率、增强安全性并满足严格合规要求的关键工具。

（一）对银行数据进行储存和管理

银行监管机构需要及时、准确地获取银行的业务数据，以便有效监控银行的财务健康状况、遵守法规要求，以及防范系统性风险。在这方面，云计算技术提供了一种理想的解决方案，能够提供高效的数据存储、管理和备份服务，保证监管机构能够及时获取和使用银行数据。

通过利用云计算的强大能力，监管机构可以实现对银行数据的实时访问。这种实时访问能力对于快速响应市场变化和潜在的金融风险至关重要。例如，云平台可以实时收集和处理来自各个银行的交易和运营数据，使监管机构能够迅速识别异常活动，从而采取预防措施，避免问题扩大成更严重的经济或金融危机。

此外，云计算的高度可扩展性和灵活性使得监管机构可以根据需要轻松调整资源。在数据量激增的时期，如金融危机或金融市场快速变动时，云服务可以迅速扩展，提供必要的计算资源来处理和分析大量数据，确保监管决策的及时性和准确性。

云计算还为数据备份和灾难恢复提供了强大支持。传统的数据存储和备份方法往往既费时又昂贵，而且在自然灾害或其他破坏性事件发生时，物理数据中心可能面临被破坏的风险。云计算技术能够在多个地理位置分布存储数据，极大地降低了数据丢失的风险，并确保在任何情况下数据的可用性和完整性。

（二）监管平台建设

银行监管机构可以基于云计算技术，构建自己的银行监管平台，实现监管流程透明化、标准化、信息共享化，提升监管效率和水平。这种平台的构建不仅使监管工作更加高效，而且有助于加强各银行之间以及银行与监管机构之间的沟通与协作。

首先，云计算技术使得监管流程可以完全数字化，从而实现全面的透明化。这意味着所有监管活动、决策记录和审计结果都可在云平台上实时记录和存储，对外公开透明，使得银行业务的监管更加公开、公平。透明化不仅提升了公众对监管机构工作的信任度，也促使银行更加积极地遵守规定和标准，避免违规行为。

其次，云平台能够帮助实现银行监管流程的标准化。通过统一的云平台，监管机构可以制定统一的监管规则和程序，所有参与机构均按照相同的标准执行和报告。这种标准化不仅简化了监管流程，减少了行业内的不一致性，也使得新的监管政策更易于实施和遵循。

再次，云计算平台极大地促进了信息共享化。监管机构、各个银行乃至跨国金融机构都可以通过云平台共享重要的监管信息，如市场动态、风险预警及合规需求等。这种跨界的信息共享不仅加强了全球银行系统的整体稳定性，也为监管机构提供了更全面的数据支持，以对潜在的金融风险进行更早的预警和更有效的干预。

最后，构建在云计算技术之上的银行监管平台，提升了监管的灵活性和响应速度。在面对快速变化的市场环境和新兴的金融产品时，监管机构可以迅速调整监管框架和工具，确保监管措施始终符合当前的市场状况和风险状况。

四、基于区块链技术的银行监管

随着区块链技术在全球范围内快速发展和应用，其在银行监管中的潜力也日益被认可。区块链技术特有的透明性、不可篡改性和分布式特征，为银行监管带来了革命性的改进可能。

（一）提高银行交易的透明度和可追溯性

透明度和可追溯性是银行监管中极为重要的两个方面。区块链技术凭借其去中心化和不可篡改的特性，可以大幅度提升这两个方面的效能。通过采用区块链技术，银行交易和数据变得透明且可追溯。这意味着每一笔交易都将在区块链上记录下详尽的信息，包括交易的参与者、时间、金额等，而这些信息一经记录便无法被更改或删除。

对于银行监管机构来说，他们可以实时地访问这些信息，无须通过传统的、可能受到人为影响的报告系统。监管机构可以直接在区块链上追踪每一笔交易的流向和状态，从而确保了监管的及时性和准确性。这不仅有助于快速发现并解决异常交易，还极大地提升了处理金融欺诈行为的能力。

此外，区块链的透明性也意味着所有交易信息对所有参与者都是可见的，这对于增强各方的信任感非常有利。这种透明度也使得银行更难以隐藏其不当行为，从而在一定程度上防止了滥用和欺诈行为的发生。

（二）银行自动合规和报告

区块链技术通过引入智能合约，可以革新传统的合规和监管方法。智能合约是自动执行的程序，它们在满足特定条件时自动触发相关的合规规则并执行相应的操作，无须人工干预。这一机制不仅可以大大简化合规和报告过程，还减少了人为错误和延迟，提高了银行监管的效率。

智能合约可以被编程来监控银行的各种交易和操作，确保它们符合法规要求。例如，智能合约可以实时监控和验证大额交易的合法性，自动检测和报告可疑活动，甚至在发现违规操作时自动采取措施，如冻结涉事账户。这种自动化处理不仅加快了响应速度，也提升了监管的实时性和准确性。

此外，智能合约还能自动生成合规报告，将监管所需的数据直接提交给相关部门。这一过程通过区块链的透明性和不可篡改性，保证了报告的真实性和完整性。监管机构可以直接访问这些报告，无须依赖银行提交的数据，从而减少了审核时间和资源消耗，增加了监管工作的独立性和客观性。

（三）无须信任的银行监管

区块链技术可以建立一个去中心化的银行监管系统，消除了对特定机构的依赖。这种系统的核心优势在于其能够提供一个开放且透明的平台，银行监管机构可以通过区块链技术直接与银行进行交流和监管，而无须依赖第三方。这不仅提升了监管的效率和实时性，而且减少和降低了监管过程中的潜在错误和滞后性。

中国工商银行借助监管科技搭建智能反洗钱系统

在去中心化的区块链监管系统中，所有的交易数据和合规记录都被加密并实时记录在区块链上。这样，监管机构可以随时访问这些信息，无须经过传统的中介机构如审计公司或数据处理中心。这种直接访问的方式减少了信息传递的时间延迟，提高了数据处理的透明度和安全性。

第三节　监管科技在银行监管中的未来应用展望

随着大数据、人工智能、云计算和区块链技术在未来银行监管中广泛应用，监管机构能够更有效地监测和管理银行活动，提高反应速度和决策质量。这些技术的整合不仅可以增强监管能力，还可以通过预测分析模型提前识别潜在风险，实现对银行业务的实时监控和动态调整。然而，技术快速发展也带来了前所未有的挑战和风险，特别是在数据管理、隐私保护和系统依赖性方面，这些都需要未来监管机构进行仔细的管理和应对。

首先，数据治理是监管机构必须优先考虑的重要领域。确保数据的保密性、完整性及可靠性是基础，但同时，监管机构还需确保数据处理和使用的合法性。这包括对使用数据的目的、范围和方法的严格控制，以及对数据访问权限的精确设定。监管机构在使用大数据和人工智能收集和分析银行数据时，必须严格遵守数据保护法规，不仅要保障数据安全，而且要保护个人隐私不受侵犯。此外，云计算提供了存储和计算能力的便利，但同时数据的外包存储也可能增加数据被非授权访问或滥用的风险。因此，选择可靠的云服务提供商并采取先进的安全措施是必需的。

其次，技术依赖可能引起系统性风险。监管机构过度依赖自动化和算法，可能在遇到技术故障或算法误判时造成监管失误。例如，人工智能算法在处理复杂金融数据时可能因设计不当或训练数据不足而产生偏误，错误的风险评估可能导致监管决策失误。因此，建立健全的技术监控和应急响应机制，以及进行算法的持续审查和更新，对于确保技术故障时的系统稳定性至关重要。

再次，技术迅速演进要求监管政策和框架的持续更新以适应新技术的发展和市场行为的变化。监管机构需要具备前瞻性和足够的灵活性，以便快速响应技术和市场的变动。此外，为了维护监管的透明度和公正性，监管机构必须确保对采用的高级技术有足够的了解，并能够向公众清晰解释其工作原理和监管决策过程，避免因技术"黑箱"操作而引发的信任危机。

最后，实施先进技术的成本效益也是一个重要考虑因素。监管机构在决定采用新技术时，不仅需要评估其直接成本和潜在收益，还应考虑其对整体监管效率的长期影响。此外，为监管人员提供适当的培训，使他们能够有效地使用新技术，是确保技术转型成功的关键。

由此可见，金融科技生态下的银行监管需要监管者采取更加审慎的态度，力图在维持金融稳定、促进金融监管创新和保护消费者之间寻找平衡。在享受金融科技为银行业带来的可喜变化的同时，要重视金融安全和稳定，注重在整体观下对金融科技可能带来的影响进行评估，在确保金融秩序稳定的情况下有序推进金融创新。

在监管科技与传统监管的平衡方面，欧盟的做法或许值得我们借鉴。近些年，欧盟一直在持续跟进金融科技给银行带来的风险，并出台了一系列文件对金融科技在金融行业的应用作出了全面的监管评估。欧盟并不急于改变现有监管框架，而是注重分析和收集数据，这是欧盟采取审慎态度的体现。因此，结合国际经验，对本国的金融监管体系进行适时的调整和优化，是应对金融科技快速变化的必要措施。

从我国现行金融体制来看，金融市场不够稳定，风险跟踪不到位，分析和评估工作做得还不充分。在金融风险充满不确定性的今天，更加有必要采取谨慎的态度对待金融科技新常态，既要积极观察风险的产生和发展，也要做好评估和数据收集工作，为改善监管体制提供数据支持。

总之，金融科技在银行监管中的应用虽然带来了许多机遇，但也伴随着挑战和风险。监管机构需要在促进技术创新的同时，采取有效措施保护数据安全和个人隐私，确保监管活动的合法性、有效性和适时性。通过这种平衡，监管机构可以最大限度地利用这些技术，促进金融市场的稳定和健康发展。

本章小结　　本章主要概述银行监管的含义、必要性、目标和原则，分析科技发展对银行监管带来的挑战；详细探讨大数据在银行资金监控和风险预警中的作用，人工智能在数据挖掘和合规审查中的应用，云计算在数据集中管理和云端算力部署中的优势，区块链在去中心化管理和自动合规等方面提供的新型解决方案；进一步分析银行监管科技在未来还有哪些值得探索的方向，以及应用过程中有哪些值得注意的问题。

思考题
1. 为什么银行监管对于我国金融稳定至关重要？
2. 现代银行监管面临的主要挑战有哪些？
3. 监管科技在银行监管中带来的主要变化和影响是什么？
4. 监管机构在推动监管科技应用时需要注意哪些平衡问题，如何在创新与风险之间找到平衡点？

即测即评

参考文献

［1］刘超，谢启伟，马玉洁，等. 金融监管学［M］. 北京：中国铁道出版社有限公司，2019.

［2］刘亮. 金融监管学［M］. 上海：复旦大学出版社，2022.

［3］马勇. 金融监管学［M］. 北京：中国人民大学出版社，2021.

［4］HE M D, LECKOW M R B, HAKSAR M V, et al. Fintech and financial services: Initial considerations［M］. International Monetary Fund，2017.

延伸阅读

［1］杨东. 监管科技：金融科技的监管挑战与维度建构［J］. 中国社会科学，2018（5）：69-91.

［2］BOUKHEROUAA E B, SHABSIGH M G, ALAJMI K, et al. Powering the digital economy: Opportunities and risks of artificial intelligence in finance［M］. International Monetary Fund，2021.

［3］KAYA O, SCHILDBACH J, AG D B, et al. Artificial intelligence in banking［J］. Artificial intelligence，2019.

［4］PÉREZ-MARTÍN A, PÉREZ-TORREGROSA A, VACA M. Big Data techniques to measure credit banking risk in home equity loans［J］. Journal of Business Research，2018，89：448-454.

第九章

证券监管应用

证券监管是宏观经济监管体系中重要的组成部分，对证券市场的健康发展意义重大。加强证券市场监管有助于保障广大投资者的合法权益、维护良好的证券市场秩序。在推动金融变革与发展的同时，金融科技的特征给现有证券行业监管体系带来新的挑战，建立和完善适应金融科技的证券监管机制势在必行。随着大数据、人工智能、区块链、云计算等技术在证券监管中不断创新和应用，金融科技与证券监管之间的关系将进一步深化和演变，可以预见未来证券监管数据驱动、智能化合规与监管等发展趋势。

第一节 证券监管概述

一、证券监管的含义和必要性

证券监管是指政府及其监管部门通过法律、经济、政治等手段对证券市场各类参与主体及其所进行的行为活动进行引导与管制，以促进证券市场健康平稳运行。监管主体严格监控市场上对投资者合法权益产生侵害的行为，确保做到事前的有效预防及事后的严厉惩处，从而维护投资者对证券市场的信心。证券监管是一国宏观经济监管体系中重要的组成部分，对证券市场的健康发展意义重大。加强证券市场监管能够保障广大投资者合法权益的需要、维护良好的证券市场秩序和促进更成熟的证券市场体系的建立。

二、证券监管的目标与原则

国际证监会组织（IOSCO）公布了证券监管的三个目标：一是保护投资者；二是保证证券市场的公平、效率和透明；三是降低系统性风险。根据国际监管标准和我国的具体国情，我国证券市场的监管目标是：运用和发挥证券市场机制的积极作用，限制其消极作用；保护投资者利益，保障合法的证券交易活动，监督证券中介机构依法经营；防止人为操纵、欺诈等不法行为，维持证券市场的正常秩序；根据国家宏观经济管理的需要，运用灵活多样的方式，调控证券市场与证券交易规模，引导投资方向，使之与经济发展相适应。

为了实现上述监管目标，证券监管主要需要遵循 4 项原则：① 依法监管原则。② 保护投资者利益原则。③"三公"原则，即公平原则、公正原则、公开原则。④ 监督与自律相结合的原则。

依法监管强调以法治市的管理原则，既要求证券法律法规及制度的完善，又要求执法的严格和力度。有法可依、执法严格的证券监管原则才能保障证券市场的长治久安。

保护投资者利益原则的确立有利于维护投资者对证券市场的长期信心。监管者应尽力消除证券市场上的欺诈、操纵等违法问题，缓解市场上信息不对称问题，进一步保护在信息和资金上处于劣势的普通投资者。

"三公"原则是市场经济的三大原则，是证券市场监管必须坚持的三大准则。公平原则要求证券市场上的交易者拥有平等的参与机会，不存在歧视与偏袒。统一的市场规则、均等的参与机会、平等的主体待遇以及合理的证券交易形式均是公平的体现。公正原则要求证券监管者应公正无私地对待其监管的对象，公正监管的内容包括立法公正、执法公正和仲裁公正。公开原则要求证券市场上的信息公开透明，向投资者进行详细披露。公开原则是实现公平与公正的必要条件，信息的公开程度直接决定市场效率的高低。

监督与自律相结合的原则要求政府监管与自律管理进行有机结合，这是保证建立完整合理的证券市场监管体系的关键。国家应强调政府的集中统一的监管地位，在此基础上构建自律组织的权责与职能。

三、证券监管面临的挑战和难点

金融科技的广泛应用有利于提高金融运行效率、降低金融服务成本、增加金融产品种类、扩大金融服务人群，在推动金融变革与发展的同时，金融科技的跨界化、去中心化、去中介化和智能化等特点，金融科技平台公司对金融市场的广泛参与，金融科技发展带来的系统性风险增加，以及个人隐私和信息安全都给现有证券行业监管体系带来新的挑战。

(一) 金融科技的新特点带来监管新挑战

金融科技的跨界化可能导致监管套利。金融科技的跨界化主要体现在三个方面：一是金融技术的发展同时涉及了技术领域和金融领域。二是以金融科技为基础的金融服务，可能涉及多个金融子部门。三是针对某一特殊的金融科技应用进行监管，可能牵涉到多个领域甚至法域的监管主体。金融科技的跨界化导致金融业务的界限变得模糊，增加了金融业务的监管复杂性，对传统的金融业务监管体系带来挑战，可能导致监管空白和监管漏洞，带来监管套利现象，要求监管当局在职责划分甚至整个监管体系上作出改变。

金融科技的去中心化削弱传统监管工具监管效能。随着金融科技的广泛应用，金融中介机构在传统金融体系中的基础性作用被削弱，金融脱媒日益深化，传统的机构监管和人员追责监管模式的有效性受到挑战。金融业务的组织形态也呈现出去中心化的趋势，即金融业务的操作环节由不同的机构进行，而不是集中于某个金融机构。这些金融业务模式以及组织形态与传统的金融机构有着很大不同，这也使得传统中心化的机构监管模式的有效性被大大削弱。

（二）金融科技平台公司的监管挑战

随着金融科技的发展，越来越多的金融科技平台涉及金融业务，金融科技平台公司的监管挑战主要集中在通过垄断地位开展不正当竞争、威胁个人隐私和信息安全。

大型金融科技平台利用其技术优势，为数字服务和市场的发展提供了重要的动力，但其利用市场垄断地位开展不正当竞争、侵害消费者权益、阻碍市场公平竞争的问题凸显。国内部分平台公司通过交叉补贴等方式抢占市场，获得市场支配地位后实行排他性措施开展不正当竞争，如排斥竞争对手进入平台、提供服务，二维码支付业务仅支持科技集团内部相关 App 扫码支付等。此外，这些平台将理财、信贷和保险等多种金融服务整合到一个平台上，加大了跨产品和市场的风险传染可能性，增加了系统性风险。

同时，科技公司和大数据公司还存在对数据要素的所有权、使用权、管理权和收益权的归属界定不清问题，以及对数据安全性和主体隐私性保护不够等问题，给金融科技的稳慎发展带来不小隐患。

（三）系统性风险增加，风险溢出效应明显

金融科技是一种新的金融业态，它使得金融服务变得更为多样化，具有业务交叉嵌套和跨市场综合经营等特征，这使得风险更容易传染，风险外溢效应显著。金融服务渠道网络化、形态数字化，金融业务变得更加虚拟、边界变得越来越模糊，不同业务之间相互联系、相互渗透，打破了传统金融风险传导的时空限制，风险规模和传播速度呈现指数级增长。一些业务可能具有高杠杆、期限错配和信用转换的特征，其商业模式具有金融脆弱性的内生特质，其风险隐患也更隐蔽、更复杂、更多变。

证券业前、中、后台种类较多，业务之间数据共享、系统串联和防火墙要求严格，金融科技基础设施牵一发而动全身，证券行业技术创新应该受到严格监管。金融科技创新带来证券行业新模式和新变革，需要在证券公司业务合规、业务质控、业务风控上同步进行转型，也需要证券监管机构转变监管思路、提升监管效能。

（四）数据隐私和安全性问题

随着大数据技术的广泛应用，数据已经成为企业、行业乃至国家的重要资产。信息技术与网络技术的迅猛发展导致了海量数据的爆发式增长，而大数据的分析则为我们提供了发现数据价值的更多机会。但是，大数据是一把"双刃剑"，大数据环境下的信息

管理和隐私保护等问题给我们带来了新的挑战。随着大数据时代的到来，人们对大数据的隐私保护和伦理问题的讨论也越来越多。

在业务的发展过程中，证券公司积累了海量数据，尤其是大量金融市场敏感数据和客户敏感个人信息。随着科技创新，大数据、云计算、人工智能等新兴技术在风控、研发、营销、监管等多个场景中得到了广泛的运用，对证券公司的数据资产进行了有效的盘活和丰富。如证券公司的财富管理业务，能够利用其拥有的丰富数据，以客户的喜好为基础展开服务，如客户的年龄、资产规模、理财偏好等，对客户群进行准确的定位，并对他们的潜在金融服务需求进行分析，从而有针对性地展开营销。

与此同时，在金融和科技深度融合和科技监管工作日益深化的背景下，数据隐私和安全性问题重要性凸显，证券公司的数据治理变得越来越重要。目前部分证券公司仍存在数据隐私、安全性的问题。根据国家移动互联网应用安全管理中心的通报，部分券商的手机 App 出现了隐私违规问题，涉及个人隐私保护、个人信息收集、账号注销和投诉四个方面。

中国证券业协会于 2016 年 12 月颁布的《证券公司全面风险管理规范》第一次将数据治理引入证券公司的业务中，为证券公司的数据治理提供了良好的实践基础，证券公司的数据治理尚在探索中。

第二节　证券监管技术

一、基于大数据技术的证券监管

（一）数据管理和分析

数据管理和分析是指利用各种技术和方法来收集、组织、存储、处理和分析数据，以提取有用的信息、发现趋势、作出决策和支持业务活动。在金融领域，数据管理和分析对于监管机构和金融机构来说至关重要，它可以帮助理解市场动态、评估风险、支持决策制定和改进业务流程。在金融领域，数据管理和分析的应用非常广泛。它可以帮助监管机构监测市场风险、评估金融机构的稳健性和合规性，同时也可以帮助金融机构分析客户行为、进行风险管理和制定营销策略。数据管理和分析的过程通常包括以下几个关键步骤：

1. 数据收集和获取

这一步骤涉及从不同的来源收集数据，如内部系统、外部数据供应商、社交媒体等。数据可以包括结构化数据（如数据库中的表格数据）和非结构化数据（如文本、图像、音频等）。

2. 数据清洗和整理

在收集到数据后，需要对其进行清洗、处理和整理，以确保数据的质量和一致性。

这包括处理缺失值、异常值、重复数据以及数据格式的标准化和转换。

3. 数据存储和管理

在这一步骤中，数据被存储在适当的数据库或数据仓库中，并进行管理和组织。常用的数据存储技术包括关系数据库、NoSQL 数据库和数据湖等。

4. 数据分析和建模

在数据存储和管理的基础上，利用各种统计分析、机器学习和人工智能技术对数据进行分析和建模。这包括描述性分析、预测分析、分类和聚类分析等方法，以从数据中提取有用的信息和洞见。

5. 数据可视化和报告

将分析结果以可视化的方式呈现，例如图表、图形和仪表板。数据可视化有助于更好地理解数据和发现趋势，同时也有助于与利益相关者共享数据分析结果。

高频交易监控

（二）合规自动化

合规自动化是指利用技术和创新解决方案来自动执行合规流程和合规管理的过程。通过引入自动化工具和系统，合规自动化旨在提高合规效率、减少人工错误、降低合规成本，并确保合规要求的一致性和准确性。通过合规自动化，金融机构可以实现更高效、更准确的合规管理，降低合规风险，并节省时间和资源。然而，合规自动化也需要考虑数据隐私和安全性的问题，确保系统和工具符合相关的法规和合规要求。此外，合规自动化应与人工的合规监督和审查相结合，以确保合规程序的有效性和合规文化的建设。

自动化合规审核

合规自动化可以利用机器学习和数据分析技术，对大量的交易数据和客户行为进行实时监测和分析，以识别潜在的合规风险和异常行为。自动化系统可以自动发出警报和通知，帮助合规团队及时采取行动。自动化工作流管理系统可以协调和管理合规流程中的各个环节，确保合规工作按照规定的步骤和时间表进行。这包括自动化的工作任务分配、审批流程、文档管理和记录保存等。合规自动化工具可以根据规定的规则和模板自动生成合规报告和文件，减少人工编制和审查的工作量。这包括自动生成交易报告、合规审计报告、合规声明等。合规自动化可以应用人工智能和自然语言处理技术，自动扫描和审核合规文件和合同，以确保其符合法规和合规要求。自动化系统可以帮助快速发现潜在的合规问题和不一致性。合规自动化可以利用在线培训平台和虚拟培训工具，为员工提供合规培训和教育。这包括交互式培训课程、在线测试和评估，帮助员工了解最新的合规政策、法规要求和操作规程。

（三）信息安全和隐私保护

信息安全和隐私保护在金融科技和监管中起着至关重要的作用。随着数据不断增长和数字化的进程推进，金融机构和监管机构需要采取措施来确保数据的安全性和保护个人隐私。信息安全和隐私保护是一个持续的过程，需要不断更新和改进。金融机构和监管机构应制定全面的信息安全策略，包括技术、组织和法规方面的措施，以保护客户数据、防止数据泄露和滥用，并维护公众对金融体系的信任。以下是信息安全和隐私保护的一些关键方面和措施。

1. 数据加密

金融机构和监管机构可以使用加密技术对敏感数据进行保护。加密可以确保数据在传输和存储过程中的机密性，防止未经授权的访问和窃取。

2. 访问控制和身份认证

通过实施严格的访问控制和身份认证机制，金融机构可以确保只有授权人员才能访问敏感数据和系统。这包括使用强密码、多因素身份验证、访问权限管理等措施。

3. 安全审计和监测

建立安全审计和监测系统，对系统和数据进行实时监测和审计，以及检测潜在的安全漏洞和异常活动。安全事件和威胁的发现可以及时采取措施进行应对和修复。

4. 安全培训和意识

金融机构和监管机构应提供安全培训和意识教育，确保员工了解信息安全和隐私保护的重要性，并掌握合规操作和最佳实践。

5. 合规和监管要求

金融机构和监管机构需要遵守相关的合规和监管要求，如数据保护法规、隐私保护法规等。建立内部合规机制和制度，确保合规和监管要求的满足。

6. 数据备份和恢复

建立数据备份和恢复机制，定期备份重要数据，并测试数据恢复过程，以应对意外事件和数据丢失的情况。

7. 第三方供应商管理

金融机构需要审查和监管第三方供应商的安全措施和合规性，确保他们处理和存储的数据也得到适当的安全保护。

（四）监控和风险评估

监控和风险评估是保障金融市场稳定和公平的重要手段。通过使用先进的技术工具和数据分析方法，监管机构和金融机构能够更好地识别和管理潜在的风险，并及时采取措施来预防和减轻风险带来的不良影响。

监管机构和金融机构利用监控系统实时监测交易活动，以发现异常交易模式、市场操纵行为及内幕交易等违规行为。通过监控客户行为和交互数据，可以识别异常行为模式，如洗钱、欺诈、不当销售行为等，以及检测潜在的违规操作。监管机构进行市场监控，关注市场活动和参与者行为，以保护市场的公平、透明和稳定。金融机构进行业务风险评估，评估各项业务活动的潜在风险，包括信用风险、市场风险、操作风险等。这有助于制定风险管理策略和控制措施。金融机构和监管机构进行合规风险评估，评估合规制度和流程的合规性和效果，识别存在的合规风险和不符合法规要求的情况，并采取相应的纠正措施。评估金融科技系统和技术基础设施的安全性、稳定性和可靠性，识别可能的技术风险和漏洞，以及制定相应的安全和风险管理措施。

建立风险治理框架，明确风险管理责任和流程，确保风险管理策略的有效执行和监督。及时报告和通报风险状况和控制措施，使监管机构、管理层和利益相关者能够了解和评估风险状况，并采取必要的行动。建立风险监测系统，及时识别和监测潜在的风险，并发出预警信号，以便及时采取措施应对风险。

二、基于人工智能技术的证券监管

（一）人工智能在证券监管中的应用

证券行业在由传统业务向为客户提供定制化金融服务的金融机构的转型过程中，金融科技的发展起到了重要作用。随着市场交易变得越来越高频，如何有效识别出交易过程中的风险，预警并有效解决，是对监管部门的考验。人工智能的发展，能够有效赋能证券行业监管，可以在更短时间内识别出风险并预警，能有效提高监管效率、减少监管成本。

人工智能在证券行业监管中用到的主要技术为：视觉识别技术、知识图谱、机器学习与深度学习，以及机器人技术。

视觉识别技术主要用于人脸识别、指纹识别等方面，确认客户的生物特征，证券交易时通过生物特征的确认确保交易的安全性。同时，结合客户的交易数据充实客户画像，生成客户的黑白名单，控制交易风险。

知识图谱主要用于风险管理等方面。结合大数据技术，利用证券公司在日常业务中收集到的数据，包括结构化数据和非结构化数据，构建知识图谱。并识别异常数据，控制交易风险。

机器学习与深度学习主要用于智能运维、异常分析等方面。通过机器学习，使用大量的历史交易数据和相关金融数据，进行数据统计建模，从中自动识别出异常数据，并进行预警。

机器人技术主要用于指挥监控等方面。考虑到人工可能出现注意力不集中、风险发现不及时等问题，采用监控机器人代替或辅助人工，能够更加及时有效地发现风险并进行监管。

（二）人工智能在证券监管应用中面临的挑战

首先，人工智能系统的反应速度问题。证券市场是动态变化的，价格波动迅速，交易决策时间非常短暂。人工智能系统需要能够实时分析和反应，以便有效监控市场操纵、内幕交易等违规行为。

其次，算法的透明度和解释性。人工智能模型通常以复杂的算法进行决策，这些算法可能是黑盒子，难以理解其内部工作机制和决策过程。在监管决策中，透明性和解释性是必要的，以确保决策过程公正和合理。

最后，数据质量与隐私保护问题。在证券市场监管中，数据的准确性和完整性至关重要。然而，市场数据的复杂性和多样性可能导致数据质量问题，进而影响监管决策的准确性。同时，处理这些数据需要严格的隐私保护措施，以确保个人和公司敏感信息不被滥用或泄露。

三、基于区块链技术的证券监管

区块链是作为比特币的底层技术和基础架构诞生的。区块链是一种开放的分布式网络，是一个通过多方存储、多方计算的方式来实现数据不可篡改、计算结果可信的分布式系统，能够以永久的方式高效地记录双方的交易，确保了透明度、可追溯性和安全性。区块链技术有五个主要特性：去中心化，自治性，信息不可篡改性，开放性，匿名性。

（一）区块链技术在证券监管中的应用

1. 跨部门监管数据共享

在目前的证券监管实践中，大量的跨部门、跨组织的数据协作情形非常普遍。然而，各机构间数据互通效率低下、共享成本高。造成这些问题的根本原因在于，现有的证券监管体系中，存在着多中心的数据管理和用户的隐私保护问题。如何在保障数据安全与保护隐私的前提下，破除监管机构间的信息壁垒，是当前亟须解决的难题。

以区块链技术为基础，可以在证券交易所、金融机构、税务等证券监管有关的行业或机构上，利用区块链的技术特性，构建统一的金融监管数据库。该数据库可以推动证券监管在系统完备的数据基础上，形成完整的监控、预警、处置闭环。同时，借助区块链的不可篡改性与可追踪性，实时追踪监管对象，实现全方位的画像分析。

2. 投资者诚信数据平台

我国资本市场投资者基数庞大，保护投资者利益、落实投资者诚信管理和适当性管理的任务十分艰巨。区块链的两大核心优势不可篡改性及可回溯性，为证券市场建立公共的新型诚信机制提供了可能。通过区块链重构证券市场的信任网络，实现无差别信任，能够构建全局的信任网络。基于区块链的投资者诚信数据库，可以为证券监管提供保障，更好地保障投资者合法权益。同时，实时追踪上链数据，还可以及时监控市场情绪和热度，应对投资者集中带来的系统性风险隐患。

3. 可运用于证券交易，提升监管效率

区块链应用于证券市场建立在对区块链技术和智能合约充分应用的基础上，投资者首先需要在区块链证券结算平台上进行账户的注册，区块链证券结算平台由证券交易所或其他机构提供，并获取个人的公私密钥，在此基础上区块链技术赋能后续的证券市交易各环节。

在证券交易过程中，通过区块链的自动识别认证和智能合约的自动执行，将交易资金、交易证券转化为数字资产形式附加到智能合约中，将交易条件、交易限制等要素也转化为数据代码附加到智能合约中。在理想情况下，可以无须中介机构进行证券交易经纪、代理服务，消除传统交易的烦琐审批程序，实现买卖双方的自动配对和点对点直接交易。

在证券登记存管过程中，通过智能合约的方式，完成与证券相关的权利设定和变更，每个节点都会对账本进行更新，并生成一个新的区块来记录这一次交易。

在证券清算环节，证券交易将会被实时递交到区块链证券结算平台以供确认，首先确认交易的正确性，即确认交易信息的格式，签名确认，是否符合交易相关的规则等。其次确认交易的独一性，即该交易中所含的现金及有价证券与其他待处理的交易没有关联。

将区块链技术引入证券市场，可简化交易和结算流程，提高交易效率，增加交易和结算的透明度，降低交易风险。区块链具有分布式和去中心化的特点，证券交易相关的数据块一经录入，在短时间内会传输到其他节点中，使得数据录入透明化。在得到各节点的确认以及交易满足相关条件后，交易会以加盖时间戳的方式将其记录在数据块中。这样的运行机制，不但可以有效地保证交易的公平和透明，防止交易信息被盗取和篡改，还可以有效地减少违约风险。

通过引入区块链技术，可以将各地证券市场有效地联系起来，利用数据共享、高效交易、去中心化的方式，逐步打破区域证券市场的信息壁垒。区块链让各地证券交易市场之间的联系变得更加密切，所有的数据信息都被分散地记录在各节点账本中，从而进一步提升了证券市场的运营效率。

（二）区块链在证券监管应用中面临的挑战

1. 安全性问题

区块链的去中心化特性意味着信息被公开存储，而证券监管中的数据往往涉及敏感的市场交易信息和个人数据。如何在区块链上实现数据的隐私保护，防止未经授权的访问和篡改，是一个重要的挑战。

2. 监管问题

证券市场监管涉及的法律法规复杂且严格，包括数据保护、合规报告、身份验证等方面的要求。区块链技术如何满足这些合规性要求，特别是涉及跨境数据流动时，其更是需要解决的难题。

3. 标准化与互操作性问题

目前区块链生态系统缺乏统一的标准和互操作性，不同的区块链平台可能具有不同的数据格式和交互方式。这使得不同系统间的数据共享和交换变得复杂，特别是在跨境监管和国际合作方面更是如此。

四、基于云计算技术的证券监管

云计算是一种通过网络提供计算服务的技术模式。它将计算能力、存储资源和应用程序服务化，使用户可以按需获取和使用这些资源，无须了解和管理底层的物理设备和软件。云计算通常分为公有云、私有云和混合云三种部署模式，可以根据具体需求进行灵活选择和部署。

（一）云计算在证券监管中的应用

1. 证券监管的数据存储与管理

证券监管涉及大量的市场数据、交易数据、企业财务数据等，这些数据的存储、管理和保护是非常关键的。云计算技术通过提供高可靠性的数据存储服务（如对象存储）、弹性扩展的数据处理能力（如数据库服务）、灵活的数据备份和恢复机制，帮助监管部门有效管理和保护海量数据。

2. 证券监管的实时数据分析与监控

云计算平台提供强大的计算能力和实时数据分析工具，可以帮助监管机构对证券市场的实时数据进行快速分析和监控。通过云端的数据处理和分析服务，监管部门能够实时监测市场交易情况、价格波动、资金流向等，及时发现可能存在的异常交易行为，提升监管反应速度和效率。

3. 大数据处理与智能决策支持

云计算平台支持大规模数据的批量处理和实时分析，能够帮助监管部门更好地理解市场参与者的行为模式和市场趋势。通过机器学习、数据挖掘等技术，在云端构建智能决策支持系统，为监管决策提供数据驱动的依据和预测分析，提高监管决策的准确性和前瞻性。

4. 安全与合规

云计算服务提供商通常拥有先进的安全技术和严格的安全管理体系，能够保障数据的机密性、完整性和可用性。监管部门可以利用云计算平台的安全功能，加强对数据的访问控制、身份认证、数据加密等措施，确保数据在传输和存储过程中的安全性，同时满足监管合规性要求。

（二）云计算在证券监管应用中面临的挑战

尽管云计算在证券监管中的应用带来了诸多优势，但也面临着数据安全性、隐私保护、技术整合等方面的挑战。

安全与隐私保护方面的挑战是云计算应用中的重要考量。监管部门处理的数据涉及敏感的市场交易信息和个人数据，如何在云环境中确保数据的安全性、防止数据泄露和非法访问是关键问题。

技术方面的挑战主要包括：① 技术整合与数据迁移。监管机构往往有大量的历史数据和复杂的信息系统，将其迁移到云端需要处理不同格式的数据、保证数据的完整性和一致性，以及确保旧系统与新系统的兼容性，这些都是非常复杂的技术挑战。② 性能与响应时间。证券市场监管需要实时的数据处理和快速的决策反应能力。云计算服务的性能如何保证在高负载和大数据量情况下仍能稳定运行，是一个需要解决的技术问题。

第三节 监管科技在证券监管中的未来应用展望

一、监管科技的未来发展趋势

在金融科技迅猛发展的背景下，证券监管领域也面临着新的机遇和挑战。随着技术不断创新和应用，金融科技与证券监管之间的关系将进一步深化和演变。在未来，我们可以预见以下几个方面的发展趋势。

（一）数据驱动的监管

数据驱动的监管是指监管机构利用大数据技术、数据分析和人工智能等技术手段来收集、整理、分析和利用海量数据，以支持监管决策和监管活动。这种方法的核心思想是基于数据的实证分析和预测，以更准确、全面和及时的方式监测市场活动、评估风险，并采取相应的监管措施。通过自动化数据收集和处理，监管机构可以实时获取并分析市场数据，减少了传统手工收集和整理数据的时间和劳动成本。监管决策可以更加迅速和精准，提高了监管的效率。通过大数据分析和机器学习等技术，监管机构可以更全面、深入地理解市场情况和行为规律。监管决策可以基于更准确的数据和分析结果，降低了主观判断的风险，提高了监管的准确性。数据驱动的监管可以实时监测市场活动和风险情况，并通过智能预警系统及时发现异常行为和潜在风险。监管机构可以快速采取适当的监管措施，防范金融风险的发生和蔓延。

（二）智能化合规与监管

智能化合规与监管是指利用人工智能、自动化技术和大数据分析等手段，实现合规流程的自动化和智能化。通过引入智能化技术和系统，监管机构可以更快速、准确地审核和分析大量的交易数据和合规信息，实现高效的合规管理和监管控制。智能化合规与监管的主要特点和优势包括：

1. 自动化合规审核

智能化合规系统可以自动化执行合规规则和审查流程，自动分析交易数据和合规信息，识别潜在违规行为和风险因素。这样可以减少人工审核的工作量和时间，并降低人为错误的发生。

2. 实时监控和预警

智能化合规系统可以实时监控市场交易和活动，及时发现和预警潜在的违规行为。通过智能预警功能，监管机构可以快速采取行动，防止违规行为的扩散和损害。

3. 数据分析和模型应用

智能化合规系统可以利用大数据分析和机器学习等技术，建立合规风险评估模型和预测模型。这些模型可以基于历史数据和实时数据，预测市场风险和合规问题，并提供相应的决策支持和预警指示。

通过智能化合规与监管，监管机构可以更好地应对日益复杂和快速变化的金融市场环境，提高合规管理的效率和质量，保护投资者利益，维护市场的公平、公正和稳定。同时，合规科技的发展也需要监管机构与金融机构、技术企业等各方的合作和协调，共同推动合规科技的创新与应用。

（三）监管科技的国际合作

在全球范围内，监管科技领域的国际合作显著增强。从 2019 年到 2024 年，国际上针对 RegTech 合作的投资额从约 150 亿美元增长至 380 亿美元，跨国合作项目的数量从 120 个增加到 251 个，参与国家从 16 个增加到 44 个，涵盖了数据共享、合规自动化、风险评估等多个关键领域。通过国际合作，监管科技可以实现更高效、准确和协同的监管，为全球金融市场的稳定提供支持。

监管机构可以通过建立数据共享机制，实现跨境数据的安全传输和共享。这样可以加强跨国监管机构之间的合作，共同应对金融风险和挑战。数据共享可以涵盖交易数据、合规信息、风险评估等方面的数据，以促进更全面的监管和更准确的风险评估。监管科技的国际合作需要制定一致的技术标准和规范，以确保各国监管机构在技术应用和数据管理方面的一致性和互操作性。制定共同的标准和规范有助于提高监管科技的效率和效果，并减少不必要的技术障碍和摩擦。监管科技的国际合作需要跨境监管机构之间的协调和合作。监管机构可以建立联合工作组、共同研究项目和定期交流机制，分享经验和最佳实践，共同研究和解决跨境监管面临的挑战。跨境监管协调可以促进信息共享、风险评估和监管政策的协调，提高全球金融监管的有效性和协同性。监管科技的应用通常涉及多个金融部门和领域，需要跨界监管合作。监管机构可以与金融机构、技术企业、学术界和国际组织等各方展开合作，共同推动监管科技的创新和应用。跨界监管合作可以促进知识共享、技术交流和资源整合，推动监管科技在金融行业的广泛应用。监管科技的国际合作需要注重信息安全和隐私保护。监管机构应建立安全的数据传输和存储机制，采取适当的隐私保护措施，确保跨国数据的安全和合规性。

二、监管机构面临的新挑战和机遇

金融科技与证券监管的未来将是充满活力和变革的。随着技术不断进步和应用，监管机构将能够更好地应对金融市场的挑战，提升监管效能，保护投资者权益，维护金融稳定。然而，未来的发展也面临一些挑战，如数据安全与隐私保护、技术风险和监管协调等。因此，监管机构需要保持对新技术的敏感性和了解，加强国际合作与交流，制定科学有效的监管政策，推动金融科技与证券监管的持续发展和健康进步。

（一）技术变革的挑战

1. 新兴技术的监管

随着金融科技快速发展，新兴技术如虚拟货币、区块链、人工智能、大数据分析等应用于金融领域，给监管机构带来了全新的监管挑战。这些新技术在改变金融业务模式和市场运作的同时，也带来了新的风险和安全隐患。监管机构需要了解并适应这些新技术的特点和应用场景，制定相应的监管政策和规则，确保金融市场的稳定和公平。

2. 数据管理和分析

随着金融业务数据快速增长，监管机构面临处理、管理和分析大规模数据的挑战。监管机构需要投资和建设先进的数据管理系统和分析平台，以有效获取、整理和利用金融数据。同时，监管机构还需应对数据质量、数据隐私和数据安全等问题，确保数据的准确性、可靠性和保密性。

3. 创新监管和监管科技应用

监管机构需要不断创新监管模式和方法，利用监管科技提高监管效能和准确性。这包括应用人工智能等技术，实现合规自动化、智能监控和风险预警等功能。监管机构还需与技术企业和创新机构合作，共同推动监管科技的发展和应用。

4. 法律和道德问题

技术变革带来了一系列法律和道德问题，监管机构需要面对这些问题并加以应对。例如，数据隐私和个人信息保护、算法透明性和公平性、监管机构权力与技术创新之间的平衡等。监管机构需要制定相关政策和规则确保技术的合规性。

（二）可持续金融和环境风险

金融机构在面临环境风险时需要准确认知和评估风险的程度和影响。这包括对气候变化、自然资源短缺、环境污染等因素引起的潜在风险进行全面分析。监管机构需要提供指导和规范，以帮助金融机构识别、量化和管理环境风险。金融机构需要积极发展和提供可持续金融产品和服务，以支持环境友好的经济发展和可持续投资。然而，金融机构在推出这些产品和服务时面临着诸多挑战，包括对可持续性标准的界定、产品设计和定价等方面的挑战。监管机构需要制定相应的规则和标准，引导金融机构合规经营，并确保市场的公平和透明。为了有效管理环境风险，金融机构需要获取准确和可靠的环境信息，并将其披露给利益相关方。然而，环境信息的透明度和披露程度存在着一定的不足，这使得金融机构难以全面了解和评估其环境风险。监管机构可以通过引导和规范环境信息披露的标准和规则,推动金融机构提高信息披露的质量和透明度。金融机构在面对环境风险时承担着一定的环境责任。监管机构需要确保金融机构充分认识并履行其环境责任,采取适当的措施管理和减轻环境风险,以保护环境和社会的可持续发展。可持续金融和环境风险是全球性的问题,需要各国监管机构加强国际合作和协调。这涉及共享信息、交流经验、制定统一的监管标准和原则等方面。国际合作可以帮助各国监管机构共同应对环境风险,并推动全球金融体系的可持续发展。

监管机构需要加强监管政策和规则的制定,引导金融机构在可持续金融和环境风险管理方面的合规经营。监管机构还应鼓励金融创新和技术应用,促进可持续金融发展,并积极与国际组织和其他国家监管机构合作,共同应对可持续金融和环境风险带来的挑战。

(三) 数据共享和合作

数据共享和合作是监管机构面临的新机遇之一。随着金融市场日益复杂和全球化程度的提高,监管机构需要获取大量的数据和信息来全面了解市场动态、评估风险,并采取相应的监管措施。监管机构可以通过数据共享与金融机构、技术公司以及其他监管机构进行合作,获取更全面和多样化的数据。这些数据包括金融市场交易数据、客户信息、风险指标等,有助于监管机构更准确地了解市场情况,识别潜在的风险和违规行为。通过数据共享和合作,监管机构可以更快速地获取和处理大量的数据,并利用先进的数据分析技术进行风险评估和监管决策。这有助于提升监管效能,减少监管机构的工作负担,更及时地响应市场变化和风险事件。数据共享和合作可以增强监管机构对风险的预警和监测能力。监管机构可以与金融机构共享交易数据和风险指标,通过数据分析和模型建立,实时监测市场风险,并及时采取措施应对潜在风险。数据共享和合作还可以促进金融科技的创新和发展。监管机构可以与科技公司和创新企业合作,共享数据和信息,加快新技术和新业务模式的推广和应用。这有助于推动金融市场的创新,提高金融服务的质量和效率。

(四) 国际合作和协调

国际合作和协调为监管机构提供了广阔的机遇,能够增强监管机构的能力和有效性,促进金融市场的稳定和可持续发展。监管机构应积极参与国际合作和协调的机制,加强信息交流和经验分享,共同应对全球金融挑战,推动全球金融监管的协同发展。监管机构需要加强国际合作和协调,以有效管理全球金融风险和维护金融市场的稳定。

金融市场的跨境交易和跨国机构的存在使得跨境风险成为一个重要的挑战。通过国际合作和协调,监管机构可以共享信息、经验和最佳实践,加强对跨境风险的监测和管理。这有助于提高金融体系的稳定性,防范跨境风险传导。国际合作和协调有助于促进监管标准的一致性和互认性。监管机构可以通过与其他国家监管机构的合作,制定共同的监管准则和规则，促进跨境金融业务的有序发展。这有助于降低金融机构的遵从成本，提升市场透明度和营造公平竞争环境。金融市场的全球化要求监管机构加强跨国监管合作。通过国际合作和协调，监管机构可以分享信息、情报和监管经验，加强对跨国机构的监管。这有助于提升跨国监管的效能，减少监管漏洞和监管套利行为。国际合作和协调也为监管机构提供了技术创新和信息交流的机会。监管机构可以与其他国家监管机构共同研究和推动监管科技的发展，分享最新的技术成果和应用案例。这有助于提升监管机构的技术能力和创新水平，推动金融监管的现代化。国际合作和协调在促进全球金融稳定和可持续发展方面发挥着重要作用。监管机构可以通过国际合作和协调，共同应对全球金融风险，推动金融业的可持续发展。这包括推动绿色金融、可持续投资和社会责任等方面的合作与创新。

三、技术创新对证券监管的长远影响

技术创新对证券监管的长远影响是积极的。它提供了更强大的监管工具，促进了市场的创新和发展，加强了监管能力，提高了监管效能和决策的准确性。监管机构应积极跟进技术创新的发展，加强技术应用和能力建设，与市场的发展保持同步，确保监管的有效性和适应性。

（一）提高证券监管效能

技术创新在提高证券监管效能方面发挥着关键作用。以下是关于技术创新如何提高证券监管效能的几个方面：① 技术创新使得证券监管机构能够更快速、准确地收集和分析大量的市场数据。通过利用大数据技术、人工智能和机器学习算法等，监管机构能够处理和分析复杂的数据，从中提取有价值的信息。这种数据驱动的监管能力使监管机构能够更全面地了解市场动态、发现潜在的风险和违规行为，并作出及时的监管决策。② 技术创新提供了更强大的监测和预警能力，帮助监管机构及时发现市场中的风险和异常行为。监管机构可以利用高频数据、自动化监控系统和智能算法等工具，实时监测市场活动，并识别出潜在的违规行为。这使得监管机构能够更迅速地发现问题并采取相应的监管措施，降低市场风险，保护投资者利益。③ 技术创新推动了合规流程的自动化和数字化。监管机构可以利用智能合约、区块链和数字身份认证等技术，简化和加快合规审查的过程。这减少了手动操作和纸质文件的使用，提高了合规审查的效率和准确性。此外，数字化的合规流程还能够提供更好的可追溯性和审计能力。

技术创新加强了跨境监管合作和信息共享。通过建立信息交换平台、采用标准化的数据格式和协议，监管机构可以更便捷地分享数据、情报和监管经验。这种跨境监管合作和信息共享的能力有助于共同应对跨境风险和违规行为，提高监管的效能和全球金融稳定性。技术创新为监管机构提供了创新的监管方法和工具。例如，监管科技中的人工智能等技术可以帮助监管机构发现新型的风险和违规行为，提高监管的前瞻性和精准性。监管机构还可以利用数据可视化、模型仿真和风险评估工具等技术,更好地理解和评估市场风险,并制定相应的监管策略。技术创新为证券监管效能提供了重要支持。通过数据收集与分析、监测和预警能力、合规流程的自动化和数字化、跨境监管合作和信息共享以及创新监管方法和工具的应用,监管机构能够更快速、准确地识别风险和违规行为,加强监管的针对性和及时性,维护市场的稳定和投资者的权益。同时,监管机构也应不断跟进技术创新的发展,提升技术应用和能力建设,以适应不断变化的市场环境,有效履行监管职责。

(二)数据驱动的监管

数据驱动的监管是技术创新对证券监管的长远影响之一,它将深刻改变监管机构的工作方式和决策过程。以下是关于数据驱动的监管对证券监管产生长远影响的几个方面:① 数据驱动的监管使监管机构能够获得更全面、准确的市场了解。监管机构可以收集和分析大量的市场数据,包括交易数据、订单簿数据、财务报表等,从中提取有价值的信息和洞察。这使得监管机构能够更好地了解市场的运作机制、交易活动和参与者行为,及时发现异常情况和风险迹象。② 数据驱动的监管能够实时监测市场风险并提供预警。监管机构可以利用高频交易数据和其他相关数据,借助数据挖掘和机器学习技术,构建风险模型和预警系统。这些系统可以及时识别潜在的风险和违规行为,发出警报并采取相应的监管措施,以减轻风险并保护投资者利益。③ 数据驱动的监管为合规监管提供了强有力的支持。监管机构可以利用数据分析和自动化工具来验证交易的合规性,检测潜在的违规行为。通过建立合规规则和指标,并将其编码成算法,监管机构可以自动检查交易活动是否符合规定。这不仅提高了合规审查的效率和准确性,还能够减少人为错误和操纵的可能性。④ 数据驱动的监管为监管决策和政策制定提供了更多的依据和支持。监管机构可以通过数据分析和模型建立,评估不同政策和监管措施的效果,并进行风险评估和预测。这使得监管机构能够更准确地判断政策的影响、采取相应的监管行动,并持续改进监管框架和规则。⑤ 数据驱动的监管促进了监管机构之间的合作和信息共享。监管机构可以通过建立数据共享平台和标准化数据格式,方便信息的交流与共享。这有助于跨境监管合作,共同应对跨境风险和违规行为,并提高全球金融稳定性。

数据驱动的监管将对证券监管产生深远影响。它提供了更全面的市场信息,强化了风险监测和预警能力,让合规监管更加有效,使监管决策和政策制定更加精准,促进了合作和信息共享的机会。监管机构应积极采纳和应用数据驱动的监管方法,不断提升数据分析和技术能力,以适应快速变化的市场环境,并更好地履行监管职责,维护市场的稳定和投资者的权益。

(三)跨境监管合作与信息共享

跨境监管合作与信息共享是技术创新对证券监管的重要影响之一。在全球化和数字化的金融市场中,证券监管机构需要加强跨国界的合作和协调,共同应对跨境风险和违规行为。建立跨境信息共享平台可以使监管机构及时、安全地交换信息。这些平台可以共享数据、报告、监管经验等,以便监管机构更好地了解跨境市场的情况和风险。通过信息共享,监管机构可以更快地发现和应对跨境市场中的违规行为和风险。为了实现跨境信息共享,监管机构需要制定统一的数据标准和格式,以便不同国家和地区的监管机构能够互相理解和使用数据。此外,确保跨境数据的互操作性也是关键,使不同系统和平台能够有效地交换和共享数据。监管机构之间的跨境合作需要进行监管协调和合规一致性的努力。这意味着不同国家和地区的监管机构需要就监管政策、法规和合规标准进行协商和协调,以确保在跨境市场中的监管要求一致。这种协调和合规一致性有助于减少监管套利和监管漏洞,提高全球金融市场的稳定性。

一些国际组织和机构已经推动和促进了跨境监管合作与信息共享的实践。例如,跨境监管合作案例是证券监管领域中的典型实践,以下是一些具体案例。

欧洲证券和市场监管局(ESMA)。作为欧洲的监管机构,ESMA 负责协调欧洲各国证券市场的监管工作。ESMA 积极推动跨境监管合作,通过信息共享、合作协议和合规标准的协调,加强欧洲金融市场的稳定性和一致性。ESMA 还建立了欧洲证券市场监管数据库(ESMA's Securities Markets Database),用于收集和共享各国市场数据和监管信息。

国际证券监管组织(IOSCO)。IOSCO 是全球证券监管机构的国际组织,旨在提升全球证券市场的合规性和稳定性。IOSCO 通过建立多边合作机制、发布合作指南和报告等方式,推动各国监管机构之间的合作与信息共享。该组织还通过建立信息共享平台和合作项目,支持成员国之间的技术和监管经验交流。

香港证券与期货事务监察委员会(SFC)与其他监管机构的合作。香港 SFC 积极开展跨境监管合作,与其他国家和地区的监管机构建立了合作框架和合作协议。例如,SFC 与美国证券交易委员会(SEC)、英国金融行为监管局(FCA)等监管机构保持密切的合作关系,共享监管信息、合规经验和技术创新等方面的成果。

本章小结 本章介绍证券监管的理论、技术与应用案例,监管科技的发展与实践在金融监管领域扮演着重要的角色。证券监管科技以技术创新为驱动力,包括人工智能、大数据分析、区块链、云计算等。这些技术的应用为监管机构提供了更高效、准确和自动化的监管解决方案。通过技术创新、数据驱动、合规自动化、风险管理和预测等方面的应用,监管机构能够更好地满足市场的需求,保护投资者的利益,维护金融稳定,推动金融科技的创新发展。本章还探讨了证券监管的未来展望。随着金融科技迅猛发展,证券监管面临着新的挑战和机遇。数据驱动的监管成为监管的重要方向。此外,跨境监管合作和信息共享成为国际监管的重要手段。

思考题

1. 技术创新对金融监管机构的挑战有哪些？
2. 阐述区块链的定义。
3. 区块链技术应用于交易和结算有哪些优点和不足？
4. 监管科技的发展给金融监管带来了哪些优势？请列举三个主要优势并简要说明其作用。
5. 在监管科技的发展过程中，信息安全和隐私保护至关重要。请列举三种保护信息安全和隐私的措施，并解释其重要性。
6. 金融科技对证券监管的未来发展有哪些影响？请列举并简要说明其中的两个方面。
7. 请说明跨境监管合作和信息共享的优势，并列举一个相关的案例。

即测即评

参考文献

[1] CHRISTENSEN C M. The innovators dilemma: When new technologies cause great firms to fail [M]. Boston, MA: Harvard Business School Press, 1997.

[2] CHISTENSEN C M, RAYNOR M E. The innovator's solution: Creating and sustaining successfu growth [M]. Boston: Harvard Business School Publishing Corporation, 2003.

延伸阅读

[1] 卜学民，马其家. 论区块链证券结算的选择及制度展开 [J]. 福建师范大学学报（哲学社会科学版），2020，225（6）：94-105+171.

[2] 胡滨，任喜萍. 金融科技发展：特征，挑战与监管策略 [J]. 改革，2021（9）：82-90.

[3] 徐广斌. 区块链在我国资本市场领域核心场景应用研究 [J]. 证券市场导报，2021，344（3）：2-12.

[4] Gai, K, et al. A survey on finTech research [J]. Journal of Network and Computer Applications, 2018, 103: 262-273.

第十章

保险监管应用

保险监管是金融监管的重要组成部分，旨在确保保险市场的规范运作和保险机构的稳健经营，保护消费者权益，促进保险业健康发展。2022年12月16日，国家金融监督管理总局提出，要"加强监管能力建设，积极运用现代科技丰富监管手段，进一步推进监管工作精细化、数字化、科学化，建立财险业保险保障能力评价体系，构建与现代化高质量发展相适应的制度体系和监管模式"。目前，新技术在我国保险监管领域的应用方兴未艾，保险监管正处于新一轮的技术变革时期。

第一节 保险监管概述

一、保险监管的含义和必要性

保险监管的概念有广义和狭义之分。狭义的保险监管专指国家对保险企业、经营活动及市场的监督管理，而广义的保险监管则包括国家监管、行业自律、企业内控和社会监督等多个层面。保险监管的必要性源于保险行业的特殊性，它不仅具有金融服务行业的共性，还涉及广泛的公众利益和社会风险管理特性，因此需要更为严格的监管。各国普遍对保险业实施严格监管，以确保市场稳定和消费者权益的保护。具体来说，保险监管的必要性主要包括以下三点：保险的社会重要性、保险交易的信息不对称性和偿付能力的监管必要性。

（一）保险的社会重要性

生产、生活中的风险渗透于社会的各个领域，影响着成千上万的家庭、企业和组织，保险业自诞生起就在社会经济体系中占有重要地位。保险行业通过收取保费构建了保险准备金体系，承担着风险分散和损失分担的功能，因此其健康运作直接关系到社会的稳定和公众利益。作为一种金融业态，保险兼具融资、投资和风险管理等金融功能，其经营情况与国家经济的健康发展和社会的稳定密切相关，这使得保险机构和保险活动成为金融市场不可或缺的一部分。因此，保险作为一种社会性极强的金融业态，实施有效的保险监管有利于保障保险行业的稳定运行，维护公众利益，保护国家经济健康发展。

（二）保险交易的信息不对称性

信息不对称的问题在各个行业中广泛存在。保险业作为一个技术含量高、业务专业性强的领域，其信息不对称的问题更为显著。由于保险合同中的保险产品定价及保险合同条款通常由保险公司单方面制定，投保人和被保险人对于保险费率、保险责任、退保等重要事项的了解往往有限，基本上只能选择接受或拒绝提供的合同。在没有外部监管的情况下，保险公司可能利用信息的不对称性和不完全性，采取对被保险人不利的行为。一方面，大型保险企业容易垄断保险市场，任意提高保险费率、增加投保人负担；另一方面，可能滋生不正当的竞争行为，如无理降低保险费率和提高佣金，来削弱自身的偿付能力。这些不正当的竞争行为最终都会损害被保险人乃至社会公众的利益。因此，有效的外部监管是防止保险公司利用信息不对称损害被保险人利益、维护市场秩序和公众利益的关键。

（三）偿付能力的监管必要性

保险机构承担了未来的损害赔偿责任，而当风险事件发生后，保险机构能否切实履行赔偿责任，取决于它是否具有足够的偿付能力与意愿。不仅如此，保险商品的价值表现为保险机构对被保险人的承诺，而这种承诺的对象和内容具有长期性特征，一些保险合同的期限甚至长达几十年。在如此长时间的跨度下，通过保险监管机构的介入来确保保险合同被正确执行，可以有效维护被保险人的合法利益，并通过稳定被保险人的预期促进保险市场的健康发展。此外，在保险市场竞争中，保险公司可能为短期的经营业绩而牺牲客户的长期利益，出现恶性或过度竞争导致的经营方式与定价不合理的情况。因此，通过对保险公司及其经营业务行为进行监管，能够促进形成良好保险市场环境，维持充足的偿付能力，维护被保险人的合法利益。

二、保险监管的目标与原则

保险监管的目标主要包括三个方面：确保偿付能力充足、防范保险欺诈行为、优化保险市场机制。

保险监管的第一个目标是确保偿付能力充足。保险监管旨在保障其公共性和社会性功能，确保保险企业具备充足的偿付能力，从而维护被保险人及受益人的根本利益。为实现这一目标，监管体系聚焦于两大核心领域：经营业务监管和财务监管。经营业务监管包括对营业范围、条款、费率，以及再保险等方面的规范；财务监管则侧重于资金运用、各种责任准备金及公积金的设置等。为了精准监控和预防潜在风险，监管机构还可以采用现金流量分析法等精算工具，通过模拟各种变量（如利率、死亡率等）未来的变动范围，评估保险企业在不同情况下的资产现金流量与负债现金流量。这种动态风险预警机制和财务健康度分析，有助于保险企业及时发现并防范风险，确保长期稳定运营，保护投保人权益，进而维护社会经济秩序的稳定。

保险监管的第二个目标是防范保险欺诈行为。保险欺诈是长期困扰保险业健康发展的问题，涵盖了保险公司、投保人、被保险人及保险中介人的不当行为。保险公司的欺诈行为包括但不限于经营超出许可范围、缺乏足够偿付能力，以及利用保险条款和费率的设定优势欺骗投保人或被保险人。投保人或被保险人的欺诈通常体现为利用保险获取不正当经济利益，比如故意制造保险事故或夸大损失以骗取保险金。此外，保险中介人可能因追求更高的佣金而损害保险公司或投保人的利益。为了抑制和预防保险欺诈，各国通过颁布相关法律，规范保险市场参与者的行为，并对欺诈行为追究法律责任，这包括对投保方、保险公司及保险中介人的欺诈行为进行处罚。

保险监管的第三个目标是优化保险市场机制以保证各方之间的公平关系。保险市场中主要存在三对关系：保险机构和投保人的关系、保险机构之间的关系和投保人之间的关系。首先，保险监管应当保证保险机构与投保人之间的关系公平合理，这是由于保险合同具有很强的专业性，投保人对其中的具体条款、费率等专业术语并不熟悉，因此需要保险监管机构介入，保障投保人的合法权益。其次，保险监管应当营造保险机构之间公平竞争的市场环境。这是由于在无序竞争的市场上，保险机构出于抢夺市场的目的盲目降低保险费率，有可能导致资金实力较弱的保险机构破产，进而导致市场垄断，侵害投保人的利益。最后，保险监管也应当确保投保人对保险成本的分摊公平合理。

为了实现上述监管目标，保险监管需要遵循三项原则：① 依法监管原则。保险监管部门必须依照有关法律法规来实施监管，保证监管行为的权威性和可信度。同时，保险监管部门也要充分尊重保险公司在法律范围内合理经营的权利，不得干预保险机构的正常经营活动。② 公众利益原则。保护被保险人和社会公众利益是保险监管工作的根本目的，也是衡量保险监管工作的最终标准，必须将维护公众利益作为一项基本理念融入保险监管实践。③ 公平公开原则。一方面，保险监管部门必须公平对待各保险机构，创造公平竞争的市场环境；另一方面，保险监管政策也需要体现透明度，加强市场和社会公众的沟通，从而提高保险监管的效率和监管政策的有效性。

三、保险监管的主要方式和内容

保险业的监管方式经历了从公告监管到规范监管，再到实体监管的演变过程。公告监管是一种较为宽松的监管方式，主要依赖于保险机构的自我披露和社会公众的信息辨析能力。随着市场竞争的加剧，这种监管方式逐渐被淘汰。规范监管是一种通过一系列法律法规来指导保险业经营的监管模式，注重形式上的合法合规。由于保险业务的复杂性，仅仅依靠此类监管方式通常难以适应实际需要。相比之下，实体监管是目前大部分国家（包括我国在内）所采用的监管方式。它通过全面的法律体系和严格的执法行动，对保险机构的设立、经营、财务状况等进行深入地审查和监管，能够有效提升保险机构的社会信誉，保护公众利益，体现了监管的实际有效性。

为了实现有效的实体监管，监管机构需要制定具体的监管法规约束保险业经营中的各项活动。世界各国对保险业监管的具体内容因经济体制、保险业发展状况、社会背景不同而有所不同，但概括起来主要有以下五个方面：保险机构监管、保险业务监管、偿付能力监管、财务监管、其他要素监管。

（一）保险机构监管

保险机构监管包括确保保险公司在市场准入、运营流程中的稳健性，制定合适的市场退出机制，确保保险机构的组织形式和从业人员满足法律法规及行业标准，旨在保护被保险人的权益、维护市场的公平竞争和促进保险行业的健康发展，主要包括市场准入监管、市场退出监管、组织形式监管、从业人员监管。

市场准入监管用于确保保险公司具备充足的资本和专业管理能力，通过保险业监管部门的审批，满足相关法律法规要求。例如，按照《中华人民共和国保险法》《中华人民共和国公司法》的要求，注册资本的最低限额为人民币二亿元，主要股东具有持续盈利能力，信誉良好，最近三年内无重大违法违规记录，净资产不低于人民币二亿元等；市场退出监管通过一系列措施，如并购、资产出售等，保护被保险人利益，避免保险公司直接破产清算，并确保人寿保险合同的顺利转让；组织形式监管规定保险公司应为股份有限公司或国有独资公司，并限制外资保险机构的市场进入形式；从业人员监管则要求从业人员具备高水平的专业知识和工作经验，通过持续培训和教育，以及精算报告制度等措施，确保保险公司运营质量和服务标准。

（二）保险业务监管

保险业务监管是保险监管体系的核心，主要包括营业范围监管、费率和条款监管、再保险业务监管，旨在限定保险机构可经营的业务范围，确保保险费率的合理性与条款的公平性，以及通过再保险业务使风险得到有效分散，从而确保保险市场的健康运行和保险消费者的权益保护。

营业范围监管明确了保险公司可以经营的业务种类和范围，区分了兼业和兼营的概念，并适应了金融业混业经营的趋势，如允许经批准的财产保险公司经营特定类型的保险业务；费率和条款监管旨在平衡合同自由与公众利益保护，通过审批或备案制度确保费率的充足性和适当性；再保险业务监管关注风险的分散和转移，通过一系列直接和间接的控制措施，如建立国有再保险公司、限制外资进入等，确保保险公司的偿付能力和市场的稳定。

（三）偿付能力监管

偿付能力是衡量保险公司财务实力的关键指标，指其履行赔付义务的能力。保险公司通过分析风险发生的损失和概率计算保险费率，但由于风险的随机性，实际损失可能超出预期，引发偿付能力不足的问题。偿付能力监管旨在确保保险公司即使在极端情况下也能履行赔偿责任，是保险监管的核心。

中国的偿付能力监管体系经历了从"偿一代"到"偿二代"的转变，后者采用风险导向的"三支柱"框架，包括资本充足要求、风险管理要求和信息披露要求，以科学全面地反映和管理风险。监管指标包括核心偿付能力充足率、综合偿付能力充足率和风险综合评级。当监管指标不达标时，监管部门采取相应措施，如监管谈话、限制薪酬和分红等，以确保保险公司的财务稳健。

（四）财务监管

财务监管的核心目标是确保保险公司的财务稳定性和保护投保人的利益，包括资金运用监管和准备金监管。资金运用监管的目的是确保保险公司投资活动的安全性、流动性和盈利性，防范系统性风险，并通过法律法规明确可投资渠道和禁止行为。例如，中国通过《中华人民共和国保险法》《保险资金运用管理办法》等规范了保险资金可以运用的渠道与禁止的投资行为。此外，准备金监管确保保险公司为履行未来赔偿或给付义务而提取的准备金充足，直接影响公司的偿付能力和财务稳定性。例如，中国通过《保险公司非寿险业务准备金管理办法》等文件提供具体指导，并要求保险公司依法提存公积金和保险保障基金，增强其风险防范能力。

（五）其他要素监管

其他要素监管包括外资保险公司监管和保险中介人监管。外资保险公司监管着重于确保外资企业在中国境内合法合规经营。外资企业在中国设立和经营需满足一系列条件，如长期经营保险业务、拥有较高的资产总额、受到所在国家和地区的有效监管等，其业务范围和资本金要求由需监管部门核定和监督。

此外，保险中介人监管通过规范代理人、经纪人和公估人的业务行为和公司治理，确保其提供的服务专业且合法。保险中介人包括保险代理人、保险经纪人和保险公估人等，他们通过提供专业服务促进保险关系的形成和实现。保险代理人代表保险人办理业务，保险经纪人代表投保人与被保险人利益，而保险公估人专注于评估和鉴定保险标的或事故。由于保险中介人直接关系到保险市场的健康发展和消费者权益的保护，各国对保险中介人实施严格的监管，内容涵盖市场准入、业务行为和公司治理等方面。在中国，保险中介人监管的法律框架包括《保险专业代理机构监管规定》《保险经纪人监管规定》《保险公估人监管规定》等，确保中介机构的合规性和专业性。

四、保险监管面临的挑战和难点

在当前全球经济一体化和信息化快速发展的背景下，保险行业正经历着前所未有的变革。新兴科技不断涌现，尤其是大数据、云计算、人工智能、区块链等技术的广泛应用，不仅推动了保险产品和服务的创新，也为保险监管带来了新的挑战和调整。这些技术的发展使得保险业务的运作模式、风险管理和客户服务等方面发生了变化，同时也对监管机构提出了更高的要求，要求其更新监管理念、完善监管体系、提升监管效率和技术水平，以适应新的发展态势。技术进步在为保险行业带来便捷的同时，也带来了新的风险类型，如数据安全、隐私保护、跨界经营等问题，这些都对传统的保险监管模式提出了挑战。监管机构必须在确保市场稳定和保护消费者权益的基础上，适应技术发展的步伐，加强对新型风险的识别、评估和控制。

（一）前沿技术的新型风险

大数据、人工智能、云计算、区块链等前沿技术在保险行业的深入应用，正在深刻改变保险产品和服务的形态、交付方式以及风险管理手段。这些变革提高了保险业的效率，促进了保险产品的创新，但同时也带来了新型风险，包括隐私泄露风险、技术依赖风险和高科技诈骗风险等。它们在风险演进规律的作用下，加快和扩大了风险传播的速度和范围，给监管带来了新的难题。

第一，保险业务在数字化和互联网化过程中，会收集用户的大量信息并存储到远程云端。例如，医疗保险涉及大量个人基本信息和健康信息，包括疾病和用药信息；养老保险涉及大量个人基本信息和家庭信息；汽车保险则涉及个人基础信息和家庭财产信息，包括个人驾驶行为和性格信息。而黑客攻击或者数据操作失误可能导致大量的隐私信息被非法获取和滥用，对用户的信息与财产安全造成严重威胁。例如，2021年南非保险服务商QSure在一次黑客攻击中，其投保人信息中的账户持有人姓名、银行账户号码和银行分行代码等敏感信息遭到第三方盗取，使用户面临欺诈和身份盗用的风险。另外，在保险业务中存储的数据多为非结构化数据，如通话录音、纸质凭证信息等，这些信息包括文本、图片、视频、音频等多种格式，每种格式都有其独特的结构和特征，这种多样性使得建立统一的管理和保护措施，构建自动化的加密流程变得更加复杂。第二，保险公司也越来越依赖于这些先进的技术系统和平台，技术的复杂性和不断变化可能导致系统故障、服务中断或操作失误，影响保险公司的业务连续性和客户服务。第三，保险科技的进步也使得诈骗手段运用高科技且更加隐蔽，欺诈人员可以通过研究保险智能索赔系统中的漏洞，利用AI（Artificial Intelligence）技术合成受害人的声音样貌，进行身份盗用或伪造保险索赔，使得保险欺诈行为的防范难度日益增加。

（二）数据管理的复杂性

随着大数据技术的广泛应用，保险监管领域的数据管理也面临挑战，主要表现在对数据的收集整合、数据的质量与稳定性，以及应用路径规划三方面。首先，对监管机构来说，收集各环节的数据信息有利于交叉核验保险公司提交的各项审查资料的一致性。然而，保险行业普遍缺乏全面的数据收集系统，导致相当一部分用户接触点的信息流失,如电话咨询、订单修改的信息未能及时记录,线下纸质信息未被录入系统等。同时,来自各个渠道的数据信息待整合。从产品营销、日常用户信息维护到理赔,产业链的不同环节均有用户接触点。这些环节往往由不同团队负责,相应获得的数据也掌握在不同人员手中,因此不可避免地形成数据孤岛,增大监管机构交叉核验各项数据真实性的难度。其次,数据来源往往具有多样性,如社交媒体、传感器数据、医疗记录等,带来了数据质量不一的问题。这些数据可能包含错误、过时或不完整的信息,从而影响监管机构决策的准确性。最后,监管机构数据分析应用路径尚未清晰。通过传统保险业务、互联网合作伙伴以及移动穿戴设备等增值服务,国内保险公司收集了一定数量的用户数据,但利用大数据进行反欺诈识别等数据监管措施还没有普遍实施。

(三) 创新与监管的平衡

随着保险科技的兴起,传统保险公司、新兴保险科技公司、互联网巨头以及其他跨界企业纷纷进入保险市场,带来了多样化的产品和服务。这种多元化的市场参与者促进了保险市场的创新发展。例如,互联网平台如微信和支付宝通过与保险公司合作,提供了便捷的在线保险服务,这种对于保险产品的创新,不仅改变了消费者的购买习惯,也对保险行业的监管提出了更高要求。因此,监管机构在这种市场环境下,需要在促进创新与维持市场监管之间找到平衡点。一方面,监管机构需要鼓励保险业创新,以推动增长、提高效率和改善消费者体验,帮助保险业在快速发展的数字环境中保持竞争力。另一方面,监管机构还必须确保市场动态保持公平和竞争性。这包括防范反竞争行为、保护消费者利益以及维护保险市场的整体稳定。总而言之,保险监管机构在面对市场竞争压力时,必须采取灵活而审慎的监管措施,既要激发市场活力、促进创新,又要确保市场的公平竞争和消费者权益,这将非常考验监管机构的治理水平。

(四) 监管标准不一致

保险科技的全球性特点要求跨部门和国际监管合作。一方面,保险科技公司可能选择在监管较宽松的地区注册和运营,规避更严格的监管环境;另一方面,各部门和国际的信息共享也面临障碍,隐私保护法律、数据安全法规和技术能力的不同可能导致各主体之间掌握的数据无法自由流通,只有统一协调后才能自由流通。此外,跨境监管合作需要大量人力和物力资源投入,不同国家监管机构可能面临资源分配挑战,尤其在面对本国市场和国际合作双重压力时。

(五) 监管政策更新滞后

保险科技的发展往往超出了现有监管框架的范畴,而监管政策的更新速度往往慢于保险科技发展和市场变化的速度,与行业沟通不足,且缺乏动态更新监管政策的机制。这种滞后性可能导致监管真空,使得一些新兴的保险科技业务在没有明确监管指导的情况下运营,增加了行业风险。此外,在具体制度层面,近年来,我国保险监管的系统建设和数据治理方面的宏观制度短板在快速补齐，但仍然缺乏监管政策的有效支持。

第二节 保险监管技术

一、基于大数据技术的保险监管

在当今快速发展的保险行业中，大数据技术的应用已成为保险监管部门提升监管效能、确保市场稳定运行的重要手段。大数据技术是指从海量、多样、快速变化的数据中提取价值的技术。它包括数据采集、存储、管理、分析和展示等多个环节。在保险监管领域，大数据技术的应用主要集中在对保险公司数据的核查与监控，以及风险评估预警等方面。

借助大数据技术反保险欺诈

（一）保险资金监控

首先，保险监管机构利用大数据技术，通过建立保险资金监控系统，实时收集和分析业务数据、财务数据、客户信息等，以便及时发现潜在的风险和不规范行为。例如，2023年《国家医疗保障局关于进一步深入推进医疗保障基金智能审核和监控工作的通知》提出，全面建立智能监控制度，实施大数据实时动态智能监控，构建事前、事中、事后全环节监管的基金安全防控机制。目前，各省正在全面推进建立智能监控制度并推进智能监控常态化，加强对医保基金使用行为的实时动态跟踪，通过分析计费收费、开药、费用申报等各个环节的数据，监管机构可以识别出异常的理赔模式、费用支出异常等风险信号。基于这些分析结果，监管机构可以督促医疗机构合理诊疗、规范诊疗，以更好地服务看病群体。

其次，大数据技术还可以帮助监管机构识别各个保险公司是否存在提供虚假数据信息的情况，以识别各个保险公司是否存在侵占保险资金的迹象。例如，如果一家公司的理赔数据突然异常增长，或者理赔速度与行业平均水平相比显著加快，这可能表明该公司存在虚报理赔数据或操纵数据的行为。同时，大数据技术还能协助监管机构进行交叉验证。通过比对不同来源的数据集，例如，财务报表、市场报告和客户反馈，监管机构可以验证保险公司提供的信息的一致性和真实性。如果发现数据之间存在矛盾或不一致，则可能揭示了数据造假的行为，监管机构可以据此采取进一步的审查和行动。这有助于监管机构提前介入，确保保险公司不会存在侵吞保险资金、损害消费者利益的情况。

（二）风险评估预警

保险监管的核心是风险管理。大数据技术通过分析历史数据和实时数据，帮助监管机构更准确地识别和评估保险公司的风险状况。例如，通过分析保险索赔数据，监管机构可以发现潜在的欺诈行为和异常模式，从而提前采取措施。2022 年《中国银保监会办公厅关于银行业保险业数字化转型的指导意见》指出要进一步提高数据应用能力，利用大数据、人工智能等技术优化各类风险管理系统，将数字化风控工具嵌入业务流程，提升风险监测预警智能化水平。

传统的风险控制侧重人工审核和专家经验，数据来源主要包括内部数据和中央银行征信数据，模型设定常使用线性模型，其特点是数据维度较小、关联度较低、技术应用相对简单。而利用大数据的风险评估系统则采用自动分析决策为主、人工审核为辅的模式，数据来源广泛，包括第三方数据和线上线下多维度数据，模型设定更多地采用深度学习和集成学习模型，其特点是数据维度庞大、关联度高、技术应用充分，从而实现更高效、更准确的风险控制和决策支持。

通过整合和分析保险公司的内部数据（如保单数据、理赔数据、客户服务记录等）和外部数据（如社交媒体数据、公共记录、经济指标等），监管机构能够更准确地发现可能存在的欺诈行为或风险集中的区域。同时，大数据技术也提高了采集数据的质量。传统保险公司由于数据录入错误、系统设置不统一、操作不规范等，产生了大量垃圾数据和异常数据，也使得自动化、智能化风控变得困难。从网页、App（Application）、微信小程序等，通过客户自助填写、点选、线上授权采集等方式获取数据，代替传统的手工填录，可有效提升数据的标准化。而大数据技术的突破，使得实时采集保险标的物状态也成为可能，进一步提升了数据采集的效率与质量。

二、基于人工智能技术的保险监管

在保险行业，人工智能技术的应用已经覆盖了产品设计、定价承保、市场营销和理赔服务等环节。而在保险监管领域，人工智能技术通过精准分析和处理大量数据，助力监管机构的智能保险定损、优化保险理赔流程等。

（一）智能理赔

在保险监管中，人工智能技术的引入推动了保险理赔流程向自动化、智能化的方向发展，显著提高了理赔效率，有效遏制了保险欺诈行为，并增强了监管的透明度和响应能力。人工智能技术对保险理赔的积极影响主要包括以下三个方面：

通过自然语言处理、图像识别和语音识别等人工智能技术，能够自动识别并分析理赔所需的非结构化数据，如事故现场照片、医疗记录和维修发票等，从中提取关键要素（例如事故责任、损失程度和索赔金额），实现理赔数据的快速结构化处理。客户只需通过移动端上传材料，即可完成自动审核和定损，减少了人工审核环节，提高了理赔的效率，有效提升用户的服务体验，并降低了运营成本。

通过对大量历史理赔数据进行机器学习训练，能够识别出正常与异常理赔模式之间的差异,标记出可疑的理赔事件,例如频繁报案,报案内容与常规规则不符,与高风险群体相似等。结合图像识别技术,还可以对上传的事故现场照片或医疗凭证进行真实性检测,从而识别伪造、篡改、重复使用的证据材料。这些技术手段能够帮助保险公司在理赔初期就筛查出高风险理赔案件,有效减少欺诈行为的发生,提高保险理赔的高效性和公正性。

人工智能理赔系统的自动化处理机制有助于保险行为在统一规则下运行,减少人工干预和操作空间,为监管机构提供了高度结构化和可追溯的数据记录。监管部门可以实时采集、分析理赔数据,审查保险公司是否依规操作,及时发现潜在风险或违规行为,进而制定有针对性的监管措施。此外,人工智能系统还可用于市场行为分析,识别系统性风险苗头,为宏观审慎监管提供技术支持。

(二)智能合规审查

在合规监控方面,人工智能技术同样发挥着重要作用。根据国家金融监督管理总局行政处罚信息公开表的统计,在 2023 年度保险机构处罚金额及罚单数量中,由于文件资料造假或不合规的处罚占比最高,罚款金额占 29%,罚单数量占 25%。在人工智能技术中,自然语言处理(Natural Language Processing,NLP)技术使得监管机构能够自动化地审查和分析大量的文本数据,包括保险合同、营销材料和客户通信。智能合规审查系统可以提取关键信息,评估内容的合规性,并标记出可能违反消费者保护法规或其他相关法律的条款。例如,德勤会计师事务所通过搭建内容审核数字工厂平台,集成保险机构内容合规与保险监管机构要求,建立风险标签树统一审核标准;幸福人寿设计 RPA(Robotic Process Automation)机器人,自动在数据文件中抓取并核对相关数据,解放了 95% 以上的人工工作量,效率得到极大提升。总而言之,人工智能技术能够帮助监管机构高效地检查保险公司的合规性,监督保险公司遵守法律法规,同时也保护了消费者的权益。

三、基于云计算技术的保险监管

作为一种通过互联网按需提供计算资源的技术,云计算相比自行搭建本地服务器,为需要访问大量企业相关数据的保险监管机构提供了更低的成本、更灵活的资源分配和更便捷的访问方式,极大地增强了保险机构获取计算资源的灵活性和扩展性。根据艾瑞咨询的调查,77.42% 的保险机构已采用云计算开启新一代核心系统建设,混合云为数据与应用程序部署提供了更高的灵活性,是保险核心系统偏好的云部署模式;34.62% 的保险机构已建立"IaaS+PaaS+SaaS"(Infrastructure/Platform/Software as a Service)的多层次云能力,SaaS 凭借按量订阅、简化部署、快速验证等诸多优势,成为保险机构云化建设的重要切入口。随着技术的进步与广泛应用,云计算已经成为现代数字经济的基石之一,也为数据处理需求高的保险监管领域带来了深远影响。具体来说,云计算技术应用于保险监管中的优势主要包括以下三点。

（一）集中管理数据，确保安全便捷

云计算技术凭借其高度可扩展和灵活的特性，为保险监管机构提供了一个强大的集中式数据管理平台。在这个平台上，监管机构能够集中存储和管理来自不同保险公司的各类数据，包括财务报表、客户信息、保险条款、理赔记录等。这种集中化的管理方式不仅提高了数据的安全性，还通过云服务的多副本机制和灾备功能，确保数据的高可用性和持久性。举例来说，即使某个数据中心出现故障，监管机构仍然可以快速切换到备用数据中心，确保业务连续性。

此外，云端的数据分析工具使得监管机构能够轻松地进行大数据挖掘和趋势分析，这些深入的数据洞察，为制定监管政策和措施提供了有力支撑，使得监管工作更加精准和有效。首先，这些云端分析工具可以帮助监管机构深入了解不同地区保险市场的动态变化。比如，其可以分析各地区的理赔频率、赔付金额等指标，发现不同地区之间的差异。通过进一步分析这些差异，监管机构能够了解造成差异的潜在原因，包括地域特点、人口结构、保险产品设计等因素。有了这些数据支撑，监管部门就能够对症下药，制定针对性的监管措施，比如在理赔服务质量较差的地区加强监管，或者要求保险公司针对不同地区优化保险产品。其次，云端分析工具还能帮助监管机构识别保险市场中的潜在风险。比如，监管部门可以运用文本分析、舆情监测等技术，实时跟踪消费者投诉、媒体报道等信息，发现市场中可能出现的新型风险。一旦发现异常情况，监管机构可以迅速采取行动，如介入调查、发布预警信息等，尽快遏制风险蔓延。

（二）算力部署云端，降低硬件成本

云计算的按需付费模式不仅大幅降低了监管机构的初始投资成本，还显著减少了长期的运营和维护开支。由于云服务提供商负责基础设施的维护和升级，监管机构无须担心硬件的折旧和过时问题，也无须投入大量人力进行系统维护。这种模式使得监管机构可以将有限的资源和预算集中在核心监管工作和创新技术上，而不是消耗在基础设施的维护上。比如，监管机构可以利用更多预算来开发智能风险预警系统、在线申报系统等，为行业参与者提供更优质的服务。

此外，云计算的弹性伸缩特性，为监管机构提供了极大的运营灵活性，使其能够根据业务需求的变化，随时调整资源的使用，从而进一步降低成本。首先，云计算模式下，监管机构无须提前大规模投资购买硬件和软件。相反，其可以根据实际使用情况，按需向云服务提供商租赁计算资源、存储空间等，大幅节省了前期的基础设施建设成本。这种灵活的资源调度模式，不仅降低了监管机构的初始投资，也使其避免了硬件过度配置或资源闲置的问题。其次，云计算平台本身具备自动弹性伸缩的功能，能够根据监管机构的实际需求，动态调整资源分配。比如，年初是监管机构进行年度报告数据处理的高峰期，云计算平台会自动为其分配更多的计算资源；在需求较低的日常时段，则会收缩资源使用，避免资源浪费。这种按需分配的模式，使监管机构无须为了应对业务高峰而大量采购冗余硬件,大大降低了整体的 IT 基础设施成本。

(三)云端记录公开,监管行为透明

云计算技术的另一个重要贡献是提升了监管行为的透明度。通过云计算平台,监管机构可以构建更加开放的数据共享环境,允许经授权的利益相关方,如保险公司、消费者团体等,访问关键的监管数据和信息。这种开放性不仅有助于提高监管决策的透明度,还能够促进行业内的公平竞争,因为所有参与者都能够基于相同的数据和信息作出决策。例如,监管机构可以在云计算平台上公开保险产品的违规记录、监管处罚信息等,使得行业内外所有相关方都能了解监管动态,并对监管工作提出建议和反馈。

此外,云计算平台还可以支持监管机构开发在线服务和应用程序,如保险产品数据库、理赔进度查询等,这些工具不仅为公众提供了更多的信息,也为监管机构提供了反馈和监督的渠道,有助于提升监管机构公信力,为保险行业的健康发展创造良好的外部环境。首先,通过云计算平台开发的保险产品数据库,监管机构可以将各类保险产品的详细信息,如承保范围、费率标准、条款细则等,统一整理并对外公开。这不仅方便消费者查询了解产品信息,为其选择合适的保险提供依据,也让监管机构的工作更加透明化。一旦发现问题产品,监管部门也可以及时通过这个数据库发布预警信息,提醒公众注意。其次,监管机构可以开发在线理赔进度查询系统,让消费者实时了解自身理赔案件的处理情况。这不仅增加了监管工作的透明度,也有助于消费者和监管部门之间的双向互动。一方面,消费者可以通过这个系统反馈理赔过程中遇到的问题,监管部门据此可以发现市场痛点,制定改进措施;另一方面,监管部门也可以利用这个平台发布理赔办理指南、合规要求等信息,主动与消费者沟通。

综上所述,云计算技术为保险监管带来了前所未有的机遇。它不仅改变了监管机构的工作方式,还推动了监管理念和方法的创新。随着云计算技术不断成熟和应用的深入,保险监管机构将能够更加有效地应对市场风险,保护消费者利益,促进保险行业的健康发展。然而,云计算也带来了数据安全和隐私保护等新的挑战,监管机构需要在享受云计算带来的便利的同时,加强对云计算环境的安全管理,确保监管数据的安全性和合规性。

四、基于区块链技术的保险监管

作为一种分布式账本技术,区块链技术为交易和信息的存储提供了一种全新的安全机制。相比于传统的中心化数据管理,区块链技术为保险监管带来了更好的透明度、更高的数据安全性以及更强的欺诈防范能力。它允许监管机构实时地追踪保险合约和交易的状态,从而极大地提高了监管的效率和响应速度。此外,区块链的去中心化特性降低了数据管理的集中风险,增强了系统的韧性。

上海保险交易所"保交链"平台

近年来，保险业逐渐加深了对区块链技术的研究和应用。2019 年，中国太保旗下中国太保产险与全球区块链保险联盟 B3i Services AG（简称 B3i）成功完成一款巨灾超赔再保险产品的上线测试，成为国内首家实现国际再保区块链商业化运营的保险公司。截至 2023 年，平安保险响应乡村振兴战略，投资 1 亿余元在全国多处试点农业生产与区块链技术结合，从生产有记录、信息可查询、流向可跟踪、质量可追溯的全维角度，进行了农产品质量追溯系统设计，通过金融、追溯技术和产业的结合，确保从生产到餐桌的质量安全。随着技术成熟和应用领域扩展，区块链逐渐成为保险监管领域的重要工具，既提升了监管质量和效率，也为保险业的创新发展开辟了新的可能性。具体来说，区块链技术应用于保险监管中的优势主要包括以下三点。

（一）去中心化管理，确保数据安全

在传统的中心化数据库中，所有客户的隐私信息都集中存储在保险公司的核心系统上。这些敏感数据一旦遭到黑客攻击，不仅会严重威胁到公司的数据安全，也可能导致大量被保险人隐私信息的泄露和滥用。对于保险行业来说，这无疑是一个巨大的隐患，不仅有损公司的声誉，也对用户的信息安全造成了极大的损害。

相比之下，区块链技术的分布式架构为隐私数据保护提供了更好的解决方案。在区块链网络中，每一个节点都保存着完整的交易记录，而这些记录都是经过加密处理的。即使个别节点遭到攻击，黑客也无法轻易获取到明文的隐私信息。更重要的是，任何对区块链数据的篡改行为，都会立刻被整个网络系统检测并拒绝，确保数据的完整性和不可篡改性。这不仅大大提升了被保险人个人信息的安全性，也为保险公司带来了诸多监管优势。一方面，区块链记录的交易过程是完全透明化的，监管部门可以随时查阅并核实；另一方面，隐私信息的访问和使用也受到严格的权限控制，杜绝了内部人员的数据滥用行为。这些都有助于保险公司建立起更加合规、可信的运营模式。

（二）保险记录上链，追溯检测欺诈

欺诈行为一直是困扰保险行业的一大痛点。首先，即使监管部门能够发现问题线索，要彻底遏制保险欺诈行为也非常困难。因为数据信息都集中在保险公司内部，监管部门很难快速核查和追溯交易全过程。即便采取重罚措施，也很难彻底杜绝类似事件的再次发生。其次，保险业务涉及面广、流程复杂，很难对每一笔理赔交易进行全面监督。小规模的欺诈行为往往难以被发现，积少成多后也会造成巨大损失。针对这些难题，区块链技术可以构建一个公开透明的不可篡改记录系统，为保险公司和监管机构提供一种有力的欺诈检测工具。在区块链上，每一笔交易和索赔记录都会被永久记录下来。这种高度透明和可追溯的特性，使得保险公司和监管部门能够更容易地分析交易模式，识别出可疑的欺诈行为。

同时，区块链技术中的智能合约功能也大大增强了数据安全和业务诚信的能力。所谓智能合约，就是预先编写好的、可自动执行的程序，它能够在满足特定条件时，自动

触发相应的操作，而无须人工干预。对于保险行业来说，这种自动化特性尤为重要。以前，保险理赔往往容易出现欺诈行为，比如客户虚假申报、公司拖延赔付等。但有了智能合约的参与，就可以大大降低这种人为操纵的可能性。具体来说，保险公司可以将各种理赔条款事先编码到智能合约中。一旦客户提出理赔申请，满足合约预设的触发条件，智能合约就会自动执行赔付流程，无须人工干预。整个过程都记录在区块链上，无法被事后篡改。这不仅有效遏制了欺诈行为，维护了整个行业的市场秩序，也大幅提升了客户体验。保险公司可以为客户提供更加公正、透明和高效的服务，赢得更多消费者的信任，从而带动整个保险行业的诚信度和公信力不断提升。

（三）索赔流程简化，提升赔付效率

在传统的保险索赔流程中，客户提出索赔申请后，往往需要经过多个环节的审核和批准，包括保险公司的理赔部门、法务部门乃至外部专家的审核。这不仅大大延长了整个赔付的处理时间，也增加了差错发生的可能性。对于客户来说，往往需要等待数周甚至数月才能收到赔付款，这极大地影响了他们的保险体验，也可能损害保险公司的声誉。

利用区块链技术和智能合约，可以将这一流程大幅简化。智能合约是区块链技术的一大创新。在保险领域，一旦客户提供了齐全的索赔材料，满足了理赔条件，智能合约就可以自动触发赔付过程，迅速将赔款划转到客户账户，整个流程在几分钟内就可以完成。这种自动化的赔付机制，不仅大幅缩短了客户等待赔付的时间，也极大地降低了人工操作错误的风险。并且由于区块链上的交易记录是透明、不可篡改的，即使出现纠纷，也可以快速查验和核实，进一步提高了整个过程的效率和可靠性。

区块链技术的融入为保险监管带来了新的变革和机遇。通过引入一种透明、不可篡改的数据管理机制，它重新定义了监管机构监督保险活动的方式，促进了监管理念和操作方法的革新。随着区块链技术不断发展和其在保险领域深入应用，监管机构有望以前所未有的效率和准确性来应对市场风险、保护消费者权益，并推动保险行业的健康持续发展。区块链技术的去中心化特点和加密机制也为保险数据提供了更高级别的安全保护，但同时也引发了数据处理能力、监管适应性以及技术标准统一等方面的新挑战。监管机构需不断适应这一新兴技术，发展新的监管工具和策略，确保在利用区块链技术带来的便利和创新潜力的同时，能够有效管理与之相关的风险。

第三节 监管科技在保险监管中的未来应用展望

一、大数据技术在保险监管中的未来应用展望

在保险监管领域，大数据技术的引入不仅提高了监管效率，还为风险管理、欺诈检

测等方面带来了新的机遇，尤其是多模态和多源数据技术的应用。

在未来，多模态数据技术在风险管理中的应用将进一步深化。传统的风险评估主要依赖于单一的数据源，如财务报表和历史理赔记录。然而，多模态数据技术可以将文本、图像、视频、音频等多种形式的数据结合起来，进行综合分析。例如，通过分析客户的社交媒体活动、健康记录、地理位置数据等，可以更全面地了解客户的行为模式和风险特征，从而提高风险评估的准确性。

此外，多源数据技术在欺诈检测中的应用前景将更加广阔。多源数据技术可以通过整合来自不同渠道的数据，如客户申报信息、历史理赔记录、交易记录、社交媒体数据等，进行实时分析，及时发现和识别潜在的欺诈行为。例如，通过跨平台的数据关联和异常检测，可以快速发现不一致的申报信息和异常行为模式，从而提高欺诈检测的准确性和效率。监管机构可以利用这些技术，实时监测和分析保险公司的经营状况和风险状况。同时，多模态数据技术还可以帮助监管机构提高监管的透明度和公正性，提升监管效率和效果。未来，随着这些技术进一步发展，保险监管将变得更加智能化和科学化。

二、人工智能技术在保险监管中的未来应用展望

随着人工智能技术快速发展，保险行业迎来了前所未有的变革机会，尤其是大模型和通用人工智能（Artificial General Intelligence，AGI）的出现，将会给保险监管带来更多新的工具和方法。

大语言模型可以高效处理和分析大量的文本数据，而保险监管机构需要处理大量的政策文件、理赔报告和投诉信息，这对其来说尤为重要。此外，大模型可以通过分析历史数据和实时数据，帮助保险公司和监管机构进行风险评估。例如，大模型可以通过学习大量的历史欺诈案例，建立更为复杂的欺诈检测模型数据库，以便捷地提示监管机构采取相应的调查措施。

通用人工智能具有超越传统人工智能的能力，可以在不同任务之间灵活切换。对于保险监管来说，AGI可以作为智能决策支持系统，帮助监管者在复杂的情况下做出更明智的决策。例如，AGI可以综合考虑多种因素，如市场动态、法律法规变化、客户行为模式等，提供全面的分析和预测，支持监管政策的制定和调整。AGI高度自动化的监管流程，能够实现从数据收集、处理，到分析、报告的全程参与，并根据最新的监管要求和市场情况自动调整和优化流程。这种自动化不仅可以大幅提升监管效率，还可以减少人为错误，提高监管的准确性和及时性。随着保险行业不断发展，合规要求也在不断变化。通用人工智能可以帮助保险公司和监管机构动态管理合规性。AGI可以实时监控和分析法律法规的变化，自动更新合规检查标准，确保所有操作符合最新的监管要求。这种动态合规管理可以显著降低合规风险，提升行业的整体透明度和信任度。同时，大模型和AGI的决策过程往往复杂且不透明，未来也需要关注技术应用的透明性和可解释性。

三、云计算技术在保险监管中的未来应用展望

随着云计算技术不断发展和成熟,其在保险监管领域中的应用前景更加广阔,但也面临着全新的挑战。我们可以预见以下几个方面的发展趋势。

(一)智能化监管平台

未来,云计算技术将推动智能化监管平台的建立,这些平台将整合大数据、人工智能和区块链等先进技术,实现全方位、实时的保险监管。例如,监管机构可以通过云平台实时采集和分析保险公司的运营数据,自动识别潜在的风险和违规行为。这些智能化工具将大幅提升监管效率,减少人工干预和操作失误,提高监管的准确性和及时性。

通过云平台,监管机构可以构建一个统一的监管数据仓库,集成不同来源的数据,包括保险公司的运营数据、市场行情、消费者反馈等。利用 AI 技术,云平台可以自动进行数据挖掘和分析,生成监管报告和实现风险预警,帮助监管机构及时发现和应对潜在问题。这种智能化的监管方式,不仅提高了监管效率,也增强了监管的科学性和前瞻性。

(二)协同监管机制

云计算技术将促进保险监管机构之间的协同合作,建立更加紧密的协同监管机制。未来,不同国家或地区的监管机构可以通过云平台实现数据共享和协同监管,共同应对跨境保险业务的监管挑战。云平台可以提供一个安全、高效的数据交换环境,支持监管机构之间的实时沟通和协作。

例如,当一家跨国保险公司在多个国家开展业务时,云平台可以帮助各国监管机构实时共享该公司的运营数据和监管信息,及时发现和应对跨境风险。这种协同监管机制,将有效提升跨境保险业务的监管效率,减少信息不对称和监管盲区,保障全球保险市场的健康发展。

(三)优化客户服务

云计算技术能够优化保险监管机构的客户服务能力。未来,监管机构可以通过云平台提供更多便捷的在线服务,如在线投诉和咨询、理赔进度查询等。这将增强监管机构与消费者之间的互动和沟通,提高客户满意度和信任度。例如,监管机构可以基于云平台开发统一的客户服务门户,集成各类在线服务。消费者可以通过门户,方便地提交投诉、查询理赔进度、获取政策解读等。云平台的自动化处理能力,将显著提升服务效率,减少人工干预和操作失误,提升客户体验。

然而,云计算技术在保险监管中的应用也面临挑战。首先是数据安全和隐私保护问题。在云计算环境下,保险公司的大量敏感数据存储在云端,如何保障数据的安全性和

隐私性是一个亟待解决的问题。其次是较为高昂的成本。尽管云计算可以降低硬件和维护成本，但其初始实施和长期运营成本仍然较高，需要在成本和收益之间找到平衡点，以确保云计算应用的可持续性。此外，云计算技术的应用要求监管机构制定新的政策和法规，以适应新技术带来的变革。这需要监管机构具备前瞻性思维和迅速应对变化的能力，及时调整和优化监管策略及方法。

四、区块链技术在保险监管中的未来应用展望

随着区块链技术在保险监管中逐步深入和广泛应用，保险监管领域也面临着全新的机遇与挑战。我们可以预见以下几个方面的发展趋势。

（一）多方参与的互信平台

未来，区块链技术将有望建立起一个多方参与的互信平台，包括保险公司、监管机构、客户以及其他相关方。凭借区块链的去中心化和透明性，各方能够共同维护一份公开、不可篡改的账本，记录所有的交易和合同。这种机制将显著提高信息的透明度和信任度，减少因信息不对称带来的摩擦和纠纷。

具体来说，保险公司可以在区块链上记录保单的创建、变更和理赔全过程，客户则可以随时查询自己的保单状态和理赔进度，增强对保险公司的信任。对于监管机构而言，可以实时监控保险公司的业务运作，快速识别和应对潜在的违规行为，提升监管效率。此外，这一平台的建立还能促进跨国保险业务的发展，提供统一的标准和透明的交易记录，便于跨国业务的监管和操作。

（二）智能合约的全面应用

智能合约是区块链技术的核心应用之一，未来将会在保险监管中得到更加广泛的应用。此外，智能合约还可以在保险产品设计中发挥重要作用。例如，可以设计出基于智能合约的"按需保险"，客户可以根据实际需求随时开启或关闭保险服务，按使用量付费。这种灵活性和定制化将满足不同客户的多样化需求，提升保险产品的竞争力和市场吸引力。

（三）推动行业标准化

区块链技术的应用将推动保险行业的标准化发展。目前，保险行业面临着不同保险公司之间数据格式和标准不统一的问题，导致数据交换和共享的困难。区块链技术可以提供统一的标准和协议，使得各方能够无缝对接、共享数据。例如，通过区块链平台可以统一保险合同的格式和条款，提高合同管理的效率和透明度。这不仅有助于提升行业的整体效率，也为监管机构提供了更清晰、标准化的数据，便于监管和分析。随着行业标准的建立和推广，保险公司的业务操作将更加规范，客户的权益也会得到更好的

保护。

然而，区块链技术在保险监管中的应用也面临挑战。首先是数据隐私和安全问题。虽然区块链技术提供了高度的透明性和安全性，但如何在保护数据隐私的同时实现信息共享是一个需要解决的问题。其次是技术和人才的缺乏。区块链技术的发展需要高水平的技术支持和专业人才，如何培养和引进相关技术人才，是保险行业面临的重要问题。最后，为了适应区块链技术带来的变化，如何建立健全相关法律法规和政策，也是保险监管面临的一项重要任务。

本章小结　　本章首先介绍保险监管的含义与必要性、目标与原则、主要内容和方式，剖析技术发展对保险监管带来的挑战；其次，讲解大数据技术、人工智能技术、云计算技术、区块链技术能够为保险监管带来的应用价值；最后，从潜在的益处与挑战两个方面探讨各类新兴技术在保险监管领域的未来应用展望。

思考题
1. 为什么要进行严格的保险监管？
2. 技术发展对保险监管带来的挑战和难点主要体现在哪些方面？
3. 在保险监管技术中，大数据技术在风险评估预警方面的作用体现在哪些方面？
4. 人工智能技术在保险监管中的应用，对于保险理赔处理自动化有哪些积极影响？
5. 请简述云计算技术在保险监管中的优势以及带来的挑战。
6. 请简述区块链技术在保险监管中的优势以及带来的挑战。

即测即评

参考文献
[1] 卞志村. 金融监管学 [M]. 北京：人民出版社，2011.
[2] 刘超，谢启伟，马玉洁，等. 金融监管学 [M]. 北京：中国铁道出版社有限公司，2019.
[3] 刘亮. 金融监管学 [M]. 上海：复旦大学出版社，2022.
[4] 马勇. 金融监管学 [M]. 北京：中国人民大学出版社，2021.
[5] 祁敬宇. 金融监管学 [M]. 2版. 西安：西安交通大学出版社，2013.

延伸阅读
[1] 李斌，常闰芃，王颖慧，等. 多类型相关性下的保险业操作风险度量研究 [J]. 运筹与管理，2022，31（9）：189-195.

［2］李斌，王颖慧，朱晓谦，等.保险业重要风险点的识别和演化分析：基于财务报告中披露的文本风险信息［J］.系统工程理论与实践，2022，42（2）：333-344.

第十一章
数字货币监管应用

2008年,以区块链技术为基础的比特币使数字货币为大众所熟知,货币形态也迎来了数字化变革。互联网和区块链等技术使传统金融风险的不确定性得到放大的同时还使风险发生越发隐秘。在这种情况下,充分利用区块链、云计算、大数据、人工智能等技术,将数字货币的风险与损失降到最低程度,显得尤为重要。目前,数字货币领域的金融科技监管技术得到了一定程度的发展,但在其生产、兑换、流通等不同环节的技术运用仍需进一步深入研究。

第一节 数字货币概述

一、数字货币的定义

数字货币的统一定义目前还没有形成。狭义的数字货币主要是指采用特定数字加密技术的无须物理载体的数字化货币,如比特币、央行数字人民币等;广义的数字货币是指没有实体形态的电子通货,即利用电子数据(二进制数据)信息,通过计算机和通信网络进行编码排序和计算,从而形成的数字货币形式。

数字货币底层技术为密码学算法检验技术,它以数字化的形式进行设计、发行和流通,由相对特殊的市场主体发售并只能在该主体创设的"社区"内使用,是电子货币的延伸。货币抛弃了传统的交易模式,虽然没有常规物理载体,但本质上仍是电子化记账,在互联网等三方平台上完成货币的收付,不属于严格意义上的数字货币。电子货币的诞生标志着数字货币开始萌芽,并为数字货币奠定了一定的基础。

电子货币(Electronic Money)诞生于20世纪末21世纪初,以电子计算机技术为依托,进行储存、支付和流通。国际清算银行对电子货币的概念解释为:随着纸张经济向数字经济的转变以及电子商务蓬勃发展,在联网状态下,使用电子现金在生产、交换、分配和消费领域的应用越来越广泛。尤其近年来,第三方支付这一新的支付工具快速发展、迅速普及,超乎人们预期,第三方电子货币成为当前电子货币的主要形式,在较大程度上取代了现金的流通及使用。

二、数字货币发展历程

相比较于纸质货币,数字货币的历史相对来说还是非常短暂的。比特币的出现是一个历史分水岭,在它之前,数字货币并不成熟,尚未出现点对点的交易形式,仍处在数字货币的探索阶段。比特币的出现同时也意味着区块链技术正式踏上历史舞台,数字货币开启发展历程。通过了解数字货币的历史,我们可以更好地感受数字货币的内涵和外延。其发展中重大事件如图11-1所示。

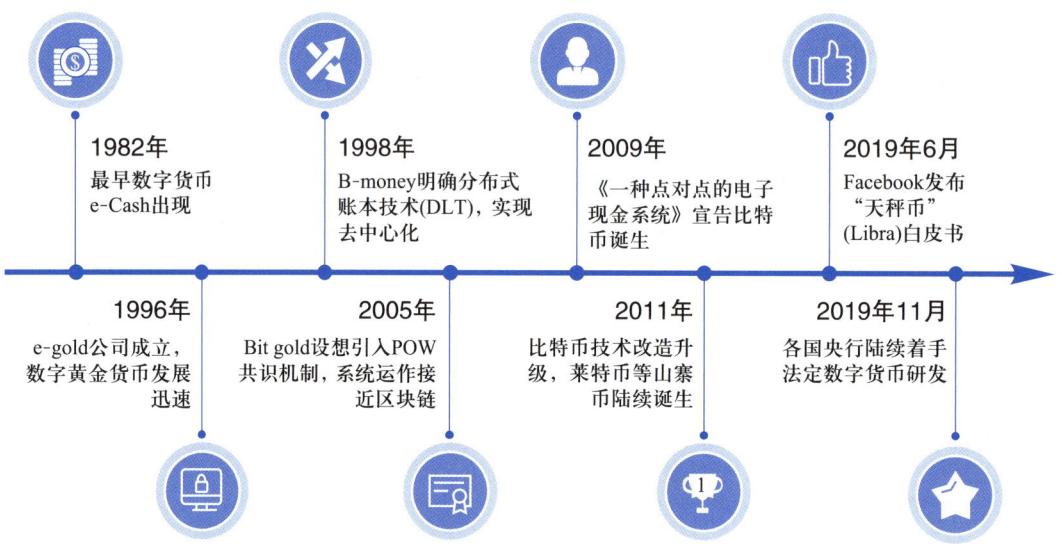

图11-1 数字货币发展重大事件梳理

(一)数字货币探索阶段:1982—2007年

1982年,数字现金(e-Cash)出现。数字现金算是历史上最早出现的数字货币。但从其本质上来讲,只是使传统有物理载体的货币可以以数字化的形态呈现,并在网络上通过密码学者大卫·乔姆提出的"盲签约"技术得以自由使用,但并不能被公开传递流通。此外,匿名交易使监管变得异常困难,这种情况下无法获得银行以及金融监管部门的支持,由于银行对 e-Cash 系统的使用并不积极,直接导致 e-Cash 无法触及用户。1998年 Digi Cash 宣布破产,具有革命性的 e-Cash 也就此终结。

金本位崩溃之后,某些政府滥用货币支配权导致恶性通货膨胀,坚定的金本位支持者道格拉斯·杰克逊于1996年创立了 e-gold 公司,该公司进行了充足的黄金储备,通过1:1锚定黄金的价格将金本位时代的交易模式电子化,由于 e-gold 不需要通过银行账户一系列烦琐复杂的流程手续,用户可以快捷方便地实现 e-gold 与法币间的兑换,不同用户间也可以进行 e-gold 的直接划转且 e-gold 具备支付功能。2000—2009年,数字黄金货币发展迅速,2009年 e-gold 拥有3.5万吨以上的黄金储备,在165个国家拥有超过

500万个账户，巅峰时期亚马逊、雅虎等行业巨头公司都开通了 e-gold 支付交易方式。然而，由于用户注册和使用 e-gold 账户全程不需要提供真实身份，又可以在同类账户间自由划转，提供兑换各国法币的便利性同时也产生了非法资金转移的便捷性，由于其能够成功避开全球清算体系，系统的匿名性为黑客洗钱提供了犯罪基础，平台持续遭到黑客袭击，最终迫于政府压力宣告破产。虽然和 e-Cash 一样，两者在技术上与现在大众熟知的密码货币并无关系，但是它们证明了人们对于数字货币市场存在广泛需求，这对后续数字货币的浪潮具有重要意义。

1998 年戴伟提出了去中心化数字货币的构想——B-money，由于 e-Cash 和 e-gold 的失败都归因于中心化运作机构，加之人们对央行等信用中心越来越不信任，去中心化的思想开始流行。B-money 相较于之前构想的不同之处在于，明确了分布式记账的概念，即一个由多个具有记账功能的节点共同维护一个特定账本的分布式存储系统。分布式账本技术（Distributed Ledger Technology，DLT）基本思想可以理解为一种集体记账，与之前的货币体系只有一个中心化的记账人不同的是，当交易者发起一笔交易时，他会将这笔交易信息广播出来，全网用户都在进行记账，因此，B-money 可以实现去中心化。中心化与去中心化网络结构图如图 11-2 所示。

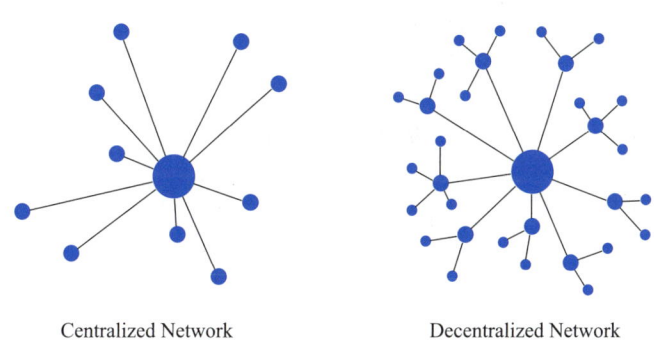

图 11-2　中心化与去中心化网络结构图

然而，B-money 并没有找到合适的共识机制，无法解决重复支付以及货币生成这两个核心问题。由于一致性无法被解决，B-money 没有获得实际应用。但其设计理念及分布式账本技术影响深远，之后包括比特币在内的众多数字货币的底层技术都是分布式记账技术。在比特币白皮书中，全文的第一处引注就来自于 B-money 的白皮书。

2005 年，尼克·萨博（Nick Szabo）成功解决了"账本一致性"和"货币生成"的一致性难题，提出 Bit gold 设想。Bit gold 是独立密码学货币的第一个模型，引入 PoW（工作量证明）共识机制，包含了工作量证明机制，让参与者能够证明自己创造出来、纯粹用作数字形式的货币。Bit gold 使用前一个工作量证明的结果作为谜题，参与下一波 Bit gold 的生产，这种设计使得系统运作最终形成一串已解决的谜题的链条，已经非常接近区块链。然而，由于种种原因，Bit gold 的设想没能成功落地。

从 e-Cash、e-gold 到 B-money 再到 Bit gold，数字货币经历了二十余年的探索。这些探索虽然都以失败告终,但仍具有深远的历史意义,这些探索加速了货币形态最终由实物货币向数字货币演进的进程。

(二) 数字货币发展阶段: 2008 年至今

2008 年一位自称中本聪的用户在密码朋克上提出了对于数字货币的新设想,次年 1 月,他发布的《一种点对点的电子现金系统》比特币白皮书以及第一版比特币客户端,宣告了比特币 (BTC) 的诞生,与此同时,区块链技术随之出现。比特币使用区块链技术解决了一致性难题,比特币区块链采用了 B-money 的分布式记账技术 (图 11-3),非对称加密技术和密码学中的哈希函数的应用可以完成点对点间的交易信息传输与加密,PoW 共识机制使区块链系统每隔 10 分钟会产生一个新的区块,每个区块设定特定算法维持比特币供应量的增长,在避免了通货膨胀的同时 PoW 共识机制也降低了 51% 的攻击可能性。但随着比特币关注度越来越高,安全性、隐私泄露等问题也逐渐出现。

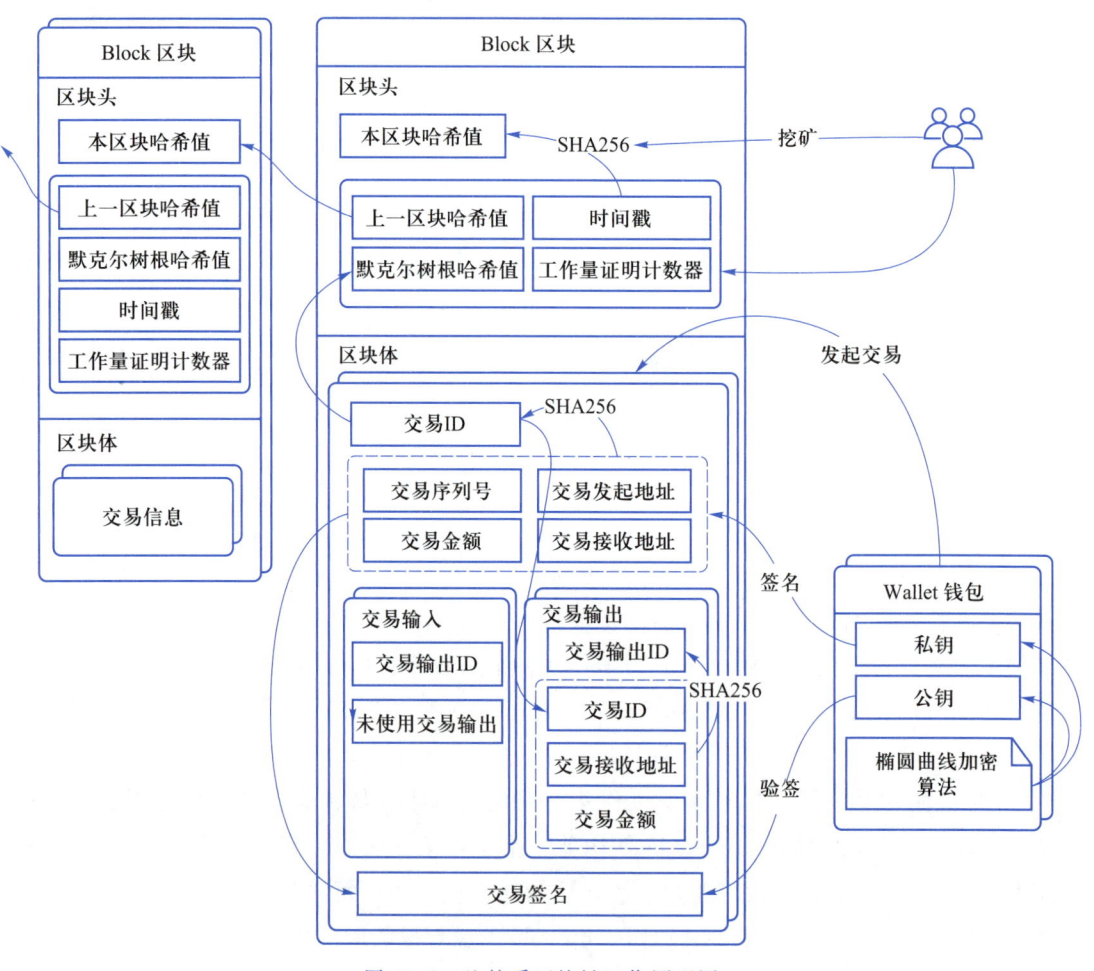

图 11-3 比特币区块链工作原理图

2011年，随着比特币的技术被逐渐改造升级，全球范围内出现越来越多的比特币替代品，后来被统称为山寨币（Alt Coin）。其中，由美籍华人李启威创建的莱特币在交易确认速度、挖矿难易度以及货币总量方面都做了改进，更是于2017年通过隔离见证和闪电网络解决了比特币交易拥堵的难题。至此，通过比BTC更好的交易优势和应用场景拓展，莱特币在狗狗币、达世币、门罗币等一众山寨币中脱颖而出。

比特币及其山寨币自诞生以来就常因价格波动被人诟病，2019年6月Facebook发布"天秤币"（Libra）白皮书。提出Libra不追求对美元汇率的稳定，而是追求实际购买力的相对稳定，并采用法币计价的一篮子低波动性资产作为抵押物。Libra的愿景是成为"全球性的数字原生货币，集稳定性、低通胀、全球普遍接受和可互换性于一体，推行金融普惠，主打支付和跨境汇款"。Libra作为超主权的数字货币，起源于具有全球用户网络效应的社交网络，一旦被启动，其影响力不局限在影响和挑战一国或地区的金融稳定和金融监管框架，还会将风险在世界范围内迅速传导和扩散。因此Libra项目发布至今一直受到极大阻力。2020年10月，金融稳定委员会（FSB）已对其发出警告，认为全球稳定币（GSC）的出现可能挑战现有的监管的全面性和有效性。这也引起学界对GSC将如何影响金融稳定、货币政策传导等宏观经济问题的激烈讨论。

以大数据、云计算、人工智能和分布式账本技术为代表的新兴技术催生出大量的科技企业和金融创新产品。稳定币（Stable Coin）的出现更促使许多国家和地区央行着手开展法定数字货币的研发工作。例如，新加坡金管局于2019年11月11日宣布，基于区块链的躲避支付系统原型Ubin进入第五阶段。2019年12月17日，欧洲央行发布PoC项目EURO chain。2020年1月21日，国际清算银行（BIS）与加拿大、英国、日本、欧洲、瑞典和瑞士等央行共同成立央行小组，开展央行数字货币的研发。2020年2月8日，IMF建议东加勒比货币联盟（ECCU）尝试使用一种共同的数字货币。2020年2月11日，美联储主席表示，美联储正在研究央行数字货币，但尚未决定是否推出数字美元。2020年2月11日，欧洲中央银行（欧洲央行）行长表示，希望评估央行数字货币能否为公众提供明确的用途，并支持欧洲央行的目标。

三、数字货币类型

本书所讲的是狭义层面的数字货币，即依靠数字加密技术创造、发行和流通的货币。根据数字货币的特性和发行方式不同，数字货币可以分为三类：匿名币（Anonymous Currency）、稳定币、央行数字货币（Central Bank Digital Currency）。其中，前两种数字货币不由主权国家的央行等官方机构发行，因此也可称为非法定数字货币；央行数字货币的发行流通一般由国家强制力保障实施，不同于非法定数字货币，央行数字货币是以国家信用为背书，根据国家自身需求，结合区块链技术发行的通货。

（一）匿名币

匿名币最突出的特点是去中心化，其不受个人、公司和银行所控制，并且可以在世界范围内各个数字货币交易平台上自由流通。与其他类型数字货币不同的是匿名币在交易中可以隐藏发送方、交易金额或者接收方，这一特性满足了用户保护隐私的需要。

比特币属于匿名币中最为大众所熟知的，伴随比特币出现的还有区块链技术。由于匿名这一特点的独特重要性，比特币的分叉匿名币不断涌现，除了支付之外，它还具有让用户进行匿名交易的属性，之后就出现了 ZEN、DASH、XZC、BEAM、GRIN、XMR 等利用各种不同匿名技术实现的匿名币。

（二）稳定币

稳定币的币值比较稳定，属于受价格波动影响较小的一种加密数字货币。稳定币本身在价格上相对稳定，因其通常挂钩于黄金、欧元、美元等一些稳定的资产，货币单位价格购买力会相对稳定一些。稳定币不会像比特币那样暴涨暴跌，同时具备了比特币的部分特性，这使得稳定币无论是从价值存储，还是作为交换媒介，以及记账单位的角色来说，都比匿名币更具优势。

BUSD 是由瑞士公司 Be Treasury Asset Management 发行的一种稳定币。它锚定的资产是美元，在市场中流通的每一枚 BUSD 都有对应的 1 美元资产存放在银行。为了保证币值相对稳定，其背书的美元资产总量始终大于 BUSD 总发行量，公司还采用独立的第三方会计师事务所对资产进行审计并定期将审计结果予以披露。与 BUSD 用美元做背书不同的是，天秤币（Libra）全部采用真实的资产储备作为担保，抵押的是一系列的如政府证券等低波动性资产，这类资产一般由国家央行提供，价格稳定且信誉良好。天秤币虽然因为锚定国家资产为信用背书，但因为其发行机构为 Libra 协会，该协会并不具有国家信用，天秤币的不稳定性并未全部消除。

（三）央行数字货币

2017 年，国际清算组织（BIS）提出"法定数字货币"（Central Bank Digital Currency，CBDC）的概念，CBDC 受到国际国内的广泛关注。央行数字货币是不同于传统金融机构在中央银行保证金账户和清算账户存放的数字资金的一种数字形式中央银行货币。央行数字货币能够在一定程度上实现物价稳定，代表国家主权信用，具有广泛的可接受的基础；由央行发行，可以广泛地与一国的金融基础设施连接起来，不依赖特定的账户；对资本外逃、贪污腐败、地下经济等问题，仍具有公共产品属性，可以发挥有效的治理效应；对于传统法币同质化的单一性、难以追踪和操作当下性的克服，法币的精确投放、前瞻引导和逆周期调节都可以通过数字化和可编程化的方式实现。

目前较为知名的央行数字货币有委内瑞拉的石油币，美联储的稳定币 Fed Coin，加拿大央行的稳定币 CADCOIN，瑞典央行的稳定币 Krona，中国央行的稳定币 DC/EP 等。

以中国的数字人民币（DC/EP）为例，2014 年中国人民银行开始重点研发区块链技术和数字货币，2016 年，中国人民银行正式成立数字货币研究所，次年开展数字人民币研发工作，2019 年在深圳首次开展数字货币研究和移动支付试点。商务部于 2020

年出台印发《全面深化服务贸易创新发展试点总体方案》，明确在北京、天津、上海等28个省市（区域）加快推进人民币在服务贸易领域的跨境使用。到2021年7月，已有10个城市成为数字人民币的试点区域，发展历程如图11-4所示。目前，数字人民币已基本完成概念论证、顶层设计等工作，涵盖数字货币发行方式、运营体系、流通过程、数字钱包、应用场景以及基于区块链的数字身份验证等领域，我国申请的法定数字货币相关专利共计130余项。

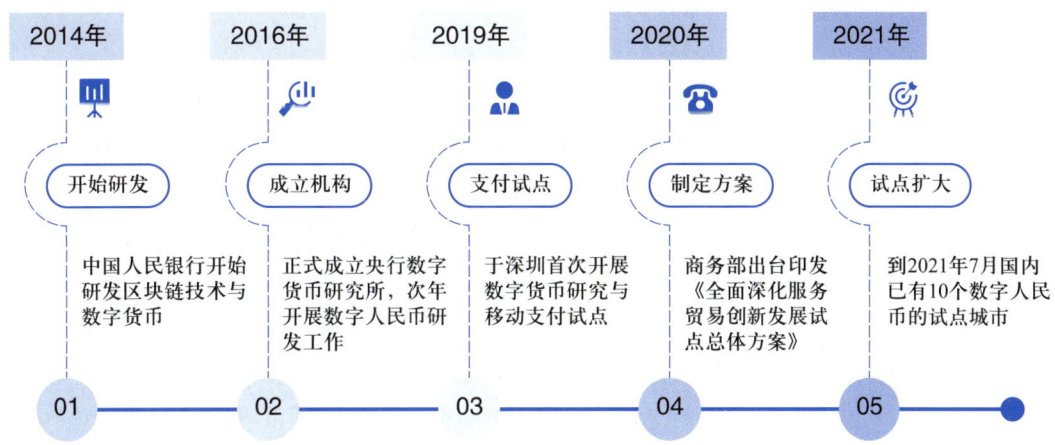

图11-4 数字人民币发展历程图

数字人民币是中国人民银行发行的数字形式的法定货币，由指定运营机构参与运营，以广义账户体系为基础，支持银行账户松耦合功能，与实物人民币等价，具有价值特征和法偿性。DC/EP采用"一币、两库、三中心"运行模式，按照"前台自愿、后台实名"的方式实现可控匿名性。第一，在DC/EP的交易过程中，货币接收者无法通过获得的数字货币判断对方的身份信息，从而实现交易双方之间的匿名；第二，在自愿的前提下，用户可以留下个人身份信息，并设置为货币接收者可见；第三，央行掌握DC/EP的流通信息，在公共利益需要维护的情境中，经授权的特定主体可以向央行申请调取相应账户的交易记录与户主信息。数字人民币依赖11项技术构建核心技术体系，同时采用分布式架构体系，重视区块链技术的应用。目前，为了保证用户的信息安全和运行的高效率，我国数字人民币研发过程中吸收了互联网和区块链的最新技术成果，包括加密技术、隐私保护技术、身份认证、账本技术、数字钱包技术等。中国人民银行发行的人民币是双层运营模式和集中发行模式，确保中央银行发行的中心位置，实现货币由中央银行监督，加强中央银行的宏观经济政策传达效果。可控匿名的特点满足了公众对隐私保护和安全的需求，同时又能有效防止洗钱、恐怖融资等违法活动。

各主要经济体均在积极考虑或推进央行数字货币研发。国际清算银行的调查报告显示，65个国家或经济体的中央银行中约86%已开展数字货币研究，正在进行实验或概念验证的央行从2019年的42%增加到2020年的60%。据相关公开信息，美国、英国、法国、加拿大、瑞典、日本、俄罗斯、韩国、新加坡等国央行及欧央行近年来以各种形式公布了关于央行数字货币的考虑及计划，有的已开始甚至完成了初步测试。然而，尽管现在全球许多国家都在积极引入本国央行的数字货币，但在央行数字货币方面并没有形成较大的国际影响力，全球央行数字货币（CBDC）的发展受限于诸多因素，双边和多边的合作并没有大规模出现。

四、数字货币的特征与风险

近年来，数字货币快速发展，可以分为加密数字货币、数字稳定币和央行数字货币。加密数字货币以比特币为代表，最早出现在大众视野中。数字稳定币以 Facebook 推出的天秤币为代表，于 2019 年问世，备受重视。部分国家的央行已经陆续提出发行法定数字货币的计划。以我国为例，我国央行早在 2014 年就开始研发数字人民币，近年来在国内多个城市进行试点，有望成为率先发行主权数字货币的国家之一。前两者都是私人数字货币，后者是法定数字货币。私人数字货币起步早，发展快，在引领创新的同时，也要更加注重监管。尽管法定数字货币起步晚，但近年来受到全球金融治理机构的重视，未来将成为数字货币的主流。以下内容以是否为法定货币为分类标准，对数字货币的特征与风险进行分类探讨。

（一）数字货币的特征

作为人们普遍接受的价值等价物，货币在我们的生活中占有举足轻重的地位，在不同时代的表现形式也不尽相同。从自然货币到贵金属、纸币，一直发展到如今的数字货币，不同形式的货币反映着人们在不同时期的需求。数字货币相比于纸币和传统的电子支付有以下几个特点。

1. 降低交易成本，提升支付效率

以比特币为代表的非法定数字货币通常通过区块链技术来实现去中心化，减少了传统中介机构的参与，如图 11-5 所示。去中心化交易保证了安全特性，如加密完整、不可篡改等，这些都从根本上降低了交易成本。去中心化数字货币实行即时清算，在进行交易时不需要进行复杂的操作，交易速度较快，也能够降低交易成本。支付及结算的特性也使企业能够加快自身的资金周转速度，提升支付效率。

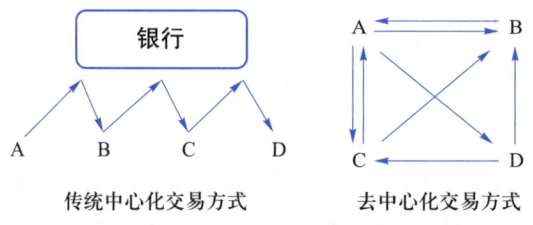

图 11-5　去中心化交易方式与传统中心化交易方式对比图

2. 匿名进行交易，保证信息安全

是否匿名进行交易是数字货币与传统货币的最大区别之一。匿名交易使交易中的信息更为隐蔽的同时，也增加了一定的监管风险。加密算法通常是数字货币匿名性的基础，采用数据加密、签名校验等加密技术，保护了用户的隐私安全。以数字人民币为代表的法定数字货币同样支持可控匿名，数字人民币遵循"小额匿名、大额依法可循"的原则，在高度重视个人信息保护的同时，对用于电信诈骗、网络赌博、洗钱、逃税等违法犯罪行为做到了有效防范。

3. 降低跨境支付成本，提高跨境支付效率

数字货币在跨境支付领域中，同样能够起到降低成本、保证安全的作用。一个国家数字货币的推行，将会保护国家金融的安全稳定，改进跨境支付的安全与效率，大幅降低跨境转账成本。数字货币还可以提升跨境交易效率，基于区块链的数字货币在跨境结算领域可将 SWIFT 系统几天的计算时间提升至秒级。此外，数字货币一定程度上可以降低汇率风险，实时的交易与结算减少了传统货币跨境支付的中间环节，降低了汇率波动对交易的影响。

4. 提升金融普惠性

发展法定数字货币可以提升金融普惠性。法定数字货币的推出丰富了现金形态，满足了人们在数字经济条件下的现金需求，有效助力普惠金融。随着我国数字人民币不断发展，数字人民币体系不断完善，公众获取金融服务的门槛将会降低。中国人民银行发布的《中国数字人民币的研发进展》白皮书中提到，即使没有银行账户的社会公众也可以通过数字人民币钱包享受到基础金融服务。报告中还强调，在未来的数字人民币产品的设计中，将充分考虑特定群体的现实需求，通过多种技术手段，降低数字货币使用难度，进一步提升数字人民币普惠性。

（二）数字货币的风险

1. 技术风险

技术风险是数字货币的首要风险。首先，技术风险会造成安全性不足，数字货币技术的潜在缺陷引发运行受阻或技术漏洞等问题，使货币遭受黑客盗窃攻击的危险，从而给持有者带来严重的损失。例如，全球比特币交易量最大的公司 Mt. Gox 稳定持有的客户的 75 万枚比特币于 2014 年被盗，该公司也因无法清偿债务而宣告破产。韩国虚拟货币交易所 Yubit 也在 2017 年遭受了黑客攻击，资产损失达 17%。私钥难以保管的特性也会引发技术风险。大多数数字货币是匿名不可控的，一旦出现持有人意外死亡、密钥遗失或遭到攻击等极端情况，也会造成极大的损失。我国推出的数字人民币匿名可控，可以避免这种意外情况。

2. 价格风险

以比特币为代表的加密数字货币，价格波动大，投机性强，许多持有者并不将其当作一般等价物，而是当作投资或投机的金融产品，类似于股票与基金。相比于股票、基金、房地产等传统资产，比特币自身没有物质基础，仅由计算机技术生成，价格波动更加剧烈。供需情况、宏观环境、大宗商品价格等众多因素都会导致数字货币价格大幅波动，市场价格波动剧烈会引发巨大的价格风险，造成持有者严重损失。相对于加密数字货币，数字稳定币和法定数字货币的价格波动要小得多。

3. 信用风险

数字货币的匿名性会引发信用风险，在非可控匿名的情况下，交易过程中无法获得用户真实身份以及完整的交易信息，极有可能发生欺诈、洗钱等行为。数字货币的去中心化特性导致交易双方之间缺少传统金融中介机构的担保和监督，不确定性的增加使信用风险增大。数字货币市场的不确定性也是引发信用风险的重要原因之一。数字货币市场近年来快速发展，数字货币种类层出不穷，市场参与者不断增多，但监管力度和监管法律的完整性相对来说仍有不足，会引发因信用违约而导致的投资者资金遭受损失等问题。

4. 法律风险

加密数字货币去中心化、匿名化和剧烈波动是导致法律风险的主要原因。去中心化使得加密数字货币不再受中心化机构的监管和实时控制，同时也失去了国家政府的最后保障，在这种情况下，市场投机严重，法律问题滋生，严重破坏了市场秩序。匿名性也导致了很多违法交易，犯罪分子通过加密数字货币进行洗钱、抢劫。价格波动剧烈会产生泡沫，增加对犯罪分子的吸引力，同样会加剧法律风险。以天秤币为代表的稳定币的法律风险主要包括民事法律风险、刑事法律风险和反洗钱风险等。法定数字货币的法律风险主要集中于法偿性与归属权问题、法律监管体系不健全、监管力度不足、可控匿名下信息安全保护不足等。

5. 政策风险

对于非法定数字货币，各个国家由于自身的经济发展水平、金融发展程度不同，而有着不同的态度和管控手段。美国认为，在加强监管的同时，对非法定数字货币的发展也应持鼓励态度，日本、德国同样也持有支持的态度。持有反对态度的代表国家有泰国、印度等。发展中国家由于经济金融发展相对落后，而对非法定数字货币的管控更加严格。我国禁止在国内发行和使用非法定数字货币，与此同时大力发展自身的法定数字人民币。

第二节　数字货币监管技术

自比特币问世至今，数字货币快速发展，凭借着传统货币所不具有的多种功能，被越来越多的国家接纳。在借鉴非法定数字货币的技术、功能与应用的基础之上，多个国家也在逐步发展本国的法定数字货币，数字货币在未来的广泛应用已成为大势所趋。数字货币在给我们带来诸多便利的同时，也滋生了很多风险，体现在技术风险、价格风险、法律风险、信用风险等诸多方面，对于数字货币的风险监管也成了发展数字货币过程中的重点。随着大数据、区块链、云计算、人工智能等技术的发展，金融科技日益成为数字货币监管领域中的一种具有创造性和引领性的重要手段。数字货币本质上仍是货币，是固定地充当一般等价物的商品。其产生后的基本职能为价值尺度与流通手段，实现其职能则需要通过交换与流通。以下将采用加密数字货币产生、兑换和交易周期理论，从数字货币的生产环节、兑换环节与流通环节三个阶段对数字货币监管技术的应用进行说明。

"链上天眼"数字货币监管平台

一、数字货币生产环节的监管技术

加密数字货币在生产环节的风险主要体现在挖矿和发行方式普遍缺乏监管。ICO（Initial Coin Offering，首次发行币）将项目代币通过区块链进行销售，以区块链技术保证不可伪造和篡改的交易信息，让交易变得安全可靠。ICO 是以融资主体发行项目代币和筹集数字货币为主要表现形式，在一定程度上类似于股权众筹，可以在几个小时到几天内完成投资人和初创企业之间的数亿笔交易。主流的第一代货币发行（ICO）监管技术的研究主要通过统计分析，识别和分类非法欺诈类型的稳定 ICO，并预测其金融犯罪风险，如公开融资信息分析、机器学习、沙盒监管等。

（一）在数字货币发行阶段利用区块链技术避免货币造假

除了投资者忘记密码、钱包文件被盗、木马病毒等传统技术风险，区块链技术天然存在"51%攻击"（Majority Attack）风险，是指黑客在控制网络稳定 50% 以上算力后，能够在这段时间内对区块进行反向交易实现"双花"，从而对算力进行控制。那就可以一边复制比特币或者加密货币交易，一边向两个不同的地址发送资金。根据 Atlas VPN 团队的报告，自 2009 年以来，黑客通过 330 次与区块链相关的攻击窃取了总计 136 亿美元；2016 年 6 月，众筹金额达到 1 200 万个以太坊的明星项目 The DAO 受到攻击，黑客一夜之间盗走了 360 万个以太坊，直接导致以太坊当日暴跌 14%，区块链黑客在 2022 年第一季度的 78 起黑客事件中窃取了大约 13 亿美元。现实中出现的例子皆足以证明区块链技术风险的存在。

数字货币所依赖的共识机制是由每个节点共同维护交易信息，用户对数字货币的支配权是基于密码学原理来验证的。以比特币为例，比特币的交易双方需要使用公钥和私钥，公钥表示比特币存储的地址，而私钥则表示用户授权交易存储在该地址内的比特币，公私钥的配合才能使用或者转移比特币。交易信息在全网中按照共识规则进行审核，使重复交易（也称"双花"）不再可能。基于区块链技术相互验证的公开记账模式，一方面使交易得到认可，另一方面也完整记录了所有交易。在没有中介的情况下，由于区块链的难以篡改性，参与者也可以构建起对账本的信任。货币犯罪的主要适用空间理论上可以通过攻击央行数字货币认证登记系统、制造和篡改数字货币电子数据、破解数字货币算法等技术手段实现,但这仍然只存在于观念之中。以数字人民币为例,其基于区块链的技术保护措施,可以防止被破解和篡改交易信息,本身具有反假币和反虚假交易的功能。在法定数字货币交易过程中,要确保端到端的安全,防止被窃取、篡改、冒名顶替,就需要使用加密技术、分布式账本技术、可信云计算技术和安全芯片技术等。

(二) 沙盒监管降低稳定 ICO 投资风险

沙盒监管是指允许企业以真实的个人用户为对象,在真实的市场环境下通过设立限制性条件和制定风险管理措施对创新的产品、服务和商业模式进行测试。"沙盒"一词源于计算机术语,是一种在计算机领域使用的虚拟程序,允许先在沙盒中测试那些来源不明的、不确定的、具有破坏性的程序。英国金融行为监管局(FCA)率先使用了这一模式,并于 2015 年 11 月发布了一份关于"监管沙盒"的报告,希望在企业创新和金融监管之间取得平衡,即企业可以在沙盒内先行测试创新成果,而不必因为创新而造成不良后果。

由于 ICO 准入门槛较低,任何主体均可参与 ICO 项目投资,不熟悉区块链技术、抗风险能力较弱的投资者,基于市场信息不对称的存在,极易被卷入稳定 ICO 投资陷阱,从而承受较高的市场金融风险。以英国沙盒监管模式为例,企业在提出新项目的同时,还需要进行沙盒测试,因此需要向 FCA 提出申请。当 FCA 依据企业提供的资料审核通过后,会对项目进行沙盒测试。当测试结束后,如果项目通过了考核,企业就可以根据测试的结果来决定最终是否会将这个项目推向市场。通过测试,企业可以尽早检测出项目可能存在的风险,同时在进行测试时,企业不需要遵守现有的监管规定,而 FCA 经过测试也能根据项目测试情况来决定未来的监管措施。即使 FCA 不针对企业项目产生的不良后果进行处罚,但投资者如果在沙盒测试中遭受损失,仍享有对企业的追诉权,可见沙盒监管对企业、监管者和投资者都有一定的好处,因此英国沙盒监管模式也逐渐被其他国家和地区的监管者借鉴。

通过实践分析,沙盒监管的核心主要体现在以下几个方面:

(1) 金融创新一开始就被纳入包容性监管环境,能够有效规避监管事故,降低违法诉讼风险,降低立法监管框架的沉没成本;

(2) 压缩企业寻求监管机构备案核准、压缩合规运作开支的时间和资金成本;

(3) 表明监管者对新技术的开放心态,而科技金融企业受信号影响,在加速创新、提升金融服务水平的同时,也能为金融中心之间的竞争提供相对优势;

(4) 促进监管机构与企业间的信息沟通和知识交流,帮助监管机构有效执行或制定更完善的法规,提高监管能力,提高监管效率,促进监管机构与企业间的信息沟通和知识交流;

(5) 降低客户采用风险,提高资本投入回报,以使企业获得更多的融资;

(6) 为消费者提供丰富的金融创新服务，提高金融的可及性和经济的包容性。

现在像 ICO 运行等金融科技监管问题，最核心的就是数据监管，要让监管者能够触得到他们的数据。从本质上加强对数字货币风险的监管就需要重点分析接入互联网金融机构的各种重要数据，研究金融消费者以及交易行为。以大数据、云计算、区块链、人工智能等多种技术加强科技监管。以大数据、云计算为代表的先进的监管技术以及庞大丰富的重要数据，可以使数据中潜藏的风险被监管者及时发现，较早地评估风险的性质与程度，从而提升监管效率。

沙盒监管实践在我国是从近几年开始的。由北京市金融监督管理局于 2019 年 12 月 5 日开启的金融科技"监管沙盒"模式有助于减少创新理念进入市场的时间和潜在成本，降低监管的不确定性。鉴于我国对于数字加密货币的监管仍然属于发展初期阶段，全面禁止了 ICO 项目后，影响了企业利用 ICO 合法实现融资交易、便捷支付的目的，因而有必要逐步放开数字加密货币，同时在技术和监管层面上继续完善。由于对公链的监管和控制在技术上较难实现，但仅有少部分人控制的私链则可以更好地利用法律进行规制，可以针对私链创立类似于上海自由贸易区的试验田，在沙盒中小范围跟踪观察数字加密货币对金融系统的影响，以此不断完善数字加密货币在生产环节的技术监管。

二、数字货币兑换环节的监管技术

数字货币兑换是指货币持有者通过某种渠道完成货币与货币的兑换交易，包括：法定数字货币与非法定数字货币之间的交换和不同的非法定数字货币彼此之间的交换。随着数字货币的发展，涌现了大量数字货币兑换平台，主要分为中心化交易所、去中心化交易所以及个人或数字货币交易商。加密数字货币不被大多数国家承认，因此经常被兑换为法定货币，在这个过程中滋生大量如洗钱的违法事件，各国政府监管机构以及各类监管平台应当时刻关注于数字货币的兑换，利用监管科技对其进行实时管控和防范。

越来越多违法犯罪者通过虚拟货币形式来洗钱，虚拟货币犯罪的主要模式有：① 通过承兑商洗钱。违法交易者用赃款向承兑商购买虚拟货币，承兑商利用合法账户向违法交易者支付虚拟货币并提取一定比例的手续费，违法交易者最终将虚拟货币变现。② 通过赚取不同平台的差价洗钱。用赃款在低价虚拟资产平台购进，再于高价虚拟资产平台售出，进而变现。③ 通过地下钱庄跨境洗钱。犯罪分子将赃款转移至地下钱庄，地下钱庄利用赃款兑换虚拟资产并囤积，再通过虚拟货币交易平台转移至境外，在境外将虚拟货币出售换得境外法定货币。

机器学习方法可以通过监督式、无监督式等方式有效地监管洗钱等违法行为。作为人工智能的核心技术，机器学习通过数据处理、特征提取、特征选择、模型训练与验证一系列流程，实现对未来的预判。监督式机器学习与非监督式机器学习的主要区别在于是否具有标记样本来进行学习指导，监督式学习能够准确地反映输出情况，通过直接反馈的方式来检验输出结果的正确性，可以归类为分类与回归问题。而非监督式学习使用未标记的数据进行训练，不接受反馈，可以归类为聚类和关联问题，本质更接近于真正的人工智能。在反洗钱监管中，监督式机器学习与非监督式机器学习两种技术都被利用到了实际的工作领域中。基于机器学习的技术系统已经被逐步应用到风险评估、交易监控等具体的风险监管场景，发挥出传统监管技术不具备的优势，大幅地提升了监管效率，提高了监管精准度，提升了反洗钱监管的预见性。监督式机器学习常见的研究方法有逻辑回归（LR）、决策树（DT）、贝叶斯网络（BN）、随机森林（RF）、支持向量机（SVM）等方法。非监督式机器学习的研究方法有 K-medoids、K-means 等算法。

大数据技术在反洗钱违法行为监管中也起着重要的作用。随着互联网的发展以及网站、网页爆发式增长，海量的数据产生，在数据被归类、融合与处理的过程中产生了大数据技术。大数据技术的核心在于大数据采集、大数据预处理、大数据存储、大数据分析四个方面。大数据的重要价值体现于通过云计算、分布式数据挖掘等技术整合数据资源、挖掘数据深层价值。如今，大数据技术被引入反洗钱领域并得到了广泛应用，能够降低反洗钱工作的成本，提升反洗钱工作的效率。通过大数据技术，能够实现对交易的动态监测、智能化检测和精准化检测，便于对交易者进行准确深入的追踪。在大数据的基础上，结合人工智能等技术，可以实现对数据的深度挖掘，发现交易参与者之间的真实关系。

区块链技术难以篡改与可溯源的特性提高了反洗钱的有效性。区块链是一个去中心化的账本，它以分布式记账为基础，任何参与者都可以访问分布式账本，任何交易都只需记录一次。区块链的交易记录不可篡改特点使交易记录完整全面地保留下来，便于进行追本溯源，提高了反洗钱的有效性。与传统数据库相比，区块链通过数据共享使各机构紧密相连，彼此之间形成了完整的链式关系，加强了各机构之间的联动，打通信息孤岛，从而提高信息一致性及可疑交易报告的准确性。有人建议成立具有公信力的统一登记结算平台，为金融科技在数字货币监管中的运用提供了一种新的思路。将比特币交易纳入监管，构建一个基于区块链技术的、集中统一的加密货币登记、托管、结算和信息共享的平台，有利于数字货币监管的降本增效。统一结算平台通过客户日常的交易收集大量数据信息，通过大数据分析进行实时追踪与风险预警。基于统一的区块链登记结算账本，监管平台可以获知交易者全面的信息，掌握每一笔货币兑换交易的过程，从源头上减少洗钱犯罪行为。

三、数字货币流通环节的监管技术

数字货币初创于 2009 年，中本聪创造出第一种去中心化的加密数字货币：比特币。随着比特币市场份额占据量逐渐增大，其他各类数字货币也开始涌现，许多国家开始允许加密数字货币用于流通和支付。然而，加密数字货币由于自身价格的较大波动性也备受人们的质疑。当下，许多数字货币已经发展出较完善的自身系统，出现了以太坊等数字货币应用交易平台。世界各国也在研发自己的法定数字货币，数字货币的流通及使用已经成为未来不可逆转的趋势。不同于兑换环节，流通环节更关注同种加密数字货币之间的交易（可以理解为货币的转移），其完整的流通过程是从创建新交易到最后新区块产生，主要分为产生新交易、签名加密、交易传播、交易确认和构建新区块等过程。

利用监管科技可以监测异常交易，减少潜在的违法行为。异常数据是指与大多数数据偏离较大的数据。从海量数据中挖掘异常数据，发现异常行为，提升监管机构信息收集与分析能力，能够更加精准地打击违法犯罪分子。异常交易行为主要包括：诈骗、洗钱、逃税、勒索等。异常检测的基本流程为：首先进行数据采集，然后进行数据预处理与特征提取，在此基础上利用特定技术进行异常检测并存储结果。异常检测可以分为针对特定异常交易的检测与对系统异常的整体感知检测，也可以分为对异常用户的检测与对异常交易的检测，还可以分为基于分类方法检测与基于聚类方法检测。当下主要的异常检测算法包括 K-means 聚类算法、隔离森林、支持向量机、集成深度学习等技术，最终达到获取盗窃、欺诈等案件的地址，快速识别异常交易及用户，发掘隐匿行为等目的。

利用监管科技可以加大智能合约监管力度，减少安全漏洞。智能合约是指满足一定条件时能够运行的储存在区块链上的程序，其通常能够自动运行，自动完成工作流程。与传统法律协议相比，智能合约可以借助自治代码来履行合同义务。借助标准的计算机编程语言，将合同义务记入到智能合约代码中，摆脱了对中介机构的依赖。智能合约由某些编程语言书写，应用于公共区块链平台，在带来便捷的同时，也存在着一定的安全漏洞。智能合约的安全漏洞包括重入攻击、权限控制、整型溢出、交易顺序依赖和短地址攻击等。除了形式化验证法、符号执行法、模糊测试法、中间表示法等主流检测方法以外，数据挖掘、机器学习等金融科技方法也被应用在智能合约安全检测中。通过数据挖掘对行为特征进行建模，以机器学习等算法构建漏洞检测模型。主要的算法技术包括：神经网络、支持向量机、随机森林和决策树等。

利用监管科技可以更快、更精准地推测出用户身份，缓解匿名性带来的不利影响。数字货币的匿名性可能引发洗钱、欺诈等违法操作，地址聚类技术常被用于解决匿名性带来的影响。聚类可以使同一类对象之间的相似度尽可能大，不同类对象之间的相似度尽可能小，通过聚类找到用户交易规律，找到同一用户多个交易地址之间的联系，以便于更精准地识别出用户的真实身份。常用的地址聚类技术有启发式地址聚类技术、机器学习聚类技术等。启发式地址聚类主要包括：多输入交易地址聚类技术、产量交易地址聚类技术、找零地址聚类技术等。机器学习聚类技术通过算法捕捉标记样本之间的特征差异，进而识别交易对象。

利用监管科技可以对数字货币进行全面追踪、实时监控。通过积累客户地址标签和客户交易数据，利用大数据、区块链和人工智能等技术，可以实现对加密数字货币的实时追踪，对加密数字货币流通过程实现全面的掌控。作为全球加密货币情报与区块链分析领域的领先者，CipherTrace 致力于提供加密货币交易监管服务，通过提高安全性和透明度来发展和加强加密经济。CipherTrace 能够对数字货币进行最全面的追踪，利用数据分析和区块链技术来追溯信息,进一步对风险进行合理测评,能够从源头上有效地预防数字货币犯罪活动。CipherTrace 能够进行全面的金融调查与区块链取证,其庞大的归因数据存储库将加密地址与现实世界紧密联系起来。

第三节 监管科技在数字货币监管中的未来应用展望

一、数字货币发展的最新特征

随着人们对数字货币的认识逐步深化,全球数字货币实践步伐逐步加快,数字货币受到的关注日益增多,世界范围内出现各式各样的数字货币,对全球支付体系与国际金融格局演变产生一定的影响。当下,数字货币的发展主要有以下两个突出的特征:其一是,私人数字货币发展进展明显,市场风险频现促使监管进入整合阶段。其二是,法定数字货币研发与应用稳步推进,央行数字货币逐步赢得认可,主要国家对央行数字货币重视程度逐步增加。未来一段时间,全球数字货币发展或将延续当前形势下呈现的特征趋势。

(一)私人货币最新特征

2009 年比特币问世,至今已有十余年的发展历史。加密数字货币市场过去一直保持增长,但在 2022 年却迎来了暴跌。价格下行的背后反映了加密数字货币市场仍然存在很多难以控制的风险,频繁出现风险也促使加密货币监管进入全面整合阶段。

一直支持私人货币发展的某些西方国家,在风险事件爆发后,也开始重视对加密货币的进一步监管,尤其注重整合监管。加密货币的整合监管可以理解为跨机构、跨平台、跨国家地进行信息共享,建立统一的监管标准,达成深入的协作监管关系。各个国家监管侧重有所不同,美国的加密货币整合监管强调监管机构间的深入合作,日本的加密货币整合监管强调监管法律法规的统一修订,欧盟的加密货币整合监管强调在各国间建立统一的监管法规。

(二)央行数字货币最新特征

在全球数字经济快速发展的带动下和私人数字货币发展的影响下,世界部分经济体货币当局开始探索引入法定数字货币。中国法定数字货币实践位居世界主要经济体前列,较早地开展了法定数字货币的研发工作。2014 年,中国人民银行启动对法定数字货币(DC/EP)的研究工作,并于 2016 年成立专门的数字货币研究所,对数字货币工作中的重大问题进行深入研究。目前,我国数字人民币已进入试点阶段,在世界主要经济体中率先进入实测阶段。

美国、欧美、日本等世界主要经济体也在陆续推进本国的法定数字货币研究。美联储较早意识到发行央行数字货币的重要性,并与一些机构合作研究以了解央行数字货币的潜在机遇与风险。美国总统于 2022 年 3 月签署的行政令中指出,央行数字货币的推行有助于实现更高效、低成本的交易,促进更普遍的金融系统接入,减少私营部门数字资产带来的风险。美联储希望数字美元能够在全球中央银行数字货币领域发挥类似目前美元在国际货币体系中的核心作用。日本虽然暂时没有发行中央银行数字日元的计划,但却明确提出要在中央银行数字货币时代下做好充分准备来实现维护支付结算系统的稳定与高效运行。欧元区方面,欧洲央行在 2020 年 10 月发布的《数字欧元报告》中表示,欧洲央行已于 2020 年 1 月成立推进欧元区中央银行数字货币工作的高级别任务小组,发行欧元区中央银行数字货币的目的主要包括发挥新的货币政策传导渠道的作用、降低货币和支付系统成本、提升欧元国际地位等。欧洲央行于 2022 年发布的报告提到,央行数字货币具有较低支付成本、提升支付公平性和促进普惠金融等优势,欧洲央行也将继续在这个领域内深入探索。

二、数字货币监管展望

随着科技快速发展,数字货币的应用领域不断增多,数字货币正潜移默化地改变我们的生活方式与经济格局。数字货币监管是当下亟待解决的共性问题,各国监管机构都面临着前所未有的挑战。如何兼顾有效监管避免风险滋生与促进数字货币合理、快速发展是监管当局当下以及未来需要关注的重点。监管当局应当利用好人工智能、大数据、云计算和区块链等技术,不断完善监管政策,营造出更好的数字货币发展环境。

对于数字货币的法律政策监管,未来会进入整合阶段。各监管主体倾向于达成跨机构、跨平台、跨国家等形式的合作,进行数据、信息共享,将各自优势结合起来,对数字货币领域内的风险进行精准的事前有效预防以及事后及时追溯处理。整合监管还有利于形成较为统一的监管法律法规,有利于规范和净化市场,维护金融市场有序、稳定。在保证数字货币监管合理性的同时,未来也要适当地提高监管的容忍度与包容性,不能"一刀切",否则将可能导致区块链、人工智能等新型技术的创新与应用被扼杀在摇篮中,遏制技术创新和金融创新。针对不同属性、不同类型、不同用途的数字货币,进行分类监管,为数字货币领域技术发展预留空间。

未来,随着央行数字货币的认可度不断提升,数字货币的应用将更加普遍,应用场景以及使用频率也将不断增多,对数字货币的监管也会越来越受重视。随着区块链、人工智能、大数据、云计算等技术进一步成熟和广泛应用,更加精准、有效的监管规范将会形成。随着监管顶层设计逐步完善,以审慎监管促进良性发展的局面或将形成。

> **本章小结** 本章主要概述数字货币的基本概念、数字货币的发展历程、数字货币的类型、数字货币的特征与风险等;从数字货币的生产环节、兑换环节与流通环节三个阶段对监管技术在数字货币中的应用进行详细说明;最后对当前数字货币发展的最新特征进行概述,并对数字货币未来监管进行展望。

思考题

1. 什么是数字货币？它的特点是什么？
2. 数字货币有哪些类型？
3. 阐述对数字人民币的理解。
4. 从技术角度分析 Libra（天秤币）和我国数字人民币的不同点有哪些？
5. 数字货币存在哪些风险？
6. 结合案例阐述科技在数字货币监管领域的作用与意义。

即测即评

参考文献

［1］王腾鹤，辛泓睿，黄永彬．一本书读懂数字货币［M］．北京：机械工业出版社，2020．

［2］黄家明，潘慧峰，胡腾．监测加密数字货币操纵行为的机器学习模型［J］．科学决策，2023，306（1）：42-55．

延伸阅读

［1］陈斌彬，陆晨悦．ICO 及其监管的研究现状：一个国内文献的分析［J］．国际经济法学刊，2022（3）：63-74．

［2］陈伟光，明元鹏．数字货币：从国家监管到全球治理［J］．社会科学文摘，2021（9）：7-9．

［3］华秀萍，夏舟波，周杰．如何破解对数字虚拟货币监管的难题［J］．金融监管研究，2019，95（11）：1-18．

［4］王佳鑫，颜嘉麒，毛谦昂．加密数字货币监管技术研究综述［J］．计算机应用，2023，43（10）：2983-2995．

第十二章
移动支付监管应用

移动支付（Mobile Payment）是指用户使用移动终端，借助近距离通信技术或连接通信网络完成支付信息交互，使资金从支付方转移到受让方的支付行为。随着移动互联网及金融科技的高速发展，移动支付凭借其方便、快捷的优势迅速渗透至人们日常生活的诸多场景，成为数字经济的重要组成部分。然而在给用户带来便捷的同时，移动支付也潜藏着一系列的风险。鉴于此，强化移动支付风险监管体系、创新移动支付监管科技应用势在必行。

第一节 移动支付概述

移动支付是移动互联网经济取得跨越式发展的重要基础和动力保障，在服务民生、推动零售支付创新、拉动消费和促进服务业转型升级等方面发挥了积极作用。近年来，随着移动通信技术飞速发展与智能手机广泛普及，特别是国家层面对移动支付标准的逐步整合与应用推广，以及支付基础设施和受理环境的持续优化，加之移动支付企业积极实施的用户补贴措施，移动支付已构建起良好的用户基础，迎来了发展的黄金期。

一、移动支付的概念与特征

支付手段的电子化和移动化是随着电子商务发展不可避免的必然趋势。移动支付是一种利用移动通信网络、互联网以及近距离通信技术，通过手机等智能移动终端设备，实现交易及支付等电子商务活动的服务。移动支付可以使任何人在任何时间、任何地点得到整个商务网络的信息和服务，因其快捷方便、安全性高等特点，已经成为电子商务新发展方向的重要组成部分。

（一）移动支付的概念

基于不同的立场及视角，学术界及产业界对移动支付的概念给出了不同的解读与界定。

目前，学术界还没有对移动支付的概念达成共识。不同学者对移动支付的概念有着不同的界定，主要有以下几种界定方法。一是在交易属性及功能层面对移动支付概念进行界定，认为移动支付是使用移动终端进行提请、校验并审核通过的商业交易，其目的是在市场中获得所需的产品和服务。移动支付目前已成为信用卡支付、现金交易和支票交易等交易方式的辅助方式，并对这些方式形成一定的替代威胁。二是从资金流动的方式层面定义移动支付概念，把移动支付定义为通过特定媒介完成的资金流转行为，且这种资金流转行为必须依靠发达的互联网通信。三是从商品价值交换层面，将移动支付定义为贸易的需求方与供给方通过移动终端实现的货物价值交换。四是从移动支付的优越性层面对移动支付进行概念界定，认为移动支付是指消费者在购物付款或者银行转账汇款等活动中，借助于移动电话等移动设备进行的贸易支付行为。

产业界从自身视角对移动支付的概念也进行了界定。据易观咨询等机构的技术属性定义，移动支付被描述为一种支付方式，其主要依赖于移动通信设备、信息传输技术等技术手段，以确保买卖双方间资金的顺畅流动。随着现代信息技术迅速发展，支持移动支付的技术手段包括了红外通信、蓝牙通信以及近场通信（Near Field Communication，NFC）等多种方式。还有一些机构基于业务功能形态以及商业模式的角度界定了移动支付的概念。例如，宜信公司定义移动支付为一系列现代移动通信技术所加持下的金融服务功能的有机融合，其本质并没有背离金融的基本属性，其业务形态包括生活支出、消费品交换以及资金管理等。移动支付论坛（Mobile Payment Forum）从商业模式角度，将移动支付定义为一种交易模式，这种交易模式需要借助于掌上计算机、移动电话和移动台式机等设备来实现。中国银联则将移动支付定义为用户使用手持移动设备，通过无线网络（包括移动通信网络和广域网）购买实体物品或虚拟物品以及各种服务的一种新型支付方式。另外，中国人民银行对移动支付也给出了一个定义，即单位和个人（简称用户）直接或授权他人通过移动终端，如手机、掌上计算机、便携式计算机等，发出支付指令，实现货币支付与资金转移的行为。

总的来说，从广义视角看，移动支付是利用手机、掌上计算机、移动台式机等移动终端，在移动通信网络的支持下，通过转移货币来完成商品交易、缴费和银行账户管理等金融服务的一种支付方式。而从狭义视角看，它特指使用手机进行电子货币支付。

（二）移动支付的特征

移动支付之所以能够迅速普及应用与其自身所具备的优秀特性有着紧密关联，其特征主要包括可移动性、便利性、可得性与易融性等。

（1）可移动性。可移动性为移动支付的关键特性，对提升消费者选择移动支付的意愿有着积极的影响。先进的移动通信技术、可随身携带的移动终端设备以及电子货币等消除了交易时间与地域的限制，赋予了移动支付的可移动性，这一关键特性使得消费者可以选择在自己方便或空闲的时候，使用智能手机、掌上计算机等可上网的移动设备在网站浏览、查找、选择并购买商品或服务，也可以在旅行、聚餐、健身、出行等不同场景利用移动设备从事门票、餐费、车票、停车费以及服务费等各种交易与支付活动。总之，移动支付可不受空间及时间的限制，能够依托移动网络随时随地使用，该特性显著拓宽了移动支付的使用范围，提升了移动支付的采用率。

（2）便利性。便利性是移动支付的又一重要特征，与空间成本及时间成本紧密相关。消费者在进行日常的消费支付时，只需利用手机即可在瞬间轻松完成整个交易支付过程，而不必亲临实体店面，从而节省了往返交通时间和现场排队等待时间，使交易的时间成本和空间成本显著降低。如今，随着移动支付技术不断普及，交易支付已不再受限于时间和地点，具备了更大的灵活性和便利性。例如在电费支付方面，采用移动支付的结算方式简便可靠，供电企业可减少大量运营人员和场地投入，有效降低交易成本，从而提高收费效率和企业收益。移动支付在小额支付方面表现出极为显著的优势。根据北京信索咨询公司的调查报告，基于手机钱包的移动支付在网购、公交车费、门票购买和公共事业缴费等方面为用户带来了极大的便利。

（3）可得性。可得性是让每位消费者均可以享受移动支付提供商所提供的服务。移动支付用户能够实时查看自己的账户余额和交易账单。部分移动支付提供商还推出了"先消费后还款"的相关支付服务方式，进一步激发了消费者采用移动支付的热情。移动支付将终端设备、互联网、金融机构等进行有效联合，形成了一种新型的移动支付体系。移动支付体系作为信息技术与互联网技术向传统支付领域进行渗透的产物，其融合了移动通信体系、金融体系和消费体系三大子体系，满足了现代消费者在生活中对全新消费方式的需求。

（4）易融性。随着移动支付技术不断进步，移动支付将支付功能与电商平台、社交媒体、金融行业、公共交通等多个领域深度融合，让用户享受到了更加丰富与便捷的服务体验，推动了跨界整合，开启了多元化盈利新模式。另外，移动支付技术还与基于位置的服务技术、区块链及智能合约技术等其他新兴技术创新融合，为用户提供了更加优质的服务。

二、移动支付的优势

相较于传统支付方式，移动支付在便捷性、创新性、安全性等多个维度上呈现出了显著的优势。这些优势不仅体现在其支付过程的快速及便捷方面，还体现在金融服务的普及、安全支付措施的强化，以及新技术手段的应用与整合等方面。

（1）便捷优势。在便捷性方面，移动支付大大简化了用户的支付流程。现金和支票支付等传统支付方式，需要特定的物理媒体进行传输，银行卡支付等传统支付方式则需要携带信用卡进行刷卡或插卡操作。而移动支付无须携带其他的支付工具，只需依托一部手机或其他智能移动设备，用户就可以在任一时间、任一地点通过NFC技术、扫码支付等迅速完成交易，大幅提升了交易结账效率和用户支付体验。

（2）创新优势。在创新性方面，移动支付不仅革新了支付手段，还塑造了新的支付生态。传统支付方式主要是服务于用户购买商品及服务的基本需求，方式较为单一，而移动支付作为一种创新服务方式，通过全新的技术手段及独特的交易方式为用户创造价值，其通过整合人工智能、区块链、大数据、云计算等金融科技的最新进展，推动了金融服务的持续创新和多元化发展。移动支付平台创新性地为用户提供支付、信贷服务、理财等一站式的解决方案，更好地满足了现代用户更为广泛而深入的多元化金融服务需求。此外，移动支付让传统金融服务覆盖不足的农村等相对偏远落后地区的用户也能够享受到便捷的金融服务，进一步促进了普惠金融的发展。

（3）安全优势。在安全性方面，移动支付具有传统支付方式不能比拟的优势。移动支付采用了更加先进的安全技术和防范措施，避免了传统的银行卡支付方式过度依赖磁条或芯片技术、易于被克隆或被盗刷的风险。目前移动支付采用了基于手机软件的动态令牌（Tokenization）、加密技术、生物识别、短信验证码等多重验证支付方法，每次交易在进行移动支付时都能够生成一次性的动态支付令牌，即使这些动态数据被非法分子恶意拦截与盗取，也无法将其用于其他场合的交易支付，从而有效地防止非法盗取支付信息进行金融欺诈或盗刷的行为，显著提升用户支付交易的安全性。此外，移动支付还有效克服传统现金支付的资源及时空约束等不利因素。

三、移动支付的发展现状与趋势

现代信息技术的创新、商业转型的加速、智能手机以及平板计算机等移动智能终端的普及应用，催生了移动支付这一全新商业运作模式。移动支付作为一种全新的商务服务模式为消费者带来了良好的消费体验，获得了越来越多消费者的接受与认可。随着移动互联网及移动商务技术快速发展，用户对移动支付的需求也日益强烈，因而移动支付在世界范围得到了普遍关注，成为行业研究的前沿与热点。

（一）发展背景

发达国家的银行卡体系起步早，信用卡为使用者提供了极为便利的支付途径及信贷支持，在支付市场一直占有重要地位。与发达国家相比，我国的银行卡体系起步相对较晚，信用卡的普及应用率远低于发达国家，为我国移动支付的发展提供了良好空间。国内移动支付的发展最早可追溯到 2000 年左右。通过该业务，客户可以在手机上实现银行账户的理财和支付功能。虽然这一业务由于种种原因而未能取得成功，但却打开了移动通信和金融业务结合的大门，为移动支付业务的发展铺垫了道路。

近年来，中国的金融科技得到了急速发展，移动支付的发展更为迅猛。移动支付降低了反假人民币、货币运输以及现钞印刷等所需消耗的人力及物力成本，改善了现金交易安全性差、时空约束强的弱点。移动支付无须商家必备刷卡设备，也无须消费者随身携带实体卡片，降低信用卡丢失或被盗风险。与互联网支付必须依托计算机主机端及宽带相比较，移动支付只需依托移动设备即可完成支付行为。此外，移动支付作为一种新兴支付方式，具有便携、安全、多元化等优势，完美地突破了传统银行卡支付及现金支付的弊端，显著影响了许多家庭的财务决策，已经被应用于包括商品零售、旅游、餐饮、公共交通等与家庭生活密切相关的诸多方面。移动支付、网络购物、共享单车、高速铁路并称中国的"新四大发明"，给人们的生活及学习带来极大的便利。如今，在绝大多数日常交易场景中，人们都能看到依托移动支付进行的交易。

（二）发展状况

根据全球移动通信系统协会发布的《2024年移动支付行业状况报告》，过去十年全球移动支付服务呈现指数级增长，注册账户翻了一番。2023年，全球范围已注册移动支付账户高达17.5亿个。近年来，中国政府在政策层面对移动支付的发展提供了有力支持，助推了中国的移动支付行业迅猛发展。根据最新数据，截至2023年，中国移动支付用户数量已超过9亿，市场规模达到数万亿元。中国移动支付普及率已达到86%，居全球首位。

如今，移动支付系统的各项技术手段正日新月异，生物识别技术（如面部识别、指纹识别等）、蓝牙、NFC、基于手机软件的动态密令等技术也进一步提升了移动支付交易的便利性和安全性，加速了移动支付与教育娱乐、医疗健康、公共交通等生活场景的深度融合。移动支付已成为居民生活中不可或缺的支付方式及经济社会发展的重要驱动力。

（三）发展趋势

在金融领域，移动支付已经成为一种关键的创新，它不仅改变了消费者原本的支付行为习惯，也进一步促进了全球支付系统的升级转型。未来，移动支付系统将发展为一个安全性更高、体验感更强、技术更融合、服务更普惠，且可充分利用数字货币优势的生态系统，将为消费者提供更加安全、便捷、个性化的交易支付体验，将为企业创造新的增长机会。随着移动支付技术不断进步和市场需求不断演化，移动支付在全球经济发展中将扮演越来越重要的角色。

四、移动支付的类型与流程

根据不同的分类标准，移动支付可以分为不同的类型。目前，移动支付的分类主要是依据其所依托的技术条件，此外，也可根据支付账户的性质、支付额度等标准进行划分。

（一）按支付依托的技术条件分类

移动支付按照完成支付所依托的技术条件以及支付主体与受付主体之间的距离，可以分为远程支付和近场支付两种类型。

1. 远程支付

远程支付也称线上支付，是指通过手机客户端软件、短信、无线应用协议（Wireless Application Protocol，WAP）网站等方式接入移动支付后台系统实现远程金融支付和交易服务。

（1）短信+交互式话音应答（Interactive Voice Response，IVR）支付。短信+IVR 支付是指把短信、IVR 作为信息载体进行的支付。其中，短信支付是短信和彩信业务的扩展，IVR 支付是语音通信业务的扩展，这些业务门槛低，模式简单。用户将手机号码与银行卡绑定，即可进行短信+IVR 支付。该技术主要服务于无须互联网访问的交易场景。随着移动电话用户的激增，这种支付方式达到了全盛时期，尤其在电话购物、账单支付等领域中得到广泛应用，因其操作简单且不依赖互联网而受到青睐。然而，进入 2010 年，随着智能手机和移动互联网的快速普及，更高效、安全的在线支付解决方案比如支付宝和微信支付逐渐主导市场，短信+IVR 支付技术的使用显著减少。

（2）WAP+手机客户端软件支付。在这种支付中，WAP 解决了短信输入烦琐和短信明文显示的问题，大大缩短了支付时间。同时，结合手机客户端软件，可以实现更加复杂的支付业务，与短信+IVR 支付相比，用户体验更好。WAP+手机客户端软件支付技术，主要为早期手机用户提供在线支付解决方案。该技术允许用户通过手机访问简化的 WAP 网页并通过手机客户端软件完成支付。其在移动支付和电子商务的初步发展中扮演了重要角色，为后续更高效的移动支付技术奠定了基础。

（3）智能卡支付。智能卡支付将集成在移动终端上的具有非接触功能的智能集成电路卡（Integrated Circuit Card，IC 卡）作为支付信息载体，通过 NFC 技术和移动通信网络，分别实现非接触现场支付和远程支付功能。其中，非接触现场支付功能的交易流程与金融 IC 卡的传统金融交易（非接触式）模式基本一致；远程支付功能使得用户可以通过手机客户端软件进行支付操作，使支付操作更加便捷。智能卡技术自诞生以来，便开始在身份验证和数据存储领域发挥重要作用。EMV 标准（EMV 是一种由 Europay、MasterCard 和 Visa 共同制定的国际通用银行卡支付标准）的引入大幅提升了信用卡和借记卡的交易安全，智能卡技术也因此进入全盛时期。进入 2010 年，随着移动支付和生物识别技术的兴起，以及智能手机的 NFC 功能和各种无接触支付方法的普及，智能卡的独特地位在一定程度上受到了挑战。智能卡技术在保护个人信息和提供安全交易方面的价值仍不可替代，它在推动电子支付安全和数据保护领域的发展中扮演了重要角色，为现代支付和身份验证解决方案的发展奠定了坚实的基础。

2. 近场支付

近场支付是指通过移动终端，利用近距离通信技术实现信息交互，从而完成支付的非接触式支付方式。近场支付技术可以近距离地识别用户，它主要包括二维码支付、NFC 支付、生物识别支付、光子支付、声波支付和可穿戴无线电移动支付等技术。

（1）二维码支付。二维码支付是指一种基于账户体系而搭建起来的无线支付技术，它利用图像识别技术通过扫描包含收（付）款账户账号、金额、商品等信息的二维码，调用手机端支付通道来完成支付。二维码在操作方式上有"主扫"和"被扫"两种，两者的区别在于二维码所包含的信息主体不同。随着支付宝和微信支付在中国市场广泛推广，二维码支付迎来了全盛时期，并迅速成为全球广泛采用的支付方式。如今，这种技术的应用领域已由零售支付扩展到公共交通、慈善捐款和政府服务等多个领域。

（2）NFC 支付。NFC 技术即近场通信技术，是指一种短距离的高频无线通信技术，由射频识别（Radio Frequency Identification，RFID）技术及手机通信技术整合而来。它可以结合感应式读卡器、感应卡片和点对点通信的功能，能够在短距离内识别兼容设备，并进行数据交换。NFC 技术的传输范围虽然比 RFID 技术小，但由于 NFC 技术采取了独特的信号衰减技术，所以与 RFID 技术相比，NFC 技术具有距离短、带宽高、能耗低等特点。此外，NFC 技术与现有非接触式智能卡技术兼容，已成为越来越多的厂商所支持的移动支付标准技术。

（3）生物识别支付。生物识别支付是指将计算机技术与光学、声学、生物传感器及生物统计等技术紧密结合起来，利用人体固有的生物学特征（如指纹、静脉、人脸、虹膜等）进行个人身份识别，完成核验并支付。随着深度学习算法的成熟，生物识别技术的准确率得到大幅度的提升，使得依托人体生物学特征而建立的人员身份认证技术开始在移动支付领域走向大规模应用。目前，随着技术持续创新和应用场景不断扩展，生物识别技术已覆盖物联网和智能家居等新领域。生物识别技术的发展极大地提高了个人身份验证的效率和安全性，也推动了全球范围内关于隐私和数据保护的重要讨论。

（4）光子支付。光子支付将光作为支付介质，是指利用手机闪光灯，通过闪光灯频率来实现授权、识别及信息传递的支付技术，可以实现支付信息从手机到销售终端（Point of Sale，POS）的传输。用户无须任何投入，只要安装相应的应用软件即可。通过光子支付，用户可以体验到更加便捷的移动支付。2013 年 11 月，光子支付技术亮相第十五届中国国际技术成果交易会。2014 年 9 月 26 日，平安银行实现首笔光子支付。

（5）声波支付。声波支付是指利用声波传输进行支付，可以用在无人值守的联网设备上。随着移动支付需求的增长和技术的发展，这种支付方式开始受到关注。它的主要优势在于兼容性强，几乎所有带有麦克风和扬声器的智能设备均可支持，无须额外硬件。此外，声波支付技术被视为一种在发展中国家推广数字支付的有力工具，尤其适合那些智能设备普及率低但移动电话普及率高的地区。

（6）可穿戴无线电移动支付。可穿戴无线电移动支付将人脸识别、指纹识别等生物识别技术和智能手表、手环、智能眼镜等可穿戴的无线电设备有机结合。可穿戴无线电移动支付，相比单纯的生物识别支付更加可靠，无须手机，依托手表、手环及眼镜等智能设备就可直接支付。可穿戴无线电移动支付方式在户外健身、运动、校园等场景为人们提供了极大的便利。

（二）按支付账户的性质分类

移动支付按支付账户的性质，可以分为银行卡支付、第三方账户支付、通信代收费账户支付等类型。

1. 银行卡支付

银行卡支付是指直接采用银行的借记卡或贷记卡账户进行支付。"手机银行卡支付"是把客户的手机号码与银行卡账号进行绑定，通过手机短信息、语音、手机网页支付（WAP）、非结构化补充业务数据（Unstructured Supplementary Service Data，USSD）等方式，随时随地为拥有银行卡的手机客户提供个性化的金融服务。客户可以通过银行营业厅、银行网站、语音、短信、USSD 等多种方式开通服务，可办理手机捐款、远程教育、手机投保等多种特色金融业务。银行卡支付从最初的磁条卡到更安全的芯片卡，再到现在的接触式和非接触式支付解决方案，银行卡技术不断进步，以满足更高的安全标准和更好的用户体验。当今，银行卡支付在全球范围内依然是最普遍的支付方式之一，尤其在零售和在线购物领域。随着电子商务蓬勃发展，银行卡支付也在继续扩大其市场份额，并不断地适应新兴的支付技术和消费者的行为变化。

2. 第三方账户支付

第三方账户支付是指为用户提供银行或金融机构支付结算系统接口的通道服务，实现资金转移和支付结算功能的一种支付方式。第三支付机构作为双方交易的支付结算服务的中间商，需要提供支付服务通道，并通过第三方支付平台实现交易和资金转移结算安排的功能。第三方支付平台提供一系列的应用接口程序，将多种银行卡支付方式整合到一个界面上，负责交易结算中与银行的对接，使网上购物更加快捷、便利，可帮助消费者降低网上购物的成本，帮助商家降低运营成本，还可以帮助银行节省网关开发费用。

3. 通信代收费账户支付

通信代收费账户支付是一种允许消费者通过电话或其他通信服务账单支付第三方服务或商品费用的支付方式，该账户是移动运营商为其用户提供的一种小额支付账户，用户在互联网上购买电子书、歌曲、视频、软件、游戏等虚拟产品时，通过手机发送短信等方式进行后台认证，并将账单记录在用户的通信费账单中，在月底进行合单收取。随着时间的推移，因电子钱包等新兴的支付技术提供了更高的安全性和更大的便利性，导致通信代收费账户支付的使用频率逐渐下降。尽管如此，通信代收费账户支付在某些地区和特定用户群体中仍保持一定的地位，尤其是对于那些无法访问传统银行服务的用户。

（三）按用户的支付额度分类

按用户的支付额度可将移动支付分为微支付和宏支付两大类。微支付，指交易额度特别小的电子商务交易，类似于零钱应用。宏支付（也称常规支付），是与微支付相对应的一种支付体制，指交易金额较大的支付行为。在微支付系统中，交易费是从用户的话费单中扣除的，不涉及银行；在宏支付系统中，银行是购物过程的直接参与者之一，交易费是从与用户手持终端绑定的银行账户中扣除的。两者的安全要求级别不同。由于支付数额较大，宏支付对安全性的要求较高，需通过可靠的金融机构进行交易鉴权。而对微支付而言，使用移动网络本身的用户识别卡（Subscriber Identity Module，SIM 卡）鉴权机制就已足够。为保证交易安全性，宏支付大量采用了公钥技术，其协议格式和步骤较为复杂，交易成本较高，不太适合于微支付环境。但通过对消息格式和交易步骤的改进，在保证安全性的前提下，也可以显著提高宏支付的效率，并将其应用于微支付领域。

（四）按其他方式分类

1. 按用户和商家的交互方式分类

按用户和商家的交互方式，可将移动支付分为"手机—专用设备""手机—移动POS 机"和"手机—手机"三种类型。"手机—专用设备"的收款方是装备了红外线、蓝牙、USSD 等的专用设备，适用于小型商店等营业人员不固定的场所。"手机—移动POS 机"的收款方一般是与银行联网的商城、超市、酒店等，付款方通过手机银行支付消费款项，收款方通过移动 POS 机接收收款信息。"手机—手机"方式是指付款方和收款方均为手机银行客户，付款方通过手机银行向收款方支付消费款项，双方均通过手机银行得到结算结果的通知。这种方式适用于有固定营业人员的消费场所，如出租车、批发市场等。

2. 按支付依托的无线传输方式分类

按支付依托的无线传输方式，可将移动支付分为空中交易和广域网（Wide Area Network，WAN）交易两种。空中交易是指支付需要移动终端通过基于全球移动通信系统（Global System for Mobile Communications，GSM）/通用分组无线业务（General Packet Radio Service，GPRS）/CDMA1X（3G 标准之一）等网络系统进行交易，如通过发短消息购买电子邮箱；WAN 交易则主要是指移动终端在近距离内交换信息完成交易，而不通过移动通信运营商网络，例如使用手机上的红外线装置在自动贩售机上购买饮料等。

（五）移动支付的流程

移动支付和一般的网络支付行为的相似之处在于两者均涉及消费者、第三方信用机构（金融机构）以及商家等；移动支付与一般的网络支付的不同之处在于两者交易资格审查的处理过程有所不同。选用移动支付的消费者和商家必须在第三方信用机构（金融机构）申请注册并拥有账户，支付平台运营商必须取得认证资格，移动支付才得以顺利完成。移动支付的完整流程如下：

（1）注册账号。在进行移动商务交易之前，消费者和商家都需要在移动支付平台申请注册自己的账号，并将该账号和自己在移动商务交易中的付款及收款账户关联。

（2）发布商品信息。商家通过移动交互平台适时发布商品信息，这里的商品信息可以是实物图片形式，也可以为数字文件等格式。

（3）浏览商品信息。消费者通过手机、计算机等终端设备进入移动交互平台，并浏览商家发布的商品信息。

(4)提出购买请求。消费者对准备购买的产品进行搜索查询，当确定要购买的产品后，以订单的形式通过手机等移动通信设备给商家发送购买请求。

(5)提出收费请求。消费者的购买请求被商家接受后，商家对消费者提交的订单进行核实确认，然后发送收费请求给相关支付平台。支付平台会利用消费者账号及交易序列号生成一个代表这次交易过程的唯一性的代码。

(6)提出认证请求。支付平台对消费者账号以及商家账号的正确性与合法性进行确认后，把消费者账号与商家账号的信息发送给第三方信用机构，请求其对相关账号信息进行认证。

(7)发送认证结果。第三方信用机构对相关账号信息进行认证后，把认证结果发送到支付平台。

(8)提出授权请求。支付平台收到认证结果后，如果相关账号通过认证，支付平台会把该次交易的产品或服务的种类、价格等详细信息发送给消费者，请求消费者对交易的支付行为进行授权。如果相关账号没有通过认证，支付平台在把认证结果发送给消费者和商家后，会取消本次交易。

(9)确认授权。消费者对交易的细节进行核对后，向支付平台发送确认授权信息。

(10)完成收费与支付。支付平台得到消费者支付授权后，在消费者账户和商家账号间进行转账，并记录转账细节。转账完成后，支付平台会将收费完成信息传递给商家，并通知其按期交付产品给消费者。同时，支付平台也会将支付完成信息传递给消费者，以此作为支付凭证。

(11)产品交付。商家得到了收费成功的信息之后，将商品通过一定形式交付给消费者。

上述流程是一种成功支付的方式，即消费者、商家、金融机构在支付平台的支持下进行的移动支付。如果其中的任何一步发生了错误，那么整个支付流程就会停滞，支付系统也会立刻向用户发出告知消息。

五、移动支付监管

移动支付的兴起对全球支付体系产生了深远影响，其带来的潜在风险和负面影响也引起了全世界广泛关注。先进监管科技的应用，对于确保移动支付系统的健康和稳定运行至关重要。伴随着大数据、云计算、人工智能、区块链等新兴监管技术进一步发展及其向移动支付领域不断渗透，移动支付的便捷性、安全性显著提升，推动了整个移动支付市场的快速发展。与此同时，监管机构也面临着对这些新技术进行评估和监管的挑战。

(一)移动支付监管概述

1. 移动支付监管概念

移动支付监管指的是政府或相关监管机构为了确保移动支付系统的安全、合法和高效运行而制定的一系列法律、规则和指导原则。移动支付涉及使用移动设备进行电子支付和金融交易，因此监管措施旨在解决与此相关的各种问题，包括但不限于：

（1）消费者保护。确保消费者的财务安全不被侵犯，保护消费者免受欺诈、误导和隐私侵害的风险。

（2）数据安全和隐私。制定关于个人信息和交易数据的收集、使用和保护的规范，防止数据泄露和滥用。

（3）反洗钱和反恐怖融资。实施必要的措施防止移动支付平台被用作洗钱和资助恐怖主义的工具。

（4）系统和交易安全性。确保支付系统的稳定性和安全性，防止系统故障和网络攻击可能导致的金融损失。

（5）市场准入和运营许可。规定企业在提供移动支付服务之前需要满足的条件，确保所有市场参与者都能公平竞争。

（6）监管合规和技术标准。设置行业标准和技术要求，促进技术创新的同时确保兼容性和互操作性。

移动支付监管的主要目的是平衡创新与风险管理，确保技术进步能够在不牺牲用户权益和系统整体安全的前提下，为用户带来便利和效益。监管技术和工具通常需要不断更新，以适应快速发展的移动支付技术和不断变化的市场环境。

2. 移动支付监管技术

目前的移动支付监管技术主要包括大数据、人工智能、区块链和云计算技术等，这些技术不仅提升了监管的效率和质量，也确保了移动支付系统的安全性、透明度和合规性，促进了整个移动支付行业的健康与可持续发展。

（1）大数据技术。在移动支付监管中，大数据技术发挥着核心作用。大数据技术可以帮助监管机构发现特定区域或时间段内的异常交易，及时洞察欺诈行为或洗钱活动的迹象。大数据分析还支持监管机构在制定政策时考虑历史数据和预测模型，使监管措施更加科学合理。

（2）人工智能技术。人工智能（AI）技术通过模式识别和预测分析，提供了一种强大的手段来自动化监管流程和增强监管的准确性。

（3）区块链技术。区块链技术提供了一个高度安全、透明且不可篡改的记录系统，是监管移动支付的理想技术。监管机构利用区块链技术，可以有效跟踪每一笔支付的全过程，确保交易的完整性和可追溯性。

（4）云计算技术。云计算技术在移动支付监管中扮演着至关重要的角色。作为一种新兴的技术手段，云计算技术以其安全性、可靠性、共享性、灵活性、可扩展性等优势，为移动支付监管提供了强大的技术支撑。

（二）移动支付监管面临的挑战

移动支付已经成为全球支付系统的关键部分，但随着移动支付业务的扩展，其带来的潜在风险和负面影响也引起了广泛关注。因此，使用合适的监管技术手段进行有效的监管，对于确保移动支付系统的健康和稳定运行至关重要。移动支付监管的目标不仅是防范潜在风险，保障交易安全和消费者权益，还包括通过促进效率提升、激励创新和推动行业发展，支持支付系统的健康稳定运行。这要求监管机构在制定政策和实施利用监管技术时，既考虑到风险管理的需要，也考虑到激发市场活力和创新的需求，推动移动支付行业可持续发展。

1. 移动支付的风险

移动支付作为现代金融科技发展的重要组成部分，已经深入人们的日常生活，为人们带来了前所未有的便利。然而，随着科技的迅猛发展及移动支付业务的迅速发展普及，移动支付监管在技术创新、跨境支付、支付安全和数据隐私保护等方面面临着前所未有的挑战，移动支付的风险问题也日益凸显。在移动支付监管过程中能否采取有效措施防范这些风险，是其健康发展的关键。

（1）信用风险。信用风险，也被称为违约风险，是指交易的一方未能履行约定义务而造成另一方经济损失的风险。对移动支付业务来说，信用风险主要来自交易双方对移动支付交易的否定，如买方提交订单后不付款，或者输入虚假银行资料使卖方不能提款；买方付款后，卖方没有把产品发送到客户手中，使客户蒙受损失等。信用风险的存在，会影响移动支付用户的信用水平和财产安全，会影响移动支付体系的正常运行，严重时甚至会危害金融和社会秩序的稳定。移动支付信用风险发生的主要原因为信息不对称、备付金管理松懈以及退出机制欠规范等。

（2）操作风险。近年来，移动支付安全形势发生了深刻变化。病毒入侵、手机钓鱼、信息泄露、产品缺陷、内部管理等引起的操作风险日益成为移动支付业务面临的主要风险。与传统支付业务操作风险相比，移动支付扩大了操作风险的影响范围，某个环节的风险可能影响整个机构甚至整个金融系统。信息技术的进步带来的潜在损失超出了个体承受范围，影响到了经济安全。电子扒手、网上诈骗、黑客攻击、病毒破坏及信息污染等与技术直接或间接关联的风险均可归类于操作风险。巴塞尔银行监管委员会认为操作风险源于"系统在可靠性和完整性方面的重大缺陷带来的潜在损失"，移动支付机构的操作风险包括电子货币犯罪带来的安全风险，内部员工欺诈带来的风险，系统设计、实施和维护带来的风险，以及客户操作不当带来的风险。其他组织如欧洲中央银行、美国通货管制局、联邦存款委员会等也对移动支付机构的操作风险作出了类似的描述。

（3）法律风险。移动支付业务常涉及银行法、证券法、消费者权益保护法、财务披露制度、隐私保护法、知识产权法和货币银行制度等法律法规。全球对于移动支付的立法相对滞后，现行许多法律都是基于传统金融业务形式的，因此在移动支付业务中出现了许多新的问题，如发行电子货币的主体资格、电子货币发行量的控制、移动支付业务资格的确定、移动支付活动的监管、客户应履行的义务与银行应承担的责任等，各国都还缺乏相应的法律法规加以规范。以网上贷款为例，就连网上贷款业务发展较早的中国台湾金融监管部门也没有相关法令规范这一新兴业务，其监管机构目前能做的只是对银行提交的契约范本进行核准。缺乏法律规范调整的后果表现在两个方面：要么司法者或仲裁者必须用传统的法律规则和法律工具来分析网上业务产生的争议，要么法官或仲裁者不得不放弃受理这类纠纷。由于网络纠纷的特殊性，用传统法律规则来解决是一个非常吃力的问题。但是，消极地拒绝受理有关争议同样无助于问题的解决。法律规定的欠缺使得金融机构面临巨大的法律风险。

2. 移动支付监管难点

随着移动支付技术迅猛发展，一场金融支付领域的深刻变革正在发生。然而，正如任何技术革新所伴随的那样，新的困难和挑战不断涌现。监管机构作为市场的守护者，需要密切关注市场动态和技术趋势，不断调整和优化监管策略，以确保市场的稳定与合规。当前，区块链、人工智能等新技术在移动支付领域的应用日益广泛。这些技术不仅提升了支付的便捷性和安全性，也为移动支付带来了前所未有的创新机遇。与此同时，监管机构也面临着对这些新技术进行评估和监管的挑战。其需要确保这些新技术符合相关法规和标准，以防止潜在的风险，并确保移动支付在促进经济发展、提升社会福祉的同时，始终运行在安全、合规的轨道上。然而，传统的监管手段已经难以应对日益增长的监管需求。监管机构面临着以下主要问题：

（1）监管资源有限、监管成本不断上升。随着移动支付的智能化程度不断提高，数据量呈爆炸式增长。传统的人工处理结构化数据的监管方式已经无法满足对新兴支付技术的监管需求。同时，随着监管制度和合规标准日益复杂，监管成本也在急剧增长。这使得监管机构在有限的资源下，难以实现对市场的全面有效监管。

（2）支付技术发展迅速、监管难度日益加大。大数据、云计算等技术的引入使得移动支付能够全天候不间断地为支付主体提供服务，并积累了大量的交易数据。这些数据不仅为监管机构提供了丰富的信息，同时也带来了巨大的挑战。新的移动支付技术可能让数据特征更加复杂，使监管机构使用传统的监管技术和手段难以发现数据中存在的虚假以及欺诈线索。因此，监管机构需要不断创新监管技术和方法，以适应移动支付发展的新变化。

（3）监管法规存在滞后、监管技术创新不足。随着科技的进步，越来越多诸如大数据、人工智能等先进技术被引入移动支付行业，促使移动支付技术不断创新和发展。然而，移动支付相关的法律法规相对滞后，现行对移动支付业务的监管多依据部门规章和一些规范性文件，行业标准不明确、法律层级较低。监管还存在一些制度空白，相关制度在执行时也有着很大的操作难度，对支付机构约束力不强，消费者权益无法得到有效保障。同时，移动支付监管手段的更新往往滞后于移动支付技术的更新，传统的监管手段已经不能满足监管机构对移动支付的监管需求。

第二节　移动支付监管技术

移动支付由于具有技术的复杂性、服务的创新性以及方便高效的特点，其交易量急剧提升，使得传统监管手段难以应对。不论监管难度还是监管工作量，传统支付时期所应用的监管技术都无法满足当前的需求。与此同时，由移动支付技术特性所带来的网络诈骗、黑客攻击、病毒破坏和信息污染等操作风险，使监管需求变得更庞杂，监管难度骤增。而监管科技的应用，可以有效提升监管效率和精准度，降低监管成本，减轻监管负担，促进移动支付行业健康发展。监管技术的应用还能有效帮助监管机构和企业共同提高应对风险的能力。目前移动支付监管技术可分为四类：大数据、人工智能、区块链和云计算。

一、基于大数据的移动支付监管

移动支付技术快速发展和广泛应用带来了前所未有的海量交易数据。然而，传统的数据监管技术和手段难以对如此大规模的数据进行全面和整体的分析，这导致传统的基于数据进行的市场稳定性监管、趋势分析与引导以及日常交易活动的监管能力大大降低。而大数据技术能够有效处理和分析如此规模的数据，其不仅可以挖掘数据间的潜在联系、进行风险识别和预测市场趋势，还能够对海量交易行为进行异常检测、动态监控和特征识别。大数据技术显著提升了移动支付领域的风险防控、市场预测和安全保障能力，有助于保护用户权益和维持交易市场稳定。通过深入分析行业发展趋势和实时监控交易行为，监管机构能够提前识别和防范潜在风险，确保移动支付系统稳健发展。

（一）基于大数据的移动支付监管技术概述

基于大数据的移动支付监管技术主要包括数据挖掘、机器学习、实时分析和特征识别技术等，这些手段和工具正在移动支付监管中发挥重要作用。

数据挖掘技术使监管机构能够从海量的移动支付交易数据中发现有价值的信息。通过使用聚类、分类、关联规则等方法，监管者可以识别出欺诈行为的模式、预测市场趋势，以及发现潜在的系统性风险。数据挖掘技术的应用，能够为智能化的风险防控技术提供技术支撑，使得监管机构可利用人工智能等技术不断迭代风控模型。

机器学习技术可以通过对数据进行学习，帮助监管机构构建和优化模型，例如风险识别模型、异常交易识别模型等，这些模型能够从历史数据中学习并识别出异常行为的复杂模式。机器学习算法的自适应特性，使得监管系统能够随着时间的推移自动更新，以适应新的交易行为和风险模式识别。通过不断迭代，这些模型会变得更加精准，有助于监管机构提前识别和预防潜在风险。

实时分析技术为移动支付监管提供了一个强大的工具，它允许监管机构对每一笔交易进行实时监控。这种技术可以迅速识别出可疑的交易行为，如欺诈性交易或非法活动，并及时响应以防止这些行为的发生。实时分析的快速响应机制，极大地提高了移动支付系统的安全性，保护了消费者的利益，同时也维护了支付市场的稳定。

特征识别技术涉及对交易数据中的常见模式进行识别。监管机构可以利用这一技术来检测和标记可能的风险行为，例如，通过分析交易频率、金额大小和交易时间等特征，识别出异常的交易模式。这些模式可能表明存在潜在的欺诈行为或洗钱活动。特征识别技术的应用，增强了监管机构在微观层面上的风险识别能力，有助于保护交易双方免受金融欺诈的侵害。

（二）基于大数据的移动支付监管技术应用

大数据技术在移动支付监管中的应用主要围绕对移动支付所产生的海量数据进行不同程度和不同视角下的数据分析。其完整的应用逻辑为：监管机构首先从移动支付平台收集交易数据，其次利用大数据处理工具（例如 Hadoop 或 Spark）进行数据存储和处理，再次应用机器学习和数据挖掘算法进行深入分析，最后根据分析结果采取相应的监管措施。而在实际应用中，针对不同环节，监管机构可对数据进行阶段性深入挖掘以满足不同的监管需求，例如，在数据收集后进行数据挖掘以处理非结构化和半结构化数据，挖掘数据间关系以提高监管精准性；在数据分析阶段对交易数据中的历史数据进行学习和统计、利用机器学习方法识别异常交易情况或预测未来交易数据等，辅助监管移动支付的安全性。

监管机构和政府通过利用大数据技术，能够更有效地识别和规避移动支付的支付系统风险及信用风险，提升用户和市场对移动支付的信心，从而达到保护用户权益和维持金融市场稳定的目的。同时，大数据技术可以帮助政府和监管机构更好地分析行业发展趋势、了解市场运行情况，从而及早发现并应对潜在的经济波动风险、提前规划市场发展方向，保障金融行业稳健发展。从大数据技术的监管应用对象看，移动支付监管可以分为对市场和行业的宏观监管以及对交易双方和交易行为的微观监管。

大数据技术在宏观监管中主要通过识别和规避风险、监测和分析发展趋势的方式防范系统性风险和经济波动风险，保障行业和市场的稳健发展，为移动支付的应用与发展提供坚实基础。首先，大数据技术能够通过分析资金流向和交易模式，帮助监管机构发现洗钱和其他非法金融活动的迹象。例如，面对动态的复杂资金流数据监控问题，监管机构通过大数据分析构建的算法模型可以追踪资金的来源和去向，以及识别与常规模式不符的交易行为，从而及时采取预防和处置措施。

其次，利用大数据技术，监管机构可以对整个市场的交易模式和趋势进行深入分析，以预测和识别可能对市场稳定性构成威胁的系统性风险。这种实时监控市场动态的能力使得监管机构能够在风险形成之前采取行动，从而有效预防金融风险的发生。

再次，结合移动支付数据和其他宏观经济指标，监管机构能够获得宏观经济的全面视图。这样的数据整合和分析能帮助监管机构更准确地评估经济健康状况，并据此制定或调整货币政策和监管措施，以维护经济稳定。

最后，利用大数据分析行业发展趋势，监管机构可以评估新兴支付技术的影响，以及这些技术如何改变行业运作。这种前瞻性的分析能力使监管机构能够提前制定或调整政策，以适应行业发展的同时确保风险可控。例如，通过监测新支付方法的采纳率和相关的市场反应，监管机构可以预测这些技术可能带来的挑战和机遇。

在微观监管中，大数据技术通过关注交易双方的信息和财产安全以及交易行为本身，降低移动支付所带来的新型操作风险和信息泄露风险。其监管手段主要表现在对欺诈、洗钱等非法交易行为的识别与监管以及对交易双方的隐私信息泄露的预防。

在防治交易欺诈方面，大数据技术使监管机构能够实时分析交易行为和模式，快速识别异常交易模式，如高频的小额交易和突然向异常账户发起交易等，这些模式往往预示着潜在的欺诈行为。此外，利用机器学习算法从历史交易数据中学习，监管机构可以构建预测模型，提前识别并阻止可能的欺诈行为，从而保护消费者和商业环境的安全。

在预防交易信息泄露方面，通过加强对交易系统的安全监控，监管机构使用大数据支持的加密技术和访问控制来保护交易信息，有效防止数据泄露。监管机构还可以通过分析网络流量和用户行为，及时发现并响应数据泄露事件，从而加强个人信息保护。

中国人民银行移动支付监管科技应用

在管理商户风险方面，监管机构可以利用大数据技术分析监管对象的交易数据和行为模式，识别高风险账户，例如涉嫌洗钱、欺诈或非法交易的商户。通过构建风险评分模型，监管机构能够对商户实施差异化的风险管理和监管措施，降低监管难度的同时提高监管效率，进而保障支付系统的整体安全性。

二、基于人工智能的移动支付监管

随着移动支付逐步普及，其带来的便捷性也意味着交易活动日益频繁和复杂。面对海量的交易数据，传统的人力监管方式已难以应对快速增长的监管需求。在这种背景下，人工智能技术的应用显得尤为重要。人工智能可以处理和分析大规模数据集，帮助监管机构迅速识别异常交易行为，有效提升监管效率和精确性。此外，人工智能在自动化处理常规监管任务中也展现出巨大优势，使得监管人员可以将精力集中在更需要专业判断和决策的复杂情况上。因此，利用人工智能技术不仅可以提高监管的响应速度，还能增强整个支付系统的安全性和透明度，确保支付环境健康发展。

（一）基于人工智能的移动支付监管技术概述

人工智能技术在移动支付监管中扮演着至关重要的角色，主要通过学习海量数据来构建模型，从而掌握模式识别和交易预测的能力。此外，它还能帮助监管人员分析和理解交易背后的复杂关系，进而提升监管能力。在这一过程中，深度学习和知识图谱是关键的技术手段。

深度学习是一种基于神经网络的机器学习技术，通过模拟人脑神经元的连接方式，自动学习和提取数据中的深层次特征，且无须人工进行特征工程工作。在移动支付监管中，深度学习能够极大地提升监管能力，提高监管效率。它能帮助监管机构高效监管移动支付带来的海量交易数据,并基于这些交易数据识别交易模式和异常、预测交易行为等。目前,监管机构和移动支付企业已经开始应用深度学习处理和分析大量的交易数据、用户行为数据以及商户信息,通过构建复杂的神经网络模型自动学习并识别出数据中的异常模式和潜在风险。例如,利用深度学习分析用户的交易历史,学习并识别出正常的交易行为模式。当系统检测到与正常模式显著不同的交易时,迅速识别出这些异常并触发相应的警报机制。此外,深度学习还被用于预测用户的未来行为,帮助移动支付平台提前发现潜在的风险。通过分析用户的交易记录、行为模式以及社交媒体等信息,深度学习可以构建出用户的个性化行为模型,并预测其未来的交易行为。如果预测结果显示用户可能进行欺诈交易或其他违规行为,平台可以及时采取措施,防止风险事件的发生。

知识图谱是人工智能在移动支付监管应用中另外一种重要的技术手段,它通过构建和利用丰富的数据关联网络来提升监管的效率和精准度。知识图谱是由大量的实体(如个人、组织、地点等)和它们之间的关系(如交易、所有权、合作关系等)组成的图结构,这种结构能够存储和表示复杂的信息。在移动支付领域,知识图谱可以用来表示和分析交易数据,帮助监管机构深入理解交易背后的复杂关系。例如,通过知识图谱可以揭示不同账户之间的资金流向,识别出可能的洗钱活动或非法资金流动。此外,知识图谱还能够辅助识别和防范金融欺诈,通过分析实体间的复杂关系,监管机构可以发现异常模式,提前预防风险。

(二)基于人工智能的移动支付监管技术应用

在应用深度学习技术监管移动支付时,主要涉及以下几个关键步骤。

首先,进行数据收集与预处理。收集大量的移动支付交易数据、用户行为数据等数据后,再通过数据清洗、归一化等操作进行预处理,以确保数据的质量和一致性。

其次,进行模型选择。根据监管需求的性质(例如异常识别和交易量预测等)和数据的特性(例如纯交易数据和复合型交易数据等)选择适合的模型进行学习和训练,如循环神经网络(RNN)、长短时记忆网络(LSTM)等。

再次,进行特征提取和模型训练。深度学习模型能够自动地从原始数据中学习和提取特征,这些特征能够反映交易、用户行为以及商户信息的本质属性和规律。通过对大量历史数据的学习和训练,模型能够学习到数据中的内在规律和模式。

最后,进行模型评估与优化。使用验证集或测试集对模型进行评估,以检验其性能并进行针对性调优,通用评估指标包括准确率、召回率、F1值等。

经过有效性验证和针对性调优以后的人工智能(深度学习模型)就可以帮助监管机构完成目标任务,从而释放人力进行决策性工作。例如,在进行风险识别与预测时,通过输入新的交易数据或用户行为数据,模型能够自动地判断支付交易或行为是否存在风险,并给出相应的预测结果。通过深度学习技术构建的人工智能可以有效地学习历史交易数据中的数据特征以及数据关系,帮助监管部门及时发现潜在的风险和异常行为,采取有效的监管措施，保障移动支付市场的健康稳定发展。

在移动支付监管中知识图谱技术的应用，通常涉及以下几个步骤。首先，进行实体识别。从大量的金融数据中识别出相关的实体，如用户、商家、银行账户等。其次，进行关系抽取。确定实体之间的各种关系，如转账、借贷、担保等。再进行图谱构建，将识别的实体和抽取的关系组合起来，形成一个完整的知识图谱。再次，进行图谱查询与分析。对构建好的知识图谱进行查询和分析，以发现潜在的风险和异常行为。最后，需要保持知识图谱的动态更新。随着新的金融交易数据的产生，知识图谱需要不断地进行更新和维护，以保持其时效性和准确性。

在移动支付监管应用中，知识图谱的优势在于其能够处理和分析大规模的复杂数据，提供更深层次的洞察力。它不仅可以帮助监管机构快速识别风险，还可以作为制定监管政策和措施的数据支持。随着人工智能技术的发展，知识图谱在移动支付监管中的应用将越来越广泛，对于维护金融市场的稳定和安全具有重要意义。

在移动支付监管领域，深度学习与知识图谱两种技术的结合应用已成为一种常态，极大地增强了监管机构的监控和分析能力，特别是在异常交易监测与风险网络分析、实时风险监控与预警系统设计、用户行为分析与画像创建、监管报告自动化与决策支持等方面发挥着重要作用。

在移动支付异常交易监测与风险网络分析中，深度学习和知识图谱技术的结合使用，提供了一种强大的工具，用于识别和分析潜在的欺诈或非法活动。深度学习模型通过分析大量的交易数据，学习识别正常与异常交易行为之间的细微差异。结合知识图谱的应用，可以进一步追踪异常交易的资金流向，揭示背后的交易网络。例如，通过分析突发的大额交易或频繁的小额分散交易，以及这些交易所关联的账户和实体，监管机构可以快速发现洗钱或资助恐怖活动的嫌疑。知识图谱显示了实体之间的关系，如共同地址、设备使用等，帮助揭示可能的共谋关系，从而使监管机构能够在早期阶段预防和减少金融犯罪活动。

在移动支付实时风险监控与预警系统设计中，深度学习技术能够处理并分析实时交易数据，识别出与历史风险事件相似的模式，从而预测潜在的风险。与此同时，知识图谱的应用能够在这些风险发生时快速定位问题的源头，分析整个支付生态中的关联和影响路径。这种技术结合不仅加快了风险的识别速度，还增强了监管响应的针对性和有效性。例如，当深度学习模型检测到可能的欺诈行为时，知识图谱可以即刻显示涉及的用户和商户之间的网络关系，监管机构可以迅速采取行动，防止风险的扩散。

在移动支付用户行为分析与画像创建中，采用深度学习技术，监管机构可以建立精细化的用户行为模型，这些模型能够捕捉用户在不同环境下的支付行为和变化。当这些数据与知识图谱结合时，监管者不仅能看到个体用户的行为，还能在更宏观的层面上理解用户群体的行为模式。知识图谱技术能够整合用户的消费习惯、交易历史和个人信息等多维度数据，为监管机构提供全面的用户画像，进而有效预测和识别潜在的风险用户。这种技术的应用，特别是在反洗钱和反欺诈监控中显得尤为重要。

在移动支付监管报告自动化与决策支持中，深度学习可以从大量的交易数据中自动提取关键信息，并结合知识图谱的全局视角，自动生成监管报告。这不仅减少了人工操作的需求，还提高了报告的准确性和及时性。同时，知识图谱技术为监管机构提供了决策支持。通过分析和推理图谱中的数据，监管者可以更快速地识别风险并做出响应。例如，当发现某一金融机构的交易活动频繁与高风险事件关联时，监管机构可以立即检查该机构的历史交易记录和相关关系网络，从而作出更加有根据的监管决策。

人工智能多种技术的结合不仅为移动支付监管带来了革命性的进步，还显著提升了监管的精度和效率。通过人工智能，尤其是深度学习和知识图谱技术的应用，监管机构能够有效缓解移动支付平台系统的风险和交易行为中存在的各种风险。随着移动支付快速发展，监管难度及成本不断增加，这些先进技术的应用变得尤为关键。它们不仅能够应对日益增长的监管挑战，还能通过智能化的方法降低监管成本，提高监管的响应速度和准确性。未来，随着技术进一步优化，移动支付监管技术将更加智能化和精确化，能有效地保护消费者利益以及维护支付市场的稳定与安全，促进整个金融生态系统的健康发展。

AI 驱动的金融欺诈防御与反洗钱

三、基于区块链的移动支付监管

随着移动支付规模不断扩大，信息安全、交易透明度以及监管效率等方面正经历着重大的挑战。区块链技术作为一种分布式账本技术，其核心优势在于能够提供一个安全、透明且不可篡改的交易记录平台。这些特性与移动支付监管的需求不谋而合，为监管机构提供了有力的技术支持。借助区块链技术，每一笔交易均被准确无误地记录在一个去中心化的网络之中，不仅显著提升了信息安全性，还极大增强了交易的透明度和可追溯性，为移动支付监管带来了全新的解决方案。

（一）基于区块链的移动支付监管技术概述

区块链技术是一种创新的分布式数据库或账本技术，它能够在计算机网络的节点之间共享和记录交易、资产和信任。区块链的核心特性包括去中心化、不可篡改、透明性、安全性和可编程性。它通过不断增长的数据块链记录交易和信息，每个数据块都链接到前一个块，形成连续的链，从而保障了交易历史的完整性和数据的安全性。同时，区块链利用密码学的方式来保证数据传输和访问的安全，以及利用自动化脚本代码组成的智能合约来编程和操作数据。在区块链网络中，没有单一的控制中心，每个节点都有完整的账本拷贝，并可以进行验证和更新。当一个节点发起一个交易时，它会将交易数据和自己的数字签名发送给网络中的其他节点，其他节点会验证交易的有效性并将其放入待处理交易池中。随后，某些节点会从待处理交易池中选取交易并打包成区块，通过共识机制将新区块添加到区块链中，从而更新整个网络的账本。总之，区块链技术以其独特的去中心化、不可篡改和安全性等特点，具有广泛的应用前景和巨大的潜力。区块链技术在移动支付监管中的应用主要包括分布式账本、加密算法、共识机制和智能合约等。

分布式账本通过提供透明、安全、一致的数据存储和共享机制，助力提高监管的效率和质量，支持创新和合规，同时保护隐私和促进公平竞争。在分布式账本中，数据存储和管理分布在网络中的多个节点上，每个节点都包含了完整的账本副本，所有的交易记录对所有节点都是可见的。监管机构可以实时查看交易记录，无须依赖中心化的数据库，无须担心数据篡改和丢失的问题，也无须担心信息孤岛所带来的负面影响。

加密算法确保了数据的安全性、完整性，为移动支付监管提供了可靠的技术支撑。区块链利用非对称加密算法，即公钥和私钥机制，公钥用于加密数据，而私钥用于解密，确保只有经授权的用户才能访问和修改数据，为数据传输提供了安全保障。同时，区块链运用哈希算法生成数据摘要，任何对数据的微小修改都会导致哈希值的巨大变化，从而为监管机构提供完整和未被篡改的交易数据。

共识机制通过工作量证明或权益证明等一系列规则和算法，使网络中的每个节点都能参与到交易验证的过程中。由于共识机制要求网络中的多数节点达成一致，这增加了操纵或欺诈行为的难度，从而确保所有网络节点对数据的记录达成一致。此外，在区块链网络中每个节点都持有账本的一个副本，在共识机制的作用下，数据一旦记录就几乎无法被篡改或删除。即使有人试图对节点上的数据进行非法修改或删除，这些操作都会在区块链上留下痕迹，被网络自动检测并拒绝，从而保证了数据的真实性和可靠性。

智能合约通过自动执行合约条款，为监管机构提供了新的自动化监管手段。凭借智能合约的自动执行特性，监管机构可以将监管合规性检查内置到合约中自动执行，减少了人工审核的需要，从而降低了监管成本。此外，智能合约一旦部署，就会按照预设的规则自动执行，这减少了人为干预的可能性，确保了合约执行的一致性和确定性，减少了因误解或争议导致的执行问题，从而降低了监管过程中的协调和监督成本。

（二）基于区块链的移动支付监管技术应用

区块链技术以其独特的去中心化、不可篡改、透明、可追溯等特性，正逐步成为各行各业创新发展的重要引擎。在移动支付监管中，区块链技术的应用为传统的监管模式带来了革命性的变革，为解决监管难题提供了新的思路和方法。随着移动支付交易活动日益频繁，传统的监管方式已经难以满足现实需求，监管效率和效果面临着巨大的挑战。而区块链技术的引入，以其独特的优势，为监管机构提供了全新的监管工具和平台。通过区块链技术，监管机构可以实时、准确地获取交易数据和信息，实现对市场活动的全面监控和风险管理，从而大大提高了监管效率和效果。

第一，区块链技术可用于移动支付监管机构对身份的认证与授权。区块链技术可助力构建分布式身份认证系统，该系统基于区块链的分布式账本技术，实现身份信息的去中心化存储与验证。在这一系统中,身份信息被加密并分散存储在多个节点上,确保数据的安全性和可靠性。同时,利用区块链的智能合约技术,可以自动化地执行身份验证过程,减少人为干预,提高验证的准确性和效率。对于移动支付监管机构而言,这一分布式身份认证系统具有重大意义。通过该系统,监管机构可以实时、准确地获取市场参与者的身份信息,并进行核实。这有助于确保市场参与者的真实性和合规性,降低身份信息造假的风险。

第二,区块链技术可用于移动支付监管机构对移动支付交易记录的溯源。区块链技术以其去中心化、不可篡改和透明公开的特性,为移动支付交易记录提供了坚实的保障。一旦交易被记录在区块链上,这些记录便成了永久性的数据,无法被修改或删除,这一特性极大地增强了交易数据的真实性和完整性。同时,区块链技术的溯源功能也为移动支付交易带来了前所未有的透明度和可追溯性。通过区块链技术,每一笔交易都可以被清晰地追踪和查询,包括交易的发起人和接收人、时间戳以及交易金额等详细信息。通过区块链技术获取全面的交易记录,同时对交易记录进行追溯,监管机构能够轻松地追查非法资金的来源和流向,为打击移动支付犯罪活动提供有力的证据和线索。

第三,区块链技术可用于保障移动支付监管信息安全。区块链技术的去中心化特性是其保障监管信息安全的核心优势。传统的监管信息系统往往依赖于单一的中央服务器,这使得信息泄露和被篡改的风险较高。而区块链技术通过将数据分布式存储在网络中的多个节点上,实现了去中心化的数据存储和管理。区块链技术中的加密算法能够确保数据的完整性和真实性,防止数据被篡改或伪造。监管机构可以利用区块链技术的加密特性,对敏感信息进行加密处理,防止数据泄露和非法访问。区块链技术还可用于构建分布式数据存储系统,实现监管信息的安全存储和传输。在分布式数据存储系统中,数据被存储在多个节点上,并且每个节点都有完整的数据副本。这种分布式的存储方式不仅能够提高数据的可用性和容错性,还能够防止单点故障和数据丢失。区块链技术还可通过智能合约实现访问控制和权限管理,确保监管信息的合规使用和访问。监管机构可以利用智能合约来设置访问控制和权限管理规则,确保只有经过授权的用户才能访问和使用监管信息。这种基于智能合约的访问控制和权限管理机制能够提高监管信息的安全性,防止未经授权的访问和数据泄露。

第四,区块链技术可用于加强监管信息互通。传统监管工作中,各部门之间信息孤岛现象严重。区块链技术的分布式账本特性,能够实现信息的实时共享和互通,打破信息壁垒。区块链技术可促进不同监管机构之间的信息互通和共享。通过构建基于区块链的监管信息共享平台,各监管机构可实时共享监管数据和信息,提高监管的协同性和效率。区块链技术还可实现跨地域、跨行业的监管信息互通,监管机构可利用区块链技术,建立统一的信息共享平台,实现各部门之间的数据实时同步和更新,为构建全国统一的监管体系提供技术支持。

第五,区块链技术可用于开展自动化监管。针对移动支付等新型金融业态,监管机构面临着监管难度大、监管成本高等问题。区块链技术的智能合约功能,能够实现自动化监管和智能合约执行，降低监管成本，提高监管效率。通过编写预设规则和条件的智能合约，监管机构能够自动触发监管流程，降低人为干预和错误的风险，从而提高监管的准确性和效率。在自动化监管系统中，监管机构可以基于区块链技术，结合人工智能、大数据和云计算等技术手段，实现监管流程的自动化和智能化。通过构建基于区块链的自动化监管系统，监管机构可实现对市场主体的实时监控和预警，及时发现和处理违法违规行为。区块链技术还可实现监管报告的自动生成和审核。传统的监管报告需要监管人员手动填写和审核，工作量大且容易出错。而基于区块链的自动化监管系统可以实时生成监管报告，并自动进行合规性检查。一旦发现违规行为或异常交易，系统将自动触发预警机制，并通知相关监管人员进行进一步处理。这将大大减轻监管人员的工作负担，提高监管效率。

全球化数字身份验证与合规

四、基于云计算的移动支付监管

云计算技术凭借其弹性、可扩展性和成本效益等多重优势，为移动支付监管领域带来了创新的解决方案。云计算的分布式计算、虚拟化和服务化等特性，使得监管机构能够实时监控和分析海量交易数据，及时发现并处理异常交易行为，有效预防和打击金融犯罪。同时，其弹性扩展能力可以确保监管系统灵活调整资源，满足不同规模移动支付业务的监管需求。通过云计算平台，监管机构可以更有效地收集、存储和分析交易数据，实现实时监控和风险评估。因此，云计算技术为移动支付监管提供了强大的技术支持，有助于构建一个安全、高效和灵活的监管体系。

（一）基于云计算的移动支付监管技术概述

云计算技术实质上是通过计算机网络形成的计算能力极强的系统，能够存储、集合相关资源并按需配置，向用户提供个性化服务。云计算的核心概念是以互联网为中心，将巨大的数据计算处理程序分解成无数个小程序，并通过多台服务器组成的系统进行处理和分析，从而在短时间内完成对大量数据的处理，提供强大的网络服务。云计算技术具有多个显著特点。一是它拥有超大规模，企业私有云通常拥有数百上千台服务器，为用户提供前所未有的计算能力。二是云计算支持虚拟化，使用户能够在任意位置使用各种终端获取应用服务。三是云计算还具有高可靠性，通过数据多副本容错、计算节点同构可互换等措施来保障服务的高可靠性。四是云计算还具备通用性，同一个"云"可以同时支撑不同的应用运行，且规模可以动态伸缩，满足应用和用户规模增长的需要。五是云计算以按需服务的方式提供资源，用户只需按使用量付费，大大降低了成本。云计算技术在移动支付监管中的应用主要包括虚拟化技术、分布式数据存储技术、并行编程技术和云边协同技术等。

虚拟化技术是云计算的基础，它允许更有效地利用物理计算机硬件资源。通过虚拟化，可以在一个物理主机上运行多个操作系统和应用程序，从而提高资源的利用效率。

通过虚拟化管理，监管机构可以将硬件资源（如服务器、存储器等）和软件资源（如应用软件、集成开发环境等）进行池化，并根据需求进行灵活分配，降低监管成本。同时，虚拟化技术可以提供虚拟网络隔离和安全机制，确保不同用户之间的网络流量隔离，保障移动支付监管数据的安全。

分布式数据存储技术是指数据被存储在不同的物理设备上，这种模式提高了数据的可靠性和扩展性，并且能够快速响应用户需求的变化。分布式数据存储技术可以将移动支付监管过程中的大量数据集中存储在云端，通过统一的平台进行管理和访问，从而使监管机构可以方便地获取、分析和利用这些数据。此外，分布式存储系统通过数据冗余备份和一致性机制，确保数据的安全性和可靠性。在监管过程中，即使部分存储节点出现故障，也可以通过其他节点快速恢复数据，避免数据丢失对监管工作的影响。

并行编程技术允许用户处理大规模的计算任务，通过自动并发和分布执行来提高运行效率。在移动支付监管中，需要处理大量的数据以完成风险评估、异常检测等任务。云计算的并行编程技术（如 MapReduce），可以将大数据集划分为多个小数据集，并在多个计算节点上并行处理。这样，可以充分利用计算资源，快速完成数据处理任务，为监管提供及时、准确的数据支持。

云边协同技术结合了云计算和边缘计算的优势，以满足高精度、低消耗、快响应和低延时的应用场景需求。云计算负责处理边缘节点难以胜任的计算任务，而边缘计算则负责实时、短周期数据的处理任务。在监管过程中，云边协同技术通过边缘计算设备在数据源端对移动支付交易信息进行数据采集和初步处理，然后将重要信息传送到云端进行深度分析和存储。这种方式不仅提高了数据处理效率，而且降低了数据传输成本。

（二）基于云计算的移动支付监管技术应用

面对海量的数据信息和复杂的业务流程，传统的监管手段已经难以满足高效、实时、全面的监管需求。而云计算以其独特的优势，如强大的计算能力、高效的资源调配、灵活的可扩展性，以及高度的安全性，为监管领域带来了新的解决方案。云计算在移动支付监管中的应用，不仅提高了监管效率，降低了监管成本，还使得监管部门能够更加精准地把握市场动态，及时发现和应对潜在风险。通过云计算平台，监管部门可以实现对市场数据的实时采集、分析和处理，从而实现对市场行为的实时监控和预警。此外，云计算还为监管部门提供了更加灵活、便捷的数据存储和共享方式，促进了监管信息的共享和交流，提升了监管工作的协同性和整体性。在云计算的助力下，移动支付监管正逐步形成以数据为驱动、以技术为支撑的现代化监管体系。

首先，云计算技术可用于移动支付监管的数据存储和管理。云计算技术以其高可扩展性、灵活性和安全性，为移动支付监管提供了强大的数据存储和管理支持。随着移动支付市场迅速发展，监管机构需要处理的数据量也在不断增加，这些数据包括企业报告、市场数据、交易记录等。通过云计算平台，监管机构可以将这些数据集中存储于云服务中心，实现监管数据的集中化、标准化管理。云服务中心通常采用多重备份和灾备措施，极大地降低了数据丢失的风险。此外，云计算技术还支持数据的实时更新和同步。监管机构可以实时获取最新的市场数据和交易记录，确保监管数据的时效性和准确性。这种实时更新的能力，使得监管机构能够更快地发现问题，并采取相应的监管措施，从而提高了监管效率。

其次，云计算技术可用于移动支付监管的数据分析与挖掘。移动支付监管不仅要求数据的准确性，更强调数据的时效性。传统的数据处理模式，受限于硬件设备的计算能力和存储容量，往往难以应对移动支付监管中日益增长的数据量。即使能够处理，也可能因为计算资源不足而导致数据处理效率低下，无法满足监管的实时性需求。云计算技术的分布式架构意味着数据处理不再依赖于单一的计算设备，而是由成百上千的服务器共同协作完成。这种架构不仅大幅提升了数据处理的速度，而且使得计算资源可以更加灵活地分配和扩展。云计算技术的弹性伸缩能力也是其优势之一。面对移动支付监管中复杂多变的数据处理需求，云计算服务可以迅速调整计算资源，包括增加或减少服务器数量、调整服务器配置等。这种灵活性确保了数据处理的准确性和高效性，使监管部门能够在最短时间内获得所需的分析结果。

再次，云计算技术可用于为移动支付监管机构托管计算资源。监管机构在履行监管职责时，需要处理大量的数据和分析任务，对计算资源的需求很大。云计算技术允许移动支付监管机构将其信息技术（Information Technology，IT）基础设施和数据中心的部分或全部功能托管给专业的云服务提供商。这种托管模式不仅大大减轻了监管机构在硬件采购、维护和升级方面的负担，还提供了弹性伸缩的计算资源，能够根据监管任务的实际需求进行动态调整，实现资源的共享和优化配置。具体来说，通过云计算平台，移动支付监管机构可以按需获取计算资源，包括高性能的处理器、大容量的存储设备和高速的网络连接等，而无须投入大量资金建设和维护自身的数据中心。这些资源可以支持监管机构完成复杂的数据分析、风险评估和合规性检查等任务，确保移动支付市场的稳定和消费者的权益。基于云计算技术的计算资源托管模式符合监管机构对高效、灵活和安全的IT基础设施的需求，为移动支付行业的健康发展提供了有力的保障。

最后，云计算技术可用于移动支付监管系统的集中管理和维护。云计算技术为移动支付监管系统的集中管理和维护提供了便利。通过采用云计算的虚拟化技术，移动支付监管系统可以被高效、安全地部署在云端。这种部署模式通过网络将监管软件和移动支付交易数据提供给各监管部门，实现了软硬件资源的集中管理和维护。监管机构中的各个部门摆脱了传统模式下在各自终端设备上烦琐的安装与更新流程，只需在云中心进行软件的安装和更新操作，各终端用户即可通过互联网直接访问和操作这些软件，大大简化了操作流程。这种集中化的管理方式使得监管部门能够更加高效地管理和监控整个系统。监管机构的信息化部门只需对云端资源进行统一管理和升级，就可以实现整个监管系统的快速更新和升级。这不仅极大地减轻了维护工作量，提高了维护的及时性和便捷性，还降低了因各种IT事故导致的意外损失。

第三节　监管科技在移动支付监管中的未来应用展望

支付方式的变化将对人们的生活方式、商业模式以及经济体系产生深远的影响。随着科技不断发展，移动支付将表现出自身独特的发展趋势。针对移动支付的变化及新的特点，相应的监管体系需要作出积极的响应和调整，这必将使得监管科技在移动支付领域的应用更加深入、更加丰富。

一、移动支付展望

在当今快速发展的金融科技领域，移动支付无疑已成为推动全球支付系统变革与创新的关键力量。它不仅彻底重塑了消费者的支付习惯，还极大地促进了全球支付系统的升级转型。随着技术不断演进和消费者需求日益多样化，移动支付的未来发展必将表现出如下几个重要趋势。

（一）支付安全性的全面升级

随着移动支付广泛应用，用户信息及资金安全成为行业关注的焦点。未来，移动支付技术将致力于构建更加坚固的安全防线。一方面，新型生物识别技术、高级加密技术及令牌标记化技术等安全防范措施将得到不断创新与应用，确保用户交易数据及支付行为的安全性；另一方面，人工智能与机器学习技术的深度融合，将显著提升对金融欺诈行为的预判与监测能力，为用户资金安全保驾护航。此外，随着物联网设备的普及，无界移动支付体验将成为可能，进一步提升支付的便捷性与安全性。

（二）普惠金融的深入推进

移动支付在推动普惠金融发展方面扮演着重要角色。移动支付的绝大多数受益者是小企业和个人，有利于普惠金融的发展，有利于平等。移动支付打破了传统金融服务的地理与成本限制，使得偏远地区及低收入群体也能享受到安全便捷的金融服务。未来，移动支付将继续深化其在普惠金融领域的应用，通过技术创新与模式创新，降低服务成本，简化支付流程，让更多人享受到金融科技的红利。特别是在发展中国家，移动支付将成为助推普惠金融发展的关键工具，助力国家经济发展与社会进步。

（三）数字货币的兴起与融合

数字货币的快速发展为移动支付带来了新的发展机遇。作为移动支付的新形态，数字货币因其高效、便捷、安全的特点受到广泛关注。数字人民币应用场景从个人消费业务拓展到普惠贷款等对公业务，以及税收、助农等政务服务业务中，为服务实体经济提供有力支撑。未来，移动支付平台有望成为数字货币的重要交易途径之一，进一步提升支付效率与金融系统稳定性。同时，数字货币的广泛应用也将为移动支付带来更多创新可能，推动支付行业的持续升级。

（四）技术融合的加速推进

技术融合是移动支付创新发展的关键动力。通过整合大数据分析、人工智能、区块链等前沿技术，移动支付将能够为用户提供更加安全、高效、个性化的支付服务。大数据分析技术能够深入挖掘用户行为数据，为支付服务提供精准决策支持；人工智能技术则能够优化支付流程，提升用户体验；区块链技术则能够确保支付行为的透明性与安全性，降低交易成本。未来，随着技术不断融合与创新，移动支付将呈现出更加智能化、个性化的特点，满足消费者日益多样化的金融需求。

二、移动支付监管展望

随着信息技术飞速进步，移动支付技术已全面融入我们的日常生活，不仅重塑了消费者的支付习惯，还极大地促进了金融服务的普惠化与便捷性。然而，这一变革亦对监管体系提出了新的挑战与要求。作为市场的守护者与规范者，监管机构需紧跟市场动态与技术趋势，持续优化监管策略，以确保市场的稳健运行与合规发展。因此，移动支付监管的未来发展必将表现出如下几个关键趋势。

（一）强化安全监管，筑牢用户权益保护屏障

在移动支付领域，安全性始终是监管工作的重中之重。未来，监管机构将进一步强化用户数据保护与资金安全监管，推动实施更为严格的数据加密、生物识别及令牌标记化等技术标准，确保用户交易信息及资金的安全无虞。同时，借助人工智能与机器学习技术，提升对金融欺诈行为的预判与监测能力，及时发现并阻断潜在风险，全方位保障用户权益不受侵害。

（二）促进技术创新与合规并行，激发行业发展活力

技术创新是移动支付行业持续发展的关键驱动力。未来，监管机构将继续出台相关政策，引导和支持区块链、物联网等新技术在移动支付领域的应用，同时建立健全相应的监管框架与规则体系，确保技术创新与合规要求相辅相成。通过制定灵活的监管政策，鼓励企业在合法合规的前提下大胆创新，激发行业发展活力，推动移动支付行业健康、有序发展。

（三）推动普惠金融监管支持，拓宽金融服务覆盖面

普惠金融是移动支付发展的重要方向之一。监管机构在未来将加大对移动支付在普惠

金融领域应用的支持力度，通过降低服务成本、简化支付流程等措施，降低金融服务门槛，让更多偏远地区和弱势群体能够享受到安全、便捷的金融服务。同时，加大对移动支付服务提供商的监管力度，确保其业务操作规范、透明，防范金融风险向弱势群体传导。

（四）加强数字货币监管，应对新兴金融挑战

数字货币及中央银行数字货币的兴起为移动支付带来了新的机遇与挑战。未来，监管机构将密切关注数字货币的发展趋势，制定科学合理的监管政策与措施，确保数字货币在移动支付领域的合法合规应用。同时，加强与国际监管机构的合作与交流，共同应对数字货币跨境流动带来的监管难题，维护金融市场的稳定与安全。

（五）深化跨境支付监管，促进全球贸易投资便利化

随着全球化深入发展，跨境支付已成为移动支付的重要应用领域。未来，监管机构将加大对跨境支付业务的监管力度，推动建立统一的跨境支付监管标准与规则体系。通过加强国际合作与信息共享机制建设，提高跨境支付的透明度与安全性，降低跨境交易成本，推进全球贸易与投资的便利化进程。

三、移动支付监管科技应用展望

在移动支付技术日新月异的今天，全球金融格局正经历着前所未有的变革，监管科技正逐步成为提升移动支付监管效能的核心驱动力。通过深度融合大数据、云计算、人工智能、区块链等前沿技术，监管科技不仅重塑了监管的精度与效率，更在多个潜在应用场景中展现出无限可能，为移动支付市场的稳定与发展奠定了坚实基础。

（一）智能风险预警与防控系统的深化应用

展望未来，监管科技将引领智能风险预警与防控系统迈向新的高度。该系统将依托实时数据采集与分析技术，全面监测移动支付交易活动，运用先进的机器学习算法精准识别异常交易模式，从而实现对欺诈行为、洗钱活动及市场波动风险的早期预警与精准防控。此外，系统还将智能化生成应对策略，迅速切断风险传播链条，确保市场稳定与用户资金安全，为移动支付行业营造更加健康、安全的运营环境。

（二）合规自动化与智能审核的全面提升

面对移动支付业务规模的持续扩张，合规审核工作日益繁重。监管科技通过引入自然语言处理与机器学习技术，实现合规流程的自动化与智能化转型。这一变革不仅显著提升审核效率、减少人为错误与遗漏，还通过精准识别合规问题并提供改进建议，帮助支付服务提供商不断提升合规水平。在此基础上，未来监管科技还将持续优化智能审核模型，提高审核精度与效率，为移动支付行业的合规发展保驾护航。

（三）区块链技术在监管领域的创新应用

区块链技术的独特优势为移动支付监管带来了新的思路与解决方案。通过利用区块链的去中心化、不可篡改等特性，监管机构可以构建透明的交易追溯系统，实现对资金流动的全链条监控，有效防范金融犯罪与风险。同时，区块链还能助力跨境支付监管机制的优化升级，通过智能合约自动执行跨境交易规则，降低跨境支付风险，促进国际贸易的便捷化。未来，随着区块链技术不断成熟与普及，其在移动支付监管领域的应用将更加广泛而深入。

（四）个性化监管与差异化服务的精准实施

大数据技术的广泛应用为监管机构提供了更加全面、深入的市场洞察能力。基于大数据分析，监管机构可以更加精准地把握移动支付市场的运行规律与用户需求变化，进而实施更加个性化的监管策略与差异化服务。针对不同类型、不同规模的支付服务提供商制定差异化的监管措施与指导方案，不仅有助于提升监管的针对性与有效性，还能激发市场活力促进移动支付行业的多元化、差异化发展。

（五）国际监管合作与信息共享平台的构建

在全球化的背景下，移动支付监管的国际合作日益成为不可或缺的重要环节。监管科技将助力构建国际监管合作与信息共享平台，利用云计算与区块链实现跨国数据的实时共享与同步更新。这一平台将促进各国监管机构之间的紧密合作与协同应对跨境支付、数字货币等跨国金融活动带来的挑战。同时，平台还将推动监管规则的协调统一与互认互信，为全球移动支付市场的健康发展提供有力支持。

本章小结

本章主要概述移动支付的基本概念、移动支付的特征和优势、移动支付的类型与流程、移动支付监管的概念等；详细介绍四种主要的移动支付监管技术：基于大数据的监管技术、基于人工智能的监管技术、基于区块链的监管技术、基于云计算的监管技术，并对这四类监管技术进行技术阐述和应用介绍；进一步提出对移动支付、移动支付监管及监管科技应用的未来展望。

思考题

1. 从广义及狭义视角看，移动支付的概念是什么？
2. 与传统支付方式相比，移动支付有哪些优势？
3. 按照支付所依托的技术条件以及支付主体与受付主体之间的距离，移动支付可分为哪些类型？请对每种支付类型进行简要说明。
4. 大数据技术和人工智能技术如何帮助移动支付监管机构防范风险？
5. 简述区块链与云计算技术在移动支付监管中的作用及意义。

即测即评

参考文献

［1］封思贤，等. 我国移动支付风险的识别、度量与管控［M］. 北京：中国金融出版社，2021.

［2］帅青红，等. 电子支付［M］. 北京：高等教育出版社，2022.

［3］孙建红. 电子商务：理论与实务［M］. 北京：清华大学出版社，2022.

［4］钟元生. 移动电子商务［M］. 上海：复旦大学出版社，2012.

［5］钟志勇. 电子支付服务监管法律问题研究［M］. 北京：中国政法大学出版社，2018.

延伸阅读

［1］刘越，徐超，张榆新. 移动支付的发展前景与风险监管［J］. 社会科学研究，2017（3）：35-41.

［2］谢平，刘海二. ICT、移动支付与电子货币［J］. 金融研究，2013（10）：1-14.

［3］BALIKER C，BAZA M，ALOURANI A，et al. On the applications of blockchain in FinTech：advancements and opportunities［J］. IEEE Transactions on Engineering Management，2023，71：6338-6355.

［4］LIU Y，WANG M，HUANG D，et al. The impact of mobility，risk，and cost on the users' intention to adopt mobile payments［J］. Information Systems and e-Business Management，2019，17：319-342.

［5］OlNES S，UBACHT J，JANSSEN M. Blockchain in government：Benefits and implications of distributed ledger technology for information sharing［J］. Government Information Quarterly，2017，34（3）：355-364.

［6］XU C，MA X，SHEA R，et al. Enhancing performance and energy efficiency for hybrid workloads in virtualized cloud environment［J］. IEEE Transactions on Cloud Computing，2018，9（1）：168-181.

第十三章

反欺诈监管应用

反欺诈监管是确保金融市场健康发展的重要措施。金融欺诈不仅损害投资者和消费者的切身利益,还会破坏金融市场的稳定性与公平性,影响企业声誉,阻碍市场的可持续发展。随着金融科技的快速进步,大数据、云计算、人工智能、区块链等新兴技术在反欺诈领域的应用不断拓展,显著提升欺诈识别的效率和精准度,为监管机构提供更加科学、系统的风险防控手段。

第一节　金融欺诈概述

一、金融欺诈的定义与特征

(一)金融欺诈的定义

目前,对金融欺诈的定义有多种阐释。通常而言,金融欺诈是一种故意的、计划性的犯罪活动,其目的在于通过欺骗手段非法获取金钱、财产或其他经济利益。这种行为涉及对金融事实的歪曲、隐瞒或虚假陈述,以误导或诱骗个人、企业或其他组织作出对欺诈者有利的决策。金融欺诈的范围广泛,可以发生在各个金融领域,包括银行业、证券交易、保险业和投资领域等。金融欺诈的形式多样,从个人层面的身份盗窃、信用卡欺诈到企业层面的会计欺诈、市场操纵,甚至包括复杂的跨国洗钱活动,其共同特点是追求不正当的经济利益,同时对受害者造成经济损失。

金融欺诈既属于犯罪行为研究范畴,又属于金融活动研究范畴,所以刑法学界和金融学界对金融欺诈都做出过一些定义。从法律角度看,刑法对金融欺诈的定义通常涉及任何违反法律规定、利用金融机构或市场进行的欺骗活动,这些活动旨在非法获利或造成他人财产损失。在刑法学界较有代表性的金融欺诈定义:金融欺诈是指为了骗取财产或银行信用而恶意利用来自被害人自身的弱点,通过虚构事实、隐瞒真相等各种方法,使金融机构或开户单位、个人陷于错误认识,自动向诈骗犯交付财产或提供银行信用的行为。而在金融领域,金融欺诈的定义更侧重于对金融市场正常运作的破坏,包括利用内部信息进行交易、操纵市场价格、虚假陈述企业财务状况等行为。在金融学界较有代表性的金融欺诈定义：金融欺诈是指采取虚构事实或者隐瞒真相等方法，非法骗取金融机构资财或者信用，致使金融秩序遭到破坏、国家资财受到损失的行为。

（二）金融欺诈的特征

随着移动互联网的普及、金融电子化与数字化的进程推进，多元化的金融活动在服务实体经济发展的同时也滋生了大量的欺诈行为。跨市场、跨业态、跨区域的金融活动相互融合，形成错综复杂的金融业务链条，为金融欺诈提供了更加隐蔽的场景；互联网、大数据等信息技术手段的广泛应用，在促进现代金融业发展的同时，也为金融欺诈提供了更多可以利用的工具，使欺诈活动更加复杂化。具体来看，金融欺诈主要呈现以下四方面特征。

1. 欺诈形式隐蔽化

金融欺诈的作案手段往往十分隐蔽，难以发现。一方面，欺诈分子通过一些表面上看似合法的经济活动形式来掩盖其非法牟利的实质。例如在一些洗钱犯罪活动中，欺诈分子在表面上通过经营公司、证券交易、古董买卖等手段，来掩饰和隐瞒违法所得的非法收入的来源和性质，从而造成其收入来源合法的假象，以达到逃避法律制裁的目的。另一方面，欺诈分子采取跨境犯罪的方式，逃避本国和本地区的法律监管，甚至同一欺诈团伙的犯罪分子身处世界各国和全国各地，通过远程操纵进行欺诈活动，并在事后迅速转移藏身地点和赃款，极具隐蔽性。

2. 欺诈类型复杂化

金融欺诈手段五花八门、层出不穷，欺诈类型变化多端、日趋复杂。互联网技术推动了金融服务手段的现代化，但随之而来的新技术、新概念、新手法也渗透到欺诈犯罪活动的全过程，为金融欺诈提供了更多可以利用的工具，使欺诈行为趋于复杂化。近年来，第三方支付、网络借贷、数字人民币等新型金融形式相继出现。在监管相对滞后的情况下，新型金融形式为金融欺诈犯罪分子提供了作案的可乘之机。虚拟货币、区块链等新概念刚兴起，便被不法分子用来进行诈骗。

3. 欺诈手段专业化

金融行业本身所具有的专业性，加上欺诈人员娴熟运用各种技术来升级欺诈手段，使得金融欺诈活动向专业化方向发展。在利益的诱惑下，一些具有专业知识与职业技能的人员，如银行家、会计师、审计师、保险理赔员和程序员等，也加入金融欺诈犯罪活动，从而形成职业型欺诈。据中国司法大数据研究院发布的数据，2018~2020年，全国各级人民法院审结的金融机构从业人员犯罪案件中，从罪名分布来看，诈骗罪占比最高，远远高于第二名的违法发放贷款罪。

4. 欺诈主体团队化

金融欺诈呈现有计划、有预谋的团伙化特征，团伙内的每个成员接受相关技能的培训，分工明确、合作紧密、协同作案，形成一条完整的"产业链"。例如，在典型的车险欺诈的"产业链"中，首先由车主故意制造交通事故申请保险理赔，然后由定损员扩大事故车的损失鉴定，最后由 4S 店或汽修厂人员伪造虚假维修账单，协同诈骗保险公司的保险金。此外，欺诈人员为了掌握金融机构的业务流程、风控框架和风控规则，会选择内外勾结。在一些贷款欺诈案例中，欺诈人员勾结金融机构的职工后，会对信贷业务的申请、受理、调查、评估、审核等各项流程非常熟悉，有针对性地伪造或包装信贷申请信息，使原本不符合标准的信贷申请最终通过审批，从而骗取金融机构的资金。

二、金融欺诈的类型

《中华人民共和国刑法》（简称《刑法》）规定的金融诈骗罪的犯罪类型可以作为金融欺诈类型的划分依据，包括七种金融欺诈行为：集资欺诈、贷款欺诈、票据欺诈和金融凭证欺诈、信用证欺诈、信用卡欺诈、有价证券欺诈和保险欺诈。

（一）集资欺诈

集资欺诈是指以非法占有为目的，使用诈骗方法非法集资。非法占有是指没有法律依据又未取得所有人许可而由非所有人占有所有人的财产。集资欺诈的主要途径包括：通过隐瞒事实真相、编造谎言、许诺以丰厚的还本偿息分红等方式引诱被害人向欺诈分子交付财产。

（二）贷款欺诈

贷款欺诈是指以非法占有为目的，诈骗银行或者其他金融机构的贷款。典型的贷款欺诈手段有：向贷款机构编造引进资金、项目等虚假理由；使用虚假的经济合同；使用虚假的证明文件；使用虚假的产权证明作担保或者超出抵押物价值重复担保等。

（三）票据欺诈和金融凭证欺诈

票据欺诈和金融凭证欺诈是指以非法占有为目的，进行金融票据诈骗活动。常见的票据欺诈和金融凭证欺诈的途径有：明知是伪造、变造的汇票、本票、支票而使用；明知是作废的汇票、本票、支票而使用；冒用他人的汇票、本票、支票；签发空头支票或者与其预留印鉴不符的支票，骗取财物；汇票、本票的出票人签发无资金保证的汇票、本票或者在出票时作虚假记载，骗取财物等。

（四）信用证欺诈

信用证是指一种银行开立的有条件的承诺付款的书面文件。由于信用证以银行信用代替商业信用，因而被广泛地用于贸易结算中，特别是国际的贸易结算。信用证欺诈是指以非法占有为目的，利用信用证诈骗开证行和信用证使用者的行为。信用证欺诈的主要途径包括：使用伪造、变造的信用证或者附随的单据、文件；使用作废的信用证；骗取信用证等。

（五）信用卡欺诈

信用卡欺诈是指以非法占有为目的，利用信用卡进行诈骗的行为。常见的信用卡欺诈的手段有：使用伪造的信用卡，或者使用以虚假的身份证明骗领的信用卡；使用作废的信用卡；冒用他人信用卡；恶意透支等。恶意透支是指持卡人以非法占有为目的，超过规定限额或者规定期限透支，并且经发卡银行催收后仍不归还的行为。

（六）有价证券欺诈

有价证券是指标有票面金额，代表一定财产所有权或债权的书面凭证。由国家发行，以国家财政作为还款担保的有价证券，对国家金融市场的稳定起着不可低估的作用。有价证券欺诈是指以非法占有为目的，利用国库券或者国家发行的其他有价证券进行诈骗的行为。有价证券欺诈的主要途径是使用伪造、变造的有价证券。

（七）保险欺诈

保险欺诈是指以非法占有为目的，诈骗保险公司的保险金。常见的保险欺诈的途径有：投保人故意虚构保险标的；投保人、被保险人或者受益人对发生的保险事故编造虚假的原因或者夸大损失的程度；投保人、被保险人或者受益人编造未曾发生的保险事故；投保人、被保险人故意造成财产损失的保险事故；投保人、受益人故意造成被保险人死亡、伤残或者疾病等。

三、金融反欺诈的必要性

金融反欺诈是现代金融体系中至关重要的一环，其必要性体现在多个方面。金融反欺诈不仅是保护金融机构和金融消费者利益的必要手段，更是维护经济稳定、促进市场健康发展的重要保障。通过建立和完善反欺诈机制，金融机构可以增强自身的风险防控能力，提升市场信誉，保护金融消费者权益，从而实现长远的可持续发展。在法律和监管框架的指导下，金融反欺诈工作有效开展，将为金融市场的稳定与繁荣提供坚实的基础。

（一）促进金融市场健康发展

健康的金融市场必须建立在公正、透明和诚信的基础上。金融欺诈行为不仅破坏市场秩序，还对市场的整体效率和公平性造成深远的负面影响。例如，内幕交易、市场操纵和虚假信息传播等欺诈行为，会导致市场价格扭曲、交易异常波动，最终影响投资者的决策和信心。此外，金融市场的一个重要功能是实现资源有效配置，即将资金从供给方流向需求方，从而促进经济增长。然而，金融欺诈行为会导致资源配置的扭曲。例如，欺诈性贷款、虚假投资项目等，会导致资金流向高风险或低效的领域，浪费社会资源，降低整体经济效益。严格的反欺诈措施可以有效打击这些违法行为，确保资金流向合法、透明和高效的项目，提高资源配置效率，维持市场的正常秩序。

（二）维护企业信誉

金融反欺诈对于维护上市公司信誉具有至关重要的作用。上市公司一旦发生欺诈行为，不仅会面临法律诉讼和罚款，还可能被监管机构调查和处罚。这不仅损害公司的经济利益，还会严重影响公司的声誉和市场地位。投资者信心是上市公司在资本市场中立足的基石。频繁的欺诈行为会严重影响投资者对公司的信任，导致股价下跌和市值缩水。上市公司的信誉不仅影响其市场地位和投资者信心，还直接关系到其融资能力和长期发展。在竞争激烈的市场环境中，良好的信誉是上市公司取得竞争优势的重要因素。通过建立健全的反欺诈机制，上市公司可以确保财务报表和经营数据的真实性和准确性，增强投资者对公司治理和管理能力的信心，吸引更多的投资者。有效的反欺诈措施能够显著提升上市公司的诚信度、透明度和公信力，从而保障其在资本市场中的健康发展。

（三）保护投资者利益

在金融市场中，投资者的首要关切是其资金的安全性。投资者将资金投入市场，希望获得合理的回报。然而，金融欺诈行为，例如内幕交易、虚假信息披露和市场操纵，往往会导致投资者遭受重大损失，甚至可能使其投资血本无归。虚假信息披露是指公司故意隐瞒或捏造财务数据和经营情况，以误导投资者。这种行为会使投资者基于错误的信息作出投资决策，导致资金损失。特别是，当公司财务状况被严重扭曲时，投资者可能无法及时识别风险，从而遭受更大的损失。因此，通过有效的反欺诈措施，可以预防和遏制内幕交易、虚假信息披露和市场操纵等不法行为，维护市场的公平性和透明度，保护投资者的合法权益。

四、金融反欺诈的难点

（一）金融数据规模庞大，传统分析方法乏力

金融交易每天生成的数据量庞大，包括数百万甚至数亿笔交易记录、客户信息和行为数据。传统的专家经验模式依赖于人工规则的设定和调整，处理效率低下，难以处理海量数据。随着交易量和数据量不断增长，依靠人工分析不仅耗时耗力，还容易出现疏漏和误判。此外，金融数据结构复杂，包含结构化数据、半结构化数据和非结构化数据等。每种类型的数据都有其独特的处理和分析需求。交易记录、账户信息等结构化数据，通常存储在数据库中。这些数据格式统一、易于处理，但数量庞大且变化频繁，需要高效的处理和分析技术。邮件、聊天记录等半结构化数据，这些数据包含一定的结构

信息，但格式不固定，解析难度大。例如，邮件中包含交易确认信息，则需要提取出关键内容进行分析。图像、视频、文本等非结构化数据，这些数据无固定格式，信息丰富但处理复杂。例如，欺诈者可能通过伪造的身份证照片进行账户开立，需要图像识别技术进行验证。

（二）人工规则存在滞后，难以实时识别欺诈

在现代金融环境中，交易的速度和及时性至关重要。金融交易的实时性要求交易处理和风险评估在极短的时间内完成，通常在毫秒级或更短。为了应对金融交易的实时性要求，反欺诈系统必须具备实时处理能力，能够在交易发生的瞬间进行风险评估和决策，以识别和阻止潜在的欺诈行为。然而，传统的反欺诈模式主要依赖人工规则和历史数据进行分析，存在显著的滞后性，难以满足实时交易的要求。基于专家设定的规则，这些规则通常基于已知的欺诈行为和历史数据，缺乏灵活性和适应性。此外，规则的设定和调整需要人工干预，处理效率低下，难以快速响应新出现的欺诈行为。

（三）欺诈手段不断更新，反欺诈模型难通用

机器学习模型在金融反欺诈中被广泛应用，它们通过学习大量历史数据，可以识别出潜在的欺诈行为，并提供比传统专家规则更为精准的识别效果。机器学习模型的维度丰富性使得它们能够捕捉到复杂的欺诈模式，这些模式可能难以通过人为规则识别。然而，模型对训练样本具有高度依赖性，只对与训练样本一致的诈骗类型具有较好的防范效果。一旦欺诈手段发生变化，模型无法自适应调整，必须重新训练和部署，即需要再次进行训练、开发、上线，在这个空档期内，往往会发生大量新型欺诈事件。此外，金融欺诈手段日益多样化，每种欺诈类型都有其独特的表现形式和手段，这使得反欺诈工作需要针对每一种欺诈类型制定相应的识别和预防措施，增加了模型开发的时间成本和难度。

（四）数据壁垒难以打通，无法洞察欺诈全局

随着金融科技迅速发展，数据在金融反欺诈中起着至关重要的作用。然而，数据壁垒的存在，使得金融机构难以全面洞察和有效防范欺诈行为。数据壁垒不仅存在于金融机构的内部，还广泛存在于机构之间和行业之间。金融机构内部的数据缺乏流动性和共享性，主要表现为数据标准不一致和数据接口不开放。不同业务部门、不同系统之间的数据标准和格式不统一，导致数据难以互通和共享。此外，金融机构之间，乃至整个行业之间，缺乏数据共享和流通，阻碍了全面的欺诈检测和防范。完整的欺诈过程往往涉及多个主体，包括运营商、金融机构、互联网平台等。每个主体掌握的信息仅限于其自身业务范围内的数据，难以实现"全景式"的欺诈分析。

第二节 金融反欺诈技术

一、基于大数据技术的金融反欺诈

随着互联网、物联网和社交媒体快速发展,全球数据存储量呈爆炸式增长,大数据时代已经来临。金融机构在业务开展的过程中能够获取海量高价值数据,基于这个特性,金融行业天然地具备将数据价值变现的巨大潜力。尽管这些数据和金融活动的关联程度不同,但都具有重要的价值。通过对这些数据进行分类提取和深入分析,有助于从更全面的角度进行用户画像刻画和风险评估。很多在传统反欺诈模式下无法评估的群体,例如那些不能开具收入证明、没有信用卡、没有房产的低收入者,仍然会有网络交易与网络活动。对这些数据的合理利用,能够更加全面地刻画这些群体的特征,从而有助于识别和预防欺诈行为。

瑞幸咖啡
财务欺诈
识别

用于金融反欺诈的大数据类型主要包括交易数据、客户行为数据、社交媒体数据、设备信息、外部公共数据等。这些多源大数据可以为金融机构提供一个全方位的反欺诈解决方案,提高欺诈识别的准确性和效率,保护消费者的财产安全。

(一)交易数据分析

交易数据是金融反欺诈策略中的关键组成部分,包含交易金额、时间、地点和频率等基本信息。通过深入分析这些数据,金融机构能够揭示出不寻常的交易模式和行为。例如,不符合客户历史行为模式的频繁大额交易,或者在极短的时间内对同一账户进行多次交易尝试,这些模式往往与欺诈行为密切相关。精细化的交易数据分析不仅能够帮助金融机构及时发现和预防潜在的欺诈风险,还能够为制定更加有效的监控策略和风险管理措施提供坚实的数据支持。通过这些手段,金融机构可以在确保交易安全的同时,更好地保护消费者的财产安全。

(二)客户行为数据分析

客户行为数据在金融反欺诈中扮演着至关重要的角色。它包括客户的登录习惯、操作行为以及消费偏好等信息,为金融机构提供了一种深入了解客户行为模式的方法。这种分析能够帮助机构构建出每位客户的行为画像,即一个综合反映客户日常金融活动习惯的模型。当客户的实际行为与此画像中的典型行为模式发生显著偏离时,比如出现异常登录时间或地点、非典型的交易操作,或与以往消费模式截然不同的交易行为等,这些都可能是账户安全受到威胁的信号,如账户被盗用或遭遇欺诈攻击。通过对这些细微差异的敏感捕捉和分析,金融机构能够及时识别和预防潜在的欺诈风险,从而在确保客户资产安全的同时，维护金融市场的稳定性和信任度。

（三）社交媒体数据分析

社交媒体数据分析提供了一种独特的视角，使金融机构能够深入挖掘和理解客户的个人生活习惯、兴趣爱好及社交网络中的交互模式。这些非结构化信息源自客户在社交平台上的公开言论、分享内容、参与活动等，为创建客户的全面画像贡献了丰富的维度。通过对这些数据的精细化分析，金融机构不仅可以进一步个性化其服务和产品，而且更重要的是能够识别出那些可能指示欺诈行为的特定信号。例如，与欺诈行为有关的特定话题讨论、异常的社交活动模式或与已知欺诈团伙的潜在联系等，都可能成为预警信号。这种基于社交媒体的分析方法，使得金融机构能够在更广泛的数据源中及时发现与已知欺诈行为相似的模式，进而采取相应措施来预防和减轻欺诈带来的风险，从而在保护客户资产和维护金融市场健康稳定方面发挥日益重要的作用。

（四）设备信息分析

设备信息的利用在金融反欺诈中起着至关重要的作用，因为它能提供关于客户交易和登录行为背后的具体设备细节，包括使用的设备类型、IP 地址、地理位置等关键信息。这些信息对于金融机构来说是极其宝贵的，因为它们可以用来追踪和识别与客户正常行为模式不符的异常活动。例如，如果一个客户的账户突然从一个与其常用地理位置截然不同的地区发起登录请求，或者交易请求来自一个被标记为高风险或不寻常活动频发的地区，这些都可能是欺诈行为的警示信号。此外，频繁地在短时间内更换设备或 IP 地址进行交易或登录，也可能表明账户被盗用或存在其他安全隐患。通过对这些设备信息的深入分析，金融机构能够及时识别出潜在的欺诈风险，采取预防措施，比如增强账户验证、限制交易或直接通知客户进行确认，从而有效地保护客户资产安全，防止欺诈行为发生。

（五）外部公共数据分析

外部公共数据的利用为金融反欺诈工作提供了重要的辅助信息，尤其是黑名单、信用报告和政府发布的欺诈警报等资源。这些数据来源为金融机构提供了关于个人或企业过往行为的宝贵洞察，帮助机构评估客户的信用状况及其与已知欺诈行为的关联度。例如，黑名单上的个体或实体往往有着欺诈前科或被认为具有较高风险；信用报告则提供了客户财务行为的详细记录，包括债务、还款历史和其他信用活动；政府发布的欺诈警报能够让金融机构及时了解最新的欺诈趋势和手段，加强防范措施。通过将这些外部数据与内部数据（如交易记录和客户行为数据）相结合，金融机构不仅能够更准确地识别和评估潜在的欺诈风险，还能够采取更有针对性的预防措施，从而在更广泛的层面上增强其反欺诈能力，保障客户利益和金融市场的稳定。

二、基于人工智能技术的金融反欺诈

(一) 人工智能技术的优势

在大数据技术日益成熟的基础上,随着大规模低成本并行计算的实现和深度学习算法的出现,人工智能进入加速发展阶段,开始渗透到生活的各个领域。将人工智能应用到金融领域中,能够有效缓解金融服务智能化不足的问题,同时助力金融反欺诈进入新时代。人工智能技术在金融反欺诈中的应用,通过其独特的能力,极大地提高了金融机构对抗金融犯罪的效率和准确性。其主要优势如下:

1. 实时监控和预警

人工智能技术的核心优势之一是能够实时处理和分析大量的交易数据。在金融领域,每天都会发生大量的交易活动,这些活动中蕴含着复杂的数据信息。利用人工智能技术,金融机构能够实时监控交易流,快速识别出与常规模式不符的异常行为,如不寻常的大额交易或在短时间内频繁的小额交易等,这些都可能是欺诈行为的迹象。实时数据分析使金融机构能够迅速响应潜在的欺诈风险,大大减少了因延迟反应而可能造成的损失。

2. 拓展数据分析深度

人工智能技术能够深入挖掘数据中的细节和关联,以发现更为复杂和隐蔽的模式或趋势。在金融反欺诈领域,这通常涉及使用机器学习和深度学习技术来分析交易数据,以识别出可能指示欺诈行为的隐含模式。例如,深度分析可以揭示特定交易类型、时间点或频率与欺诈行为之间的关联,或者识别出异常行为背后的复杂因果链。通过构建更为复杂的数据模型和算法,人工智能能够在庞大的数据集中识别出微小的异常信号,这些信号往往是传统方法难以捕捉到的。这种深入的分析能力使金融机构能够更精确地预测和识别欺诈行为,从而在欺诈发生之前采取预防措施。

3. 拓展数据分析广度

人工智能技术能够拓展分析所涵盖的数据范围和来源,以获取更全面的视角和信息。在反欺诈中,这意味着整合来自不同渠道和平台的数据,包括交易记录、客户行为数据、社交媒体信息、外部公共数据等。通过广泛收集和融合多源数据,人工智能技术能够从更宽广的角度分析和理解客户行为,以及欺诈者的操作模式。这不仅有助于揭示传统数据分析可能忽视的欺诈信号,也使得风险评估更加全面和准确。例如,社交媒体分析可能揭示与金融交易相关的欺诈预警信号,而外部公共数据则可以用来验证交易背后的真实性。通过拓展数据分析广度,金融机构能够构建一个更为全局的反欺诈框架,有效提升防范欺诈的能力。

4. 自我学习与适应

自我学习与适应是人工智能技术在金融反欺诈应用中的一大核心优势。它指的是人工智能技术能够通过不断分析新的交易数据、欺诈案例以及最新的欺诈趋势,自主学习并识别出新出现的欺诈模式和手段。这个过程涉及机器学习和深度学习算法的持续训练与优化，使得欺诈检测模型能够自动调整其参数和逻辑，从而精准地适应欺诈手段的不断升级和变化。通过这种方式，人工智能技术不仅能够及时发现并响应传统的和已知的欺诈行为，还能预防和抵御新型的和更为复杂的欺诈策略。这种自我学习与适应的能力确保了金融机构的反欺诈系统在面对欺诈手段不断演进的挑战时，能够始终保持先进和有效，从而为金融市场和消费者提供持续、可靠的保护。此外，这也意味着随着时间的推移，人工智能技术的反欺诈效能将因累积的学习经验而不断提升，实现了真正意义上的智能化、动态化防护。

（二）基于人工智能技术的金融反欺诈方法

基于人工智能技术的优势特征，实现金融反欺诈的主要方法如下：

1. 异常交易检测

利用人工智能技术深入分析和学习大量历史交易数据，以构建和理解正常交易行为的复杂模式。通过应用先进的机器学习模型，这项技术能够细致地识别出与常规交易模式相偏离的异常交易行为，这种偏离可能是由交易的金额、频率、地点或其他不常见的行为特征引起的。人工智能技术通过对交易数据进行实时监控和动态分析，具备了迅速侦测并准确标识出潜在欺诈交易的能力，进而能够在最初的欺诈迹象出现时即刻发出预警。这种及时的警报机制大大降低了因欺诈行为而可能遭受的经济损失，为金融机构和金融消费者提供了一个更加安全的交易环境。

2. 异常行为链分析

在现代金融反欺诈领域，单一的异常行为往往不足以揭示潜在的欺诈风险。为了更全面和深入地识别欺诈行为，人工智能技术通过分析异常行为链，实现了对复杂欺诈活动的高效检测。人工智能技术利用大量的历史交易数据，创建每位客户的行为画像，从而识别正常的行为模式。当某些行为显著偏离这些模式时，系统将其标记为异常。然而，单一的异常行为不一定意味着存在欺诈。因此，人工智能通过将多个相关的异常行为连接起来，形成异常行为链，从而提高欺诈检测的准确性。例如，一个平时交易频率稳定的客户，若突然在短时间内频繁进行大额交易，并涉及多个新账户，这些行为节点的连接形成了一个可能的欺诈链。在异常行为链中，某些行为节点尤为关键，因为它们往往是欺诈行为的核心环节。通过深度学习和机器学习算法，人工智能技术能够识别出这些关键节点。例如，地理位置的突然变化、异常的交易频率和金额波动等，都是识别异常行为链的重要指标。

3. 关联关系网络分析

分析关联关系网络中的异常关系已成为揭示复杂欺诈行为的重要方法。通过构建和分析客户、交易和账户之间的关系网络，人工智能技术能够识别出隐藏在表面之下的欺诈活动。关联关系网络是由节点（如客户和账户）及其之间的边（如交易关系）构成的复杂图结构，通过分析这些网络中的异常关系，人工智能技术可以高效地检测和预防金融欺诈。人工智能系统首先通过收集和整合大量交易数据，构建出客户与账户之间的关联关系网络。在这个网络中，每个节点代表一个客户或账户，每条边代表一笔交易或一种关系。通过对这些节点和边的分析，系统可以识别出正常的交易模式和关系结构。在关联关系网络中，异常关系通常表现为不合常规的交易频率、交易金额或关系结构。例如，一个账户突然与多个新账户发生大量交易，或一个客户与其他客户之间的交易频次异常增加，这些都是潜在的欺诈信号。为了提高异常关系识别的准确性，可以进行多维度的综合分析。例如，人工智能技术不仅分析交易金额和频率，而且结合地理位置、交易时间和交易对象等因素，进行多层次的交叉验证。这种多维度的分析方法，有助于更准确地判断关联关系网络中的异常情况，进而识别潜在的欺诈行为。

综上所述，随着人工智能技术不断进步和应用，其在金融反欺诈领域的作用将越来越显著。金融机构应当充分利用人工智能先进技术，建立更加有效、智能的反欺诈系统，为金融行业的健康发展提供坚实的技术支撑。

三、基于云计算技术的金融反欺诈

（一）云计算技术的优势

云计算是一种基于互联网的计算技术，它允许用户和企业通过互联网访问、管理和处理存储在远程服务器上的数据和应用程序。云计算作为推动信息技术资源实现按需供给的技术手段，与金融领域进行深度结合，有助于促进信息技术和金融数据资源的充分利用，是互联网时代下金融反欺诈的重要路径。与传统的网络应用模式相比，云计算技术的优势在于强大的数据处理能力、高度可扩展的资源、先进的数据分析和机器学习工具，以及加强的数据安全性和合规性等。具体如下：

1. 强大的数据处理能力

云计算平台（云平台）能够处理和分析来自不同渠道的海量数据，这是因为云平台拥有强大的计算资源。在金融反欺诈领域，这意味着机构可以实时分析交易记录、用户行为数据、登录日志等信息，快速识别出异常模式，如不寻常的交易频率、异常的登录地点等，这些都可能是欺诈行为的迹象。

2. 高度可扩展的资源

金融欺诈行为常常在特定时期集中爆发。云计算的可扩展性使金融机构能够根据需求迅速扩展计算资源，例如在节假日或促销期间增加资源以应对交易量的激增，从而避免因系统负载过重而导致的欺诈检测失效。

3. 先进的数据分析和机器学习工具

云平台内置的数据分析和机器学习工具可以帮助金融机构建立复杂的欺诈检测模型，这些模型能够学习和识别正常行为与欺诈行为之间的差异。随着时间的推移，这些模型可以不断从新的数据中学习，提高检测准确率。

4. 加强的数据安全性和合规性

在处理金融交易数据时，安全性和合规性至关重要。云服务提供商通常会提供多层次的安全措施，包括数据加密、访问控制、网络安全等，以保护数据不被未授权访问或泄露。同时，云平台还能帮助金融机构满足数据保护法规的要求，如欧盟于 2018 年 5 月 25 日正式生效的《通用数据保护条例》（General Data Protection Regulation，GDPR）和支付卡行业安全标准委员会制定的《支付卡行业数据安全标准》（Payment Card Industry Data Security Standard，PCI DSS）。

（二）基于云计算技术的金融反欺诈方法

基于云计算技术的优势特征，实现金融反欺诈的主要方法如下：

1. 部署欺诈检测模型

云平台提供了强大的计算能力和灵活的资源配置，使得金融机构能够在云上部署基于机器学习的欺诈检测模型。这些模型能够自动分析海量的交易数据，学习并识别正常交易模式与欺诈行为之间的差异。通过实时分析交易模式，这些模型能够即时识别出异常交易行为，比如频繁的小额交易尝试，或是与用户历史行为明显不符的交易，有效识别和预防欺诈行为的发生。

2. 实施实时监控和报警系统

在云平台上，金融机构能够实施全面的实时监控机制，对所有交易活动进行实时监控。一旦欺诈检测模型识别到可疑的交易或行为，监控系统会立即向相关部门发送警报。这种实时的反馈机制能够确保金融机构快速响应可疑事件，采取必要的防范或干预措施，从而大大降低因延迟响应而带来的潜在损失。

3. 数据共享与合作

云平台还为金融机构提供了一个共享欺诈情报和数据的平台。通过云服务，金融机构不仅可以在内部各部门之间分享数据和情报，还可以与同行甚至监管机构进行数据共享。这种开放式的合作模式能够帮助构建一个更加全面和深入的欺诈情报网络，提高整个金融行业的反欺诈能力。通过共享欺诈模式、欺诈案例和最新的欺诈趋势，金融机构可以相互学习，共同提高对抗金融欺诈的能力。

综上所述，云计算技术在金融反欺诈中发挥着重要作用，其通过提供强大的数据处理能力、高度可扩展的资源、先进的数据分析和机器学习工具以及加强的数据安全性和合规性，有效地帮助金融行业识别和预防欺诈行为。通过部署智能的欺诈检测模型、实施实时监控和报警系统，以及数据共享与合作，金融机构能够在云平台上构建一个更加安全、高效的金融环境。这不仅有助于保护消费者的财产安全，也为金融机构自身的稳定运营提供了支持。

四、基于区块链技术的金融反欺诈

区块链技术是一种分布式账本技术，以其独特的去中心化、透明性和安全性，正在各个领域得到广泛应用。区块链的优势主要包括：① 去中心化。区块链网络由多个节点组成，每个节点都持有完整的账本副本。任何交易的记录和验证都由网络中的多个节点共同完成，避免了单点故障的风险。② 透明性。所有节点共享同一账本，任何节点对账本的修改都需要得到多数节点的共识。这种透明性保证了数据的公开可见，任何人都可以查看账本中的交易记录，从而增强了系统的信任度。③ 不可篡改性。区块链中的数据一旦记录，就几乎不可能被篡改。每个区块包含前一个区块的哈希值，这种链式结构确保了数据的完整性和安全性。任何试图篡改数据的行为都会被其他节点检测到，从而防止欺诈和恶意行为。④ 安全性。区块链利用加密技术保护数据的安全性。交易数据通过加密算法进行签名和验证，确保只有合法的交易才能被记录在账本中。基于这些优势，区块链技术可以从以下方法推进金融反欺诈的发展。

（一）区块链技术实现数据加密共享

通过数据加密共享，区块链能够在确保数据安全和隐私的前提下，实现跨机构、跨领域的信息透明和实时共享，有效识别和防范各种欺诈行为。区块链技术通过高级加密算法，对交易数据、身份信息和其他敏感信息进行加密处理。加密后的数据被存储在区块链的分布式账本中，确保数据在传输和存储过程中的安全性和完整性。每个节点都持有相同的加密数据副本，保证了数据的不可篡改性。通过区块链，金融机构可以实现实时的信息共享。各机构之间可以实时访问和查询加密后的交易数据和身份信息，避免了数据孤岛和信息不对称的问题。这种实时共享的机制，使得欺诈行为难以隐匿和蔓延。

例如，保险行业业务流程复杂，数据隔离、理赔业务流程复杂且持续时间长，容易导致不法分子在同一起事故中向多家保险公司进行反复索赔进行骗保，影响正常客户的理赔体验，扰乱保险行业正常的发展。可以通过联盟链构建"会员、保险公司、公估机构、资金管理方、第三方支付平台、会员代表方"分布式共识，让用户的每一个环节都与区块链应用紧密结合，保证信息上链、组织上链，从参与社群起做到透明、安全、可追溯，进而识别欺诈风险。将区块链技术引入到意外险、健康险、重疾险、雇主责任险等险种的风控中，实现数据加密后共享，在保障数据安全的同时让行业信息共享，为保险机构投保端和理赔端提供多维度的信息，可以有效缓解市场上屡禁不止的重复投保、重复理赔问题，提升保险机构反欺诈水平。

（二）区块链技术提高信息透明度

区块链技术的核心优势在于其透明性。所有交易数据都被永久记录在区块链上，并对所有参与者公开。这种透明性大大减少了信息不对称，提高了交易的可追溯性。区块链网络由多个节点组成，每个节点都持有完整的账本副本。当一笔交易发生时，交易的详细信息，包括时间、金额、参与方等，都会被记录并同步到整个网络。由于这些数据是公开的，任何参与者都可以随时查看和验证，从而确保数据的真实性和完整性。交易记录一旦写入区块链，就无法被篡改或删除，这进一步增强了数据的可靠性和安全性。这种透明性带来的优势包括：① 减少信息不对称。所有参与者都能获取相同的信息，防止因为信息不对称导致的欺诈行为。② 增强信任。交易数据的公开透明提高了各方的信任度，有助于建立一个更可信赖的金融环境。③ 提高交易的可追溯性。所有交易都有详细的记录，任何可疑行为都可以被追溯和调查。

在跨境支付中，银行和金融机构可以利用区块链技术来记录和跟踪每一笔交易。传统的跨境支付系统中，由于不同国家和地区的金融系统相互独立，信息传输过程中容易出现延迟和误差。区块链技术通过实时同步交易数据，确保所有参与者同时获取相同的信息，减少了信息不对称和误传的风险。通过分析区块链上的交易记录，监管机构能够快速识别和应对异常交易行为，防止洗钱、非法转账等金融犯罪行为。例如，如果某个账户在短时间内频繁进行大额跨境转账，系统可以立即发出警报并启动调查，及时阻止非法活动。通过区块链技术的应用，银行和金融机构不仅可以提高跨境支付的透明度和效率，还能够有效防止洗钱、非法转账等欺诈行为，确保金融交易的安全和合规。

（三）区块链技术加强安全隐私保护

随着金融业务深度互联网化，用户身份识别和安全认证显得尤为重要。区块链技术通过去中心化的方式进行身份验证，显著增强了身份验证的安全性和可靠性，防止身份盗用和伪造。在传统的集中式身份验证系统中，所有身份信息存储在一个中央数据库中，这使得中央数据库成为黑客攻击的重点目标，存在较大的安全隐患。而区块链的去中心化特性，通过将身份信息分布存储在多个节点上，有效降低了数据泄露的风险。在区块链上进行身份验证的过程中，客户的身份信息首先经过加密处理，以确保数据的机密性和完整性。加密后的身份信息被存储在区块链的分布式账本中，每个节点持有相同的加密数据副本。只有获得合法授权的机构才能解密并访问这些信息，进行身份验证。这种去中心化的身份验证方式，不仅提高了身份数据的安全性，还确保了验证过程的透明和可信。

在开户和身份验证过程中，金融机构可以利用区块链技术进行去中心化的身份验证。客户的身份信息，如身份证号码、护照信息、地址和生物识别数据等，经过加密处理后存储在区块链上。当客户需要进行身份验证时，金融机构可以通过区块链访问这些加密数据，并进行验证操作。由于数据分布存储在多个节点上，攻击者很难集中攻击某一个节点获取完整的身份信息，从而减少了身份盗用和伪造的风险。区块链技术支持多方参与的身份验证机制。例如，在金融服务中，客户的身份验证不仅需要银行的确认，还可能需要其他机构（如政府部门、信用机构等）的参与。区块链的去中心化特性使得各方能够共同维护和验证客户的身份信息，确保身份验证过程的安全和可靠。

第三节　监管科技在反欺诈监管中的未来应用展望

在现代金融领域，随着技术飞速进步，金融科技（FinTech）已经彻底改变了人们的支付方式、资金管理以及投资策略。然而，技术的创新和应用也伴随着新型欺诈手段的出现，这对监管机构和金融服务提供者提出了前所未有的挑战。随着金融交易的数字化和全球化，传统的反欺诈方法存在一定的不足，促使监管科技（RegTech）应运而生，专注于利用先进技术来提高金融监管的效率和有效性。在这一背景下，以下将探讨金融科技与反欺诈监管的融合如何塑造未来金融安全的格局。

一、大语言模型助力金融反欺诈

大语言模型技术在过去几年内取得了显著的发展，特别是在自然语言处理（Nature Language processing）领域。这些模型，如 OpenAI 的 GPT（Generative Pre-trained Transformer）系列、深度求索的 Deepseek、Google 的 BERT 和 T5 等，通过深度学习和大规模数据集训练，能够理解、生成和解释复杂的人类语言。随着这些模型不断进化，它们在金融服务行业中的应用，尤其是在反欺诈监管方面展现出巨大的潜力。

大语言模型通过分析大量的金融文本数据（如交易记录、客户沟通记录、合规文件等），可以识别出潜在的欺诈性语言模式和异常行为。这种能力使得监管机构和金融机构能够更加迅速和准确地标识出欺诈活动，从而实施必要的预防和应对措施。通过实时分析金融通信和交易数据，大语言模型能够即时发现异常情况，为反欺诈部门提供实时警报。这种快速响应能力极大提升了反欺诈操作的时效性和有效性。大语言模型还可以自动化执行复杂的合规性检查任务，包括监控和审查金融交易是否遵守相关法规。这不仅提高了审查效率，还降低了人为错误的可能性。

随着模型进一步发展，未来的大语言模型将具备更深层次的语义理解能力，能够更准确地解读复杂的金融文档和交易背景。这将进一步提升模型在识别复杂和隐蔽欺诈手段方面的能力。金融市场的全球性要求反欺诈监管技术能够跨越语言和文化差异。未来的大语言模型将更好地支持多语言处理能力，能够服务于全球化的金融市场。随着大语言模型在金融监管中的应用日益增多，如何在提升监管效率和保护个人隐私之间找到平衡，将是未来发展的一个重要议题。研究和开发团队需要确保模型的使用符合伦理标准和法律要求。

二、面向金融反欺诈的法规政策优化

随着金融交易和服务的数字化、自动化程度日益加深，金融欺诈运用更多高科技且

手段变得更加隐蔽，对传统的监管方法构成了挑战。面对这一挑战，监管机构迫切需要更新和适应快速变化的技术环境，以确保监管措施既能有效打击金融欺诈，又能促进金融科技的健康发展。这种需求催生了适应性监管框架的概念，即制定能够随技术进步而演进的法规和政策，确保金融市场的稳定性和金融消费者的安全。因此，在金融科技快速发展的背景下，如何通过法规和政策强化反欺诈监管十分关键。

首先，金融科技的跨国性质不仅加大了监管的难度，还增加了各国间监管协调的必要性。在这种背景下，加强全球合作成为确保金融系统安全运行的关键。金融科技的全球化意味着单一国家的监管措施往往难以完全有效。金融犯罪分子可以利用不同国家之间的法律和监管差异进行监管套利，通过在监管较弱的国家进行操作来避开监管较严的国家。因此，国际合作在金融科技时代变得尤为重要，有助于封堵这些监管漏洞，共同构建坚实的防线。国际组织比如国际货币基金组织和世界银行在全球金融科技监管中扮演着至关重要的角色。这些机构不仅提供一个平台，使得各国可以就金融监管问题进行对话和交流，还可以帮助建立和实施跨国监管的框架。这些国际组织通过共同努力，可以更有效地统筹全球资源和智力，共同应对金融科技时代的挑战。

其次，随着金融科技迅猛发展，个人数据的广泛利用已经成为行业标准，从简化信贷审批过程到个性化金融服务的提供，数据无处不在。然而，这种对数据的依赖也带来了对消费者隐私和数据安全的严峻挑战，特别是在反欺诈活动中，个人信息的处理需要格外小心，以防止数据泄露和数据滥用。因此，强化金融消费者保护和隐私安全成为未来金融科技法规和政策制定的关键方向。监管科技可以支持监管机构和金融机构更有效地遵守数据保护法规。通过利用先进的分析工具和人工智能，可以自动监测和报告数据处理活动中的异常或不合规行为，从而加强对消费者数据保护的监管。

最后，提高公众对金融科技潜在风险的认识以及提升其防范能力是减少金融欺诈案件的有效途径。政策制定者通过系统的教育和广泛的宣传活动，可以使金融消费者获得必要的知识和工具，以保护自己免受欺诈侵害。这不仅能够增强个人金融安全意识，还能整体提升社会对金融科技的信任度。政策制定者应与教育部门和社区组织合作，将金融科技知识纳入学校课程和社区教育计划。通过在中小学和高等教育机构开展相关课程，学生可以从小了解金融科技的基本概念、使用方法以及潜在风险。这种早期教育可以为他们未来安全使用金融科技服务奠定基础。政策制定者和金融机构应利用电视、广播、互联网和社交媒体等多种渠道，开展广泛的宣传活动，向公众普及金融科技知识和防范欺诈的技能。例如，宣传活动可以通过短视频、动画、电子书和互动网页等形式，使内容更加生动和易于理解。

本章小结 本章概述反欺诈监管的重要性及其在保护投资者权益、维护金融市场稳定中的关键作用；详细介绍金融欺诈的定义、类型和特征，并探讨了大数据、人工智能等技术在反欺诈中的应用；通过瑞幸咖啡财务欺诈案例，具体说明如何利用现代技术进行高效的反欺诈监管；最后，从大语言模型的应用、法规和政策优化两个部分探讨未来反欺诈监管的发展方向。

思考题

1. 阐述金融欺诈的定义。
2. 金融欺诈有哪些类型？
3. 金融欺诈的特征是什么？
4. 简述金融反欺诈的必要性。
5. 金融反欺诈的难点有哪些？
6. 总结基于人工智能技术实现金融反欺诈的方法。
7. 总结基于云计算技术实现金融反欺诈的方法。
8. 总结基于区块链技术实现金融反欺诈的方法。

即测即评

参考文献

［1］蔡主希. 智能风控与反欺诈：体系、算法与实践［M］. 北京：机械工业出版社，2021.

［2］何海锋，银丹妮，刘元兴. 监管科技（Suptech）：内涵、运用与发展趋势研究［J］. 金融监管研究，2018（10）：65-79.

［3］李建军，等. 互联网金融［M］. 北京：高等教育出版社，2018.

［4］马传雷，孙奇，高岳. 风控要略：互联网业务反欺诈之路［M］. 北京：电子工业出版社，2020.

［5］马勇. 金融监管学［M］. 北京：中国人民大学出版社，2021.

［6］谢平，邹传伟. Fintech：解码金融和科技的融合［M］. 北京：中国金融出版社，2017.

［7］杨涛，贲圣林. 中国金融科技运行报告（2021）［M］. 北京：社会科学文献出版社，2021.

延伸阅读

［1］卢建平. 完善金融刑法，强化金融安全：《刑法修正案（十一）》金融犯罪相关规定评述［J］. 中国法律评论，2021（1）：34-42.

［2］苏保祥. 加强金融反欺诈能力建设［J］. 中国金融，2018（10）：72-74.

［3］李建平，孙灏，常冏梵，等. 考虑审计要素多重语义关联的财务欺诈识别研究［J］. 管理科学学报，2024，27（3）：58-70.

［4］DAN A, ZAHN B, JAMES D, et al. Financial reporting fraud and other forms of misconduct: A multidisciplinary review of the literature [J]. Review of Accounting Studies. 2018, 23 (2): 732-783.

［5］ZHU X, AO X, QIN Z, et al. Intelligent financial fraud detection practices in post-pandemic era [J]. Innovation, 2021, 2 (4): 100176.

第十四章
金融监管科技在其他领域的应用

前序章节已经详细讨论了金融监管科技在银行、证券、保险等传统金融领域，以及移动支付、数字货币、反欺诈等新兴金融领域的应用，详尽地展示了监管科技如何在这些关键领域中提高监管效率、增强市场透明度，并支持金融市场的健康发展。相较于这些主要领域，信托、反非法集资、反洗钱领域在金融体系中的曝光度和直接影响相对较低，但金融监管科技在这些领域中同样具有重要的应用。第一，虽然信托业务的规模和直接影响可能不及银行或保险业，但其复杂性和专业性要求监管措施具备高度的精确性和适应性；第二，非法集资急剧的网络化趋势意味着传统的监管方法往往难以及时发现和应对非法集资活动，其增长和演化对整个社会和经济的稳定构成了严重的挑战；第三，洗钱活动的复杂和隐蔽性需要监管机构运用高度复杂的技术手段进行有效监控，以确保可以实时追踪和分析疑似洗钱行为，从而在全球范围内打击金融犯罪。

第一节 信托监管应用

一、信托监管的基本概念和原则

（一）信托监管的含义与必要性

信托是指以信任为基础的委托行为。经济活动中的信托，是指拥有资金、财产及其他标的物的所有人，为获得更好的收益或达到某种目的，委托受托人代为运用、管理、处理财产及代办有关经济事务的经济行为。一个典型的信托行为要涉及三方关系人，即委托人、受托人和受益人。信托是一种理财方式，也是一种特殊的财产管理制度和法律行为，同时又是一种金融制度；信托与银行、保险、证券一起构成了现代金融体系。

信托监管，即信托业的监督管理，是指政府有关部门代表国家对从事信托活动的机构及其业务进行监督管理的行政行为。信托监管的目的是：保障委托人的合法权益；保持信托业的公平竞争；弥补自行管理的不足；建立和维持一个公平、有序和有效的信托市场。

信托监管不局限于政府监管。在信托业领域，自律组织的监管也发挥着重要作用。

信托监管分为三方面的内容。① 信托法律监管。信托监管法律是国家为了促进信托业的稳定、协调和发展，授权特定机关依据相关法律法规对信托经营者进行监督管理。② 信托行政监管。信托行政监管是指信托各级监管机构依据信托监管法律运用行政手段对信托机构的监督。③ 行业自律监管。中国信托业协会依据《中华人民共和国信托法》《中华人民共和国银行业监督管理法》等法律法规，通过自我管理和行业准则来维护市场秩序和公平竞争，认真履行自律、维权、协调、服务职能，发挥相关管理部门与信托业间的桥梁和纽带作用，维护信托业合法权益，维护信托业市场秩序，促进信托业的健康发展和行业自律监管。

信托监管的必要性源于保护市场参与者的利益、确保市场的透明度与公平性、防止滥用行为，以及降低整个金融系统可能面临的风险。这种监管不仅对于维护投资者信心至关重要，也是保持金融市场稳定和健康发展的关键。

首先，信托监管的核心目标是保护投资者和受益人的利益。监管机构通过强制信托公司透明化其运营和财务状况，帮助投资者免受欺诈和不公平处理的风险。信托机构必须提供准确的财务信息和业务详情，这使得投资者能够基于真实和全面的数据作出投资决策。此外，监管也确保信托机构在经营过程中遵循法律和伦理标准，防止其从事任何可能损害投资者利益的活动。

其次，信托监管强化了市场的透明度和公平性。透明的运营和公平的市场规则为市场参与者提供了平等的竞争环境。监管机构通过制定和执行一系列标准和规则，确保信托机构之间在同一个法律框架下运作，从而促进健康竞争和创新。这不仅有助于防止市场滥用和操纵行为，还提高了整个行业的服务质量和效率。

再次，信托监管的存在降低了系统性风险，尤其是在金融危机中。信托业务的复杂性和与其他金融服务的相互依赖性可能导致问题迅速扩散，影响更广泛。监管机构通过监控信托机构的活动和财务状况，可以及早识别风险并采取预防措施，从而避免潜在的市场动荡。

最后，信托监管推动了行业的健康发展。监管不仅关注防止负面行为，同样也鼓励和支持创新和改进。信托制度引入金融以来，对金融业的创新发挥了举足轻重的作用。由银行业向非负债业务扩展，到共同基金的飞速成长，再到近年来席卷全球金融界的资产证券化，都有信托机制的基础性支撑。因而，随着金融创新的发展，信托业的作用和地位都将进一步提升，信托监管的使命之一就是促进这种提升的高效进行。信托业监管机关更负有协调信托业在金融业中充分融合、快速发展的义务。

综上所述，信托监管是确保金融稳定、保护消费者权益、维护公平竞争和促进行业发展的关键。通过实施有效的法律、行政和自律监管措施，信托监管为市场参与者创造了一个安全、公正和高效的操作环境。

（二）信托监管的逻辑与原则

信托监管的逻辑与原则体现了监管机构通过系统性的方法来确保信托行业的健康和

持续发展。2023年的政策更新和监管方法提升说明了监管的深层逻辑：通过全面评估、分类监管来引导行业向更高效、更安全的方向发展。

信托监管的逻辑主要体现在综合评估、分级分类、回归信托本源三方面。第一，信托业务涉及多方利益相关者，信托监管不仅需要关注单一的盈利性或风险，而且要进行全面的业务评估。例如，国家金融监督管理总局发布的《信托公司监管评级与分级分类监管暂行办法》通过从公司治理、资本要求、风险管理、行为管理到业务转型等模块全方位评估信托公司的健康状况，这种方法体现了监管对信托公司稳定性与系统性影响的重视。第二，分级分类监管是信托监管的一个核心逻辑，它允许监管机构根据信托公司的具体状况实施差异化的监管策略。这种做法不仅提高了监管的效率，也增加了监管的针对性和灵活性。通过为不同级别的风险和运营状态的信托公司设计不同的监管要求，监管机构可以更有效地使用资源，同时促进行业的整体健康。第三，信托监管的另一个关键逻辑是推动信托业务回归其本源，即依托信托制度的特有优势，如财产保护的安全性和财产传承的自由性。通过鼓励信托公司发展资产服务信托和公益慈善信托等核心业务，监管政策旨在引导行业专注于其基本的财富管理和资产管理功能，而不是成为过度依赖信用利差的金融中介。

基于上述逻辑，信托监管需要符合以下五个原则。

第一，风险管理与防控原则。信托监管聚焦于风险的识别、评估、管理和缓解。监管机构要求信托机构建立健全的内部控制系统，以防范潜在的金融风险，包括对信托资产的适当分散、投资策略的审慎选择，以及对市场变化的动态响应。风险管理的核心是保护投资者免受不必要的损失，并确保信托机构稳健运营。

第二，透明度原则。透明度是信托监管的关键原则之一，要求信托机构对其财务状况、投资策略和业务操作进行充分的披露。这一原则确保了所有市场参与者，尤其是投资者和受益人，能够获取关于信托活动的充分信息，从而作出知情的决策。透明度的提升也有助于增强信托机构的公信力和市场的整体信任度。

第三，公平竞争原则。信托监管促进公平竞争，确保没有任何信托机构因不当优势或市场滥用而占据主导地位。监管机构通过确保合规经营、防止反竞争行为和滥用市场地位的行为，来维护健康的市场环境。这一原则不仅保护了小型和新入市的信托机构，也鼓励了创新和服务质量的提升。

第四，受益人保护原则。信托监管特别强调保护受益人的合法权益。监管机构确保信托机构在执行信托时严格遵守委托人的意愿，并且在管理和使用信托资产时始终将受益人的最佳利益放在首位。这要求信托机构采取透明和负责任的投资策略，避免冲突利益，并在出现潜在的利益冲突时采取适当的补救措施。

第五，制度创新与适应性原则。鉴于金融市场和相关技术快速发展，信托监管也需要不断创新和适应新的市场条件。监管框架应当灵活，足以应对新出现的产品和服务，同时确保不会因监管滞后而阻碍行业发展。这要求监管机构持续更新其监管策略和工具，确保与行业实践和国际标准的一致性。

(三) 信托监管的难点

信托监管主要面临四大难点，对监管机构的策略和执行力提出了更高的要求。

1. 监管机构间的信息不对称

在中国的金融监管框架中，不同的监管机构在风险防范和解决方面存在许多职责重叠。不同的监管机构掌握的信息、判断标准和部门利益可能不一致，这容易导致监管冲突和监管空白地带的出现。例如，同一信托产品可能涉及多个监管部门，而各监管部门对该产品的风险评估和监管策略可能各不相同。这种信息不对称和职责重叠为监管套利提供了机会，金融机构可能利用这些漏洞逃避严格的监管。

2. 信托公司定位的多样性

信托公司根据其业务模式和客户需求不同，定位各异，涵盖个人信贷、投资、财富管理、事务管理等多种业务类型。这种定位的多样性使得制定统一的监管规则变得复杂。例如，专注于高净值个人的财富管理信托与主要从事企业财产管理的信托在风险特征和业务操作上有本质不同，需要不同的监管方法和标准。

3. 监管内容的不全面

中国信托业的监管范围目前仍存在争议。尽管监管聚焦于信托机构的准入资质、股东情况和营业范围等，但关于信托退出机制和信息披露机制的监管尚显不足。缺乏有效的退出机制可能导致问题机构长时间存在市场中，而不完善的信息披露机制使得投资者无法获得必要的信息来作出理性的投资决策，这种情况不利于市场的公平性和透明度。

4. 行业自律监管的弱化

尽管中国信托行业有行业协会负责行业自律监管，但存在一些问题，如成员覆盖范围有限、缺乏代表性，且对信托从业人员的执业水平缺乏统一的、严格的考核机制。这些问题减弱了行业自律监管的效力，影响了信托行业整体的健康发展。

针对上述难点，监管策略需要进一步细化和加强。可能的解决策略包括增强监管机构之间的信息共享和协调、制定更加灵活的监管规则以适应信托公司的多样化定位、完善信托退出和信息披露机制，以及加强行业自律组织的功能和覆盖范围。通过这些措施，可以提升信托监管的效率和效果，从而更好地服务于金融市场的稳定与发展。

二、信托监管技术

(一) 基于大数据技术的信托监管

大数据技术在信托监管中的应用主要侧重于实时监控和深度分析，允许监管机构及时识别和响应市场变动及异常行为。监管机构可以建立一个包含所有信托交易和操作的大数据监控系统，实时收集和分析交易数据、资金流向、投资模式及客户行为等。具体如下。

1. 实时监控与行为分析

大数据允许监管机构实时监控信托公司的所有交易和活动。通过集成来自信托公司的大量实时数据流，监管机构可以使用高级分析工具追踪异常行为和潜在的风险点。例如，监管机构可以设置自动化的监控系统，通过分析交易频率、交易规模、资金流向以及与历史数据的比对，来识别异常或可疑的交易模式。实时数据分析可以揭示不寻常的资金集中、突然的大额交易或与市场趋势不符的交易行为，这些都可能是市场操纵、欺诈或洗钱活动的迹象。通过及时识别这些行为，监管机构能够迅速采取行动，防止潜在的风险扩散。

2. 风险评估与管理

大数据技术使监管机构能够对信托产品和服务进行全面的风险评估。通过分析历史数据、市场数据和实时数据，监管机构可以建立风险评估模型，预测各种信托操作的风险级别，并据此制定监管策略。例如，使用大数据技术，监管机构可以分析信托资产的投资组合，评估其多样性和风险敞口。进一步地，通过对市场趋势、经济指标和信托资产性能的综合分析，监管机构能够识别潜在的市场风险和经济影响，为信托监管提供数据支持和决策基础。

3. 预测分析与趋势识别

利用大数据分析，监管机构可以进行趋势分析和预测，从而更好地理解市场动态和预防未来的风险。这包括使用机器学习算法和统计模型来预测信托市场的发展趋势，识别潜在的市场泡沫或金融危机的迹象。例如，监管机构可以分析信托产品销售趋势、客户投诉数据和市场反馈，以识别可能的产品或服务问题。此外，通过比较不同时间段的数据，监管机构可以识别出长期趋势，如客户偏好的变化、风险偏好的演化以及市场供需关系的变动。

4. 客户行为分析

大数据技术帮助监管机构深入了解客户行为和需求，这对于确保信托服务的合规性和适应性至关重要。监管机构可以通过大数据技术分析客户的投资行为、资金流向以及对信托产品的反应，以评估产品设计和市场营销策略的有效性。通过深入分析客户数据，监管机构可以识别不公平的交易行为或对特定客户群体的潜在不利影响，确保信托服务的公平性和透明性。这种分析还可以帮助监管机构了解信托服务如何满足不同客户的需求，是否存在服务不足或过度销售的情况。

5. 合规性监测与报告

大数据技术还可以帮助监管机构监控信托公司的合规性状态。通过自动化的数据收集和分析系统，监管机构可以持续监控信托公司是否遵守相关法律法规。这包括监控信托公司的财务报告、审计结果和合规文件，确保所有操作符合监管要求。此外，大数据技术使监管机构能够自动生成监管报告和合规评估，大幅提高监管工作的效率和准确性。通过自动化这些过程，监管机构不仅可以节省大量的人力资源，还可以实时更新监管数据，确保监管决策的及时性和有效性。

（二）基于人工智能技术的信托监管

人工智能（AI）技术正在重塑金融监管领域，特别是在信托监管中，AI 的应用带来了监管效率的显著提升和风险控制能力的增强，其在信托监管中的各种用途主要包括自动化监控与异常检测、风险预测与管理、合规性测试与审计、客户服务与行为分析等。

1. 自动化监控与异常检测

AI 技术能够实现对信托活动的实时自动化监控，通过机器学习模型不断学习和分析交易模式，有效识别出非典型交易或潜在的欺诈行为。例如，AI 系统可以分析历史交易数据，自动识别出与众不同的交易特征，如交易频率异常增加、大额交易突然出现或新账户高频活动。这些模式一旦被标记，就可以即刻引起监管机构的注意，从而迅速采取相应措施进行深入调查。此外，AI 技术还能在大数据背景下，对信托资产的流动性和信贷风险进行实时监控，提前预警可能的市场风险或流动性危机，大幅提高监管的预见性和主动性。

2. 风险预测与管理

利用 AI 进行风险预测是信托监管中一个重要的应用方向。AI 模型能够处理和分析大量的经济、金融及市场数据，提供更精准的风险评估结果。通过训练，这些模型能够识别出导致信托失败的潜在因素，如市场波动、信贷变化或宏观经济条件的变动。例如，AI 可以用来模拟各种经济和市场情景下的信托资产表现，评估在极端市场条件下的潜在影响。通过这种方式，监管机构不仅能够及时识别和处理高风险信托产品，而且能在风险实际发生之前，提前进行干预和调整策略。

3. 合规性测试与审计

AI 技术极大地提高了信托监管的合规性检测和审计效率。通过自然语言处理（NLP）和机器学习，AI 可以自动分析信托公司的合规文件、交易记录和通信数据，确保所有操作都符合相关法规要求。例如，AI 可以自动识别和标记那些可能违反反洗钱（AML）或客户知情（KYC）规则的交易和活动。此外，AI 还可以进行智能合同审查，自动检测合同条款中可能存在的风险点或不符合监管要求的内容，从而为监管机构提供实时的合规性反馈和建议。

4. 客户服务与行为分析

AI 技术还能提高信托监管机构对客户服务的监督能力。例如，通过分析客户的查询和投诉，AI 可以帮助监管机构了解信托服务中存在的普遍问题和客户的主要关切点。此外，AI 还可以分析客户行为模式，识别潜在的不满或欺诈行为，为监管机构提供更为全面的市场监督视角。

综上，AI 在信托监管中的应用不仅提高了监管效率和效果，还增强了监管机构对市场动态的理解和预测能力。通过持续的技术升级和应用扩展，AI 技术有望在未来的信托监管工作中发挥更大的作用，推动信托行业向更加透明、安全和高效的方向发展。

(三) 基于云计算技术的信托监管

云计算技术为信托监管提供了高效、灵活且成本效益高的解决方案，使监管机构能够实现更广泛的数据访问、处理和存储能力。云平台支持的信托监管框架可以大幅提升监管的实时性和透明度，同时降低技术维护的复杂性和成本。

1. 集中化的监控和数据管理

云计算允许监管机构在集中的云平台上进行数据存储和管理，这样可以确保数据的一致性和安全性。通过集中管理，监管机构可以轻松访问全国甚至全球范围内的信托公司数据，实现对整个行业的全面监控和分析。例如，通过在云平台上集成各种信托公司的交易和财务数据，监管机构可以使用高级分析工具快速检测市场异常、识别潜在的风险热点或监控市场趋势。

2. 灵活的资源扩展和计算能力

云平台提供了按需资源配置的可能性，这意味着监管机构可以根据需要快速扩展或缩减资源。在需要处理大量数据或进行复杂计算时，监管机构可以临时增加计算资源，而不需要投入昂贵的物理硬件。这种灵活性是传统数据中心难以比拟的，尤其适用于处理大规模数据分析，如深度风险评估、压力测试或模拟不同监管情景。

3. 较高的数据安全性和合规性

云服务提供商通常提供先进的安全措施，包括数据加密、多重身份验证、持续的安全监控和合规性管理，这些都是保护存储在云中的敏感监管数据不被未授权访问或泄露的关键。监管机构可以利用这些先进的安全特性来保护信托监管数据，确保符合国家和国际的数据保护法规。此外，许多云平台已经具备符合特定行业标准的合规性认证，如 ISO/IEC 27001、GDPR 等，这为信托监管机构在云平台上处理和存储数据提供了法律和技术的双重保障。

4. 协作和共享平台

云计算使得建立跨机构、跨地域的协作平台成为可能。监管机构可以通过云平台与其他国家或地区的监管机构共享信息和资源，协作进行跨境监管。例如，云平台可以作为一个共享的数据池，各国监管机构可以在此平台上共享和访问彼此的监管数据和智能分析工具，共同应对跨境信托活动中的监管挑战。

5. 实时监管和报告

云计算支持实时数据处理和分析，使得监管机构可以即时接收和处理来自信托公司的报告和通知。这种实时监管能力不仅提高了监管效率，也增强了监管的及时性和有效性。监管机构可以实时监控信托市场的动态，及时调整监管政策和措施，以应对市场的快速变化。

总结来说，基于云计算的信托监管为监管机构提供了一个强大的技术平台，以支持其监管职能的现代化和国际化。通过利用云计算的集中数据管理、强大的计算能力、高级的安全保护和灵活的资源配置，监管机构能够更有效地应对快速变化的金融市场，确保信托业务的合规性和市场的稳定性。

(四) 基于区块链技术的信托监管

区块链技术以其不可篡改性、去中心化特性和透明性，为信托监管提供了一个全新的视角和工具。通过利用区块链，监管机构能够实现对信托活动的实时监控、提高数据的安全性，并优化监管流程。

1. 较高的数据完整性和透明度

区块链技术的核心优势之一是其数据不可篡改的特性。每一笔交易一旦被记录在区块链上，就无法被修改或删除。这种特性对信托监管尤为重要，因为它确保了监管数据的完整性和透明度。信托机构可以通过区块链平台记录和报告其所有的交易和活动，监管机构及相关方可以实时访问这些数据，确保所有活动的合法性和适当性。

2. 去中心化的监管机制

区块链允许创建去中心化的网络，其中每个参与者都可以直接访问完整的数据库，而无须中介机构。这种结构为信托监管带来了革命性的改变，特别是在多监管机构共同监管的国际交易中。区块链可以作为一个共享的、去中心化的监管框架，允许各国监管机构共同监视跨境信托活动，增强了监管的协调性和效率。

3. 自动执行的智能合约

智能合约是区块链平台上可编程的合约，可在满足特定条件时自动执行合约条款。对于信托监管而言，智能合约可以用来自动执行和监控信托协议中的规定，确保信托活动按照法律和规章制度执行。例如，智能合约可以确保资金只在达到特定的合规条件后才被释放，或者在检测到异常活动时自动发出警报。

4. 提高交易效率和降低成本

区块链技术可以简化交易过程，减少中间环节，从而提高效率和降低成本。对监管机构而言，这意味着可以更高效地处理大量的信托监管数据，而无须耗费大量资源在数据验证和交易确认上。此外，区块链还能减少因手动处理和多层审批所产生的错误和延误。

5. 隐私保护和数据安全

虽然区块链提供了透明性，但它也支持通过加密技术保护交易双方的隐私。监管机构可以在确保数据透明和可访问的同时，保护敏感信息不被未授权访问。此外，区块链的分布式特性使得数据不易遭受中心化攻击，增加了数据安全性。

基于区块链技术的信托监管能够为监管机构提供一个高度安全、透明且高效的监管工具。利用区块链技术，监管机构不仅能实现对信托活动的实时监控，还能提高监管流程的自动化和智能化水平，同时保证数据的安全和隐私。这些优势使得区块链成为信托监管的一个有力工具，特别是在处理复杂的、多方参与的信托结构和跨境交易中。

"中国信登"信托业监管数据服务平台系统

第二节　反非法集资监管应用

一、非法集资网络化趋势与监管要求

(一) 非法集资定义与网络化

在中国，根据《防范和处置非法集资条例》，非法集资被定义为未经国务院金融管理部门依法许可或者违反国家金融管理规定，以许诺还本付息或者给予其他投资回报等方式，向不特定对象吸收资金的行为。这种行为通常涉及欺诈和误导，以诱使公众投资。

相对应地，界定非法集资行为需同时具备三个特征。第一，非法性，即"未经国务院金融管理部门依法许可或者违反国家金融管理规定"。根据现行法律法规，所有向不特定对象吸收资金的行为（如吸收存款、公开发行证券、公开募集基金、销售保险等），都需经国务院金融管理部门依法许可。第二，利诱性，即非法集资通常都会许诺还本付息或者给予其他投资回报等方式。与之相对，正规金融机构的理财产品通常不保证固定收益或本金安全。第三，社会性，即"向不特定对象吸收资金"，特别指向社会公众吸收资金。根据最高人民法院《关于审理非法集资刑事案件具体应用法律若干问题的解释》规定，未向社会公开宣传，在亲友或者单位内部针对特定对象吸收资金的，不属于非法吸收或者变相吸收公众存款。

网络非法集资是指在网络空间中发生的非法集资行为，这种行为可能完全发生在线上，也可能跨越网络空间和现实空间。随着互联网的发展，非法集资行为日益呈现出明显的网络化趋势。与传统非法集资相比，网络非法集资借助互联网的便捷性和匿名性，不仅可以迅速扩散到更广泛的受众，而且更容易逃避传统监管机构的检测和追踪。此外，互联网和金融创新的结合使得网络非法集资在犯罪空间、行为主体、行为方式及其危害后果等方面展现出新的特性。尤其是其广泛的宣传手段和难以追溯的特点，极大地放大了其利诱性，使得风险控制更加困难。此外，由于互联网普及和技术进步，网络非法集资活动可以迅速跨地域、跨国界地扩展，涉及的人数和资金规模远超过传统集资方式，从而大大提高了其社会性。网络非法集资的形式多样，包括但不限于P2P借贷、互联网众筹、虚拟货币发行等，其共同特点是利用网络平台快速扩大影响范围，难以追踪和监管。

(二) 反非法集资监管难点与监管原则

1. 监管难点

面对以网络非法集资为主的监管难点体现在多个方面，主要包括：

（1）案件线索发现难。网络非法集资往往在初期不易被发现。行为人通常通过合

法的公司注册和互联网平台，混合正常经营活动与非法集资行为，利用高利诱导群众投资虚假金融产品。这种行为的迷惑性很强，在没有明显群众投诉的情况下难以察觉，导致缺乏有效的预防和早期干预。

（2）集资参与人证据收集难。大规模的非法集资案件涉及的投资者众多，且分布广泛。在平台尚未崩溃前，许多投资者抱有侥幸心理，不愿配合调查，尤其是那些已经获得部分回报的投资者。这种情况下，收集投资者的证据和投诉变得尤为复杂和困难。随着大数据和云存储技术的发展，非法集资越来越多地通过互联网进行，相关电子证据多存储于网络服务器中。但由于数据存储有限、数据易被覆盖，以及部分数据存储在国外服务器上，证据的获取和保全异常困难。此外，电子证据的大量性、易篡改性和易灭失性也给证据的收集和鉴定带来了挑战。

（3）涉案金额确定难。网络非法集资案件通常涉及庞大的金额，其确切数额的认定需要专业的会计和审计知识。在实际操作中，公安机关需依赖外部的专业审计机构来辅助完成这一任务，而这一过程往往受限于审计资源的缺乏和技术难度。

（4）涉案财物扣押与处置难。由于涉案财物的地理分布广泛，涉及的物品种类多样，如计算机、手机、房产、豪车等，这些财物的扣押和管理难度极大。此外，扣押过程中的物品贬值、个人信息泄露风险，以及国际法律协作的复杂性，都增加了扣押与处置的难度。

2. 监管原则

针对上述监管难点，网络非法集资的监管原则应基于现代金融环境的复杂性和技术的发展，适应新的挑战和需求，突出表现在：

（1）透明度原则。透明度原则的实施意味着监管机构应要求所有网络金融平台不仅公开其运营状态和项目信息，还需要详细披露其财务状况、管理团队背景、历史业绩和任何潜在的利益冲突。此外，应推动平台提供实时的数据更新和风险提示，确保投资者及时获取关键信息，并基于充分信息做出投资决策。

（2）风险管理原则。风险管理原则要求监管机构不仅要定期评估市场上的风险状况，而且要预设应急机制以应对潜在的市场动荡。监管策略应包括对非法集资的早期识别、快速反应机制以及有效的处置计划。监管机构应采用先进的监测工具和模型，对市场趋势和异常行为进行精确分析，确保在风险初露端倪时及时介入。

（3）公众教育原则。加强公众教育不仅是提供基本的金融知识，更应包括教育公众如何识别和避免金融诈骗，特别是在网络环境下。监管机构可以与教育机构、社会团体及金融服务业合作，通过线上线下的研讨会、公开课和互动教育平台，普及风险管理知识和投资者权益保护信息。

（4）协同监管原则。鉴于网络非法集资活动的跨境性，监管机构需要与其他国家和地区的监管机构建立合作机制，共享信息，监测国际资金流动并协调监管行动。此外，内部协同也非常关键，国内不同监管机构之间应建立信息共享和协同工作机制，以确保监管措施的统一和效力。

（5）技术监管原则。利用技术监管原则，监管机构应部署高级的数据分析工具和算法，对网络金融市场进行深入洞察。这包括部署机器学习模型来识别交易模式中的异常行为，使用区块链技术追踪资金流向，以及通过人工智能增强监控和响应能力。监管技术的升级还可以优化监管资源配置，提高处理大量数据的能力，以适应网络金融活动的高速发展和复杂性。

二、网络非法集资技术

（一）基于大数据技术的网络非法集资监管

随着金融科技迅猛发展，网络非法集资的形式和手段日益多样化，传统的监管方式已难以应对这些新挑战，基于大数据技术的监管方法应运而生。它通过整合和分析大规模数据集，能够有效识别和预警潜在的非法集资活动。这种技术不仅能够提高监管效率，减少人力成本，而且能在风险发生前进行干预，从而保护投资者的利益并维护金融市场稳定。大数据应用为金融监管带来了革命性改变，推动了监管科技向更智能、更高效的方向发展。

具体地，基于大数据技术的网络非法集资监管包括如下步骤。

1. 数据分析与异常模式识别

大数据技术能分析复杂数据集，识别非法集资的迹象。在中国，大数据被广泛应用于监测和识别非法集资活动。例如，分析 P2P 平台客户的交易频率和金额的异常模式，可以揭露该平台的资金挪用。

2. 风险评估模型构建

利用历史数据建立模型预测风险行为是常见的做法。近年来，银行监管部门运用大数据技术分析银行业务数据，成功预测并识别了多起潜在的信贷风险，这些模型帮助监管机构及时调整监管策略，有效防范金融系统性风险的发生。

3. 实时监测系统

实时监测系统对于追踪即时数据流动至关重要。例如，基于大数据技术监管机构可以开发一套实时交易监控系统，使其在交易异常时即刻发出警报，据此监管机构迅速采取行动以避免潜在的市场操纵和欺诈行为。

4. 合作与数据共享

数据共享在全球监管机构中越来越受到重视。在我国，金融监管部门之间的数据共享机制正在逐步建立。例如，中国人民银行与地方金融监管机构之间的数据共享，加强了对跨省市非法集资活动的监管能力，提升了整体的监管效率和效果。

（二）基于人工智能技术的网络非法集资监管

随着人工智能技术快速发展，其在金融监管领域的应用日益增多，特别是在打击网络非法集资方面显示出独特优势。AI 技术通过机器学习和深度学习算法分析大量金融数据，自动识别出潜在的非法活动和风险模式，有效提升监管效率和准确性。

人工智能在金融监管中主要通过自动化分析和预测模型来识别可疑行为和交易异常。随着数据量的增加，传统方法难以实时处理这些信息，AI 的介入可以实现实时分析和决策，极大提高了监管响应的速度和质量。

1. 智能识别与行为预测

利用深度学习技术分析历史交易数据，AI 可以准确预测异常行为。例如，在中国，监管机构运用 AI 技术分析异常交易模式，成功识别并预防了多起大型非法集资案件。

2. 自动化的监控系统

AI 技术实现了金融市场的 24 小时实时监控。例如，中国人民银行利用 AI 系统监控异常资金流动，迅速识别出潜在的非法集资行为。该系统通过分析交易频率、金额以及交易方之间的关系，发现可疑交易并发出警报。

3. 自适应学习

AI 系统不断从新数据中学习，自我优化识别算法。在国际上，一些国家金融监管当局使用机器学习技术调整风险评估模型，以适应市场的快速变化。系统通过分析实时交易数据，系统能够自我更新，提高对非法集资行为的识别准确性。

4. 跨平台数据整合

AI 技术能整合多个平台和系统的数据，增强监管全局观。中国金融监管机构整合全国范围内的银行和金融机构的数据，使用 AI 分析识别潜在风险。例如，中国人民银行建立了全国性的数据共享平台，通过 AI 技术分析跨省市的金融交易数据，发现并预警潜在的非法集资行为。

预计 AI 在金融监管中的应用将进一步发展。未来，基于人工智能的网络非法集资监管将呈现出更智能化和全面化的趋势。首先，随着人工智能算法不断进化，预测和检测模型将变得更加精准和可靠。此外，跨国合作将变得更加紧密，数据共享和联合监管机制进一步完善，加大对跨境非法金融活动的打击力度。监管机构需要不断更新和优化技术，确保在面对不断变化的金融环境时，能够迅速识别和应对新型非法集资手段，同时在技术应用中确保数据隐私和算法透明度，以建立公众信任并保障金融市场的稳定和安全。

（三）基于云计算技术的网络非法集资监管

云计算作为一种新型的数据处理技术，在金融领域的应用前景广阔，保护数据隐私的同时，实现数据的有效利用，解决了数据安全与数据利用之间的矛盾，为金融行业的发展提供了新的可能。特别地，云计算技术飞速发展，为金融监管提供了强大的工具，特别是在监测和防范网络非法集资方面。

1. 弹性计算与数据存储

云计算技术提供了高效的弹性计算和数据存储能力。原中国银监会利用云计算平台存储和处理全国范围内的银行交易数据，通过大规模数据分析，快速识别出非法集资的可疑行为。

2. 实时数据处理与监控

云计算使得实时数据处理和监控成为可能,为大数据分析和人工智能技术的结合提供了平台。中国人民银行通过云计算平台实时监控资金流动,及时发现异常交易并进行风险预警。

3. 跨机构数据整合与共享

云计算技术支持跨机构数据整合与共享,提高了整体监管能力。中国的金融监管机构通过云计算平台实现了不同银行和金融机构的数据共享和整合,提升了非法集资活动的识别和预防能力。

4. 应急响应和灾备能力

云计算技术提供了强大的应急响应和灾备能力。在中国,金融机构利用云计算平台进行数据备份和应急演练,在发生突发事件和系统故障时,能够迅速恢复数据和业务,减少非法集资活动带来的影响。

(四) 基于区块链技术的网络非法集资监管

区块链技术通过分布式账本系统,确保所有交易记录的透明和不可篡改。这种特性使得非法集资等金融欺诈行为难以隐瞒,同时也为监管机构提供了强有力的技术支持,提升了金融市场的透明度和安全性。然而,区块链的匿名性和去中心化特性也带来了监管挑战。监管的重要性在于保护用户隐私和确保交易安全,同时防止非法活动。

1. 交易透明度与追溯性

区块链技术通过分布式账本提供交易高透明度和可追溯性。例如,中国的蚂蚁区块链在公益捐款中使用区块链技术,确保每笔捐款的去向和使用情况透明可查。这一技术也可以应用于非法集资监管,通过对资金流动的全程记录,实现对可疑资金的实时监控和追溯。

2. 智能合约与自动化监管

智能合约是区块链技术的一大创新,它能够自动执行预设的规则和条款。中国银行业使用智能合约技术,在贷款和融资项目中自动执行合约条款,防止资金被挪用或非法集资。

3. 分布式存储与数据安全

区块链的分布式存储特点确保了数据的安全和不可篡改性。中国证监会在监管证券市场时,利用区块链技术对交易数据进行分布式存储,防止数据被篡改或丢失,确保市场的公平和透明。

4. 跨境监管与协作

区块链技术支持跨境金融活动的透明监管。例如,中国人民银行与"一带一路"共建国家合作,通过区块链技术实现跨境贸易和金融交易的透明化,防范非法集资和洗钱行为。

第三节 反洗钱监管应用

一、反洗钱概念与监管要求

(一) 洗钱的定义与特征

"洗钱"一词是由英文"Money Laundering"直译而来,其来源于美国,是指将犯罪或其他非法违法行为所获得的违法收入,通过各种手段掩饰、隐瞒、转化,使其在形式上合法化的行为。在具体案件中,一个完整的洗钱违法活动包括三个阶段:放置阶段、离析阶段、整合阶段。

第一,放置阶段又称处置阶段,主要目的是通过各种方式将非法所得转移至清洗系统中,较为常见的方式有银行存款和购买有价证券等。在放置阶段,犯罪分子的非法所得混入金融机构中,为洗钱的后续步骤提供条件,同时该阶段也是洗钱过程中最容易被发现的阶段。

第二,离析阶段又称"分层""搅动""分离"或"培植"阶段,是洗钱的第二阶段,也是关键阶段。该阶段的主要目的是通过复杂的财产交易或转移将上游犯罪的非法所得与其来源脱离,模糊非法所得的性质与来源,以此逃避监管和侦查。随着科技的发展,犯罪分子在离析阶段使用的手段日益复杂,进一步加大了监管和侦查难度。

第三,整合阶段又称归并阶段,是洗钱的完成阶段,主要目的是将非法所得混入合法的金融经济领域中,在形式上成为合法所得。

这三个阶段往往相互重合、反复出现,从而也加大了追查非法所得来源的难度。

相比于其他金融犯罪行为,洗钱的特征主要体现在:方式的多样性、过程的复杂性、对象的特定性、犯罪的国际性。

(1) 方式的多样性。为了逃避监管和侦查,洗钱犯罪分子通常会选择不同的方式和途径处理其非法所得。随着科技的发展、监管技术的完善,洗钱违法犯罪活动经过长时间的发酵,洗钱工具日益变多,洗钱方式也在不断变化。

(2) 过程的复杂性。洗钱是一种违法犯罪行为,它不仅要面对金融机构的监管而且要受到法律的制裁和惩罚。洗钱主要方式之一是转变非法所得的形式,消除洗钱过程中可能成为证据的痕迹,将非法所得混入合法所得中。洗钱犯罪分子想要避免监管和侦查,需要使洗钱过程复杂化,才有可能达成洗钱的目的。

(3) 对象的特定性。一般而言,只有非法所得才需要清洗。洗钱的对象包括任何形式的财产,如资金、各种动产与不动产、外汇等,这些财产来源于毒品犯罪、恐怖活动犯罪、走私犯罪、贪污贿赂犯罪、破坏金融管理秩序犯罪、金融诈骗犯罪等犯罪活动。

(4) 犯罪的国际性。随着时代的发展,科技和经济也在飞速进步,世界范围内的人员流动、商品交易、资金流动和信息传播日益增加,犯罪分子为了躲避犯罪行为发生所在国家的监管,也致使洗钱违法犯罪活动的跨国、跨地区特征显著。经济全球化、信息技术的国际化联通使洗钱违法犯罪活动也得以"走向全球化"。

(二) 反洗钱监管难点和原则

1. 反洗钱监管难点

针对上述洗钱犯罪特点,反洗钱监管也面临多重难点,包括但不限于:第一,洗钱行为涉及有意隐瞒和掩饰,洗钱者利用复杂的财务结构和商业交易来混淆资金的非法来源。另外,虚拟货币、跨国金融流动,以及复杂的公司结构(如空壳公司和离岸公司)等问题增加了追踪和识别非法资金流的难度。第二,科技的快速发展尤其是在金融科技领域,经常超出现有法律法规的覆盖范围。因此,监管框架常常无法及时适应新的洗钱手段,导致监管空白或漏洞。第三,洗钱犯罪的国际性要求不同国家的监管机构进行有效的信息交换和合作。但不同国家之间在法律体系、操作标准和数据保护法规上的差异,使得协调合作充满挑战。即便在单一国家内,不同的监管机构(如中央银行、证券交易监管机构、反洗钱监管机构)之间也可能存在职责重叠或信息孤岛问题,协调一致的监管行动往往需要额外的时间和努力。第四,尽管技术发展为洗钱监控提供了新工具,但监管机构往往面临资源和技术更新的限制。高级的数据分析和监控系统需要高昂的投资,并且相关工作人员需要具备高度的专业技能。

2. 反洗钱监管原则

反洗钱监管需要遵循以下原则来构建一个全面而有效的反洗钱监管框架,从而提升整个金融系统的安全性和稳定性。

(1) 层次化风险响应原则。反洗钱监管应基于风险评估的结果,实施层次化的监管策略。根据金融机构和特定行业暴露于洗钱风险的程度,应采取不同级别的监管措施。高风险领域应受到更严格的监管和审查,而低风险领域则适用更为灵活的控制措施。这种差异化的策略能够有效分配监管资源,确保对高风险活动的重点关注。

(2) 实时监控与分析原则。利用先进技术如大数据和人工智能,监管机构能够实时监控金融交易,自动识别可疑活动。技术工具可以帮助监管机构有效地分析庞大的数据集,识别洗钱模式和趋势,从而快速响应潜在的洗钱风险。

(3) 透明与报告原则。金融机构必须具备高透明度,确保所有金融交易的来源和目的都是清晰可追踪的。此外,应实施严格的客户尽职调查和持续监控系统,及时报告可疑交易。透明度不仅涉及客户身份的验证,也包括其业务关系和资金流的透明。建立和维护一个全面的法律和监管框架,对所有洗钱行为施加威慑。这包括制定清晰的法律规定、界定洗钱犯罪的范围、设置合理的处罚措施,并确保这些措施得到有效执行。

(4) 国际合作原则。洗钱活动往往跨越国界,因此国际合作对于有效的反洗钱监管至关重要。各国监管机构需要共享情报、数据和监管经验,并协调执法行动。通过国际条约、多边框架以及双边协议,加强对跨境洗钱活动的追踪和打击能力。

二、反洗钱监管技术

(一) 基于大数据与云计算技术的反洗钱监管

随着大数据与云计算不断发展,其在反洗钱领域发挥着日益重要的作用。

1. 预测洗钱犯罪行为

对于反洗钱而言,大数据可以通过分析历史数据,根据过去的洗钱犯罪类型进行分析,建立针对未来可能发生洗钱案件的模型,预测识别可能发生的洗钱犯罪行为。建立预测模型,在一定程度上能够起到防患于未然的作用。

2. 获得客户真实信息

大数据可以挖掘客户的真实信息。获取客户信息是金融机构进行反洗钱措施的重要保障,但部分信息的真实性很难判断。大数据可以将客户的碎片信息如税务缴纳、舆情数据、经营活动等整合并从中提取到客户的真实信息,评估客户的交易类型。除此之外,大数据还能通过客户的关联情况,与目前已知的黑名单企业、犯罪团伙等进行匹配,匹配度高的客户风险等级将提高。

3. 分析可疑交易类型

洗钱犯罪团伙交易类型更新速度快,金融机构可疑交易监测模型优化和它相比有一定的差距。利用可疑交易报送情况和历史犯罪记录等大数据,借助智能算法分析犯罪团伙转换交易模型的时间阈值和主要变化因素,进而分析可疑交易的类型。

(二) 基于人工智能技术的反洗钱监管

各国反洗钱实践证明,人工智能等高科技应用能够有效促进反洗钱发展。人工智能可以缩短洗钱风险问题的识别时间进而降低成本和控制风险,提高防范金融风险与洗钱监控有效性和精准性等。

1. 完善数据收集模式

在反洗钱监控体系中,运用大数据分析广泛收集数据资源,创建数据网络,确保数据内容的全面性,提升数据分析的效率和效果,为金融监管与反洗钱提供有力的技术支撑。

2. 优化数据筛选机制

形成基础性数据筛选保留、重复信息有效删除、国企信息自动更新的精确随机筛选网及其运行机制,为金融监管与反洗钱提供了预测与预警的有效技术工具。

3. 织密大数据维护系统

在金融监管与反洗钱系统中植入大数据维护系统,精准分析客户性格、行为、生活及其投资、交易、消费偏好,自动化提供风险评估、洗钱识别、预警提示,形成金融监管与反洗钱监控的科学决策辅助系统。

4. 确保数据信息精确度

创建反洗钱大数据信息库与大数据平台，统一数据管理标准，利用关联分析、模型分析等，高效、自主、准确提取可疑交易信息；针对金融创新性产品、金融服务特点，自动分类并提供交易数据信息，确保金融监管与反洗钱监控数据的精准性。

（三）基于区块链技术的反洗钱监管

近年来，区块链受到了全世界各地投资者的追捧。我国区块链技术也在蓬勃发展。利用区块链技术开展反洗钱监管的优势如下。

1. 能够克服人工检测可疑交易的缺陷

人工检测可疑交易一定程度上会影响报送质效，而在区块链账本中嵌入大额和可疑交易默认协议条件，在交易发生时可自行验证，当满足大额交易和可疑交易条件时，会自动触发协议并形成相关线索的报告，报送效率将大幅度上升。

2. 有利于银行全面了解客户

银行业在交易过程中会产生海量的客户信息，包括照片、音频和视频等非结构化数据。但现阶段银行业反洗钱实践中，这类数据在分析模型中因为数据格式等困难很难得到有效整合和分析，严重影响了银行业反洗钱工作的效果。区块链数字化的特征能将所有文件以代码或分类账的形式体现并加载到区块链上。利用区块链技术有效整合和利用客户数据，客户身份识别更加具体，客户交易行为更加直接、透明地摆在监管人员视野中。

3. 有利于数据分享和保护

传统数据库技术信息共享的方法，通常由一个中心化的运营机构构建数据中心，数据中心负责日常维护。随着接入机构数量增加，数据中心面临的外部攻击风险增大且数据中心的运行压力越来越大，影响共享数据的运行效率。一旦数据泄露，将影响所有的共享机构，损失难以估计。区块链具有集体维护、可溯源和难以篡改等特点，为反洗钱工作的效率提高提供了更多可能。区块链技术的数据共享打破了机构间的数据孤岛，形成了完整的数据链。

中银基金：新一代大数据反洗钱系统

第四节 监管科技在其他领域的未来应用展望

为了提高监管效率与有效性，近年来，针对信托、反非法集资及反洗钱的监管策略已逐渐向技术驱动和政策创新方向发展。下面将展望这三个领域未来的监管趋势，特别是在应对新型挑战和机遇的政策调整与技术应用。

第一，信托领域监管的核心逐渐从单纯的合规性检查转向更加动态和预防性管理。随着金融市场的复杂性增加，信托产品和服务的多样化带来了新的监管挑战。例如，多元化的信托结构和投资项目的增加使得监管任务变得更为复杂。新型的信托服务，如房地产信托、慈善信托等，都需要新的监管策略和方法。为此，监管机构可能引入"监管沙盒"模式，这一创新机制允许在受控环境下测试新的金融产品和服务，确保它们在正式推广前不会对市场造成不利影响。此外，信托机构的透明度和责任也将成为监管的重点。监管政策可能要求信托公司提供更为详尽的资金流向和投资决策信息，以提升资产管理的透明度，资金的合法性和安全性。对信托资产的来源和用途进行严格监管，信托资金不被用于非法活动，并强化信托管理人的责任，确保其在资产管理中维护投资者的最佳利益。

第二，在反非法集资方面，由于这类活动常常涉及复杂的金融诈骗和迅速变化的策略，传统的监管方法已难以应对快速发展的非法集资模式。监管机构需要进一步借助先进的技术工具，如大数据分析和人工智能，来识别和预防非法集资行为。这些技术可以分析大量的交易数据，识别出潜在的风险模式和异常行为，从而在非法资金流动形成之前进行干预。此外，监管机构也可加强与社交媒体平台的合作，利用社交网络分析工具监控和制止非法集资的传播，特别是在初期阶段。此举不仅有效防止非法集资的形成，而且能增强公众对此类活动的识别和防范能力。为了提升策略的有效性，监管机构也可与国际机构合作，共享情报和监管经验，以对抗跨境非法集资活动。

第三，反洗钱领域的挑战尤为突出，特别是在全球金融环境日益开放和数字货币使用增加的背景下。反洗钱监管策略更加依赖于跨国合作和技术创新。例如，区块链技术的引入不仅为洗钱活动提供了新途径，也为监管机构提供了新工具。通过区块链，监管机构可以实现对金融交易的实时监控，提高透明度。同时，去中心化特性的金融活动需要监管机构与技术提供商合作，开发能够在不侵犯用户隐私的前提下追踪可疑交易的解决方案。此外，监管科技（RegTech）的发展也将支持反洗钱工作，如通过自然语言处理技术分析大量非结构化数据，以更有效地预测和识别洗钱风险。这些技术的应用不仅可以提升监管的精准性，还可以加强国际协调和合作，共同打击跨国洗钱活动。

在上述领域之外，金融监管技术的应用还需扩展至其他关键金融领域，以应对更广泛的市场变化和挑战。具体而言，对冲基金、私人银行业务以及交易所交易基金（ETFs）等高级金融产品的监管中，技术工具的应用可以极大增强监管的针对性和实效性。这些金融领域因其复杂性和涉及资金规模的庞大，成为监管的重点区域。例如，对冲基金因其使用复杂的投资策略和杠杆，监管难度较高。在这种情况下，实时监控系统可以提供持续的数据流，使监管机构能够即时了解所有交易活动和市场变动，从而迅速反应和采取必要的监管措施。此外，私人银行业务作为金融服务的一个重要部分，涉及高净值个体的资产管理和投资。这一领域的监管挑战在于资产转移的隐蔽性及跨国性，常涉及复杂的离岸结构和国际法律。因此，监管机构需要部署高级数据分析工具，如数据挖掘和行为分析技术，来揭示隐藏的风险和非法活动。创建全面的客户画像和交易模式，监管机构可以更有效地进行风险评估和监管。最后，交易所交易基金（ETFs）作为市场上流行的金融工具，其快速增长也带来了新的监管需求。ETFs的透明度和日内交易特性要求监管技术能够实时跟踪其价格变动和交易量。实时监控系统在此起到关键作用，它们能够监测市场异常波动并即时报告给监管者，从而在市场出现潜在的操纵或异常行为时，监管者能快速采取行动。

在所有这些领域，金融监管的技术整合和创新应用不仅提高了监管的效率和效果，还有助于监管机构更好地理解和适应市场的快速变化，从而制定更为有效的监管政策和措施。这种技术驱动的监管模式，通过提供更多数据分析和实时反馈，使监管机构能够更加灵活和富有前瞻性地应对金融市场的挑战，确保金融系统的稳定和消费者资产的安全。这不仅是对传统监管方法的补充，也是金融监管未来发展的必然趋势。

本章小结

本章系统地介绍在信托、反非法集资和反洗钱等金融领域中对应的金融监管科技的基本概念、功能、类型等，进一步概述这些监管技术如何提升监管效率和市场透明度，随后详细介绍各类金融监管科技的分类与结构特征。本章进一步探讨金融监管数据的采集与分析技术，强调在这些领域中面临的挑战以及监管目标。最后，本章通过具体案例展示监管科技在金融监管中的实际应用，并有针对性地对其他各领域金融监管科技应用进行未来展望。

思考题

1. 请简述信托监管的基本原则。
2. 技术发展对信托监管带来的挑战和难点主要体现在哪些方面？
3. 非法集资的三大特性是什么？网络非法集资如何影响这些特性？
4. 为什么使用大数据防范非法集资？
5. 反非法集资的难点有哪些？
6. 一个完整的洗钱包括哪些阶段？需要重点监管哪个阶段？
7. 请简述反洗钱监管的原则。
8. 请比较大数据技术在信托、反非法集资、反洗钱中监管应用的异同点。

即测即评

参考文献

[1] 郭华. 防范和处置非法集资条例解读与适用指南 [M]. 北京：中国法制出版社，2021.

[2] 李若谷. 反洗钱知识读本 [M]. 北京：中国金融出版社，2005.

延伸阅读

[1] 柯昌文. 洗钱的交易结构和方法 [J]. 财会月刊，2012（27）：24-26.

[2] 刘传会, 汪小亚, 郭增辉. 机器学习在反洗钱领域的应用与发展 [J/OL]. 清华金融评论, 2019 (4): 95-99. DOI: 10.19409/j.cnki.thf-review.2019.04.029.

[3] 张洁. 以大数据提升反洗钱数据质量 [J]. 中国金融, 2020 (4): 102.

[4] 张文武. 向风险为本转型的反洗钱监管 [J]. 中国金融, 2022 (3): 92-93.

[5] ALFON I, ANDREWS P. Cost-benefit analysis in financial regulation: How to do it and how it adds value [J]. Journal of Financial Regulation and Compliance, 1999, 7 (4): 339-352.

[6] JUNGO J, MADALENO M, BOTELHO A. Financial regulation, financial inclusion and competitiveness in the banking sector in SADC and SAARC countries: The moderating role of financial stability [J]. International Journal of Financial Studies, 2022, 10 (1): 22.

[7] WU L, LI Z, ZHAO H, et al. Estimating fund-raising performance for start-up projects from a market graph perspective [J]. Pattern Recognition, 2021.

郑重声明

高等教育出版社依法对本书享有专有出版权。任何未经许可的复制、销售行为均违反《中华人民共和国著作权法》，其行为人将承担相应的民事责任和行政责任；构成犯罪的，将被依法追究刑事责任。为了维护市场秩序，保护读者的合法权益，避免读者误用盗版书造成不良后果，我社将配合行政执法部门和司法机关对违法犯罪的单位和个人进行严厉打击。社会各界人士如发现上述侵权行为，希望及时举报，我社将奖励举报有功人员。

反盗版举报电话　（010）58581999　58582371
反盗版举报邮箱　dd@hep.com.cn
通信地址　北京市西城区德外大街4号
　　　　　高等教育出版社知识产权与法律事务部
邮政编码　100120

读者意见反馈

为收集对教材的意见建议，进一步完善教材编写并做好服务工作，读者可将对本教材的意见建议通过如下渠道反馈至我社。

咨询电话　400-810-0598
反馈邮箱　gjdzfwb@hep.com.cn
通信地址　北京市朝阳区惠新东街4号富盛大厦1座
　　　　　高等教育出版社总编辑办公室
邮政编码　100029

防伪查询说明

用户购书后刮开封底防伪涂层，使用手机微信等软件扫描二维码，会跳转至防伪查询网页，获得所购图书详细信息。

防伪客服电话　（010）58582300